평신도를 위한
쉬운 로마서

평신도를 위한 쉬운 로마서

저자 양형주

초판 1쇄 발행 2016. 10. 5.
개정증보1판 1쇄 발행 2019. 3. 8.
개정증보2판 1쇄 발행 2022. 2. 21.

발행처 도서출판 브니엘
발행인 권혁선

책임편집 김지연
책임교정 조은경

등록번호 서울 제2006-50호
등록일자 2006. 9. 11.

서울특별시 송파구 백제고분로28길 25 B101호 (05590)
마케팅부 02)421-3436
편집부 02)421-3487
팩시밀리 02)421-3438

ISBN 979-11-90308-66-3 03230

독자의견 02)421-3487
이메일 editorkhs@empal.com

북카페 주소 cafe.naver.com/penielpub.cafe
인스타그램 @peniel_books

도서출판 브니엘은 독자들의 원고를 설레는 마음으로 기다리고 있습니다.
위의 이메일로 간단한 기획 내용 및 원고, 연락처 등을 보내주십시오.

도서출판 브니엘은 갓구운 빵처럼 항상 신선한 책만을 고집합니다.

[평신도 눈높이에 딱 맞춘 정곡을 찌르는 쉬운 해설서!]

평신도를
위한

예수 그리스도의 종 바울은 사도로 부르심을 받아
하나님의 복음을 위하여 택정함을 입었으니
이 복음은 하나님이 선지자들을 통하여
그의 아들에 관하여 성경에 미리 약속하신 것이라
그의 아들에 관하여 말하면 육신으로는 다윗의 혈통에서
나셨고 성결의 영으로는 죽은 자들 가운데서 부활하사
능력으로 하나님의 아들로 선포되셨으니
곧 우리 주 예수 그리스도시니라 그로 말미암아
우리가 은혜와 사도의 직분을 받아 그의 이름을 위하여
모든 이방인 중에서 믿어 순종하게 하나니
너희도 그들 중에서 예수 그리스도의 것으로
부르심을 받은 자니라 로마에서 하나님의
사랑하심을 받고 성도로 부르심을 받은 모든 자에게
하나님 우리 아버지와 주 예수 그리스도로부터
은혜와 평강이 있기를 원하노라
먼저 내가 예수 그리스도로 말미암아
너희 모든 사람에 관하여 내 하나님께 감사함은
너희 믿음이 온 세상에 전파됨이로다

쉬운
로마서

양형주 | 지음

브니엘

날마다 새롭게 다가오고 해석되는 하나님의 말씀은 신비요 은총 그 자체이다. 양형주 목사의 로마서 주석서는 이러한 말씀이 지니는 풍성한 세계를 깊이 있는 사유와 역동적인 적용을 통해 새로운 은혜의 지평으로 우리를 인도한다. 흔히 주석서는 전문성과 대중성을 둘 다 갖추기 쉽지 않다고 한다. 그러나 저자는 학문적인 통찰과 다양한 목회현장 경험을 엄밀함과 친밀함의 언어로 근사하게 직조하여 한국 교회 강단을 더욱 건강하고 새롭게 하는 로마서 주석서를 내놓았다. 말씀에 목말라하는 평신도와 교역자들 모두에게 기쁜 마음으로 일독을 권한다.

임성빈 총장 _ 장로회신학대학교

모든 설교자는 본문(text)과 상황(context)의 전문가가 될 필요가 있다. 양형주 목사는 로마서 강해에서 영원불변하며 초문화적 성격을 지닌 말씀의 계시성과 존엄성을 그대로 보존하면서도, 오늘을 사는 청중으로 로마서를 쉽게 이해하고 삶에 구체적으로 적용하게 함으로써 삶을 변화시키는 탁월한 신학자요 설교자임을 보여주었다.

김승호 교수 _ 한국성서대학교 교수, 한국로잔연구교수단 회장

저자는 추천자에게 박사학위 논문지도를 받은 신약학 박사로, 이번에 저자에 의해 출판되는 로마서는 현대교회의 평신도를 위해 쉽게 풀이한 로마서 해설서이다. 이 책의 출판을 기뻐하며 한국교회 성도들의 영적 성숙에 유익한 도움이 되리라 생각된다.

장흥길 교수 _ 장로회신학대학교 신약학, 한국성서학연구소 소장

많은 신앙의 거성들이 로마서를 통해 진정한 복음을 알고, 회심을 경험한 것처럼 양형주 목사의 평신도를 위한 쉬운 로마서가 독자들에게 로마서의 진수를 알게 해주고, 영적으로 혼탁한 이 시대에 복음의 가치를 높이 들게 해줄 것이라 확신하며 기쁘게 일독을 권한다.

김장환 이사장 _ 극동방송, 수원중앙침례교회 원로목사

로마서에는 하나님이 우리 인간들에게 꼭 알려주시고 싶은 가장 중요한 메시지가 뚜렷이 쓰여 있다. 그래서 마틴 루터는 신앙이 약해지면 "로마서를 많이 먹이라"고 권면했다. 저자는 루터의 이 말을 생각하며 학자를 위한 학자들의 책이 아니라 보통 사람들을 위한 로마서 강해로 이 책을 쓴 것 같다. 그렇기에 본문에 대한 충실한 이해를 바탕으로 오늘의 현실을 고려한 쉽고 깊고 알찬 내용으로 가득하다. 이 책을 잘 먹고 소화하는 자는 복음에 불붙어 영원히 살 것이다. 일

독을 강력히 추천한다.

김상복 목사 _ 할렐루야교회 원로목사, 횃불트리니티신대원대학교 명예총장

설교자에게 로마서는 꿈의 책이다. 그러나 일반적으로 로마서는 어려운 책이라는 선입견이 있어서 평신도에게는 여전히 접근이 쉽지 않다. 그런데 양형주 목사가 평신도를 위한 쉬운 로마서를 펴냈다. 양형주 목사의 강해설교는 쉽지만, 결코 어려운 논점들을 피해가지 않는다. 그러면서도 이해가 쉽고 감동적이다. 마치 한국인 톰 라이트가 쓴 강해집을 읽는 느낌이다. 이 강해집이 한국교회 강단을 더 풍성하게 하고, 한국교회 성도들을 더 건강하게 하는 영양소가 될 것을 확신하며, 설교자와 평신도들 모두에게 추천하고 싶다.

이동원 목사 _ 지구촌교회 원로목사, 지구촌 미니스트리 네트워크 대표

이 책은 '복음에 불붙어 살라'는 부제에서 느낄 수 있는 것처럼 사도 바울이 선포했던 복음의 이론과 실천에 양형주 목사의 신앙과 삶의 열정을 담은 책이다. 복음의 열정이 점점 식고 메말라가는 안타까운 한국교회의 현실 속에, 그리고 복음에 목말라하는 이 땅의 수많은 주의 종과 평신도들에게 큰 도전과 복음의 불을 붙여준다.

김의식 목사 _ 치유하는교회 담임목사, 크리스챤 치유상담대학원 교수

로마서는 영혼 구원의 열정으로 가득 찬 바울의 심정을 느끼게 하는 책이다. 전도여행을 마치고 그 당시 바울이 생각한 땅끝 '서바나'로 가기 위한 열망으로 로마에 있는 성도들에게 보낸 편지가 로

마서이기 때문이다. 그러므로 로마서는 바로 이런 바울의 열심과 정신을 바탕으로 읽어야 하는 말씀이다. 이런 점에서 양형주 목사의 이 책은 참 좋은 책이라 생각한다. 바울과 함께 복음에 불붙어 살자는 저자의 외침은 큰 도전이 되었다. 많은 문제와 상황 속에서도 하나님을 기쁘시게 하는 삶을 살아가길 원하는 모든 분께 이 책을 즐거이 추천한다.

이찬수 목사 _ 분당우리교회 담임목사

로마서는 역사 속에서 위기 때마다 쓰러져가는 교회를 구한 핵폭탄이었다. 일찍이 로마서는 성 어거스틴의 피폐해져가는 삶에 강력한 폭발력을 발휘하여 그를 변화시켰다. 이로 인해 유럽교회는 심원한 변화를 경험했다. 또한 중세의 로마 가톨릭이 복음을 떠나 부패하였을 때 루터는 로마서라는 핵폭탄을 가톨릭 진영에 투척하여 위기를 정면으로 돌파했다. 로마서의 위력은 20세기에 들어서도 유감없이 발휘되었다. 유럽 신학계가 온통 자유주의와 인본주의로 물들었을 때 독일의 신학자 칼 바르트는 자유주의 사상에 물든 기독교 진영에 로마서를 투척했다. 당시의 신학자 칼 아담은 이를 "자유주의자들의 놀이터에 떨어진 폭탄"이라고 평가했다. 이처럼 로마서는 교회가 위기에 처해 있을 때마다 위기를 돌파하는 핵폭탄의 위력을 여지없이 발휘했다.

폭탄이 터져 위력을 발휘하는 것은 대단한 일이다. 그러나 폭발을 가능하게 하는 폭탄의 구조와 작동원리는 복잡하기 그지없다. 폭발을 위해 사용되는 정밀 부품을 개발하고 핵심원료인 플루토늄을 추출하는 것도 많은 시간과 어마어마한 비용이 든다. 얼마 전 국방부는 북한이 지난 5년간 실험 발사했던 미사일 31발에 총 1100억 원을 사용한 것으로 분석, 발표했다(〈조선일보〉, 2016. 7. 28.). 폭발력 있는 고성능의 미사일을 만들기 위해서는 이처럼 큰 노력과 비용이 들어간다. 핵폭발의 위력을 발휘하기까지의 구조와 작동원리를 이해하고 제작하는 것은 결코 만만치 않다는 사실이다.

이는 복음의 핵폭탄이라 할 수 있는 '로마서'에 있어서도 마찬가지다. 루터가 부르짖은 "오직 믿음!"의 외침은 단순하고 능력이 있다. 그러나 그가 그런 파괴력 있는 결론을 도출하기까지 씨름한 그의 로마서 강해를 보라. 루터는 600여 쪽에 걸친 그의 강의집에서 로마서 한 구절 한 구절, 단어 하나하나와 치열하게 씨름하며 고민했던 흔적을 고스란히 남기고 있다(「루터: 로마서 강의」(기독교고전총서 14)(서울: 두란노 아카데미, 2011)). 이는 칼 바르트의 로마서 강해도 마찬가지다. 무려 882쪽에 이르는 그의 「로마서 강해」(서울: 한들출판사, 1997)는 로마서의 깊은 뜻을 하나라도 놓치지 않기 위해 분투했던 흔적이 역력하게 남아 있다. 이러한 사실은 우리에게 새로운 통찰을 준다. 로마서의 폭발력을 강력하게 경험하려면 로마서를 이전보다 더 깊이 이해하는 것이 필요하고, 이를 위해서는 보다 치열하게 로마서와 씨름해야 한다는 것이다.

〈평신도를 위한 성경시리즈〉를 기획하면서 도서출판 브니엘에서 평신도들을 대상으로 설문조사를 했다. '성경 중에서 제일 궁금하고 알고 싶은 책이 무엇인가?' 단연 1위가 로마서였다. 많은 성도가 로마서를 좋아한다. 이를 반영하듯 그동안 국내에서도 로마서에 관한 책들이 많이도 쏟아져 나왔다. 갓피플 사이트에서 검색해 보니 무려 467종의 책들이 나왔다(2016년 8월 3일 기준). 이렇게 많은 책이 쏟아져 나온 이유는 로마서에 대한 성도들의 갈증이 그만큼 크다는 사실을 고스란히 반영한다.

시중의 책들을 대략 살펴보면 크게 두 부류로 나눌 수 있다. 먼저는 강해설교집 형태의 책이다. 이런 책은 무엇보다 쉽게 읽힌다는 장점이 있다. 해설도 비교적 단순하고 사용된 예화도 은혜로워서 우리의 영적 성장에 유익을 준다. 그러나 한 가지 아쉬운 점은 이러한 책은 로마서 자체에 집중하기보다 성도들의 삶의 현장에 치중하려는 경향이 있다는 사실이다. 그러다 보니 각 장마다 은혜롭기는 한데 로마서 자체가 어떤 내용인지 전체를 깊이 파악하기에는 어려움이 있다. 폭탄의 위력은 어느 정도 보여주는데, 구체적인 내용을 자세히 보여주지 못하다 보니 로마서 자체의 폭발력을 제대로 체감하는 데 한계가 있는 것이다. 또 다른 부류는 전문적인 학술 주석서이다. 로마서 전문서적들은 두께도 꽤 두껍다. 이들 주석서는 너무 전문적인 용어로 로마서를 다루다 보니 한 장도 제대로 이해하지 못하고 포기하기 일쑤다. 내용을 제대로 다 이해한다면 더할 나위 없이 좋겠지만, 너무 전문적이고도 상세한 설계도를 공개하다 보니 따라가기가 벅차 중간에 길을 잃고 포기하고 만다.

이상의 두 경우는 우리가 로마서를 이해하는 두 방식을 보여준다. 먼저는 쉽게 읽기다. 로마서를 읽다 보면 은혜롭다. 그래서 자꾸 읽게 된다. 그런데 읽다 보면 은혜로운 구절은 은혜로운데 어려운 부분은 여전히 어렵다. 각 구절과 장이 전체적으로 어떻게 연결되는지 아리송하고, 여전히 무슨 의미인지 모르는 구절이 많다. 깊은 의미가 있는 단어지만 미처 알아채지 못하고 지나친다. 결국 로마서 이해는 그 자리에서 맴돈다. 둘째는 깊이 읽기다. 그러나 웬만한 신학적 전문지식을 갖지 않고는 따라가기가 퍽 힘들다. 따라갈수록 복잡하고 머리가 아프다. 그렇다면 이 둘 사이의 간격을 메우며 균형 있게 로마서를 이해할 수는 없을까? 여기서 본서의 고민은 출발했다.

본서는 은혜로운 예화나 삶의 간증보다는 로마서 본문이 의미하는 본뜻을 이해하는 것을 주목적으로 했다. 예화도 가능한 본문의 이해를 돕기 위한 것으로 한정했다. 또한 본문의 흐름과 구조, 더 나아가 본문에서 사용한 헬라어 단어의 본래 뜻과 구약의 배경까지도 깊이 있게 살피고자 했다. 로마서가 기록된 1세기 그레코 로마시대의 배경도 함께 살폈다. 하지만 이러한 탐구가 자칫 지루하고 우리와 상관없는 이야기처럼 낯설게 느껴질 수도 있기에, 가능한 전문적인 용어를 배제하고 로마서를 오늘날의 시대적인 상황에 어떻게 적용할 수 있는지, 로마서가 오늘의 나에게 어떤 말씀을 하고 있는지를 함께 모색하려고 노력했다.

아마도 이 책을 접하는 많은 독자 중에는 로마서를 여러 번 접해 보았던 이들도 있을 것이다. 그런데도 이 책을 다시 펼치는 것은 여전히 로마서에 대한 목마름이 있어서일 것이다. 부족하지만 부디 이 책이 독자들의 목마름을 해갈하는 데 조금이나마 도움이 되길 바란다. 이왕이면 각 장 서두에 나와 있는 로마서를 2~3회 읽고 본문의 해석을 읽는다면 로마서를 좀 더 쉽고 깊게 이해할 수 있을 것이다. 부디 이 책이 독자들의 로마서 이해를 깊고 넓게 확장하여 식었던 가습이 다시 복음으로 불붙기를 바란다.

이 책이 나오는 데는 도서출판 브니엘 권혁선 대표의 역할이 컸다. 평소 〈큐티진〉으로 큐티를 하던 권 대표가 어느 날 갑자기 필자에게 전화하고 찾아왔다. 〈큐티진〉으로 묵상생활을 하는데, 이를 기초로 평신도를 위한 깊고도 이해하기 쉬운 성경시리즈를 신구약 전권으로 만들어보면 좋겠다는 것이었다(당시 저자는 〈큐티진〉 필진이었음). 감사하게도 하나님께서 필자의 마음에도 이와 같은 부담감을 부어주셨고, 마침내 의기투합해서 〈평신도를 위한 성경시리즈〉 그 첫 번째 책인 「평신도를 위한 쉬운 로마서 : 복음에 불붙어 살라」가 세상에 나오게 되었다.

이 책이 나오기까지 무엇보다 인내하고 기도하며 격려해준 사랑하는 아내의 도움이 컸다. 아내에게 깊은 사랑과 존경을 표한다. 또한 늘 하나님의 말씀으로 씨름하는 부족한 종을 격려하고 중보해준 대전도안교회의 몸 된 성도들에게도 깊이 감사드린다. 이들은 천국을 이루어가는 그리스도의 몸이 이렇게까지 아름답고 황홀할 수 있는가를 보여준 정말 귀한 보석 같은 지체들이다. 끝으로 이 책이 나올 수 있도록 섭리하여 인도해 주시고, 전적으로 주관해 주신 하나님께 감사드린다. 이 책이 오직 하나님의 나라에 이바지하고, 하나님의 영광을 위하여 쓰임받는다면 더는 바랄 것이 없다. 모든 영광을 나의 사랑이요 반석이신 하나님께 올려드린다.

글쓴이 양형주

「평신도를 위한 쉬운 로마서」(개정증보1판)가 나온 지 3년 정도가 지났다. 이 책은 도서출판 브니엘에서 기획한 평신도를 위한 성경시리즈 중 첫 번째 책이었다. 감사하게도 이 책은 그간 많은 독자의 사랑을 받았다. 이에 용기를 얻어 개정증보판을 내놓는다.

이번 개정증보판은 이전 책의 내용을 상당 부분 보완, 수정하였다. 신학적인 일관성과 명료함을 보다 부각시킬 수 있도록 하였고, 이전에 있던 오류들을 수정하였다. 배경적인 부분 또한 강화하였다. 특별히 로마서와 신구약 성경 간의 상호 연관성에 대한 설명을 많이 추가하였다. 구약성경의 언약적 사상이 어떻게 로마서에 반향을 일으키고, 여타 다른 신약성경들이 로마서 안에서 어떻게 상호 간에 반향을 일으키는지, 또한 로마서의 서로 다른 본문들이 그 안에서 어떻게 상호 간에 메아리치는지를 더 구체적으로 풀어내는 데 힘썼다.

이 해설서를 따라가는 독자들에게 한 가지를 제안하고 싶다. 가능한 한 시간을 내어 본서에서 제시하는 다양한 참고 구절들을 할 수 있는 한 꼼꼼하게 찾아보고 대조하며, 읽어보고 묵상하길 바란다. 로마서에 대한 이해가 더욱 풍성하고 깊어질 것이다.

아무쪼록 본서가 많은 성도에게 로마서에 담긴 복음의 진수를 읽고 이해하는 데 조금이나마 도움이 되었으면 좋겠다. 이 책을 읽고 복음을 더욱 깊고 풍성하게 깨달아 복음에 순종하는 역사가 독자들의 삶에 일어나길 기도한다.

글쓴이 양형주 드림

Part 3.
복음 안에 감춰진 '신비' 찾기

Part 4.
복음으로 '관계' 살아내기

▶ 로마서는 어떤 책인가?

로마서는 바울이 주후 57년경, 제3차 전도여행 중 고린도에서 로마교회로 보낸 편지다(행 20:2-3). 바울은 어떤 이유로 로마교회에 편지를 보냈을까? 표면적인 이유는 그가 전하는 '복음'으로 로마교회를 더욱 견고히 세우기 원했기 때문이다(롬 1:11). 하지만 로마서를 좀 더 세심하게 관찰하다 보면 보다 심층적인 이유가 드러난다. 크게 두 가지다.

첫째는 로마교회가 복음 안에서 하나 되기를 바랐기 때문이다. 로마서에는 로마교회 안에 유대 그리스도인과 이방 그리스도인 간의 갈등이 나타난다(롬 14장 참조). 당시 로마교회는 주후 49년에 발표된 글라우디오 황제의 유대인 로마추방령으로 유대인 그리스도인들이 교회를 비웠다가(행 18:2), 54년 10월 글라우디오가 죽고 네로가 즉위하자, 글라우디오 황제의 칙령이 무효가 되면서 55년경부터 유대 그리스도인들이 다시 교회 안으로 들어오고 있었다. 유대 그리스도인과 이방 그리스도인들이 섞이자 한동안 잠잠했던 음식에 관한 규례를 비롯하여 여러 가지 율법 관습에 대한 논쟁과 갈등이 일어난 것이다. 여기에 거짓 교사들이 들어와 복음을 거스르고 분쟁을 일으켰다(롬 16:17). 이때 바울은 복음의 더 깊고 넓은 차원을 제시하며 로마교회가 복음 안에서 하나 되기를 원했다.

둘째, 바울은 로마교회가 복음으로 하나 되어 바울의 복음사역에 동참하기를 원했다. 사도 바울은 로마를 방문하길 여러 번 계획했었다(롬 15:22). 하지만 로마가 최종적인 목적지는 아니었다. 바울은 로마를 거쳐 당시 세상의 끝으로 여겼던 서바나(스페인)에 가서 복음을 전하기 원했다(롬 15:28). 그렇게 하려면 로마교회의 후원이 필요했다. 로마교회는 바울이 세운 교회가 아니었기에 그가 전했던 복음을 자세히 풀어 설명할 필요가 있었다. 그래서 바울은 자신이 전하는 복음이 어떤 것인지를 구체적으로 제시하면서, 이 복음으로 교회가 하나 되어 바울의 선교를 이해하고 후원해주기를 기대한 것이다(롬 15:23-24).

▶ 로마서의 구성과 반향

사도 바울이 이들에게 전한 로마서는 내용의 구성상 크게 네 부분(1-4장, 5-8장, 9-11장, 12-16장)으로 분명하게 구분된다. 본서에서는 각 부분의 주제를 복음 안에서 나를 발견하기(1-4장), 복음 안에서 소망 찾기(5-8장), 복음 안에 감춰진 신비 찾기(9-11장), 복음으로 관계 살아내기(12-16장)로 명명했다.

하지만 로마서를 좀 더 세심히 들여다보면 복음의 풍성한 내용이 로마서 전체를 이리저리 메아리치며 울리고 있음을 발견하게 된다. 예를 들어 바울의 로마 방문계획을 밝히는 1장 8~15절은 15장 14~33절에 가서 다시 메아리친다. 복음을 압축적으로 설명한 1장 3~4절은 15장 12~13절과 서로 반향을 일으키고, 믿음의 순종을 언급한 1장 5절은 15장 18절과 16장 26절에서 반향을 일으킨다. 열방의 타락과 심판을 묘사한 1장 18절에서 2장 29절은 15장 1~13에서 완전한 역전을 이루어 메아리친다. 죄로 인해 어두워진 마음(롬 1:18-32)은 복음으로 새롭게 변화를 받은 마음(롬 12:1-2)으로 반향을 이룬다. 표면적인 유대인이 참 유대인이 아니라 이면의 유대인이 참된 유대인임을 선언하는 2장 26~29절은 4장의 할례 이전 믿음으로 의롭다함을 받은 아브라함의 의를 반향하며, 이는 이어지는 5~8장에서 메아리친다(롬 5:21, 8:1-11). 더 나아가 이는 온 이스라엘의 구원을 선언하며(롬 11:26), 12~15장에 하나님의 한 백성을 이루는 새로운 존재 양식의 선언 속에 메아리친다.

또 복음 안에서 발견한 소망(5-8장)은, 곧 믿음으로 의롭다함을 받은 성도의 현세대 존재 양식을 진술하는 5장 1~5절에서 울리기 시작하여 8장 31~39절의 절정에서 메아리친다. 이러한 소망 가운데 성도가 붙들어야 할 인내와 성령의 능력, 하나님의 사랑의 주제는 이스라엘 구원의 신비(9-11장)로 이어지고, 믿음의 새로운 공동체를 이루며 복음을 살아낼 것을 권면하는 12~16장 단락의 처음(롬 12:1-2)에서 다시 울리고, 15장으로 가서 다시 크게 반향을 일으킨다(롬 15:4,13). 유대인의 나음이 무엇인가를 묻는 3장 1절의 물음은 이어지는 2절 이후로 답변이 이어지지만, 최종적인 완성은 9~11장에 이르러서야 완성된다.

이런 반향은 로마서 안에서만 일어나지 않는다. 바리새파 출신이었던 바울은 복음의 웅장함을 창세기, 출애굽기, 신명기, 시편, 잠언, 이사야, 열왕기상, 말라기 등 구약의 풍부한 전승에서 가지고 와서 이곳저곳에서 반향을 일으킨다. 이는 복음이 단순히 로마서 안에서만 이해할 수 있는 것이 아니라 구약의 풍성한 세계의 반향들을 함께 살피며 이해해야 함을 알려준다.

이처럼 로마서 안에서 여기저기 울리는 다양한 반향들은 마치 로키산맥을 오르는 것 같다. 로키산맥에는 아름다운 수많은 산과 호수들이 드넓게 펼쳐져 있다. 한 봉우리에 올랐다고 전체가 보이는 것이 아니다. 한 봉우리에 오르면 또 다른 봉우리가 보이고, 그 봉우리에 올라가면 이전에 올라갔던 봉우리와 얼마나 떨어져 있는지 지형들이 어떻게 어우러지는지가 보인다. 로키산맥의 아름다움은 한 봉우리의 정상만으로는 충분히 감상할 수 없다. 여기저기를 넘나들며 봉우리와 봉우리, 호수와 강이 연결되는 전체를 하나하나 음미해갈 때 그 아름다움에 넋을 잃게 된다. 이런 광대한 로키산맥을 제대로 감상하려면 필요한 것이 하나 있다. 바로 지도다. 지도가 있어야 여기저기를 넘나들더라도 다시 제 위치를 파악하고 중심을 잡고 나아갈 수 있다.

로마서도 마찬가지다. 서로 다른 단락의 크고 작은 봉우리에서 메아리치는 복음의 다양한 반향 속에서 길을 잃지 않으려면 중심을 잡을 필요가 있다. 그러려면 로마서의 중심주제를 잘 붙들어야 한다. 이 주제를 중심으로 복음의 서로 다른 메아리들의 잔향을 감상하며 관통하는 것이다. 그러면 길을 잃지 않은 상태에서 서로 다른 반향들이 주는 복음의 웅장함을 황홀하게 경험할 수 있다(로마서와 바울 서신 내의 주요 주제들의 반향에 관한 전문적인 연구로 리차드 헤이스가 쓴 「바울 서신에 나타난 구약의 반향」과 톰 라이트의 「로마서」 주석을 참고하라).

▶ 로마서의 주제 : 하나님의 의

그렇다면 로마서에 길을 잃지 않도록 붙들어주는 이 편지 전체를 관통하는 핵심적인 주제는 무엇인가? 바로 복음 안에 나타난 '하나님의 의' 다(롬 1:16-17). 복음은 하나님의 의를 보여주며, 하나님의 의는 구약과 신약을 관통하는 언약사상의 핵심을 이루는 부분이다.

복음에 하나님의 의가 나타났다는 말은 다른 한편으로 그동안 하나님의 의가 이 땅에 실현되지 못한 상태였음을 의미한다. 아직 이 세상이 불의하고 바로잡혀야 할 세상임을 보여주는 대표적인 사례가 바로 이스라엘이 이방제국의 통치하에 있는 현실이다. 바벨론 포로기가 이미 수백 년 전에 끝났지만, 당시의 유대인들은 자신들이 로마제국의 통치 아래 있는 것이 아직 유배된 포로상태에 처한 것으로 보았다. 따라서 이들은 하나님의 회복을 고대했다. 포로상태로부터 이들을 회복시키고 모든 잘못된 일을 바로잡는 게 바로 하나님의 의였다.

하나님의 의란 "하나님께로부터 난 의"를 말한다(빌 3:9 참조). 이는 하나님이 성도에게 부여하는 특별한 신분이나 상태를 의미하는 '성도의 의'가 아닌 '하나님 자신의 의'를 말한다. 이런 하나님의 의는 언약적인 특징과 법정적인 특징을 함께 갖고 있다. 복음에 '하나님의 의가 나타났다'는 진술은 지금까지 이 세상이 죄로 인해 하나님을 떠나 하나님과의 관계가 파괴되었고, 이는 온 세상의 피조세계에 영향을 끼치고 있음을 의미한다. 하지만 하나님은 이를 바로잡기 위해 한 사람 믿음의 족장을 택하여 그를 통해 어그러진 관계를 바로 세울 것이며, 이를 통해 모든 민족에게까지 영향을 끼쳐 복을 얻게 할 것이라고 언약을 맺으셨다. 언약은 계약과 다르다. 계약은 당사자끼리의 조건이 맞지 않아 계약 이행에 불성실하면 언제라도 파기할 수 있다. 하지만 언약은 당사자 중 한 사람이 불성실해도 끝까지 그 언약에 충실함을 전제한다. 따라서 '하나님이 언약'은 그의 백성이 언약에 불성실함에도 언젠가는 이 모든 잘못된 일을 바로잡을 것이며, 모든 열방이 하나님께 돌아와 올바른 관계를 회복하고 영광의 회복을 누릴 것을 포함한다.

이런 면에서 하나님의 의는 언약적인 동시에 법정적이다. 이는 어떤 상황에서도 하나님은 그의 언약적인 정의를 세우는 데 신실하실 것이며(언약적), 그 신실하심이 마침내 이 세상에서 죄로 인해 왜곡되고 비틀어진 일을 바로잡을 것이다(법정적). 이런 하나님의 언약에 대한 기대와 소망은 구약성경 곳곳에서 메아리치고 있다. 바울이 로마서에서 종종 인용하고 있는 이사야 40~55장의 흐름과도 유사하다. 하나님은 열방 가운데 그의 언약백성을 구원하실 것이고, 마침내 이를 통하여 온 열방이 빛으로 나아와 복을 얻을 것이다. 이러한 중심주제를 바탕으로 로마서의 내용은 대략 다음과 같은 흐름으로 전개된다.

▶ 로마서의 흐름

서두에서 복음은 하나님의 의가 메시아 예수 안에서 성취되었다고 선포한다(롬 1:2-4,16-17). 이 세상에 하나님의 의가 필요한 이유는 세상이 모두 죄로 인하여 하나님의 영광에 이르지 못하기 때문이다(롬 3:23). 이방인은 하나님을 떠나 허망한 마음으로 죄의 권세 아래 살고 있고(롬 1:8-32), 유대인이 옛 세대에 받은 율법은 도리어 이들의 죄를 악화시키는 결과를 가져왔다(롬 2:1-3:8). 결국 헬라인이나 유대인이나 다 죄 아래 있는 존재들이다(롬 3:9).

메시아 예수의 죽음과 부활을 통해 이루신 하나님의 언약적인 정의는 율법을 행하므로 얻는 의가 아니다. 새 시대에 나타난 하나님의 의는 율법과 상관없이 성취된 의다(롬 3:21). 이는 아브라함의 할례 시행 이전에 그의 믿음을 의로 여기셨던 것과 같은 의, 곧 믿음으로 말미암는 의다(롬 4:11). 따라서 하나님의 새로운 언약백성에 들어가려면 우리는 믿음을 통하여 언약에 신실하신 하나님이 메시아 예수 안에서 행하신 구원역사를 받아들이면 된다(롬 3:22). 메시아 예수 안에서 우리는 참된 해방을 경험할 수 있다. 이제는 우리를 노예로 만드는 죄와 사망의 법 아래 있지 않고, 이제는 하나님의 사랑이 부은 바 되어 생명의 성령의 법을 따라 살아간다(롬 5-8장).

구원의 여명이 밝아옴을 확증하는 또 다른 사실은 처음 택한 백성이었던 이스라엘이 아직까지 이 구원의 메시아를 거부한다는 사실이다(롬 9:1-3). 이는 이스라엘이 구원에서 배제되는 증거가 아니라 하나님의 구원이 온 열방으로 확장되는 계기가 되는 동시에 지금 이방인들이 누리는 복이 바로 유대인들에게 처음 약속된 복이었다는 사실을 깨닫고 시기함으로 하나님의 새로운 언약 공동체, 곧 '온 이스라엘'(롬 11:26) 안으로 들어오게 하려는 하나님의 계획이다(롬

9-11장).

복음으로 창조된 온 이스라엘은 변화된 새로운 마음으로, 새로운 인류로 그리스도의 본을 따라 서로를 받아들여 한몸을 이루며 자신을 거룩한 산 제사로 드리는 예배공동체로 부름을 받는다(롬 12-16장). 이런 공동체 안에서는 서로의 연약함을 비판할 것이 아니라 서로를 '받아야' 한다(롬 14:1,3, 15:1,7). 이런 복음을 깊이 경험할 때 로마교회는 메시아 예수를 믿는 믿음 안에서 로마교회를 구성하는 유대인과 헬라인이 서로 하나 됨을 이루어갈 수 있고, 이런 하나 됨으로 바울의 선교여행을 후원하고 도울 수 있다. 이를 통해 온 세상을 복음으로 바로잡으려는 하나님의 신실한 언약적인 정의에 동참할 수 있게 된다.

이와 같은 커다란 줄거리를 붙잡고 로마서에 뛰어든다면 로마서 안의 풍성한 봉우리들을 넘나들면서도 길을 잃지 않을 수 있을 것이다. 자, 이제 그의 백성의 언약에 신실하신 하나님이 온 세상을 바로 잡으시려는 장관으로 오를 준비가 되었는가? 로마서의 황홀함에 빠져보자!

【 일러두기 】

1. 이 책에 인용된 성경은 대한성서공회에서 발행한 「개역개정판」입니다.

2. 이 책에 사용된 외래어는 1987년 개정된 외래어 표기법에 따랐습니다.

3. 헬라어나 히브리어를 병행 사용했을 경우 헬. 히. 형태로 축약 표기합니다.

정체성이 삶의
방향을 정한다

¹예수 그리스도의 종 바울은 사도로 부르심을 받아 하나님의 복음을 위하여 택정함을 입었으니 ²이 복음은 하나님이 선지자들을 통하여 그의 아들에 관하여 성경에 미리 약속하신 것이라. ³그의 아들에 관하여 말하면 육신으로는 다윗의 혈통에서 나셨고 ⁴성결의 영으로는 죽은 자들 가운데서 부활하사 능력으로 하나님의 아들로 선포되셨으니 곧 우리 주 예수 그리스도시니라. ⁵그로 말미암아 우리가 은혜와 사도의 직분을 받아 그의 이름을 위하여 모든 이방인 중에서 믿어 순종하게 하나니 ⁶너희도 그들 중에서 예수 그리스도의 것으로 부르심을 받은 자니라. ⁷로마에서 하나님의 사랑하심을 받고 성도로 부르심을 받은 모든 자에게 하나님 우리 아버지와 주 예수 그리스도로부터

은혜와 평강이 있기를 원하노라.

현대 사회는 스펙을 중시하는 사회다. 아무리 "스토리가 스펙을 이긴다"라고 하지만 여전히 많은 사람이 스펙을 중요하게 여기고, 스펙으로 그 사람을 규정하려 한다. 로마서의 저자 바울은 당대 최고의 스펙을 가진 유대인이었다. 그는 10캐럿짜리 다이아몬드를 박아 넣은 금수저를 물고 태어났다. 오늘날 바울과 같은 스펙을 가진 이가 있다면 그의 출세는 보장된 것과 마찬가지였을 것이다.

먼저, 그는 사울 왕을 배출했던 명문 베냐민 지파 출신이었다. 당시 베냐민 지파의 자부심은 대단했다. 선조 베냐민은 이스라엘의 조상 야곱의 사랑받던 아내 라헬의 아들이었고, 야곱의 열두 아들 중 유일하게 약속의 땅에서 출생한 아들이었다. 베냐민 지파가 가나안에서 받은 땅에는 장차 거룩한 성이 될 여부스, 즉 예루살렘성이 포함되어 있었다(수 15:63, 삿 1:21 참조). 이렇게 볼 때 베냐민 지파는 유대인 중의 유대인이라는 자부심을 품을 만한 충분한 근거를 가졌다. 이를 보여주기라도 하듯 그는 난 지 팔 일 만에 할례를 받았다(빌 3:5). 팔 일 만에 할례를 받는 것은 부모가 하나님의 율법 앞에 전적으로 헌신되어 있지 않으면 불가능한 일이었다. 참고로 믿음의 조상 아브라함은 할례를 99세에 받았고, 이스마엘도 13세에 할례를 받았다(창 17:24). 여기에는 그가 아브라함의 자손, 즉 하나님이 택한 선민이라는 자부심도 포함되어 있다.

그는 히브리인 중의 히브리인이었다(빌 3:5). 이는 양가 부모 모두가 히브리어를 모국어로 하는 엄격한 정통 유대가문으로부터 왔음을 의미한다. 게다가 명문 바리새파 사람의 아들이었다(행 23:6). 바리새파는 단순히 율법을 준수하는 것으로 만족하지 않고 랍비들의 해석전통과 구체적인 실행지침인 유전까지 지키는 것을 목표로 했다. 특별한 열정이 아니고는 쉽지 않은 일이었다.

유대 역사가 요세푸스에 따르면 당시 바리새인들은 약 6천 명 정도가 있었던 것으로 추정되는데, 바울은 그 가운데 당대 최고의 존경을 받았던 율법석학 가말리엘의 제자로 들어갔다(행 5:34, 22:3 참조). 그의 문하에 들어간다는 것은 하버드대학교 로스쿨에 들어가는 것과 같았다. 예루살렘 탈무드에 따르면 당시 율법을 배울 수 있는 학습기관이 약 480개 정도가 있었는데, 그중 가말리엘의 율법학교에 들어가는 것은 어렵기도 어렵거니와 쟁쟁한 실력을 갖추지 않고는 거기서 버텨내기가 쉽지 않았다. 게다가 바울은 율법을 흠 없이 지키며 살아가려 최선을 다했고, 이에 대한 자부심 또한 대단했다. 자신을 율법의 의로는 흠 없는 자라고 할 만했다(빌 3:6).

또 그는 당시 온 세상을 지배하던 로마제국의 시민권자이기도 했다. 초대교회 교부인 제롬의 빌레몬서 주석에 따르면 바울의 부모(혹은 조부모)는 전쟁포로로 갈릴리의 작은 마을 기샬라에서 로마의 속주 길리기아의 수도였던 다소로 강제 이주되었다(길리기아는 당시 장막의 재료였던 염소털로 짠 킬리키움의 산지로 유명한 지역이었다). 이는 주전 63년 로마의 폼페이 장군이 유대를 점령하며 많은 유대인을 전쟁포로로 강제 이주시켰던 사건을 배경으로 한다. 이후 바울의 부모는 자유민이 되었는데, 바울은 이런 부모 슬하에 다소에서 태어나면서 로마시민권을 소유하게 되었고(행 22:3,28), 이후 예루살렘으로 이주하여 정통 바리새파 율법교육을 받았던 것으로 보인다(행 6:9 참조). 바울은 정통 유대인인 동시에 당당한 세계시민이었다. 그야말로 흠잡을 데 없는, 모든 사람이 부러워하는 최고의 자격을 갖춘 사람이었다.

그랬던 그가 로마교회를 향하여 보내는 편지의 첫 문장에 자신의 정체를 드러내는 방식은 신선한 충격이다. 자신을 '종'으로 소개하기 때문이다(바울 서신에서 바울이 자신을 '종'으로 소개하고 있는 서신은 빌립보서와 디도서 둘뿐이다. 빌립보서는 바울이 디모데와 함께 자신을 종으로 소개하고 있고, 디도서는 바울이 디도 홀로에게만 자신을 종으로 소개한다. 이렇게 볼 때 로마서는 바울 혼자 여러 성도 앞에서 공식적으로 예수 그리스도의 종으로 밝히는 유일한 서신이다). 종은 자기 자부심, 자기 자랑이 필요 없는 사람이다. 오직 주인을 위해 사는 사람, 즉 노예이기 때문이다. 노예에게 중요한 것은 스펙이 아니다. 오직 중요한 것은 자기 주인이 누구인가를 제대로 아는 것이다.

종에게 최우선 순위는 주인이고, 살아가는 이유도 오직 주인이다. 종이 주인의 주권을 인정하며 그 뜻과 명령에 귀 기울여 듣고 순종하는 일은 당연하다. 따라서 종의 정체성은 주인에 의해 결정된다. 이런 면에서 바울은 그동안 자신이 쌓아왔던 과거의 화려한 스펙들을 뒤로하고 오직 메시아, 즉 그리스도의 종임을 당당히 밝히는 충격적인 선언을 하는 것이다. 여기에는 다메섹 도상에서 부활하신 그리스도를 만났던 회심체험이 기초하고 있다(행 9:1-9). 이 체험은 그의 인생이 복음에 사로잡히는 전환점이 되었다. 이후 복음에 사로잡힌 바울은 그동안 자신을 규정하던 모든 화려한 과거의 자랑과 경력을 뒤로하고, 이를 배설물같이 취급한다(빌 3:8). 오직 자신의 주인 되시는 그리스도와의 관계 안에서 자신을 새롭게 규정한다.

바울의 새로운 정체성은 종으로만 그치지 않는다. 그 안에는 '사도'로의 부르심이 또한 포함되어 있다. 사도는 주인 대신 위임받아 주인의 일을 하도록 보냄받은 사람이다. 사도(apostle)는 로마제국에서는 전쟁 중에 갈등 또는 분쟁을 해결하기 위해 적군으로 파송되는 사람이다. 협상이 원만하게 타결되면 무사히 귀환할 수 있었지만, 자칫 일이 뒤틀어지면 한순간에 목숨을 잃을 수 있는 위험한 직분이었다. 그렇다면 바울이 사도로 부름받았다는 것은 무엇을 위한 보냄을 의미할까? 바로 하나님의 복음을 위한 보냄을 의미한다. 즉 세상의 치열한 영적 갈등과 우상 숭배와 분쟁의 현장으로 파송되어 하나님의 복음으로 돌아오도록 화해시키기 위한 보냄이었다.

바울의 자기 규정 안에는 그동안 자신이 로마시민으로서 살아왔던 정체성과 자부심을 뒤엎는 역전과 역설이 내포되어 있다. 이는 '복음'이라는 용어에서 극명하게 드러난다. '복음'을 의미하는 헬라어 '유앙겔리온'은 기쁜 소식, 또는 승전보라는 의미로 당시 로마제국이 흔히 사용하던 용어였다. 로마제국이 적군과의 전쟁에서 승리했을 때 사신이 가져오는 소식을 '유앙겔리온'이라고 하였다. 실제로 주후 70년 로마의 디도 장군이 예루살렘성을 함락하고 베스파시안 황제에게 승리의 소식을 전할 때 이 소식을 '복음', 즉 '유앙겔리온'으로 사용했다(요세푸스, 「요세푸스 Ⅲ: 유대전쟁사」(서울: 생명의말씀사, 1987), 4.11.5.).

또한 로마 황제의 생일을 가리켜서 '유앙겔리온'이라 하였다(크레이그 R. 쾨스터, 「앵커바이블 요한계시록 II」(서울: CLC, 2019), 1138쪽). 당시 로마제국의 기초를 다진 아우구스투스 황제는 '신의 아들'(son of god)로 추앙받았다. 그가 태어난 날은 '신의 아들'이 태어난 날로, 황제에게 충성을 맹세하는 제국 모두에게는 기쁜 소식이었다. 왜? 로마의 황제가 로마에게 로마의 평화(Pax Romana)를 가져왔기 때문이다. 당시 로마가 누리던 제국의 평화는 힘에 근거한 평화였다. 힘이 뒷받침되어 누리는 평화에는 힘을 주는 것들이 최고의 가치로 자리 잡는다. 재력, 학력, 권력, 정치력, 힘에 근거한 복수 등이 바로 그것이다. 이런 힘의 배후에는 하나님 나라의 가치인 사랑과 용서와 은혜가 자리 잡을 여지가 없다.

그런데 바울은 예수 그리스도를 주인으로 모시며 제국의 복음, 황제 가이사의 복음이 아닌 메시아 예수를 통해 나타난 '하나님의 복음'을 위하여 새롭게 부르심을 받았노라 선언한다. 제국의 기쁜 소식이 아니라 하나님 나라의 기쁜 소식을 위한 부르심인 것이다. 이 복음은 갑자기 나타난 게 아니다. 이는 오랫동안 하나님께서 약속하신 것이었는데, 이제 나타나게 되었다(롬 1:2). 여기서 복음은 하나님의 오래 준비하심 가운데 드러난 언약적인 드라마로 소개된다(롬 1:2-4). 하나님은 그의 아들이 다윗의 혈통을 통해 태어날 것이라고 선지자들을 통해 예고하셨고(롬 1:3), 마침내 충격적인 사건으로 명백하게 드러나는데, 그것이 바로 예수 그리스도의 죽음과 부활이다(롬 1:4).

특별히 부활은 죽음을 이긴 사건이다. 온 세상을 다스리던 최강 로마제국도 죽음 앞에서는 철저히 무력했다. 이는 하나님의 '성결의 영'(the Spirit of holiness), 곧 성령의 능력으로만 가능한 일이었다. 하나님의 복음은 로마 황제가 바뀔 때마다 복음이 달라지는 현재의 제국과는 차원이 다른, 하나님의 신실한 약속이 생명과 부활의 능력으로 드러나는 진정한 기쁜 소식이었다!

이 복음을 통해 사도 바울은 '은혜'와 '사도의 직분'을 받았다(롬 1:5). 여기 은혜와 사명이 나란히 함께 등장한다. 복음은 우리에게 은혜를 준다. 그리고 우리로 은혜받은 자로서의 구별된 거룩한 반응을 일으킨다. 그것이 바로 직분이다. 은혜는 직분으로 연결되어야 생명력이 있다. 은혜가 사명으로 연결되지 않고 내 안에 고여 있으면 복음의 생명력이 죽는다. 바울이 받은 직분은 '사도의 직분'이다. 이는 '그의 이름을 위해' 살도록 하나님께서 주신 소명인 동시에 복음이 약동할 수 있도록 하나님께서 주신 기회의 선물이다. 은혜로 충만해지고 싶은가? 사명을 감당하라. 물론 힘들고 어려움이 있을 것이다. 그럴 때 우리는 놀라운 복음의 능력을 경험할 것이다.

그렇다면 사명을 감당함으로써 바울이 경험한 복음의 능력은 무엇인가? 그것은 제국 전체가 생명을 주시는 예수 그리스도 앞에 나와 그분을 믿고 순종하는 역사이다(롬 1:5, 참조 롬 15:18, 16:26). 믿기만 해서는 안 된다. 믿어 순종하는 역사에까지 이르러야 한다. 혹 여기서 갑자기 순종을 이야기하니 마음이 무거워질지 모르겠다. 그러나 여기서 순종은 윤리, 도덕적인 행위를 말하는 것이 아니다. 이는 바울이 이미 자신을 예수 그리스도의 종, 곧 노예로 고백했듯이 예수님을 주로 믿고 고백하는 자에게 나타나는 마땅한 반응이다.

'순종'(헬. 휘파코에)은 원래 '듣다'를 의미하는 헬라어 동사 '아쿠오'에서 파생된 복합어이다(톰 라이트, 「모든 사람을 위한 로마서 I」(서울:

IVP, 2010), 47쪽). 헬라어로 된 70인역 성경에서는 '듣다'를 의미하는 히브리어 '샤마'를 '순종'(휘파코에)으로 번역한다. 샤마의 명령형이 '쉐마'다. 이는 이스라엘 백성이라면 매일 드리는 기도로써 늘 암송하는 신명기 6장 4절 이하의 말씀을 생각나게 한다. "이스라엘아 들으라. 우리 하나님 여호와는 오직 유일한 여호와시니 너는 마음을 다하고 뜻을 다하고 힘을 다하여 네 하나님 여호와를 사랑하라"(신 6:4-5). 여기서의 들음은 사랑의 순종으로까지 요청한다.

하지만 이스라엘은 하나님의 말씀을 듣고 순종하는 일에 총체적으로 실패했다(렘 25:3-4,7 참조). 이스라엘의 실패는 순종의 실패다. 로마서는 여기서 더 나아가 인류의 선조 아담으로까지 거슬러 올라가, 순종의 실패를 아담 사역의 총체적인 실패로 선언한다(롬 5:19). 반면 메시아 예수가 오셔서 온전히 순종하였고, 그로 인해 이제 이방인들이 하나님의 선민인 이스라엘과 같이 이런 순종에 이르게 되었다(롬 1:5). 이처럼 모든 이방인이 믿고 순종하는 역사는 야곱의 축복(창 49:10) 속에 유다를 향한 예언적 축복의 궁극적인 성취이기도 하다(그레고리 빌, 「신약성경신학」(서울: 부흥과개혁사, 2013), 114쪽). 이방인도 이제는 하나님의 택하신 거룩한 백성으로 부르심을 받았다(벧전 2:9 참조). 여기서 요구되는 믿음은 메시아 예수의 신실함(faithfulness)에 대한 인간의 신실한 반응(faith)이다.

그렇다면 이방인들이 믿어 순종하게 하려면 어떻게 해야 할까? 먼저 사람들에게 기쁜 소식을 들을 기회가 생겨나야 한다. 믿음은 들음에서 나기 때문이다(롬 10:17 참조). 그러려면 제국 구석구석을 누비며 때를 얻든지 못 얻든지 항상 복음을 선포하기 위해 힘써야 한다. 이 복음은 유대인만 알아야 할 소식이 아니라 제국 전체, 즉 "모든 이방인 중에"(롬 1:5) 퍼져야 할 소식이다. 이 소식을 들은 사람은 복음의 능력을 경험한다. 예수 그리스도를 내 생명과 부활의 주인(Lord)으로 믿고 의지하기 시작한다. 이는 그분의 주권을 철저히 인정하고 그분의 주권에 복종하며 살아간다는 것을 의미한다. 로마제국에서 살려면 황제를 주로 모시고 황제의 주권에 순복해야 하는 것과 마찬가지다. 이럴 때 우리의 믿음은 지식적인 믿음이 아니라 삶에서 실체로 나타나는 믿음의 순종에 이른다(롬 1:5). 이때 우리는 예수 그리스도의 것, 예수 그리스도에게 속한 그의 나라의 자녀가 된다(롬 1:6). 생각만 해도 가슴 벅차다.

결국 로마제국에 선포되어야 할 복음은 신의 아들, 황제의 탄생과 통치가 아니라 바로 하나님의 아들 예수 그리스도께서 온 세상의 주가 되시는 일이다! 바로 이 일에 바울은 부르심을 받았다. 제국의 논리로는 도저히 설명할 수 없는 이 가슴 벅찬 복음의 부르심은 유대교의 유산과 로마시민권에 근거한 자부심으로 똘똘 뭉쳤던 사도 바울의 정체성을 새롭게 규정했다. 그리고 이러한 정체성은 그의 삶의 방향을 새롭게 설정하게 했다.

오늘날 많은 현대인이 삶의 방향을 몰라 헤매고 방황하고 있다. 내가 무엇 때문에 이렇게 살아야 하는지, 이대로 사는 것이 괜찮은지, 무엇을 위해 살아야 할지 답답해하는 이들이 참 많다. 이런 답답함 이면에는 사실 정체성의 문제가 걸려 있다. 우리가 이렇게 답답한 이유는 자신을 스스로 제국의 논리와 가치로 규정하기 때문이다.

그렇다면 제국의 논리가 무엇인가? 경쟁과 힘의 논리다. 경쟁력이 없으면 패자로 규정하고, 힘이 없으면 밀려나는 것이 제국의 논리다. 문제는 세계화의 물결에 점점 양극화되는 이 사회에 승자보단 패자들이 대량으로 양산된다는 사실이다. 3포, 5포, 7포세대를 거쳐 이제는 모두 다 포기한다는 N포세대까지 등장하게 되었다. 결국 제국의 복음은 제국 안의 백성들을 패자로 규정하고 쓸모없는 인생으로 몰아간다. 이런 이들이 선택할 수 있는 삶의 방향은 무엇인가? 그리 많지 않다. 절망과 죽음이다. 결국 제국의 논리가 규정하는 정체성에 붙잡혀 무력하게 주저앉고 만다.

제국의 논리를 그대로 받아들이지 말라. 왜? 우리에게는 복음의 논리가 있기 때문이다. 복음은 우리가 제멋대로 살 수 있는 자들이 아니라 주인의 뜻대로 사는 '종'이라고 규정한다. 종은 자기 자부심, 자기 자랑이 필요 없는 사람이다. 종에게 중요한 것은 스펙이 아니다. 중요한 것은 오직 자기 주인이 누구인가 하는 점이다. 자기 주인을 진정 자신의 주(Lord)로 인정하고 신뢰하며 주인의 뜻대로 최선을 다해 순종하는 일만이 중요하다. 종에게 최우선 순위는 주인이다. 자신이 살아가는 이유도 오직 주인뿐이다. 따라서 종은 자기 삶에 대한 가치평가를 스스로 내리지 않는다. 종의 정체성과 가치는 오직 주인이 결정한다.

세상의 논리가 우리를 무겁게 짓누르고, 우리의 무력함과 절망을 교묘하게 파고들며, 우리의 무능함과 무가치함을 속삭일 때, 이제는 그 논리의 타당성을 따지는 것을 멈추어야 한다. 눈을 들어 온 세상에 참된 생명을 주시는 주님을 바라보아야 한다. 그분께서 우리를 그분의 복음을 위하여 살도록 부르셨다. 우리 삶의 방향은 제국의 방향과 근본적으로 달라야 한다. 이런 이들을 바울은 무엇이라고 하는가? '하나님의 사랑하심을 받고 성도로 부르심을 받은 자'(롬 1:6)라고 한다. 사랑은 헬라어로 '아가페'다. 이는 무조건적인 사랑을 말한다. 하나님의 사랑은 무조건이다. 내 스펙이 신통치 않고 별로여도 무조건이다. 왜? 생명의 복음 안에서 예수 그리스도의 것으로 부르셨기 때문이다. 분명 우리는 세상의 풍조와는 구별되는 '성도'(聖徒)다. 지금 내 삶의 방향은 어떠한가? 제대로 가고 있는가? 우리는 그분을 철저히 주님으로 인정하고, 그분의 주권이 내 삶 구석구석에 미치도록 그리스도의 신실한 종으로 살아가야 한다.

세상에
드러나는 믿음

⁸먼저 내가 예수 그리스도로 말미암아 너희 모든 사람에 관하여 내 하나님께 감사함은 너희 믿음이 온 세상에 전파됨이로다. ⁹내가 그의 아들의 복음 안에서 내 심령으로 섬기는 하나님이 나의 증인이 되시거니와 항상 내 기도에 쉬지 않고 너희를 말하며 ¹⁰어떻게 하든지 이제 하나님의 뜻 안에서 너희에게로 나아갈 좋은 길 얻기를 구하노라. ¹¹내가 너희 보기를 간절히 원하는 것은 어떤 신령한 은사를 너희에게 나누어주어 너희를 견고하게 하려 함이니 ¹²이는 곧 내가 너희 가운데서 너희와 나의 믿음으로 말미암아 피차 안위함을 얻으려 함이라. ¹³형제들아 내가 여러 번 너희에게 가고자 한 것을 너희가 모르기를 원하지 아니하노니 이는 너희 중에서도 다른 이방인 중에

서와 같이 열매를 맺게 하려 함이로되 지금까지 길이 막혔도다. [14]헬라인이나 야만인이나 지혜 있는 자나 어리석은 자에게 다 내가 빚진 자라. [15]그러므로 나는 할 수 있는 대로 로마에 있는 너희에게도 복음 전하기를 원하노라. [16]내가 복음을 부끄러워하지 아니하노니 이 복음은 모든 믿는 자에게 구원을 주시는 하나님의 능력이 됨이라. 먼저는 유대인에게요 그리고 헬라인에게로다. [17]복음에는 하나님의 의가 나타나서 믿음으로 믿음에 이르게 하나니 기록된 바 오직 의인은 믿음으로 말미암아 살리라 함과 같으니라.

로마에 가면 가장 신성한 장소로 여기는 일곱 언덕이 있다. 카피톨리노 언덕을 비롯하여 퀴리날레, 비미날레, 에스퀼리노, 첼리오, 아벤티노, 팔라티노 등이 그것이다. 여기에는 제국을 좌지우지하는 핵심적인 엘리트 지도자들이 모여 살고 있었다. 이 언덕에는 신의 아들로 칭송받는 황제의 관저가 있었고, 황족들의 일가친척과 제사장, 원로원들의 저택들이 모여 있었다. 또한 수많은 헬라, 로마 신들의 조각상과 신전들이 자리 잡고 있었다. 일곱 언덕은 로마 도심 위에 우뚝 솟아 언덕 아래 주민들을 내려다보고 있었고, 일곱 언덕 아래에는 하층민과 종들이 살고 있었다. 이들은 저지대에서 로마의 황제와 신전들을 올려다보며 살았다.

평범한 그리스도인으로 구성된 로마교회 역시 언덕 위에 우뚝 솟은 로마 황제를 늘 마주하며 신앙생활을 하고 있었다. 황제의 위용이 드러나는 웅장한 언덕 아래서 이들은 위축될 만도 했다. 더구나 저지대에 빈번하게 발생했던 홍수의 범람은 이들을 더욱더 움츠리게 했다. 로마 중심지를 굽이치며 흐르는 테베라강은 종종 범람하여 저지대 구석구석에 피해를 주곤 하였다. 홍수가 날 때면 저지대에 사는 많은 로마의 하층민들은 로마의 언덕 위에서 자신들을 내려다보는 신전의 신들에게 빌곤 하였다.

놀라운 일은 이러한 상황에서 저지대에 흩어져 있던 로마교회의 믿음이 당시 로마 온 제국에 신선한 충격으로 드러나고 전파되기 시작했다는 점이다. 본문에서 바울은 이러한 사실로 인하여 하나님께 감사하고 있다(롬 1:8). 제국의 어둠에 밝은 빛을 비추기 시작한 것이다. 그것은 믿는 이에게 구원을 주시는 하나님의 능력, 즉 복음 때문이었다. 바울에게 이것은 충격이었고 벅찬 감사제목이었다. 비록 자신이 개척한 교회는 아니었지만 바울은 이러한 소식을 들으며 로마교회를 위해 쉬지 않고 중보했고(롬 1:9), 더 나아가 이들을 만나보길 원했다(롬 1:10). 이들을 만나 그들의 신앙 이야기를 듣고, 더 나아가 하나님께서 바울에게 주신 '신령한 은사'로 그들을 더욱 견고하게 세우기를 원했다(롬 1:11).

여기서 '신령한 은사'(spiritual gift)란 무엇일까? 우리는 신령한 은사라고 하면 흔히 방언이나 예언과 같은 특별한 성령의 은사나 권능을 생각한다. 그러나 여기서는 하나님이 은혜로 주신 영적 가르침이나 통찰력, 곧 복음을 의미한다. 바울은 로마교회가 붙들던 복음을 점검하고, 하나님께서 바울에게 계시하셨던 복음을 나누고, 이를 통해 로마교회의 믿음을 다시 한번 견고하게 세우기를 원했던 것이다.

특별히 바울이 복음으로 로마교회를 견고하게 세우려 했던 의도가 있다. 먼저는 당시 로마교회 내에 일어났던 갈등을 봉합하기 위해 서였다. 둘째는 이렇게 마음을 하나로 모아 세상의 끝으로 여겨졌던 서바나까지 가서 복음을 전하려는 바울의 선교를 후원하도록 하기 위함이었다. 이에 관한 설명은 서두에서 설명한 바 있고, 좀 더 구체적인 부분은 뒤에서 설명하도록 하겠다.

하지만 이상하게도 하나님은 바울이 로마교회를 만나려고 할 때마다 이런저런 상황을 통해 바울의 길을 막으셨다. 이미 로마교회에도 가겠노라고 여러 번 예고했었다(롬 1:13). 그러나 출발하려고 하면 길이 자꾸만 막혔다. 복음으로 이들을 더욱 견고하게 하려는 간절히 사모하는 마음이 좌절되자, 바울은 마침내 붓을 든다. 로마교회를 향한 편지를 통해서라도 복음을 전하고 그들을 견고하게 서게 하고 싶었던 것이다. 이것이 바울이 로마서를 쓰게 된 계기였다.

하지만 바울이 이들을 향하여 로마서를 쓴 것은 그 배후에 더욱더 중요한 전제가 있다. 그것은 자신이 '빚진 자'라는 의식이다(롬 1:14). 이 의식이 없었으면 바울은 감히 용기 있게 세상에 믿음을 드러내는 로마교회에 편지를 쓰지 못했을 것이다. 그렇다면 바울은 어떤 빚을 졌다고 생각하는 것일까? 바로 복음의 빚이다. 하나님의 전적인 은혜로 그가 택정함을 입고, 사도로 부르심을 받고, 그리스도의 종이 되었다(롬 1:1). 자기 삶을 침투하여 송두리째 흔든 복음의 능력으로 돌이킬 수 없는 큰 변화를 경험하였고, 이 축복은 바울을 일평생 거룩한 부담감을 마음에 품은 '빚진 자'라는 의식으로 살게 하였다.

여기서 '빚진 자'(헬. 오페일레테스)는 '해야 할 의무가 있는 자'라는 뜻이다. 바울은 하나님의 은혜를 값없이 받았다. 그랬기에 바울은 자신이 소유하고 누리고 있는 복음을 잘 모르는 이들에게 거저 전해주어야 할 빚, 즉 의무를 갖는다. 바울은 복음의 가치와 능력을 확신하고 있다. 그는 자신을 "헬라인이나 야만인이나 지혜 있는 자나 어리석은 자" 모두에게 이 복음을 전해야 할 의무가 있는 자, 즉 '빚진 자'로 규정한다(롬 1:14).

당시 유대인들은 세상 사람들을 유대인과 이방인으로 나누었다. 로마인들은 로마시민과 야만인으로 나누었다. 로마보다 수백 년 앞서 세계를 지배했던 헬라인들은 헬라인과 야만인으로 구분했다. 당시에 교육받아 현인들의 지혜를 체득할 수 있는 사람은 그렇게 많지 않았다. 상당수가 노예였고 지혜 없는 어리석은 자들이었다. 그런데 바울은 문화가 다르든, 교육받았든 받지 못했든 간에 상관없이 복음을 모른다면 자신은 이들에게 복음을 전해야 할 의무가 있는 자라고 규정한다. 한편으로 이는 복음이 헬라의 지혜를 뛰어넘는다는 강력한 확신을 포함한다. 그랬기에 바울은 자신이 소유한 이 복음을 황제의 위용으로 우뚝 서 있는 로마에서 나누길 원했던 것이다.

그렇다면 바울이 붙들었던 복음의 핵심은 무엇인가? 바울은 이것을 16~17절에 구체적으로 풀어내고 있다.

먼저, 복음은 자랑스러운 것이다. 바울은 복음을 부끄러워하지 않았다. 왜? 이 복음이 자신뿐만 아니라 온 인류를 구원하는 하나님의 능력이기 때문이다. 여기서 부끄러움은 시편에서 종종 노래하는 대적자들에게 당하는 수치를 떠올린다. "여호와여 내가 주께 피하오니 내가 영원히 수치를 당하게 하지 마소서. 주의 의로 나를 건지시며… 나를 구원하소서"(시 71:1-2). 당시 로마의 압제에서 고통받는 이스라엘 백성들을 비롯한 다른 민족들은 이를 부끄러워했다. 그런데 이 복음에는 이러한 불의의 수치로부터 하나님의 백성들을 구원하여 회복시키려는 하나님의 신실한 정의가 계시되었고, 이에 대해 신실한(faithful) 수용, 곧 믿음(faith)으로 반응하는 이들에게 구원을 주시는 하나님의 능력이 된다. 기억할 것은 믿음을 의미하는 헬라어 '피스티스'는 믿음과 함께 신실함을 의미한다는 사실이다. 우리는 이러한 복음에 대해 자부심을 품어야 한다.

점점 복음을 부끄러워하는 시대가 되었다. 예수 믿는 것을 드러내는 게 불리한 시대가 되었다. 많은 이들이 승진에 불리하고, 마음껏 세상과 벗하는 데 장애가 된다고 생각한다. 그래서 사람들은 복음을 부끄러워하고 감추려 한다. 그러나 복음을 부끄러워해서는 우리의 믿음을 드러낼 수 없다. 로마교회를 보라! 그들은 눈앞에 보이는 우뚝 솟은 제국의 언덕 아래에서도 서슴없이 복음의 빛을 밝혔다. 이 빛을 자랑스러워했고 점점 환하게 드러냈다.

둘째, 복음은 하나님의 구원을 일으키는 능력이다(롬 1:16). 여기에서 '구원'은 영혼의 구원뿐 아니라 하나님의 백성들이 처한 압제와 고통의 상황에서부터의 총체적인 구원을 의미한다. 복음이 닿는 곳마다 죽은 영혼이 살아난다. 어둠의 노예로 사는 이들이 해방된다. 복음은 사람을 가리지 않는다. 믿는 '모든 사람을 위한 것'이다. 헬라인이나 야만인이나 지혜 있는 자나 어리석은 자 모두에게 해당된다. 더 나아가 복음은 사람들뿐 아니라 모든 피조세계까지 악에서 구출해낸다. 구원의 능력은 지금 경험하는 현재의 실제일 뿐 아니라 장차 완성될 미래이기도 하다.

셋째, 복음은 모든 믿는 자에게 능력으로 경험되는 현실이다(고전 2:4-5, 살전 1:5 참조). 복음의 능력은 마음의 어둠을 물리치고 미움을 몰아낸다. 죄를 이길 힘을 준다. 나는 이런 복음의 능력을 경험하고 있는가? 이를 경험하기 위해서는 무엇보다 우리는 복음의 핵심 내용, 즉 예수께서 우리의 구주시며 하나님께서 예수님을 죽은 자 가운데서 살리신 일을 믿어야 한다(롬 10:9). 이런 믿음은 복음을 받아들일 때 성령의 능력으로 일어난다! 내가 믿고 싶다고 믿어지는 게 아니다. 성령께서 우리의 마음을 움직이셔야 믿을 수 있다. 그래서 믿음조차 하나님의 선물이다.

넷째, 복음에는 '하나님의 의'가 계시되어 있다. 17절의 '나타나서'는 헬라어 '아포칼립토'로, 위에 덮여 있던 덮개가 열려서 보이는 것을 말한다. 그동안 감추어졌던 하나님의 의가 특별한 은혜로 드러나게 되었다는 것이다. 그렇다면 여기서 말하는 '하나님의 의'는 무엇인가? 기본적으로 '의'란 자기가 속해 있는 언약적 관계 안에서 그 개인에게 부과된 언약적 의무를 충족시키는 신실함이다(제임스 던, 「바울신학」(고양: 크리스천다이제스트, 2003), 474쪽). 의무를 충실히 감당하는 게 의로움이다.

구약성경 사무엘상 24장은 '의'의 개념을 이해하기에 좋은 예를 제공해준다. 사울이 다윗을 죽이려 엔게디 광야까지 추격하다가 급한 용변을 보러 어느 굴에 들어간다. 그런데 마침 그 굴에 다윗이 숨어 있었다. 다윗은 용변을 보는 사울 뒤로 몰래 다가가 그를 죽이지 않고 옷자락만을 쥐도 새도 모르게 베었다. 사울이 동굴을 나와 다시 다윗을 추격하려 할 때 다윗은 자신이 벤 사울의 옷자락을 보여주며 자신의 결백을 증명했다. 이때 사울은 "나는 너를 학대하되 너는 나를 선대하니 너는 나보다 의롭도다"(삼상 24:17)라고 고백한다. 여기서 의가 무엇인지 드러난다. 사울의 불성실함에도 끝까지 신하로서 자신의 의무를 지켜나가는 일이다. 이는 하나님의 의를 이해하는 데도 마찬가지다. 하나님의 의는 하나님이 인간의 불성실함에도 끝까지 하나님께서 선택하신 백성들을 향한 의무를 다하시고 성취하신다.

그렇다면 하나님의 의무는 어디서 온 것일까? 그의 백성과 체결하신 언약으로부터다. 하나님은 아브라함을 통해 언약을 맺으셨고(창 15장), 또 다윗을 통해 언약을 맺으셨다(삼하 7:13-16). 이러한 언약에는 믿음의 조상 아브라함의 믿음을 통해 그의 백성들을 생육하고 번성하게 하실 것이며, 다윗의 후손을 통해 이 세상에 하나님의 온전한 뜻을 실현하겠다는 약속이 들어 있다.

언약 안에는 하나님의 온전하신 뜻이 들어 있다. 하나님께서 언약을 통하여 이렇게 자기 뜻을 신실하게 이루어가시는 것을 하나님의 언약적인 정의, 즉 '하나님의 의'라고 한다. '하나님의 의'는 인간의 불성실함으로 인하여 언약이 취소되고, 인간이 심판받아 진멸 당할 위기 가운데서도 이를 폐기하지 않고 마침내 바로잡고 성취하시는 하나님의 신실하심이 나타난다.

이렇게 볼 때 1세기 로마제국의 통치 아래 있던 하나님의 백성들이 생각하는 하나님의 언약은 아직 성취되지 않았다. 이스라엘 백성들은 로마 치하에 있는 자신들이 하나님께 불순종하여 아직 바벨론 유배생활의 연장선에 있다고 믿었다(톰 라이트, 「신약성서와 하나님의 백성」(서울: 크리스천다이제스트, 2003), 10장). 하지만 언약에 신실하신 의로우신 하나님이 개입하실 것이며, 그때 이 세상의 불의와 죄악이 무너지고 모든 잘못된 일이 최종적으로 바로잡힐 것을 기대했다.

이런 면에서 언약은 쌍방 간에 계약적인 의무를 넘어선다. 일반적인 계약은 어느 한쪽이 계약조항을 불성실하게 이행하면 파기된다. 그러나 하나님의 언약(covenant)은 다르다. 일단 언약을 체결하면 한쪽이 연약하여 성실하게 준수하지 못하더라도 나머지 한쪽이 끝까지 그 약속을 붙들고 지켜내는 신실함이 전제된다. 그래서 하나님의 언약에는 '하나님의 언약적인 신실함'이 나타나 있다. 그분의 언약적인 신실함을 누리려면 우리에게는 믿음이 필요하다. 여기에서 믿음은 하나님의 언약적인 신실함에 대해 신실하게 반응하는 수용을 의미한다.

이런 이해를 바탕으로 우리는 '믿음으로 믿음에 이르게 하는' 복음을 더욱 풍성히 이해할 수 있다(롬 1:17). '~으로'(헬. 에크)는 출처를 나타내는 영어 전치사 'from'에 해당되고, '~에'(헬. 에이스)는 방향, 목적 등을 의미하는 'for' 또는 'to'에 해당된다. 이는 '처음부터 끝까지 믿음으로'(by faith from first to last, NIV)를 의미할 수도 있지만, 하나님의 언약적인 신실함을 고려할 때 '믿음으로부터 믿음을 향하여', 좀 더 구체적으로 표현하면 '하나님의 신실함에서 (이에 대한 반응으로) 인간의 믿음으로'(from faith for faith, ESV)를 의미한다. 복음 안에서 하나님이 자신의 약속에 신실하게 행하신 일들이 계시될 때 이에 대한 반응으로 사람은 믿음으로 이를 수용하기에 이른다. 이는 예수 그리스도의 신실함을 믿는 모든 사람에게 미치는 하나님의 의에 관한 진술과 맞닿아 있다(롬 3:22 해설 참조).

이런 믿음은 여호와의 신실하심을 의뢰하는 자는 결코 영원히 수치, 곧 부끄러움을 당하지 않고 하나님의 언약적인 신실하심으로 구원받을 것을 신뢰하는 믿음이다(시 71:1-2). 하나님의 의는 예수 그리스도 안에 나타난 그분의 언약적인 신실함을 '믿음으로' 받아들여 누리고 경험할 수 있다. 그래서 바울은 하박국(롬 2:4)의 유명한 말씀을 인용한다. "오직 의인은 믿음으로 말미암아 살리라"(롬 1:17).

이 말씀이 처음 선포될 당시, 하박국은 이스라엘에 다가오는 대재앙을 떠올리며 선포하였다. 끔찍한 대재앙이 휩쓸고 갈 것이다. 그러나 하나님의 심판으로 모든 게 끝나는 것이 아니다. 하나님은 이스라엘과 언약을 체결하셨고, 비록 이스라엘이 불성실하지만 신실하신 하나님은 끝까지 당신의 신실하심을 지키고, 끝끝내 이 세상의 불의를 바로잡고 이스라엘을 구원하실 것이다. 이러한 하나님의 언약적인 신실하심을 끝까지 붙들고 그의 언약적 정의를 신뢰하는 이들은 '그의 믿음'으로 살아날 것이다! 여기서 믿음은 '그의 믿음'(His faithfulness)이다(합 2:4). 이는 이 모든 인간의 불성실함과 인간의 불의를 바로 잡으실 하나님의 언약적인 신실함을 의미한다. 70인역 헬라어 성경(LXX)은 이를 '나의 믿음'(헬. 피스테오스 무)으로 구체적으로 풀어 밝힌다. '나의 믿음'이란 인간의 모든 불성실함과 인간의 불의를 바로 잡으실 하나님의 언약적인 신실함을 의미한다. 이 사실을 깨달은 하박국은 하나님을 향한 회의와 불신 가운데서 벗어나 "비록 무화과나무가 무성하지 못하며 포도나무에 열매가 없으며 감람나무에 소출이 없으며 밭에 먹을 것이 없으며 우리에 양이 없으며 외양간에 소가 없을지라도 나는 여호와로 말미암아 즐거워하며 나의 구원의 하나님으로 말미암아 기뻐하리로다"라고 고백한다(합 3:17-18).

결국 하나님은 이스라엘과 체결하신 언약을 끝끝내 성취하고야 말 것이다. 이때 모든 잘못된 일을 바로잡으실 것이고, 결국 하나님이 옳았음을 증명하실 것이다. 놀라운 점은 이 성취가 바로 예수 그리스도를 통해 복음의 역사로 말미암아 우리에게 이루어졌다는 사실이다! 이 하나님의 신실하심을 믿을 때 그는 하나님께서 의롭다 인정하시는 의인으로 인정받게 된다.

나의 삶을 돌아보자. 나는 복음을 정말 자랑스러워하는가? 복음의 능력을 날마다 경험하며 사는가? 죄를 이기며 살아가는가? 나는 하나님의 신실하심을 끝까지 신뢰하며 나아가는가? 로마교회에는 이러한 질문들에 대한 강렬한 확신이 있었다. 그들은 로마의 우뚝 솟은 언덕 아래서 복음의 능력을 누리고, 그 능력을 확신하며 자신들의 믿음을 드러내고 있었다. 주변에 복음을 열정적으로 전파하고, 그들을 통해 하나님의 언약적인 의가 드러나고 있었다. 예수님을 통해, 또 그를 믿는 로마 교인들을 통해 제국의 기반이 서서히 흔들리고 있었다.

이 흔들림은 주후 312년 로마의 콘스탄티누스 황제가 기어이 기독교를 공인하게 만들고야 만다. 로마교회는 참으로 로마 언덕 위에 있는 동네에 숨겨질 수 없는 세상의 빛이었다(마 5:14). 사람들 앞에 비추어 하늘에 계신 아버지께 영광을 돌리는 빛이었다(마 5:16). 복음 안에서 우리는 이러한 삶으로 부름을 받았다. 그렇기에 우리는 역동하는 복음의 능력을 내 삶 속에서 풍성하게 경험하며 나아가야 한다.

하나님을 떠날 때
찾아오는 것들

¹⁸하나님의 진노가 불의로 진리를 막는 사람들의 모든 경건하지 않음과 불의에 대하여 하늘로부터 나타나나니 ¹⁹이는 하나님을 알 만한 것이 그들 속에 보임이라. 하나님께서 이를 그들에게 보이셨느니라. ²⁰창세로부터 그의 보이지 아니하는 것들 곧 그의 영원하신 능력과 신성이 그가 만드신 만물에 분명히 보여 알려졌나니 그러므로 그들이 핑계하지 못할지니라. ²¹하나님을 알되 하나님을 영화롭게도 아니하며 감사하지도 아니하고 오히려 그 생각이 허망하여지며 미련한 마음이 어두워졌나니 ²²스스로 지혜 있다 하나 어리석게 되어 ²³썩어지지 아니하는 하나님의 영광을 썩어질 사람과 새와 짐승과 기어다니는 동물 모양의 우상으로 바꾸었느니라. ²⁴그러므로 하나님께서 그

들을 마음의 정욕대로 더러움에 내버려 두사 그들의 몸을 서로 욕되게 하게 하셨으니 [25]이는 그들이 하나님의 진리를 거짓 것으로 바꾸어 피조물을 조물주보다 더 경배하고 섬김이라. 주는 곧 영원히 찬송할 이시로다. 아멘. [26]이 때문에 하나님께서 그들을 부끄러운 욕심에 내버려 두셨으니 곧 그들의 여자들도 순리대로 쓸 것을 바꾸어 역리로 쓰며 [27]그와 같이 남자들도 순리대로 여자 쓰기를 버리고 서로 향하여 음욕이 불 일듯 하매 남자가 남자와 더불어 부끄러운 일을 행하여 그들의 그릇됨에 상당한 보응을 그들 자신이 받았느니라. [28]또한 그들이 마음에 하나님 두기를 싫어하매 하나님께서 그들을 그 상실한 마음대로 내버려 두사 합당하지 못한 일을 하게 하셨으니 [29]곧 모든 불의, 추악, 탐욕, 악의가 가득한 자요, 시기, 살인, 분쟁, 사기, 악독이 가득한 자요 수군수군하는 자요 [30]비방하는 자요 하나님께서 미워하시는 자요 능욕하는 자요 교만한 자요 자랑하는 자요 악을 도모하는 자요 부모를 거역하는 자요 [31]우매한 자요 배약하는 자요 무정한 자요 무자비한 자라. [32]그들이 이 같은 일을 행하는 자는 사형에 해당한다고 하나님께서 정하심을 알고도 자기들만 행할 뿐 아니라 또한 그런 일을 행하는 자들을 옳다 하느니라.

당신에게 아침마다 찾아오는 편두통이 있다고 하자. 웬만하면 참을 텐데 시간이 갈수록 두통이 심해진다. 구토도 일어난다. 게다가 때로 아무 냄새도 맡을 수 없다. 신경질도 자주 난다. 왜 이러나 싶지만 크게 아무 일도 아니다 싶어 그다지 신경을 쓰지 않는다.

그러다 간만에 동창회에 가서 친구들을 만났는데 다들 당신을 보고 얼굴이 변했다고 한다. 왠지 이상하지 않은가? 만약 이 상태에서 설마 하며 버틴다면 자칫 돌이킬 수 없는 후회를 부를 수 있다. 앞에서 말한 증상들은 '뇌종양'에 나타나는 증상들이기 때문이다(김단비, "원인 모를 두통·구토 땐 뇌 이상 확인을…" "김정훈 서울아산병원 교수가 말하는 뇌종양"(《국민일보》, 2015. 10. 5.)).

우리는 일상에서 흔히 빈번하게 나타나는 다소 이상한 증상들을 보고 별것 아닌 일로 무시한다. '그동안 괜찮았으니 앞으로도 괜찮을 것'이라며 근거 없는 자신감으로 자신을 안심시킨다. 그러나 이러한 것들은 앞으로 다가올 심각한 위기를 알리는 신호일 때가 많다.

1920년대 미국의 로버트 하인리히는 보험회사에서 산업재해 통계를 분석하면서 놀라운 사실을 발견했다. 대형재해가 한 번 일어나기 전, 이와 유사한 성격의 작은 재해가 29회 일어났고, 또 다행히 사고로 이어지지는 않았지만 사고가 일어났을 뻔한 위기상황이 300회나 발생한 것이다(김민주, 「200:29:1 하인리히 법칙」(서울: 미래의 창, 2014), 16쪽). 하인리히는 이런 현상을 자신의 이름을 따 '하인리히 법칙'으로 명명했다.

하인리히는 수없이 일어나는 크고 작은 재해의 가장 주요한 요인들을 분석하다가, 이 모든 사고 배후에는 이를 일으키는 보다 근본적인 원인이 자리 잡고 있음을 발견했다. 바로 인간의 유전적인 요인과 사회적인 환경이다. 유전적인 요인은 인간의 탐욕스럽고 완악하고 무모한 내면의 자질을 말하고, 또 사회적인 환경이란 이런 유전적인 요인들을 강화시키는 환경과 분위기를 말한다(위의 책, 27-28쪽). 이는 성경이 말하는 바와 일맥상통한다. 즉 수없는 사고와 재해의 근원적인 배후에는 인간의 탐욕스럽고 완악한 죄성이 자리 잡은 것이다. 여기에 세상 풍조도 일조한다. 공중의 권세를 잡은 자가 시대사조와 시대정신을 빗대어 인간을 끌고 간다. 이렇게 우리가 겪게 되는 크고 작은 죄악의 경험과 현실은 온 인류가 직면해야 할 초대형 재해인 '하나님의 심판'을 예고하는 전조이다.

이번 장의 본문은 이 초대형 재해를 '하나님의 진노'(롬 1:18)라는 개념으로 설명한다. 하나님의 진노는 구약에서 하나님과 이스라엘의 관계가 어그러져 계약이 파기될 때(슥 8:2, 렘 10:1-2), 또 이스라엘을 괴롭혔던 이방 민족들에게(렘 1:11-17, 겔 36:5) 임하는 것으로 사용되며, 주로 마지막 종말의 심판 때 일어나는 것으로 묘사된다(박익수, 「로마서 주석 I」(서울: 대한기독교서회, 2008), 174쪽). 본문에서는 이러한 하나님의 심판을 모든 인류에게로 확장하여 하나님과의 관계를 거부하는 모든 이방인을 향해 선언한다.

하나님의 진노는 "불의로 진리를 막는 자들의 모든 경건하지 않음과 불의에 대하여" 하늘로부터 계시되었다(롬 1:18). 여기 '경건하지 않음'(헬. 아세베이아)이란 주로 헬라문헌에 등장하는 단어로 유대인들이 즐겨 사용하는 단어가 아니다. 뒤이어 등장하는 '영원' '신성' '만물' 등도 헬라의 스토아철학에서 종종 등장하는 단어다(롬 1:20). 지금 바울은 유대와 헬라의 종교, 철학적인 배경을 총동원하여 유대인과 헬라인으로 구성된 로마교회 성도들의 이해를 돕고 있다.

'경건하지 않음'이란 헬라문화에서 이방인들이 신과 관계 맺기를 거부하는 모습을 의미한다. '불의'란 단어는 앞서 언급한 '하나님의 의'(롬 1:17)와 대비되는 단어로 신과의 관계가 그릇되어 단절된 상태를 말한다. 그런데 이 두 단어 앞에 '모든'이라는 형용사가 붙었다. 이는 복음을 거부하는 로마와 같은 총체적인 이방 사회를 포괄하기 위한 단어다. 여기 '나타나나니'는 앞서 17절의 '나타나서'에 상응한다. 복음을 믿는 모든 사람에게 하나님의 의가 계시되었다면, 헬라세계의 모든 불신 이방인들에게 하나님의 진노가 계시되었다. 그렇다면 어떻게 이방세계에 하나님의 진노가 계시될 수 있을까?

헬라세계에서는 신이 피조세계 가운데 자신의 흔적을 남겼다는 신념이 있었다. 이 지식은 이방인들에게 분명하게 나타나 알려지게 되었다. 유대인들처럼 명확한 말씀이 계시된 것은 아니지만 이방인들도 신의 존재에 대한 지식이 꽤 축적되어 있었다(롬 1:20-21). 하지만 이런 지식은 경배와 감사로 이어지지 않았다(롬 1:21). 사실 여기까지 나아가야 했다. 찬양과 경배로 이어지지 않는 하나님의 지식은 쉽게 우상 숭배로 변질한다. 사람에게 하나님의 영광이 머물지 않으면 그 생각이 허망해지고 마음이 미련해지기 때문이다(롬 1:21). 이런 마음으로는 하나님께 영광을 돌리기보다 자신의 만족을 위한 유사 하나님인 우상을 추구하기 쉽다. 그 결과 사람의 마음에는 감사와 경배보다는 '정욕'이 들어찬다(롬 1:24). 스스로 세상의 모든 형이상학적인 지식과 지혜를 소유하고 있다고 자부하지만, 이것이 경배로 이어지지 않으면 결국 스스로 어리석게 되어 우상과 정욕으로 꽉 찬 인생으로 전락한다(롬 1:23). 이런 상태로 하나님의 진노를 무시하고 그대로 놓아두었다가는 필연적으로 감당할 수 없는 대재앙을 맞이하게 된다.

그래도 감사한 것은 하나님께서 인류에게 그분의 진노를 감지할 수 있도록 크고 작은 선취적인 징후들을 주셨다는 사실이다. 그렇다면 하인리히 법칙과 같이 하나님의 진노를 감지할 수 있는 크고 작은 징후들은 무엇일까? 본문은 이것들을 24절부터 31절까지 자세히 열거한다. 여기서 열거하는 것들은 죄의 결과인 동시에 우리가 선취적으로 맛보는 심판의 결과이기도 하다.

무엇보다 이런 결과들을 초래하는 근본 원인은 우상 숭배다. 우상 숭배는 과거 이스라엘이 종종 걸려 넘어졌던 죄악이었다. 이들은 출애굽 이후 시내산 아래에서 하나님의 영광을 풀 먹는 소의 형상으로 '바꾸어' 큰 징계를 당한 적이 있다(롬 1:23, 참조 시 106:19-20). 물론 본문에서 우상 숭배를 언급하는 것은 이방인의 죄를 언급하기 위함이다. 하지만 여기서 과거 유대인들의 죄악, 곧 하나님의 영광을 우상과 뒤바꾸는 행위를 언급하는 것은 이방인의 죄악 안에 은밀히 이스라엘을 포함시키려는 의도를 나타낸다. 이는 유대인 역시 하나님의 심판 아래 있음을 선언하는 2장의 논의를 미리 조심스럽게 준비시킨다.

하나님을 떠난 헬라세계의 이방인들은 하나님의 진리를 거짓 것으로 바꾸고, 곳곳에서 피조물을 하나님처럼 예배하며 섬기기 시작한다. 본문은 "하나님의 진리를 거짓 것으로 바꾼다"(롬 1:25)는 것을 구체적으로 '썩어지지 아니하는 하나님의 영광을 썩어질 사람과 새와 짐승과 기어다니는 동물 모양의 우상으로 바꾸는 것'으로 설명한다(롬 1:23). 이는 헬라시대에 만연했던 우상 제작을 가리킨다. 여기서 짐승은 '네 발 달린 동물'(헬. 테트라포둠), '기어다니는 동물'은

파충류다. 하나님의 영광을 부패하고 사라질 한계를 지닌 한낱 짐승이나 파충류의 조각 덩어리로 평가절하해서 바꾸어놓고 경배하는 것이다. 그들은 얼토당토않은 피조물을 왜 이렇게 하나님의 지위로 바꾸어놓았을까? 이는 사람의 마음에 있는 정욕 때문이다. 정욕은 금지된 것을 갈망하는 죄로 물든 본성(sinful nature) 또는 죄 된 욕심(sinful desire, NIV), 즉 탐심이다(출 20:17 참조). 정욕이 우리 마음속에 하나님을 거부하고 몰아내는 동시에 우상을 들여놓는 것이다.

사람의 마음은 무엇인가로 채워야 할 공간이다. 마음속에 하나님의 거룩한 영이 거하시면 경배의 거룩한 열망이 생기지만, 마음속에 죄 된 욕심이 자리 잡고 있으면 하나님을 몰아내고 나의 욕심을 실현시켜 줄 다른 욕망의 상징을 들여놓는다. 이것이 곧 우상이다. 이처럼 정욕으로 가득 찬 마음은 우상을 섬기며 살게 된다.

우상 숭배는 필연적으로 크게 세 부류의 이런저런 심판의 신호들을 보낸다. 심판의 신호는 죄와 정욕 가운데 '내버려 두는 것'으로 시작된다(롬 1:24,26,28). 이러한 '내버려 둠'은 이스라엘이 지었던 죄에 대한 하나님의 징계이기도 했다. 하나님의 말씀 듣기를 거부하고, 우상을 숭배했던 이들을 향해 하나님은 그 마음을 완악한 대로 그대로 '내버려 두셨다'(시 81:12). 그랬던 하나님께서 이제는 이방인들을 고스란히 내버려 두신다. 그렇다면 하나님은 이들을 무엇에 내버려 두셨는가?

첫째, 정욕의 더러운 것들이다(롬 1:24). 흥미로운 것은 우상 숭배와 정욕으로 인한 성적 부도덕, 즉 몸을 서로 욕되게 하는 것과는 밀접하게 연결된다는 사실이다. 왜 그럴까?

먼저 당시에 행해졌던 우상 숭배는 성적 부도덕을 부추기는 요소들이 들어 있었다. 고린도와 로마와 같은 대도시에서 유행했던 다산을 기원하는 제의의식을 갖는 이교집단들은 종종 우상 제단에서 성적 혼음을 제의의 일부로 거행하곤 하였다. 당시 많은 로마인이 자신들을 미의 여신으로 일컫는 비너스, 즉 아프로디테의 후예로 여겼음을 고려할 때 이런 성적 방종은 오히려 자연스럽다고 할 만큼 자주 일어났다. 로마를 비롯하여 고린도나 에베소 같은 곳에 있던 거대한 아프로디테 신전들은 이를 행하도록 부추기는 대표적인 장소였다.

둘째, 성적 방종이 갖는 우상적인 특징 때문이다. 성적 방종이 추구하는 것이 무엇인가? 친밀감이다. 문제는 이 친밀감이 참된 대상에게서 오는 것이 아니라 거짓 대상에게서 온다는 사실이다. 그래서 성적 방종은 참된 친밀감과 유사한 거짓 친밀감을 준다. 그것도 즉시 준다. 반면 참된 영적 친밀감은 하나님을 온 마음과 힘을 다하여 섬길 때 평안으로 찾아온다. 때로는 우리 자아를 고통스럽게 죽여 가며 주님께 나아가야 하지만, 여기서 얻는 평강과 기쁨은 세상의 그 무엇과도 비교할 수 없는 것이다.

이러한 정욕의 표출은 우리를 더욱 극단적으로 몰아가 하나님의 진노의 두 번째 신호가 나타나게 한다. 바로 '동성애'다. 이는 하나님께서 창조하신 이성과의 성적 질서를 거부하고 동성 간의 성적관계를 추구한다. 단순한 성적 방종에서 훨씬 더 나아간 것이다. 주목할 것은 여기에서 동성애는 '진리를 거짓 것으로 바꾸어' 살았던 방탕한 삶의 결과라는 점이다. 하나님이 정하신 창조질서를 거부하고 내가 좋아하는 대상, 내가 사랑하고 싶은 대상을 동성으로 마치 창조

주인 양 스스로 결정한다. 이것이 진리를 거짓으로 바꾼 것이다.

남녀 간의 정상적인 관계를 거부하고 질서를 뒤바꾸어 놓고는 동성을 향하여 음욕을 불태웠다. 여자는 여자와 남자는 남자와 '부끄러운' 일들을 행했다(롬 1:26-27). 하나님을 마음에서 몰아내고 우상이 들어올 때 우리의 삶에 그토록 자연스러웠던 창조질서도 자기정욕대로 뒤바꾼다. 그 당시에도 하나님을 인정하지 않았던 로마제국 내의 헬라세계는 동성애가 만연했고, 이로 인한 부작용도 심각했다. 이런 삶은 그 자체에 상응하는 엄청나게 큰 보응을 받는다. 정상적이지 않은 관계, 정상적이지 않은 가족, 정상적이지 않은 음욕은 이를 따라 살아내는 과정 자체가 고통이다.

세 번째 부류의 신호는 우리 삶의 여러 영역에서 다양하게 나타나는 죄의 현상들이다. 29절부터 31절까지는 죄의 본성을 따르는 사람들이 저지르는 모두 21가지 악의 목록이 등장한다. 이 목록에 나타나는 여러 가지 죄악은 우리 삶의 다양한 영역에서 나타나는 죄의 증상과 하나님의 진노를 드러내주는 사인인 동시에 실존적으로 경험하는 죄의 결과, 즉 심판이기도 하다. 여기 목록에 나오는 죄악들은 대략 세 부류로 나눌 수 있다. 먼저는 인간 내면과 관련된 죄악들로 불의, 추악, 탐욕, 악의 등이 있다. 둘째로 인간관계에 관한 죄악들로 시기, 살인, 분쟁, 사기, 악독, 수군수군, 비방, 우매, 약속을 저버리는(배약하는) 것, 무정한 것, 부모를 거역하는 것 등이다. 셋째로 하나님과의 관계에 관한 죄악들이다. 곧 하나님을 미워함, 능욕함, 교만, 자랑, 악을 도모하는 일 등이다.

이러한 죄악들을 살펴볼 때 인간은 마치 뿌리가 썩은 나뭇잎이 병든 나무와 같다. 나무 전체의 나뭇잎이 병들어 노랗게 되었다면 이는 단순히 잎이나 가지의 문제가 아니다. 이는 근원적인 뿌리의 문제다. 결국 하나님을 마음에 두기 싫어한 '상실한 마음'(depraved mind, NIV)이 원인이다(롬 1:28). 이 구절을 근거로 16세기 프랑스의 종교개혁가 존 칼빈은 인간의 전적타락(total depravity)을 주장했다.

이러한 신호들은 다가오는 하나님의 최후 진노 앞에 사람들이 아무리 핑계를 대고 싶어도 핑계를 댈 수 있는 여지가 없다고 알려준다. 왜? 하나님은 하나님이 만드신 천지 만물에 그분의 존재를 분명히 발견하고 경험할 수 있는 능력과 신성을 이미 주셨기 때문이다. 하나님을 더 깊이 알아가기를 원하는가? 그렇다면 아는 것으로 만족하지 말고 이 앎이 경배와 감사로 이어지도록 해야 한다.

과학이 발달한 오늘날에는 하나님을 아는 지식이 더 풍부해지고 있다. 많은 과학자가 자신의 분야를 연구하다 하나님을 만난다. 우연이라고 하기에는 너무나도 정교하고 오묘하게 만들어진 피조세계의 깊이와 신비 가운데 들어가, 그 가운데 깃든 하나님의 신성을 직면한다. 우주를 생각해보라. 지금과 같은 지구가 우주 가운데 존재할 확률은 얼마나 될까? 이는 사막에서 풍화작용으로 우연히 비행기가 형성될 확률과 맞먹는다. 즉 누군가가 의도하여 만들지 않고는 이렇게 풍요롭고 안정적으로 존재하기가 불가능하다. 인간의 DNA 지도를 발견한 프랜시스 콜린스는 DNA 구조 가운데 깃든 하나님의 신성을 직면했다(프랜시스 콜린스, 「신의 언어」(서울: 김영사, 2009)). 곤충학자들은 메뚜기의 관절 안에 들어 있는 톱니바퀴와 같은 정교한 내부 골격구조에 혀를 내두른다. 자연뿐만이 아니다. 인간의 탄생과 죽음 앞에서도 사람은 우리의 능력을 넘어서는 하나님의 신성과 손길을 직면한다. 결국 마음속에는 핑계 댈 수 없는 절대자에 대한 자각이 있는 것이다(롬 1:20).

그러나 문제는 이러한 자각이 하나님을 향한 신뢰와 감사와 예배로 이어지지 않는다는 점이다. 하나님을 알아도 영광을 돌리지도 않고 감사하지도 않는다(롬 1:21). 우리가 기억해야 할 중요한 부분이 바로 여기에 있다. 우리의 지식은 경배로까지 나아가야 한다. 그렇지 않으면 우리는 그 대상을 속히 우상으로 바꾼다. 우리는 경배하는 대상의 형상을 반영하며 그 대상을 닮아간다. 우상이 가득하면 생각이 허망해진다. 마음도 어두워진다. 어둠 가운데 하나님을 대신할 거짓 유사 대용품으로 대체하고는 헛된 자부심과 자랑으로 가득하다. 기억하라! 우리의 마음은 하나님께서 주신 것들로 채워야 할 공간이다. 이를 직시하지 못한 채 저마다 가장 빠른 방법, 가장 멋져 보이는 성공과 즐거움을 찾아가면, 이는 얼마 지나지 않아 어리석은 일로 드러난다(롬 1:22). 오히려 하나님의 진노만을 초래하게 된다.

이런 '상실한 마음'(롬 1:28)은 하나님을 고려하지 않는 '부적격한 마음'(disqualified mind)이다. 부적격하기에 하나님은 상실한 마음을 그대로 '내버려 두신다.' 이는 일종의 심판이다(레 26:25, 삿 2:14, 6:1 참조). '내버려 두신다'(헬. 파라디도미)는 예수님의 수난을 묘사할 때 종종 사용되는데, 엄밀하게 말하면 '넘겨주었다'라는 뜻이다.

그래서 상실한 마음 가운데 있는 이들은 "마음을 새롭게 함으로 변화를 받아야" 한다(롬 12:1-2). 28절 난하주에서 지적하는 것처럼 '마음', 곧 '지식'에 하나님 두기를 싫어하지 말고, 도리어 지식에까지 새롭게 하심을 받아야 한다(골 3:10 참조). 우리는 하나님을 아는 지식이 경배와 감사로 이어지도록 해야 한다. 나의 삶에 찬양과 감사는 얼마나 자주 일어나는가? 우리는 내면에 채워져 있는 것으로 생각하고 달려가게 되어 있다. 그것이 무엇인지 내면을 깊이 점검해 보라.

하나님의 심판은 모두에게 임한다

¹그러므로 남을 판단하는 사람아, 누구를 막론하고 네가 핑계하지 못할 것은 남을 판단하는 것으로 네가 너를 정죄함이니 판단하는 네가 같은 일을 행함이니라. ²이런 일을 행하는 자에게 하나님의 심판이 진리대로 되는 줄 우리가 아노라. ³이런 일을 행하는 자를 판단하고도 같은 일을 행하는 사람아, 네가 하나님의 심판을 피할 줄로 생각하느냐. ⁴혹 네가 하나님의 인자하심이 너를 인도하여 회개하게 하심을 알지 못하여 그의 인자하심과 용납하심과 길이 참으심이 풍성함을 멸시하느냐. ⁵다만 네 고집과 회개하지 아니한 마음을 따라 진노의 날 곧 하나님의 의로우신 심판이 나타나는 그날에 임할 진노를 네게 쌓는도다. ⁶하나님께서 각 사람에게 그 행한 대로 보응하시되 ⁷참고 선

을 행하여 영광과 존귀와 썩지 아니함을 구하는 자에게는 영생으로 하시고 [8]오직 당을 지어 진리를 따르지 아니하고 불의를 따르는 자에게는 진노와 분노로 하시리라. [9]악을 행하는 각 사람의 영에는 환난과 곤고가 있으리니 먼저는 유대인에게요 그리고 헬라인에게며 [10]선을 행하는 각 사람에게는 영광과 존귀와 평강이 있으리니 먼저는 유대인에게요 그리고 헬라인에게라. [11]이는 하나님께서 외모로 사람을 취하지 아니하심이라. [12]무릇 율법 없이 범죄한 자는 또한 율법 없이 망하고 무릇 율법이 있고 범죄한 자는 율법으로 말미암아 심판을 받으리라. [13]하나님 앞에서는 율법을 듣는 자가 의인이 아니요 오직 율법을 행하는 자라야 의롭다 하심을 얻으리니 [14](율법 없는 이방인이 본성으로 율법의 일을 행할 때에는 이 사람은 율법이 없어도 자기가 자기에게 율법이 되나니 [15]이런 이들은 그 양심이 증거가 되어 그 생각들이 서로 혹은 고발하며 혹은 변명하여 그 마음에 새긴 율법의 행위를 나타내느니라) [16]곧 나의 복음에 이른 바와 같이 하나님이 예수 그리스도로 말미암아 사람들의 은밀한 것을 심판하시는 그날이라.

몇 해 전, 서울 여의도 국회의원회관에 영등포구청 흡연단속반 세 명이 갑작스레 들이닥쳤다(김민철, "[만물상] '금연 시설 1호' 국회"(《조선일보》, 2015. 11. 4.)). 그들은 복도와 비상계단 등 구석진 곳곳을 돌며 담배 피우는 사람들을 사진 찍고 10만 원짜리 벌금 고지서를 발부했다. 구청 단속반이 국회에 들이닥친 이유가 무엇일까? 그것은 국회 방호과의 특별요청이 있어서다. 방호과에서 아무리 말려도 아랑

곳하지 않고 국회 청사 내에 존재하는 흡연자들 때문이었다. 아니, 누가 감히 국회 건물 내에서 담배를 피운단 말인가? 이렇게 대범한 사람들은 국회를 이루는 의원들과 그와 관련된 사람들 외에는 없을 것이다.

우리나라에서 금연을 법으로 정한 곳이 어디인가? 바로 국회다. 그렇다면 이 법을 정한 국회가 국회 건물 자체에서부터 금연운동을 주도적으로 펼쳐야 하지 않겠는가! 그러나 '국회의원'이라는 특권의식을 가진 이들은 자신과 보좌진을 예외로 생각한 모양이다. 금연해야 한다고 하지만 정작 자신들은 금연하지 못하는 씁쓸한 상황이 펼쳐진 것이다. 결국 금연법을 제정한 국회가 금연 시설 1호 대상이 되어 법의 심판을 받은 것이다.

이번 장의 본문에는 이와 유사한 역설적인 상황이 펼쳐진다. 유대인들에게는 하나님의 선민이 주는 특권에 대한 자부심이 있었다. 이들은 하나님의 구원을 확실히 소유하고 있었다고 생각했다. 구원의 증표로 하나님의 언약과 율법을 소유하게 되었다. 그들은 이방 죄인들과는 근본적으로 다르다고 생각했다. 유대인들은 자신들의 우월한 지위를 바탕으로 이방인들을 쉽게 정죄하고 판단했다.

본문 1절은 이런 유대인을 가상의 대화자로 상정하여 "그러므로 남을 판단하는 사람아"라고 부르며 소환한다. 남을 판단하는 유대인의 문제가 무엇인가? 이방인들을 정죄하고 비웃었던 죄의 모습이 자신들 안에 고스란히 존재한다는 점이다. 자신도 이방인과 똑같이 죄로 행하고 있었다. 행위로 드러나니 변명의 여지가 없었다. 본문은 남을 판단하는 가상의 유대인들에게 그들의 불완전한 현실 인식을 다음과 같이 고발한다.

"누구를 막론하고 네가 핑계하지 못할 것은 남을 판단하는 것으로 네가 너를 정죄함이니 판단하는 네가 같은 일을 행함이니라"(롬 2:1).

결국 이런 행동은 유대인이라도 하나님의 진리대로 심판받게 될 것을 선언한다(롬 2:2). 본문은 하나님의 심판 앞에 있는 이런 유대인의 불완전한 인식을 고스란히 고발한다. 이방인들을 쉽게 비난했던 자신도 이들과 크게 다를 바 없다는 것이다. 이러한 고발은 그 이면에 로마교회의 현실을 드러낸다. 유대인과 이방인이 함께 섞여 있던 로마교회는 주후 49년 글라우디오 황제의 칙령으로 모든 유대인이 로마에서 떠났다(행 18:2 및 Part 4의 41. 로마교회를 움직인 사람들 참조). 이때 로마교회에 있던 유대인들이 떠나갔다. 그랬던 것이 주후 54년 네로 황제가 즉위하면서 이전 황제의 칙령이 무효가 되었고, 유대인들은 다시 로마로 돌아오게 되었다. 당연히 유대 그리스도인들도 로마교회로 돌아왔다.

유대 그리스도인들이 보니 이방인들이 자기 방식으로 하나님을 섬기는 것 중 불경해 보였던 게 있었던 모양이다. 로마교회의 유대 그리스도인들은 이방 그리스도인들의 겉모습을 보고 정죄하고 비판하기 시작했다. 교회의 굳건한 하나 됨은 흔들리기 시작했다. 그래서 사도 바울은 로마서 서두에서 편지를 보낸 목적이 신령한 은사(선물), 곧 복음을 나눔으로써 로마교회를 견고하게 하기 위함이라고 밝히고 있다(롬 1:11 참조).

이런 배경에서 본문 1절은 이방 그리스도인들을 비난하며, 이방인들을 경멸하는 유대 그리스도인들에게 그들이 가진 유대의 민족적인 자부심도 그다지 대단한 것이 아님을 폭로한다. 유대인 역시 그들의 행함을 볼 때 하나님의 심판을 피할 수 없고(롬 2:3), 고집스럽게 회개하지 않는 현재의 모습으로는 결국 진노의 날, 곧 마지막 심판 때에 임할 진노를 쌓고 있다는 것이다(롬 2:5). 죄 된 모습은 이방 죄인들뿐만 아니라 하나님의 율법을 소유하고, 선하고 고결하게 산다고 자부하는 유대인들에게도 있는 것이었다. 결국 인류 모두가 하나님의 거대한 심판 앞에 서게 된다. 이렇게 모두를 포괄하는 이유가 무엇인가? 선하신 하나님 앞에서 의인은 없고 유대인이나 헬라인이나 다 죄 아래 있기 때문이다(롬 3:9,20). 머리로는 안다. 그러나 그뿐이다. 행함이 함께하지 않는다. 그래서 3절은 "이런 일(죄악)을 행하는 자를 판단하고도 같은 일을 행하는 사람"이라고 고발한다.

어느 날, 게 가족이 모였다. 엄마 게가 새끼 게들에게 진지하게 가르쳤다.

"애들아, 걸음은 똑바로 걸어야 한단다."

그러면서 똑바로 걷는 것이 좋은 온갖 이유를 설명하고, 바로 걷는 법에 대해 한참을 설명했다. 그러면서 자녀들에게 걸어보라고 했다. 그러자 모두 옆으로 걷는 것이 아닌가?

"그게 아니잖아, 멈춰!"

엄마 게는 화를 내더니 혼자 해변으로 걸어갔다. 엄마는 어떻게

걸었을까? 역시 옆으로 걸어갔다. 비판은 할 수 있었지만 능력으로
는 보여주지 못했다.

이처럼 지식적으로 아는 것과 삶으로, 행동으로 행하여 아는 것
은 너무나도 큰 차이가 난다. 도대체 왜 그럴까? 인간 안에 선을 행
할 수 있는 능력이 현저하게 결여되어 있기 때문이다. 문제는 지식의
부재가 아니라 능력의 부재였다.

이런 능력의 부재는 율법을 가졌다고 자부하던 이스라엘 백성들
이 이미 역사를 통해 여러 번 경험했던 사실이다. 4~5절에 나오는
'인자하심' '인도' '회개' '용납하심' '고집' (완고함) '진노'와 같은 단어
들은 구약의 신명기 전통을 고스란히 반영한다. 하나님은 이스라엘
백성들에게 율법을 주셨고, 이 율법에 순종하면 모든 민족 위에 뛰어
나게 할 것이고 복을 주실 것이라 약속하셨다(신 28:1-6). 그럼에도
이스라엘 백성들은 율법을 소유하기만 했지, 하나님을 알게 된 초창
기부터 이 명령을 행하지 않고 하나님을 거역했다. 하나님을 격노하
게 했다(신 9:7, 24, 31:27 참조). 그 결과 이들은 바벨론의 포로로 끌
려갔다. 이는 신명기에 나타난 것처럼 하나님의 율법을 저버리고, 우
상을 숭배하여 죄를 지었기 때문이다. 율법이 있어도 율법대로 살지
않고, 율법이 있어도 우상 숭배에 빠지고, 앞서 언급한 이에 따른 여
러 부차적인 추악한 죄악에 빠져 있었다(롬 1:29-31).

로마제국의 통치 아래 살던 유대인들은 자신들이 여전히 제국의
포로로 유배된 상태에 있었고, 제2의 출애굽을 갈망하고 있었다(톰 라
이트, 「신약성서와 하나님의 백성」, 495-499쪽). 여전히 자신들은 하나님이
싫어하시는 우상 숭배의 죄와 말씀을 불순종한 죄 아래 있다고 생각

했고, 로마의 압제에서 벗어나려면 이스라엘의 죄를 해결해야 한다고 여겼다. 결국 율법을 가진 선민이라고 자부했지만 이들 역시 이방인과 다를 바 없는 죄인이었다.

이스라엘은 율법을 소유했음에도 불구하고 그분을 거역했다. 율법에 담긴 하나님의 뜻을 기억하며 이 율법을 통해 더욱 하나님과 이웃을 사랑해야 했건만, 유대인들은 율법을 자랑만 했지, 하나님의 진노 앞에서 여전히 회개하지 않고 있었다. 1장 28~31절에서 지적하는 죄악의 목록들을 살펴보라. 이는 예수님 당시의 유대인, 심지어는 거룩하다고 자부하던 바리새인과 서기관, 대제사장들도 그 마음에 가득 품고 있던 죄악들임을 알 수 있다(막 7:20-23 참조). 이렇게 볼 때 결국 이방인이나 유대인이나 그 내면에 가득한 죄악은 별 차이가 없다. 결국 모두가 죄 아래 처하게 되었다. 물론 머리로는 알고 있다. 이러한 것들은 하나님이 싫어하시는 죄악들이라는 사실을, 그리고 범하지 말아야 한다는 것을. 그러나 행동은 지식을 따라가지 못한다. 이방인에게는 이미 하나님의 진노가 임했다면 유대인들에게는 하나님께서 진노하시며 진노의 날까지 참고 계신다(롬 2:5).

중요한 것은 하나님의 심판이 우리의 인지적인 앎에 근거하지 않고, 우리의 행위대로 임한다는 사실이다(롬 2:6, 참조 고후 5:10). 행위에 대한 심판 앞에 유대인의 특권은 아무 소용이 없다. 유대인의 대표적 표식인 할례를 행하고 율법을 소유한 것이 이 심판에 아무런 영향을 끼치지 못한다. 아무 차별 없이 오직 드러나는 행위로만 심판을 받는다. 그동안 선악 간에 행했던 모든 것이 고스란히 하나님의 심판대 앞에 드러난다. 결국 유대인이나 헬라인이나 특권과 상관없이 다 하나님의 심판 앞에 서서 각자의 행위대로 보응받게 된다(시 62:12, 잠 24:12).

아니, 그래도 하나님의 뜻이 분명하게 계시된 율법이 있으면 조금이나마 낫지 않을까? 그러나 본문은 분명히 선언한다. "무릇 율법 없이 범죄한 자는 또한 율법 없이 망하고 무릇 율법이 있고 범죄한 자는 율법으로 말미암아 심판을 받으리라"(롬 2:12). 우리에게는 도무지 율법을 행할 능력이 없다. 율법을 행하는 자라야 의롭다고 인정받고 심판을 면제받지만, 유대인들은 율법을 소유만 할 뿐 더는 행하지 않는다(롬 2:13). 아니, 할 수 있는 능력이 없다.

그런데 이런 절망 가운데 새로운 희망이 비춘다. 그것은 날 때부터 율법이 없는 이방인이 예수 그리스도를 믿고 율법을 행하게 되는 일이다(롬 2:14-15). 이는 하나님의 역사로만 가능하다. 좀 더 자세히 살펴보자. 14절 서두의 "율법 없는 이방인이 본성으로"라는 표현은 "날 때부터 유대인의 토라(율법)를 소유하지 못했던 이방인"이란 뜻이다. 여기서 '본성'(헬. 퓌시스)은 '출신과 혈통'을 말한다(갈 2:15 참조). 그렇다면 "본성으로 율법의 일을 행한다"라는 말은 무슨 뜻일까?(롬 2:14). 이는 그리스도 안에서 일어난 생명의 충만함과 하나님에 대한 순종을 의미한다(톰 라이트, 「로마서」(서울: 에클레시아북스, 2014), 85쪽). 이들은 율법이 없어도 충만한 생명력과 순종의 능력으로 율법의 근본정신인 하나님 사랑과 이웃 사랑(마 22:37-40)을 행한다. 이런 면에서 이방 그리스도인들은 율법 아래 있지 않았지만 그 본질에 있어선 율법이 실제로 요구했던 바를 행하고 있었다.

이들에게는 스스로 양심이 증거가 되어 이런저런 생각들이 서로를 견제하고 변호하며 마음에 새겨진 율법의 행위를 실제로 나타냈다(롬 2:15). '양심'은 헬라어로 '쉬네이데시스'인데 '함께 알다'라는 뜻이다. 즉 양심은 자신이 하는 행동이 무엇을 의미하는지를 내면에 예리하게 알려주는 성령이 내주하는 기관이다(롬 8:27 참조). 어떻게 율법이 마음에 새겨질 수 있을까? 이는 예레미야서에서 말씀하는 새 언약의 시대에 일어날 역사를 염두에 둔 말이다. 마지막 때에 하나님은 성령을 보내셔서 친히 그의 백성의 마음속에 하나님의 법을 두시고, 이를 깊이 새기겠다고 약속하셨다(렘 31:33, 32:40, 겔 36:26-27 참조).

이방 그리스도인들은 날 때부터 율법을 소유하지 못했지만 성령의 능력으로 율법의 근본정신을 행하는 역사가 자기 삶에 성취됨을 경험한다. 이로써 하나님의 법이 마음에 새겨지고 하나님이 기뻐하시는 선하고 온전한 뜻을 준행할 수 있게 된다. 성령의 능력 안에 살면서 사실상 율법을 행하며, 믿음의 순종에 이르게 하는 능력이 나타난다(롬 1:5 참조). 이러한 희망은 2장 25~29절에서 좀 더 구체적으로 설명되고, 이후 8장 1~11절, 10장 5절~11절, 13장 8~10절에서 총천연색으로 선명하게 드러난다.

결국 성도에게 중요한 것은 능력이다. 능력 없는 특권은 쓸모없는 장신구에 불과하다. 능력은 오직 하나님의 성령이 우리의 마음에 하나님의 사랑과 은혜, 선하신 뜻을 새겨주실 때만 발휘할 수 있다. 지금 나는 머리로만 알고 있는가? 아니면 아는 것이 실전의 삶에 능력으로 나타나는가? 기억하라. 죄와 싸워 이길 수 있는 능력은 우리에게 없다. 하나님의 율법과 우리의 무능력, 죄악 됨 사이에는 깊은 간극(crevasse)이 존재한다. 우리는 이러한 간극을 바라보며 좌절할 일이 아니라 우리를 의롭게 하시는 예수 그리스도를 믿음으로 바라보며, 우리의 마음을 새롭게 하시는 성령의 역사를 사모해야 한다.

성도의
진정한 자부심

¹⁷유대인이라 불리는 네가 율법을 의지하며 하나님을 자랑하며 ¹⁸율법의 교훈을 받아 하나님의 뜻을 알고 지극히 선한 것을 분간하며 ¹⁹맹인의 길을 인도하는 자요 어둠에 있는 자의 빛이요 ²⁰율법에 있는 지식과 진리의 모본을 가진 자로서 어리석은 자의 교사요 어린아이의 선생이라고 스스로 믿으니 ²¹그러면 다른 사람을 가르치는 네가 네 자신은 가르치지 아니하느냐. 도둑질하지 말라 선포하는 네가 도둑질하느냐. ²²간음하지 말라 말하는 네가 간음하느냐. 우상을 가증히 여기는 네가 신전 물건을 도둑질하느냐. ²³율법을 자랑하는 네가 율법을 범함으로 하나님을 욕되게 하느냐. ²⁴기록된 바와 같이 하나님의 이름이 너희 때문에 이방인 중에서 모독을 받는도다. ²⁵네가 율법

을 행하면 할례가 유익하나 만일 율법을 범하면 네 할례는 무할례가 되느니라. [26] 그런즉 무할례자가 율법의 규례를 지키면 그 무할례를 할례와 같이 여길 것이 아니냐. [27] 또한 본래 무할례자가 율법을 온전히 지키면 율법 조문과 할례를 가지고 율법을 범하는 너를 정죄하지 아니하겠느냐. [28] 무릇 표면적 유대인이 유대인이 아니요 표면적 육신의 할례가 할례가 아니니라. [29] 오직 이면적 유대인이 유대인이며 할례는 마음에 할지니 영에 있고 율법 조문에 있지 아니한 것이라. 그 칭찬이 사람에게서가 아니요 다만 하나님에게서니라.

전에 서울의 한 교회에서 사역하고 있을 때였다. 주일 청년 예배 후 새가족을 환영하는데 여러 새신자 등록카드 중에서 유독 눈에 띄는 카드가 있었다. 카드에는 전에 다녔던 교회 이름을 적는 난이 있었는데, 그 난이 모두 꽉 채워져 있었다. 거기에 채워진 교회의 이름들을 살펴보니 다들 서울에서 청년사역으로 잘 알려진 대형교회들이었다. 그 청년에게 물었다.

"그래, 그동안 어느 교회에서 신앙생활을 했었나요?"

그러자 이 청년은 한껏 자부심이 충만한 목소리로 유명한 대형교회의 이름들을 줄줄이 나열했다. 겉으로 봐도 스스로에 대해 자랑스럽게 여기고 있는 것이 틀림없었다. 그런데 등록카드를 자세히 보니 각 교회를 다닌 기간이 1년을 넘기는 경우가 없었다. 그래서 물었다.

"교회에서는 어떤 역할들로 섬겼나요? 소그룹 활동에 적극적으로 참여했나요?"

그러자 갑자기 당황하면서 예배만 참석했다는 것이다.

"그냥 다니기만 할 거면 왜 굳이 이 교회로 옮기려 하나요?"

이 교회가 좋은 교회라는 소문을 들어서 한번 다녀보고 싶었다는 것이다.

"원래 다니던 교회로 돌아가시는 것이 좋을 듯하네요."

이 말을 들은 청년은 당황하면서 새가족 환영 후에 드릴 말씀이 있다고 했다. 환영 행사를 마치자 이 청년은 앞으로 다시는 옮기지 않고 잘 다닐 테니 제발 한 번만 봐달라고 했다. 그동안 교회를 등록하면 환영만 해주었는데, 여기서는 돌아가라고 하니 당황스러웠던 모양이다. 유명한 대형교회(?)의 교인이라는 자부심만 있었을 뿐 그 안에 진정한 그리스도인의 표지는 찾기 어려웠다.

이와 유사한 자부심이 당시의 유대인들에게도 있었다. 특별히 유대인이란 단어 속에 담긴 의미는 이런 자부심을 드러내기에 충분했다. '유대인'(Jews)은 마카비 시대부터 본격적으로 사용된 용어로 주변의 헬라인과 대조되어 율법과 전통에 열정과 충성으로 무장한 히브리 민족의 선민의식을 나타내기 위해 사용되었다(박익수, 「로마서 주석 I」, 251쪽). 유대인에게는 자신들이 온 세계의 빛으로 부름받았다는 믿음이 있었다.

이들의 가슴에는 이사야 42장 6절이 메아리치고 있었다. "나 여호와가 의로 너를 불렀은즉 내가 네 손을 잡아 너를 보호하며 너를 세워 백성의 언약과 이방의 빛이 되게 하리니"(사 42:6). 이 말씀을 보면 하나님께서 이스라엘을 언약의 선민으로 택하고 보호하실 뿐 아니라 이들을 통해 열방의 빛이 되게 하실 것이라는 약속이 들어 있다. 따라서 유대인이란 정체성에는 민족적 자부심과 자랑뿐 아니라 사명감도 대단했다. 이런 유대인들에게는 자신만의 정체성을 규정하는 두 가지 핵심적인 요소가 있었다. 율법과 할례였다.

이번 장의 본문은 유대인들이 자랑스러워하는 율법과 할례가 과연 유대인의 진정한 자부심을 보여주는지를 엄밀하게 따지고 들어간다. 먼저 전반부인 2장 17절부터 24절까지는 율법을, 후반부인 25절부터 29절까지는 할례의 특권을 놓고 치열하게 논쟁한다.

먼저, 율법에 관한 논쟁이다. 본문의 시작부인 17~19절까지는 유대인들이 자랑스럽게 여기는 다섯 가지 특권을 소개한다. 이는 다음과 같다.

첫째, 하나님의 율법을 의지한다.
둘째, 하나님을 자랑한다.
셋째, 율법의 교훈을 받는다.
넷째, 하나님의 뜻을 안다.
다섯째, 지극히 선한 것을 분별할 줄 안다.

여기서 율법을 '의지한다'라는 것은 율법에서 안심과 평안을 얻는다는 뜻이다. 율법을 유대인 됨의 든든한 토대로 여기는 것과 같다. 이는 마치 통장에 넉넉한 금액이 저축되어 있어 마음이 든든하고 안심되는 것과 같다. 율법을 소유했다는 사실 자체로 자신을 하나님의 특별한 백성으로 여기며 든든하게 생각했다. 이런 흐름에서 이들이 '하나님을 자랑'하는 것은 온 세상을 창조하신 하나님이 특별히 자신들에게 율법을 주신 이스라엘의 하나님임을 자랑하는 것이다. 이들이 '율법의 교훈을 받는다' 라는 것은 이들이 곧 하나님의 토라를 소유하고 있음을 의미하고, 이 토라로 인해 이들은 '하나님의 뜻을 알고' '지극히 선한 것을 분별' 할 줄 안다고 자부했다.

이 다섯 가지 특권을 살펴보면 공통점이 있다. 모두 율법을 소유함으로써 얻어지는 유익들이다. 이어지는 19~20절 말씀은 이러한 특권과 연관된 유대인의 자의식을 보여준다. 이들은,

첫째, 맹인의 길을 인도하는 자요
둘째, 어둠에 있는 자의 빛이며
셋째, 율법에 있는 지식과 진리의 모본을 가진 자이고
넷째, 어리석은 자의 교사이며
다섯째, 어린아이의 선생이다.

여기서 '빛' 은 '율법의 빛' 을 의미한다(시 119:105 참조). 유대인은 이 빛을 열방에 비추어야 할 사명이 있었다. 이들에게 율법, 곧 토라는 하나님의 지식과 진리가 구체화된 실제(헬. 모르포시스)였다. 이는 토라를 통해 하나님의 현현이 구체화된 실제로 드러난 것이다. 그러나 이러한 자랑과 자의식에는 문제가 있었다. 그것은 이들에게는 율법을 행할 수 있는 능력이 없다는 사실이다. 율법으로 인한 온갖 자랑거리와 특권이 주어졌지만 정작 그 율법을 지키고 행하는 데 있어서 아무런 힘을 발휘할 수 없었다. 행할 실질적인 능력이 없었다.

이어지는 21절부터 23절까지는 실제로 무능력한 유대인을 향한 다섯 개의 질문으로 이들을 고발하는 포문을 연다. 이 질문들은 무력한 유대인들의 민낯을 그대로 드러내준다. 이 고발을 하나하나 살펴보자.

첫째, 남을 가르치는 자인 네가 너 자신은 가르치지 아니하느냐?
둘째, 도둑질하지 말라고 선포하는 자인 네가 도둑질하느냐?
셋째, 간음하지 말라 말하는 네가 간음하느냐?
넷째, 우상을 가증하게 여기는 자인 네가 신전 물건을 도둑질하느냐?
다섯째, 율법을 자랑하는 자인 네가 율법을 범함으로 인하여 하나님을 욕되게 하느냐?

서론적인 첫째 질문 이후에 나오는 둘째부터 넷째까지의 세 질문은 모두 십계명의 여덟 번째, 일곱 번째, 두 번째와 관련되어 있다. 여기에는 우리가 아는 지식과 실질적인 행동 사이의 괴리가 드러난다. 다섯째의 결정적인 고발처럼 이들은 율법은 잘 알고 있었지만 그들의 삶으로는 율법을 범하여 하나님의 영광을 가렸다. 여기서 '범했다'(헬. 파라바시스)라는 단어는 '곁길로 갔다' 혹은 '밟고 넘어갔다'라는 의미다. 율법이 일종의 넘어가지 말아야 할 경계선이었다면 경계선을 앎에도 불구하고 실제적으로는 경계선을 침범했다는 의미다.

여기서 흥미로운 일은 유대인들이 이방의 신전 물건을 도둑질한다는 고발이다. 신전에는 금과 은으로 만든 신상들을 비롯하여 금은 그릇 등 값비싼 물건들이 즐비했다. 유대인 중에는 신상에 입힌 금, 은을 탐내는 이들이 있었다. 그래서 신명기는 이런 탐심은 가증한 것이라 경고한다(신 7:25-26). 바울 시대에도 이런 신전 우상들과 물건들을 탐하고 도둑질하는 이들이 있었다(행 19:37). 이들은 "우상은 실제로 존재하지 않는 존재이며 우상에게 바쳐진 물건은 그 누구의 소유도 아니므로 마음대로 가져가도 처벌받지 않는다"라고 주장했다(톰 라이트, 「로마서」, 95-96쪽).

또한 1세기 유대인 역사가 요세푸스는 그의 저서 「아피온 반박문」에서 당시 예루살렘에 정착했던 여러 유대인이 자행했던 이런 신전 도둑질로 인해 주변의 이교도들은 '예루살렘' 하면 '신전 강도'를 떠올릴 정도였다고 보고하기도 했다(「요세푸스 IV: 요세푸스의 자서전과 아피온 반박문」, 1.310-11). 이런 면에서 유대인은 "이방의 빛이 되게 하리니"(사 42:6)라는 말씀을 성취한 것이 아니라 도리어 "내 이름을 항상 종일토록 더럽히도다"(사 52:5)라는 말씀을 성취하였다.

"기록된 바와 같이 하나님의 이름이 너희 때문에 이방인 중에서 모독을 받는도다"(롬 2:24).

이것이 유대인들의 실제 모습이었다. 이와 관련하여 에스겔서도 "여러 나라에서 하나님의 거룩한 이름이 그들(이스라엘)로 말미암아 더러워졌다"라고 선언한다(겔 36:20 참조). 유대인들은 열방 중에서 하나님의 영광을 드러내는 열방의 빛이 아니라 열방 가운데 비웃음을 받는, 하나님의 거룩한 이름을 더럽히는, 부르심에 철저히 실패한 이들이었다. 이러한 선언(롬 2:24)은 당시의 유대인들이 자신들이 아직 이방(로마)의 지배 아래 포로상태에 있었고, 하나님이 언젠가 위대한 해방의 날을 도래하게 할 것이라고 믿었던 인식을 고스란히 드러냈다. 24절이 인용한 이사야 52장 5절에 이은 7절 말씀은 이런 구원의 희망을 반영한다. "좋은 소식을 전하며 평화를 공포하며 복된 좋은 소식을 가져오며 구원을 공포하며 시온을 향하여 이르기를 네 하나님이 통치하신다 하는 자의 산을 넘는 발이 어찌 그리 아름다운가."

유대인들이 생명처럼 붙들고 있었던 유대인다움을 구성하는 또 다른 핵심적인 요소가 있었다. 바로 할례였다. 할례는 아브라함 이래로 남자의 성기에 구별된 표식을 새김으로 하나님의 선민 됨을 규정하는 의식이었다. 이것은 눈으로 볼 때 가장 확실한 표식이었기에 유대인들은 이를 생명과 같이 소중하게 여겼다. 심지어는 할례받지 않은 사람들과는 식사도 같이하지 않을 정도였다.

헬라 제국의 분할 왕국이었던 시리아의 셀류커스 왕조의 제8대 안티오커스 에피파네스 왕이 이스라엘을 점령했을 주전 170년경의 일이다. 그는 이스라엘의 민족성을 말살할 방법을 고민하다가 이스라엘 내에 할례를 금지했고, 할례를 행하는 사람들은 아이뿐 아니라 부모까지 전부 죽여 성전 벽에 매달아 놓기까지 하였다.

이때의 상황을 구약 외경인 마카베오서는 다음과 같이 기록한다. "자기 아이들에게 할례를 받게 한 여자들은 법령에 따라서 사형에 처했고 또 젖먹이들도 목을 매달아 죽였다. 그뿐 아니라 그의 가족과 그 아이들에게 할례를 베푼 사람들까지 모두 죽였다"(마카베오 상 1:60-61, 공동번역). 이러한 억압은 유대인들의 분노를 폭발시켰으며, 이후 마카비 형제의 혁명을 촉발하는 계기가 되었다. 이처럼 할례는 유대인들에게 민족적인 상흔이 깊이 새겨진 생명과 같이 소중한 것이었다.

그러나 본문 25절은 할례받은 유대인이라도 율법을 행할 능력이 없으면 할례는 아무 소용이 없다는 충격적인 선언을 한다. 왜 그럴까? 할례는 근본적으로는 하나님의 율법을 지키는 사람이란 일종의 표지이기 때문이다. 하나님께서 이스라엘 백성을 선민으로 택하셔서 할례를 명하신 것은 이제부터 그분의 백성답게 그 명령에 따라 살 것을 기대하셨기 때문이다. 할례를 행하면 이제는 하나님의 백성답게 율법을 지키며 사는 백성이라는 표식을 몸에 지니게 된다. 율법을 행하는 사람이라는 표식이다. 따라서 할례를 행하면 율법 전체를 지켜야 할 의무를 지게 된다. 그러나 할례를 행해놓고 율법을 지키지 아니하면 이 할례는 아무 소용이 없는 할례로 전락한다. 그래서 25절은 이렇게 말씀한다.

"네가 율법을 행하면 할례가 유익하나 만일 율법을 범하면 네 할례는 무할례가 되느니라."

그러면서 새로운 선언을 한다. 즉 비록 육체에 할례를 행하지 아니한 무할례자라 하더라도 율법을 지킨다면 그는 할례받은 자와 같이 여길 것이다(롬 2:26). 이는 언뜻 가상의 상황을 설정하는 것 같지만, 사실은 앞서 14~16절에 잠시 언급한 것처럼 마음에 할례를 받고 성령의 능력으로 말씀을 마음에 새긴 신인류, 즉 이방 그리스도인을 전제한다. 이들은 성령의 능력으로 하나님의 율례를 지킨다. 육신에 행하는 할례가 있더라도 율법을 지키는 능력이 뒷받침되지 않는 한 아무 소용이 없다.

여기서 참된 유대인이 누구인가를 다시 정의할 필요가 있다. 육체의 표면에 새기는 할례로 유대인이 되는 것이 아니라 그 내면에 하나님의 말씀을 실제로 행할 수 있을 때 진정한 유대인이 된다(롬 2:28). 표면의 문제가 아니라 내면의 능력 문제다. 죄의 권세에 굴복하지 않고 이길 수 있느냐의 문제다. 따라서 진정한 이면의 유대인은 육체가 아니라 성령으로 마음에 할례를 받은 사람이다(롬 2:29). 이는 장차 그리스도 안에서 영생을 얻고 마음에 할례를 받을 새로운 백성의 출현을 고대하게 한다(롬 5:21, 8:1-11). 이렇게 마음에 할례를 받은 이는 진정 '유대인'이란 이름을 은혜의 선물로 받는다. 왜냐하면 이들을 유대인으로 인정하는 칭찬이 하나님께로 나기 때문이다(롬 2:29). 여기 '칭찬'이란 단어에 주목할 필요가 있다. 히브리어 '유다'의 의미가 '칭찬'이다. 이는 일종의 언어유희로, 마음에 할례를 받은 이면의 진정한 유대인이 진정 하나님을 기뻐하고 즐거워할 수 있음을 암시한다(롬 5:11 참조).

이처럼 마음의 할례는 구약에서 새롭게 도래하는 메시아의 시대에 일어날 것으로 여러 번 예언된 약속이다. "그러므로 너희는 마음에 할례를 행하고 다시는 목을 곧게 하지 말라"(신 10:16). "네 하나님 여호와께서 네 마음과 네 자손의 마음에 할례를 베푸사 너로 마음을 다하며 뜻을 다하여 네 하나님 여호와를 사랑하게 하사 너로 생명을 얻게 하실 것이며"(신 30:6). "유대인과 예루살렘 주민들아 너희는 스스로 할례를 행하여 너희 마음 가죽을 베고 나 여호와께 속하라"(렘 4:4).

그렇다면 이런 마음의 할례는 어떻게 받을 수 있는가? 성경은 이것이 하나님의 영으로만 가능하다고 말씀한다. "내가 그들에게 한마음을 주고 그 속에 새 영을 주며 그 몸에서 돌 같은 마음을 제거하고 살처럼 부드러운 마음을 주어 내 율례를 따르며 내 규례를 지켜 행하게 하리니 그들은 내 백성이 되고 나는 그들의 하나님이 되리라"(겔 11:19-20). "또 새 영을 너희 속에 두고 새 마음을 너희에게 주되 너희 육신에서 굳은 마음을 제거하고 부드러운 마음을 줄 것이며 또 내 영을 너희 속에 두어 너희로 내 율례를 행하게 하리니 너희가 내 규례를 지켜 행할지라"(겔 36:26-27).

이것이 실질적으로 이루어진 것이 바로 사도행전 2장에 나오는 성령강림 사건이다. 예수님은 승천하시기 전에 제자들에게 말씀하셨다. "오직 성령이 너희에게 임하시면 너희가 권능을 받고 예루살렘과 온 유대와 사마리아와 땅끝까지 이르러 내 증인이 되리라 하시니라"(행 1:8). 하나님의 영이 임하여 하나님의 뜻을 행할 능력을 받고, 온 열방에 복음의 빛을 비추게 하시겠다는 뜻이다. 이것은 유대인의 정체성과 사명으로 삼았던 이사야 42장 6절의 새로운 성취였다. 진정한 유대인의 자부심은 율법에도 할례에도 있지 않았다. 진정한 자부심은 성령의 능력으로 하나님의 뜻을 행할 수 있을 때, 그리고 그분이 기뻐하시는 빛을 열방에 비출 때 생기는 것이다.

지금 내 신앙의 자부심은 어디에 있는가? 겉으로 드러나는 교회의 크기에 있는가? 성경통독을 몇 번 한 것으로, 아니면 40일 금식기도한 것에 있는가? 아니면 날마다 성령으로 새로워지는 우리의 내면에 있는가? 우리는 날마다 스스로에 대하여 죽고 부활하신 그리스도께서 우리 안에 사시는 경험으로 자랑스러워해야 한다. 신앙생활의 자부심은 결코 표면적인 것, 겉으로 드러나는 것에 있지 않다. 다른 이들의 멋진 모습에 결코 주눅 들지 말라. 이것은 내가 주님의 뜻을 실질적으로 행하는 데 아무런 도움을 주지 못한다. 오히려 외면적인 자부심은 아무 가치 없는 헛된 것으로 교만할 수 있는 틈을 준다. 기억하라. 신앙생활의 참된 자부심, 성도의 참된 자부심은 오직 내 안에 계신 그리스도의 영으로 인해 흘러나와야 한다.

특권과 사명은
함께 간다

¹그런즉 유대인의 나음이 무엇이며 할례의 유익이 무엇이냐. ²범사에 많으니 우선은 그들이 하나님의 말씀을 맡았음이니라. ³어떤 자들이 믿지 아니하였으면 어찌하리요. 그 믿지 아니함이 하나님의 미쁘심을 폐하겠느냐. ⁴그럴 수 없느니라. 사람은 다 거짓되되 오직 하나님은 참되시다 할지어다. 기록된 바 주께서 주의 말씀에 의롭다함을 얻으시고 판단받으실 때에 이기려 하심이라 함과 같으니라. ⁵그러나 우리 불의가 하나님의 의를 드러나게 하면 무슨 말 하리요. (내가 사람의 말하는 대로 말하노니) 진노를 내리시는 하나님이 불의하시냐. ⁶결코 그렇지 아니하니라. 만일 그러하면 하나님께서 어찌 세상을 심판하시리요. ⁷그러나 나의 거짓말로 하나님의 참되심이 더 풍성하여 그

의 영광이 되었다면 어찌 내가 죄인처럼 심판을 받으리요[8] 또는 그러면 선을 이루기 위하여 악을 행하자 하지 않겠느냐. 어떤 이들이 이렇게 비방하여 우리가 이런 말을 한다고 하니 그들은 정죄 받는 것이 마땅하니라.

영국 비밀첩보원의 활약상을 담은 007시리즈를 보면 온갖 첨단 무기가 다 등장한다. 시계, 구두, 안경, 만년필, 우산 등 그가 가진 모든 소지품이 위급할 때 유용하게 사용하는 비밀병기들이다. 그가 타는 자동차는 웬만한 중화기의 공격에도 끄떡하지 않는 특별하게 제작된 고성능 방탄차량이다. 그뿐만 아니다. 여권도 여러 신분으로 된 위조여권을 만들어 전 세계 여러 나라를 자유롭게 드나든다. 이 모든 것이 비밀요원 007에게 주어진 특권이다.

그렇다면 왜 007에게 이런 특권이 주어졌을까? 이는 그가 감당해야 할 특별한 사명 때문이다. 비밀리에 적국의 방해 세력을 제거하고 나라의 안보를 지키는 사명을 감당하도록 이 모든 특권이 부여된 것이다. 만약 007이 이런 특수무기들을 옥션 같은 경매사이트에 비싼 가격으로 내다 팔아 수익을 챙긴다면 어떻게 될까? 그는 곧바로 소환되어 처벌받을 것이다. 왜? 국가를 위해 사용해야 할 특권을 개인의 것인 양 사사로이 사용했기 때문이다. 특권은 사명을 위한 것이지 개인의 안위와 이익을 위한 것이 아니다.

유대인들은 하나님께서 허락하신 특권을 여럿 누리고 있었다. 무엇보다 하나님의 말씀을 맡은 민족이었다. 그 증표로 할례를 받았다.

그 어떤 민족도 이처럼 선명하고 또렷하게 온 세상을 창조하신 하나님의 말씀을 들은 적도, 받은 적도 없었다(이러한 특권에 대해서는 로마서 9장에서 좀 더 구체적으로 다룰 것이다). 그렇다면 왜 이들에게 이런 어마어마한 특권이 주어졌을까? 그것은 바로 그들이 감당해야 할 중요한 사명 때문이었다. 이는 하나님이 창조하신 모든 피조세계에 하나님께 위탁받은 말씀의 빛을 생생하게 전달하여 하나님을 드러내고, 이를 통하여 모든 민족이 주께로 돌아오게 하는 것이었다(사 42:6 참조).

그러나 이스라엘은 특권에 대한 자부심만 있었지 이를 사명과 연결시키지 못했다. 특권을 그저 자기들이 과시하고 자랑하는 수단으로만 생각했다. 사명을 망각하면 특권은 사유화된다. 여기에 영적으로 부패할 틈이 생긴다. 그러나 이번 장의 본문은 특권이 유대인에게 맡겨진 것(have been entrusted, NIV)임을 분명히 한다. '맡았다'라는 말은 '믿다' '신뢰하다'를 의미하는 헬라어 동사 '피스테우오'에서 왔다. 즉 하나님의 말씀이 맡겨졌다는 것은 하나님께서 유대인들에게 그 사명을 잘 감당할 것을 신뢰하며 말씀을 맡겼다는 의미다. 유대인들로서는 하나님의 신뢰를 받고 이 말씀을 위탁받은 것이다.

이들은 우편집배원과 같다. 우편집배원은 고객의 신뢰를 받고 소포를 위탁받는다. 위탁 기간은 주인에게 소포를 전달할 때까지의 한시적인 기간이다. 만약 자신이 배달하는 물건이 값비싼 명품이라고 주변 사람들에게 자랑하고 자기 집 거실에 자기 것인 양 전시해 둔다면 어떻게 될까? 이는 크게 착각하는 일이다. 위탁받은 것은 제한된 기간이 있다. 이 기간이 지나면 반드시 내 손을 떠나야 한다.

이처럼 특권받은 유대인들이 착각한 점이 있다. 자신들이 위탁받은 특권이 영원히 계속되리라는 것이다. 하지만 이들의 위탁받은 것은 하나님의 구속역사의 제한된 기간만이었다. 이런 착각 속에 이들은 위탁받은 사명을 망각하고 사사로운 이익을 추구하고 부패하여, 결국 이방인같이 살게 되는 일이 벌어졌다. 결국 유대인의 불성실함으로 인해 하나님의 이름이 이방인 중에 모욕을 받게 되었다(롬 2:24).

만약 유대인들이 하나님의 말씀을 위탁받은 구속사의 제한된 기간 동안 그들의 사명을 성실하게 감당했다면 더욱 많은 열방의 백성들이 빛으로 나아왔을 것이다. 이들이 맡았던 '하나님의 말씀'(롬 3:2)은 로마서 처음에는 '선지자들을 통하여 그의 아들에 관하여 성경에 미리 약속하신 말씀'으로(롬 1:2), 여기서는 '위탁받은 말씀'으로, 더 나아가서는 '믿음의 말씀'(롬 10:8)으로, 그리고 '그리스도의 말씀'(롬 10:17)으로 그 전모가 드러난다. 이는 로마서에서 온전히 계시될 '복음의 말씀'이다. 하지만 유대인들은 불성실함으로 위탁받은 자의 사명을 제대로 감당하지 못했다.

자, 그렇다면 이제 어떻게 할 것인가? 이방인은 하나님을 마음에 두기를 싫어하여 죄악의 구렁텅이에 헤매고 있다(롬 1:18-32). 유대인은 이들에게 빛을 비추어줄 사명과 특권이 있음에도 그 사명을 온전히 감당하지 못했다(롬 2:1-29). 더 이상 인류에게는 희망이 없는 것인가? 그동안 인류에게 오래 참고 성실하셨던 하나님의 신실하심이 이제는 한계에 도달한 것인가? 본문 3절은 이러한 의문에 대해 돌직구를 날린다.

"어떤 자들이 믿지 아니하였으면 어찌하리요. 그 믿지 아니함이
하나님의 미쁘심을 폐하겠느냐."

'어떤 자들'이라 함은 유대인들을 말한다. '믿지 아니하였다'(un
faithful, ESV)는 표현은 뒤에 나오는 '하나님의 미쁘심', 즉 하나님
의 신실하심(faithfulness of God)과 대구를 이룬다. 이를 새번역은
"그런데 그들 가운데서 얼마가 신실하지 못했다고 해서 무슨 일이라
도 일어납니까? 그들이 신실하지 못했다고 해서, 하나님의 신실하심
이 없어지겠습니까?"라고 번역한다. 유대인들의 신실하지 아니함을
더 부각시키는 것이다. 이는 하나님으로부터 율법과 할례의 특권을
받은 유대인들마저 하나님 앞에 성실하게 그 의무를 준수하지 못했
다면, 이제 하나님 편에서도 그의 성실하심을 폐기할 때가 되지 않았
느냐고 문제를 제기하는 것이다. 이런 심각한 위기의 질문 앞에 본문
4절은 절대 그럴 수 없노라고 단호하게 잘라 말한다.

"그럴 수 없느니라. 사람은 다 거짓되되 오직 하나님은 참되시다
할지어다. 기록된 바 주께서 주의 말씀에 의롭다함을 얻으시고
판단 받으실 때에 이기려 하심이라 함과 같으니라."

사람들은 다 거짓되다. 하나님 앞에 특권만 좋아할 뿐 사명을 망
각하며 자기의 유익만을 따라 산다. 그러나 하나님은 절대 이들과 같
이 행하지 않으신다. 사람의 거짓됨이 하나님의 참되심, 진리되심을
압도할 수 없다. 여기 '참되다'라는 표현은 '진리'를 의미하는 '알레

테이아'의 형용사형인 '알레테스'이다. 여기서 사람의 거짓과 하나님의 진리되심, 즉 사람의 불성실함과 하나님의 신실하심이 대조된다. 그뿐만이 아니다. 하나님의 신실하심은 사람의 불성실하심을 압도하며 이기려 한다.

이어지는 시편 51편의 4절의 인용은 다윗이 밧세바와 간음한 후 나단 선지자의 책망을 받고 회개하며 써 내려간 기도이다. 다윗은 참회 가운데 자신이 하나님 앞에서 죄를 범했음을 시인하며, 하나님의 심판은 전적으로 의롭다고 고백하는 동시에 자신의 신실하지 못함을 고백한다. 하나님은 밧세바와의 범죄를 덮기에 급급한 다윗의 불성실함을 이기시고 주님의 의로우심과 진실하심을 드러내신다. 그래서 시편 51편 7절 이하에는 하나님의 의로우심 앞에 드러난 다윗의 불의를 회개한다. 자신을 정결하게 해주시고(시 51:7), 자신 속에 정직한 영을 새롭게 하시며(시 51:10), 성령을 거두어 자신을 내쫓지 마시고(시 51:11), 구원의 즐거움을 회복시켜(시 51:12), 하나님께 돌아가게 해달라고 기도한다(시 51:13). 따라서 이 기도는 다윗의 불의함과 불성실함이 하나님의 신실하심을 이길 수 없으니, 하나님의 신실하심으로 자신을 회복하게 해달라는 기도이다. 이런 면에서 사람의 불성실함이 결코 하나님의 신실하심을 폐기할 수 없다.

한편 하나님의 신실하심이 이기리라는 확신은 유대인들이 자신을 교묘하게 정당화할 수 있는 또 다른 구실을 준다. 이는 5절의 질문으로 구체화된다.

"그러나 우리 불의가 하나님의 의를 드러나게 하면 무슨 말 하리

요. (내가 사람의 말하는 대로 말하노니) 진노를 내리시는 하나님
이 불의하시냐.”

자신을 어떻게든 정당화하려는 유대인들의 궤변은 다음과 같다.
이들이 말하는 대로 표현하자면, 하나님께서 유대인들이 이방인들에
게 하나님의 빛을 전할 사명을 제대로 감당하지 못했다고 해서 진노
를 내리신다면 하나님은 의로우신 분이 아니라는 것이다. 왜? 자신
들의 불성실이 오히려 하나님의 성실하심을 더 선명하게 드러내는
계기가 되었기 때문이다. 이런 면에서 불성실한 유대인들은 하나님
의 진노를 받을 이들이 아니라 오히려 상을 받을 사람이라는 것이다.
이런 주장은 궤변에 불과하다. 생각해보라. 그렇다면 우리가 하나님
의 신실하심을 드러내기 위해 더 불성실하게 살아야 한단 말인가?
이것은 도리어 하나님의 심판을 자초할 일이다. 그래서 바울은 “결
코 그렇지 아니하노라”라고 단호하게 거부한다(롬 3:6). 이 표현은
헬라어의 화법 중 희구법으로 단호한 반박뿐 아니라 동시에 간절한
바람까지 표현한다(장흥길, 「로마서」(서울: 한국장로교출판사, 2014), 76쪽). 즉
“결코 그렇게 생각해서도 안 되고, 그렇게 생각하지 않기를 간절히
바란다”라는 뜻이다.

그러면서 바울은 두 가지 반문을 제기한다. 첫째, 만약 이런 궤변
이 옳다고 한다면 하나님께서 어떻게 이 세상을 심판하실 수 있겠느
냐는 것이다(롬 3:6 후반). 유대인들의 자기 정당화의 논리를 받아들
이면 하나님은 이 세상을 심판하셔서는 안 된다. 오히려 유대인들의
거짓말과 악행으로 하나님께 영광을 돌린다면 하나님은 이런 유대인

들에게 상을 주셔야 한다(롬 3:7). 둘째, 그렇다면 사람들은 자신의 악행을 정당화할 수 있다는 것이다. 이런 악행도 결국 선을 이루기 위하여, 하나님의 신실하심을 드러내기 위하여 하는 것이므로 악을 도모할 여지를 주게 되지 않겠느냐 하는 것이다(롬 3:8 전반). 바울이 율법을 무시하고 복음을 전한다고 비방하던 사람들은 바울을 또한 이런 궤변과 논리를 전하는 사람으로 무시했던 모양이다(롬 3:8 후반). 그러나 바울은 이런 궤변은 하나님 앞에 모두 정죄받는 것이 마땅하다고 결론짓는다.

어떤 이단 단체는 7절 말씀을 근거로 '모략'이라는 교리를 억지로 주장한다. 진리를 소유했다고 주장하는 자신들의 단체로 돌아오도록 하기만 하면 어떤 거짓말과 계략도 죄가 아니라는 것이다. 하나님을 영화롭게 하는 하얀 거짓말은 심판받지 않는다고 주장한다. 하지만 이는 자기 정당화를 위한 억지 궤변에 불과하다.

우리는 사명자의 궤변으로 빠지는 것을 조심해야 한다. 사명에 걸맞게 주어지는 특권 앞에 겸손해야 한다. 특권을 마치 내 것인 양 이기적으로 사용하고, 이것이 다 하나님의 영광을 위해 그런 것이라고 뻔뻔하게 항변해서는 안 된다. 내 것이 아니라 맡겨진 것이라는 청지기 의식으로 서야 한다. 이런 의식은 우리로 사명에 걸맞은 특권을 지혜롭게 활용할 수 있는 분별력을 준다.

이따금 요란한 사이렌을 울리며 지나가는 응급차가 있다. 다급한 환자가 있으므로 빨리 비켜달라는 신호다. 주변의 차량이 비켜주는 것은 특권이기도 하지만, 다른 한편 이런 특권은 주변 사람들의 배려와 희생 때문에 가능함을 알고 있어야 한다. 혹시 누군가가 구급차에 환자도 싣지 않은 채로 단지 빨리 가고 싶다는 이유만으로 사이렌을 켜고 간다면 이것은 특권이 주는 유익에만 빠진 행위다. 그렇기에 우리는 특권 앞에 겸손하고 특권 뒤에 숨겨진 희생과 배려에 감사할 수 있어야 한다. 특권이 있을수록 두렵고 떨림으로 사명에 최선을 다해 집중해야 한다. 특권이 있다고 내가 특별한 것이 아니라 사명이 중요해서 특권이 주어졌다는 사실을 잊어서는 안 된다.

하나님은 자기 아들의 생명을 버리고 우리를 살려주셨다. 우리가 아들의 생명을 얻을 수 있는 것은 하나님의 아들 예수 그리스도께서 기꺼이 자기 생명을 우리를 위해 내주셨기 때문이다. 하늘의 특권을 다 포기하시고 우리를 위해 내려오셨고, 십자가에 자신의 생명을 희생하셨기에 우리는 왕이신 하나님의 자녀로 설 수 있는 것이다(벧전 2:9). 따라서 내가 얻은 생명은 특권인 동시에 사명이다. 내게는 하늘과 땅의 모든 권세를 동원할 특권(마 28:18)이 있는 동시에 이 특권으로 이웃을 사랑하고 섬기며 복음의 빛을 전해 이들로 주님께 돌아오게 할 이스라엘의 사명이 있다. 나는 이 사명을 잘 감당하고 있는가?

기억하라. 특권과 사명은 함께 간다. 그리고 이는 그분의 온전한 뜻이 이루어지는 중에 우리에게 한시적으로 맡기신 것들이다. 따라서 우리는 우리에게 주어진 잠시의 시간 동안 하나님의 온전하신 뜻과 계획을 드러내기 위해 최선을 다해야 한다. '내가 언제까지 이렇게 해야 하나?' 하는 생각이 엄습할 때가 있는가? 인내하며 최선을 다하라. 맡겨진 기간은 생각보다 길지 않다.

모두가
죄 아래 있다

⁹그러면 어떠하냐. 우리는 나으냐. 결코 아니라. 유대인이나 헬라인이나 다 죄 아래에 있다고 우리가 이미 선언하였느니라. ¹⁰기록된 바 의인은 없나니 하나도 없으며 ¹¹깨닫는 자도 없고 하나님을 찾는 자도 없고 ¹²다 치우쳐 함께 무익하게 되고 선을 행하는 자는 없나니 하나도 없도다. ¹³그들의 목구멍은 열린 무덤이요 그 혀로는 속임을 일삼으며 그 입술에는 독사의 독이 있고 ¹⁴그 입에는 저주와 악독이 가득하고 ¹⁵그 발은 피 흘리는 데 빠른지라. ¹⁶파멸과 고생이 그 길에 있어 ¹⁷평강의 길을 알지 못하였고 ¹⁸그들의 눈앞에 하나님을 두려워함이 없느니라 함과 같으니라. ¹⁹우리가 알거니와 무릇 율법이 말하는 바는 율법 아래에 있는 자들에게 말하는 것이니 이는 모든 입을 막고

> 온 세상으로 하나님의 심판 아래에 있게 하려 함이라. [20]그러므로 율법의 행위로 그의 앞에 의롭다 하심을 얻을 육체가 없나니 율법으로는 죄를 깨달음이니라.

치열하게 장기를 두다 보면 결정적인 순간에 '장군'을 선언할 때가 있다. 상대방의 장군 소리에 정신을 차리고 주변을 보면 어느덧 자신도 모르는 사이 외통수에 걸렸음을 깨닫게 된다. 이리저리로 빠져나갈 길을 궁리해 보지만, 어느덧 상대방이 사전에 이런저런 퇴로를 다 차단해놓은 것이다. 결국 꼼짝없이 상대방에게 승복할 수밖에 없다.

이번 장이 바로 이와 같다. 그동안 치밀하게 준비하며 이방인의 죄악에 대해, 또 유대인의 죄에 대해 차근차근 논쟁을 끌고 오던 바울은 이번 장에 와서 로마서를 읽는 모든 독자에게 '장군'을 선언한다. 여기서 장군은 유대인이나 헬라인이나 모두 꼼짝없이 죄 아래 있다는 선언을 말한다. 이 선언 앞에 유대인이나 헬라인이나 그 누구도 빠져나갈 퇴로가 없다.

율법을 소유한 것을 자랑으로 삼았던 유대인들은 그 탁월한 율법을 통해 자신이 율법을 행할 수 있는 실질적인 능력이 없는 무력한 죄인 됨을 깨닫는 것으로 끝났다. 율법의 행위를 자랑하려 하였으나 결국 무력한 자기 의에 불과하였다. 결국 유대인들의 율법주의(legalism)는 정죄를 받는다. 또한 율법이 없는 이방인은 율법 없이 자신의 정욕을 따라 살다가 양심을 통해 죄 가운데 처했음을 깨닫는다.

하나님을 떠나 자기가 살고 싶은 대로 자기 의를 따라 살았지만, 결국 죄 가운데 처해 있게 되었다. 결국 이방인의 무율법주의(antinomianism)도 정죄 아래 있다. 율법주의와 무율법주의는 서로 다른 정반대의 방향 같지만, 하나님을 거부하고 자기 노력과 욕심을 따라 간다는 점에서는 같다(이에 관한 보다 구체적인 논의는 Tim Keller, Preaching(New York: Viking, 2015), pp.48-52 참조). 따라서 누구도 죄 아래 있음을 핑계할 수 없다.

이것은 그동안 전개해왔던 로마서의 구조를 통해서도 선명하게 드러난다. 본문은 작게는 유대인의 죄를 드러낸 2장 1절에서 3장 8절까지의 논의의 결론인 동시에 이방인의 죄까지를 포괄하는 1장 18절에서 3장 8절까지의 결론이기도 하다. 이 결론을 얼마나 강력하게 주장하는지 본문의 시작에서 우리가 모두 "다 죄 아래에 있다"라고 선언하는(롬 3:9) 동시에 끝에서도 "의롭다 하심을 얻을 육체가 없고 죄를 깨달을" 뿐이라고 결론 내린다(롬 3:20). 첫 구절과 끝 구절 모두 죄 아래 있다는 표현을 반복해 사용함으로써 문단 전체를 감싸고 있다. 특히 9절의 '선언하다'(헬. 프로아이티아오마이)라는 단어는 법정에 기소하는 것을 말한다. 법정적 고발과 함께 모두가 죄인이라는 결론을 제시하여, 모두가 죄 아래 있다는 하나님의 선고 앞에 그 누구도 빠져나갈 수 없도록 '장군'을 선언한다.

이렇게 선포한 '장군' 이면에는 그만큼 온 인류를 꼼짝달싹 못하게 하는 죄의 강력한 힘이 있음을 간과해서는 안 된다. '죄'라는 단어는 로마서에서 여기 처음으로 등장한다. 여기서 죄는 살인, 강도, 음란과 같은 죄의 개별적인 행위목록을 말하는 것이 아니다. 죄는 온 인류를 휘두르며 꼼짝달싹 못하게 하는 생명력 있는 권세로 등장한다. 그래서 '죄'라는 단어를 복수가 아닌 단수로 사용하고 있다. 사람을 사로잡아 끌고 가는 총체적인 권세이자 세력을 지칭한다.

이런 죄의 특성을 드러내는 표현이 바로 "다 죄 아래에 있다"(롬 3:9)는 말씀이다. 모두를 죄 아래에 둔다는 것은 유대인이든 헬라인이든 간에 예외 없이 모두를 이 죄의 지배와 통치 아래 둔다는 사실이다. 여기서 '죄'라는 단어는 헬라어로 '하마르티아'다. 이는 화살이 과녁을 벗어나서 날아가는 모양을 의미한다. 즉 하나님이 원하시는 지점이 아니라 하나님이 싫어하시는 엉뚱한 지점으로 날아가는 것이다. 화살이 날아가려면 어떤 방향이든 엄청난 에너지가 필요하다. 이런 면에서 죄는 하나님이 기뻐하지 않으시는 방향이라 하더라도 그곳으로 날아가게 하는 강력한 힘을 지니고 있다. 모든 인류를 자신의 통치 아래 둘 정도로 죄는 강력한 존재이다.

죄의 강력한 지배력은 10절부터 18절까지 이어지는 연속적인 성경 인용문에서 잘 나타난다. 먼저 시편 14편 1절 이하를 인용하여 "의인은 없나니 하나도 없으며"라고 한다(롬 3:10, 참조 전 7:20, 시 53:1)(원래 시편은 선을 행하는 자가 없다고 한 것을 여기서는 '의인'이 없다고 로마서의 문맥에 맞게 변형한다). 여기서 의인은 하나님과 올바른 관계를 맺고 있는 사람을 의미한다. 즉 죄의 통치 아래서 그 누구도 하나님과 올바른 관계를 맺는 이가 없다는 뜻이다. 심지어 이 사실을 깨닫지도 못하고 하나님을 찾지도 않는다(롬 3:11). 이들은 죄의 통치에 이끌려 함께 무익한 일을 추구한다(롬 3:12). 이들의 행동 가운데 하나님을 기쁘시게 하는 일은 전무하다(롬 3:12).

죄의 통치는 각 개개인을 황폐하게 만든다. 개인의 황폐함이 가장 뚜렷하게 드러나는 부분이 바로 언어다. 이들의 목구멍은 열린 무덤과 같다(롬 3:13, 참조 시 5:9). 즉 죄의 통치를 받는 이들의 입에서는 악이 흘러나와 많은 부적절한 언어로 인하여 이들을 선동하여 사망으로 이끌고 간다. 그들의 말은 속임과 거짓이 가득하고, 독사의 독, 즉 사람을 치명적으로 해롭게 하는 악이 가득하다(롬 3:13, 참조 시 140:3). 그 입에는 저주와 악독한 말이 가득하다(롬 3:14, 참조 시 10:7).

20세기 독일의 철학자 하이데거는 "언어는 존재의 집"이라고 했다. 이는 언어가 단순히 사람과 의사소통을 하는 수단에만 그치지 않고, 더 나아가 존재가 머물고 존재가 세상과 만나는 장소를 제공하는 자리라는 뜻이다. 따라서 언어는 존재의 바탕이자 근원의 역할을 한다. 이렇게 볼 때 황폐하고 악독한 언어가 흘러나오는 사람은 그 존재의 바탕과 근원에 죄가 자리 잡고 지배함을 알 수 있다. 자신을 다스리는 죄가 내면으로부터 다양한 악한 언어로 표출되고 있어야 한다.

15절부터는 죄의 통치가 사람의 행동에 어떤 영향을 끼치는지가 묘사된다. 이사야 59장 7~8절을 인용한 15~17절 말씀은 이들의 행동이 하나님께서 인도하시는 샬롬의 길, 즉 평강의 길과 정반대되는 길로 가고 있음을 보여준다. 먼저 악인이 가는 발은 피 흘리는 데 빠르다(롬 3:15). 즉 사람들에게 치명적인 해악을 주는 일에 빠르게 나선다. 최선을 다해서 행동한다고 하지만 결국 파멸과 비참한 고생의 열매를 거둘 뿐이다(롬 3:16). 이들은 하나님을 두려워하지 않는다(롬 3:18).

이 구절의 근거가 되는 시편 36편 1절은 이 구절을 좀 더 자세히 풀어 설명한다. "악인의 죄가 그의 마음속으로 이르기를 그의 눈에는 하나님을 두려워하는 빛이 없다 하니." 여기서는 하나님을 두려워하지 않는 것이 그 사람의 눈빛에 나타난다. 그리고 이런 눈빛이 나타나는 것은 악인 안에 역사하는 죄가 그의 마음을 다스리고 그 안에 거짓된 메시지, 즉 악한 언어를 속삭이기 때문이다. 결국 죄가 통치할 때 죄는 사람의 언어와 사고를 뒤틀게 만들고 그의 눈빛과 행동에 영향을 준다. 이처럼 죄의 지배를 받는 사람의 적나라한 현실이 10~18절까지 악의 인용 구절들을 통하여 종합적으로 드러난다.

놀라운 것은 이러한 인용 구절들(롬 3:10-18)이 단순히 악의 통치 아래 있는 사람들의 비참한 모습만을 묘사하는 것이 아니라는 점이다. 각각의 인용 구절 전후의 문맥을 살펴보면 깊은 소망을 발견한다. 여기에는 일관되게 흐르는 하나님의 마음이 드러난다. 즉 이렇게 악한 행동에도 하나님은 이들의 악을 고발하고 직면하는 동시에, 하나님 자신이 그의 백성과 체결하신 언약에 신실하심으로 말미암아 죄 아래서 속수무책으로 무력하게 끌려다니는 사람들을 결국에는 구원하신다. 그리고 그 모든 비참에도 언약을 지키시기 위하여 구원의 행동을 시작하겠다는 소망을 보여주신다. 이러한 전제는 새로운 부분(롬 3:21-4:25)을 시작하는 3장 21절에 본격적으로 나타난다. 그러나 하나님의 신실하심이 본격적으로 드러나기 전에 우리는 죄의 지배 아래 있는 모든 인류의 현실을 직시하고 받아들여야 한다. 이것은 누구도 부인할 수 없는 분명한 사실임을 확실히 해야 한다. 이를 바울은 우리가 모두 모든 입을 막고 하나님의 심판 아래에 처하게 되었노라고 선언한다(롬 3:19).

그렇다면 모든 입을 막는다는 말은 무슨 의미일까? 바울 당시의 유대 법정에서는 피고가 핑계할 수 없는 명백한 범죄가 드러났을 때 법관은 이를 거짓으로 핑계 대고 변호하려 하지 말라는 뜻으로 입을 막으라는 명령을 내릴 수 있었다. 심지어는 피고의 입을 때리기도 했다. 사도 바울이 공회 앞에 증언하려 할 때 대제사장 아나니아가 곁에 있는 사람들에게 바울의 입을 치라고 명한 일이 대표적인 예 중의 하나이다(행 23:2). 예수님도 대제사장 앞에서 증언하다가 이와 비슷한 경우를 당하셨다(요 18:22). 이렇게 볼 때 모든 입을 막고 온 세상이 하나님의 심판 아래 있게 하려 한다는 19절 말씀은 그 누구도 핑계할 수 없을 정도로 분명하게 온 인류가 죄의 지배 아래 있어 결국 하나님의 심판 앞에 직면하게 되었음을 보여준다. 이런 흐름 가운데 유대인들은 스스로 자부심으로 삼고 있던 율법조차도 하나님의 심판 앞에 아무런 영향력을 행사할 수 없는 무력한 것임을 의미한다.

본문 논의의 결론에 해당하는 20절은 이렇게 선언한다. "그러므로 율법의 행위로 그의 앞에 의롭다 하심을 얻을 육체가 없다!" 여기서 '율법의 행위'는 이방인과 구별되는 하나님 백성의 지위를 구별하고 유지하기 위한 일종의 경계표지로, 율법이 요구하는 이방인과 구별되는 여러 규정들을 말한다. 구체적으로는 할례, 안식일, 정결법 또는 음식과 같은 외적인 표지의 행위들을 모두 포함한다(갈 2:15-16 참조). 이러한 것들은 유대인을 이방 죄인과 구분시켜주는 경계선의 역할을 하였다. 율법의 행위는 유대인의 정체성을 부여하는 '수단'이었다. 그러나 이들은 이러한 율법을 소유하고서도 죄를 지었다. 죄를 지었다는 것은 결국 이런 율법의 행위, 유대인의 특별한 경계표지도 하나님 앞에 의롭다함을 얻는 데 아무런 소용이 없다는 것이다.

"의롭다 하심을 얻을 육체가 없다"라는 구절은 시편 143편 2절을 인용한 것인데, 원래는 의로운 '인생'이 없다고 한 말씀을 '육체'가 없다는 단어로 바꾸어 표현했다. 육체란 무엇인가? 육체란 표현은 창세기 6장에 나오는 노아 이야기에 자주 등장한다(창 6:12,17, 7:15 참조). 이는 하나님에게서 떨어져 연약함과 부패성 가운데 있으면서, 이 세상에 의존하며 자신의 수단과 방법으로 살아가기로 한 인류를 말한다. 이런 '육체'로 사는 인류는 죽음을 향해 달려가고 있으며, 하나님의 심판의 날에 피할 수 없는 심판에 직면하게 된다.

이런 '육체'는 한편 인류의 죄 문제를 공유한 유대적인 육신의 의미를 또한 내포하는데(톰 라이트, 「로마서」, 116쪽), 그 대표적인 것이 바로 유대인들이 자랑스럽게 여기는 할례다. 이는 하나님의 택한 백성이라는 정체성을 부각시켜주며, 심판의 날에 특별한 구원을 가져다주리라는 헛된 소망을 주었다. 하지만 할례를 자기 육체에 새겨 넣었다고 해서 특별한 구원을 기대한다면, 역설적으로 이런 소망을 갖고 사는 것 자체가 자신이 육체의 수준에서 사는 것임을 나타내는 표지이다.

유대인들은 율법을 소유한 일이 하나님 앞에서 자신의 특별한 지위와 특별한 구원의 혜택을 가져다주는 것이라고 여겼다. 하지만 이는 율법의 역할을 아주 오해한 것이다. 율법은 그 속에 담긴 율법의 정신을 살려 실제로 율법을 행할 수 있어야 한다. 그러나 앞서 살펴본 것처럼 우리는 이 율법을 행할 수 있는 실질적인 능력이 없다(롬 2:21-23 참조). 그렇다면 능력이 없는 유대인에게 율법은 어떤 기능을 하는가? 율법은 유대인 역시 육체의 수준밖에 되지 않으며, 열방에 빛을 비추는 민족적인 소명을 이루는 데 실패했고, 하나님 앞에 자랑할 것이 아무것도 없다는 점을 깨닫게 하는 지식으로 이끌 뿐이다. 이것이 바로 바울이 "율법으로는 죄를 깨닫는다"라고 말하는 내면의 깊은 속사정이다.

결국 율법을 통해서는 죄의 지식(the knowledge of sin, NRSV)을 얻게 되고 피할 수 없는 고소에 직면하게 된다. 율법은 유대인에게 확신과 자랑의 근거를 제공하기 위해서 주어진 게 아니라 이런 확신과 자랑을 근절하기 위해서 의도되었다. 유대인들에게조차 율법의 행위는 칭의의 수단이 될 수 없다. 결국 유대인도 이방인과 함께 누구도 부인할 수 없는 적나라한 죄의 고발에 직면하게 되었고, 빠져나갈 수 없는 외통수에 걸렸다! 율법을 소유했다는 이스라엘의 민족적인 자부심은 물거품처럼 무너지고 말았다. 모두가 죄인이다. 그리고 이들을 기다리고 이는 것은 하나님의 진노와 심판이다(히 9:27).

결국 본문의 말씀 앞에 우리는 자신에게 의로움이 전혀 없다는 사실을 인정할 수밖에 없다. 그렇기에 우리에게 필요한 것은 바로 나 자신의 의로움이 아닌 하나님에게서 오는 하나님의 의다. 하나님 앞에 철저히 자신을 부인하고 하나님께서 나를 위해 친히 준비하신 하나님의 의를 붙잡는 것만이 유일하게 살 길이다. 나는 지금 하나님 앞에 헛된 것을 붙들고서 이것이 마치 정말 의지할 만한 든든한 것인 양 착각하고 자랑하지 않는가? 주변을 너무나도 쉽게 정죄하면서도 그런 나는 그래도 저들보다 낫고 의롭다는 그릇된 착각에 빠져 있지는 않은가? 이제는 정직하게 직면하고 인정하라. 우리는 모두 죄인이다!

하나님의
의를 붙들라

²¹이제는 율법 외에 하나님의 한 의가 나타났으니 율법과 선지자들에게 증거를 받은 것이라. ²²곧 예수 그리스도를 믿음으로 말미암아 모든 믿는 자에게 미치는 하나님의 의니 차별이 없느니라. ²³모든 사람이 죄를 범하였으매 하나님의 영광에 이르지 못하더니 ²⁴그리스도 예수 안에 있는 속량으로 말미암아 하나님의 은혜로 값없이 의롭다 하심을 얻은 자 되었느니라. ²⁵이 예수를 하나님이 그의 피로써 믿음으로 말미암는 화목제물로 세우셨으니 이는 하나님께서 길이 참으시는 중에 전에 지은 죄를 간과하심으로 자기의 의로우심을 나타내려 하심이니 ²⁶곧 이때에 자기의 의로우심을 나타내사 자기도 의로우시며 또한 예수 믿는 자를 의롭다 하려 하심이라. ²⁷그런즉 자랑할 데가 어

디냐. 있을 수가 없느니라. 무슨 법으로냐. 행위로냐. 아니라. 오직 믿음의 법으로니라. ²⁸그러므로 사람이 의롭다 하심을 얻는 것은 율법의 행위에 있지 않고 믿음으로 되는 줄 우리가 인정하노라. ²⁹하나님은 다만 유대인의 하나님이시냐. 또한 이방인의 하나님은 아니시냐. 진실로 이방인의 하나님도 되시느니라. ³⁰할례자도 믿음으로 말미암아 또한 무할례자도 믿음으로 말미암아 의롭다 하실 하나님은 한 분이시니라. ³¹그런즉 우리가 믿음으로 말미암아 율법을 파기하느냐. 그럴 수 없느니라. 도리어 율법을 굳게 세우느니라.

그동안의 로마서의 논지를 따라가다 보면 과연 인간에게 소망이 있나 싶은 생각이 든다. 신문이나 TV 뉴스에 보도되는 사건들을 접하다 보면 이런 생각이 더욱 강화된다. 늘 되풀이되는 끔찍한 범죄, 사기, 거짓과 속임수 등을 접하며 과연 사람에게 기대를 걸어도 좋은가 싶은 생각이 든다. 그렇다고 우리는 '터널시야'에 갇혀서는 안 된다. '터널시야'란 전투기 조종사나 곡예 비행사가 비행기를 수직으로 급상승시킬 때 앞쪽 가운데 부분을 제외한 주변부가 갑자기 시야에서 사라지는 현상을 말한다(김종수, "[분수대] 터널시야"(〈중앙일보〉, 2007. 6. 5.)). 그동안의 논의를 따라가면 인간에 대한 모든 소망이 우리 앞에 갑자기 사라지고 절망의 터널시야 안에 갇히는 것 같다. 하나님께서 제시하신 의의 기준인 율법 앞에 모두가 철저히 무력하고 누구도 자격 없음이 드러나기 때문이다. 과연 우리는 희망을 가질 수 있을까?

본문은 이에 대한 새롭고도 극적인 전환이 시작됨을 선언한다. 이 전환은 '이제는'(롬 3:21)이란 단어로 시작한다. 원문에는 그 앞에 '그러나'라는 역접 접속사가 들어 있다. 그래서 대부분의 영어 성경은 이를 '그러나 이제는'(But now)으로 번역한다. 소망이 없는 암담한 과거를 부정하고 새로운 전환이 일어났음을 알리는 것이다. 어떤 대전환인가? 인류를 좌절하게 했던 율법, 곧 토라와는 별도로 (apart from Torah) 또 다른, 하나님의 새로운 의가 나타난 것이다! 또 다른 의, 전혀 새로운 의가 나타났다(롬 3:21).

　　여기서 주의할 것은 하나님의 의가 단순히 하나님의 공의만을 의미하지 않는다는 점이다. 여기서 의는 하나님께서 언약을 맺으신 그의 백성들에게 요구하시는 언약적인 정의다. 언약이란 어느 한쪽이 불성실하더라도 계약을 맺은 다른 한쪽이 끝까지 신실하리라는 다짐을 포함하는 단어다. 즉 여기서 보여주시는 하나님의 의는 인간이 하나님 앞에 아무런 자격이 없고 철저하게 실패했어도, 하나님은 어떻게든 끝까지 인류와 맺었던 언약에 신실하셔서 현재의 잘못된 일들을 마침내 바로잡으실 것을 보여주시는 '의'다. 이러한 하나님 편에서의 언약적인 정의에 관해서는 이미 율법과 선지자들, 즉 구약성경에 의해 수없이 예고하며 하나님의 언약을 향한 신실하심을 보여주었다. 이는 우리의 노력으로 도달할 수 없던 하나님의 기준을 그분의 신실하심으로 인하여 새롭게 충족시켜주는 이전과는 전혀 다른 의로움이다.

　　새로운 '의'이기에 이것은 율법과는 별도로 제시된다. 이는 율법 안에 있는 유대인들뿐 아니라 율법 밖에 있는 이방인들까지 모두 포괄하기 위한 것이다. 그렇다면 이 의는 도대체 어떤 의일까? 22절은 이렇게 말씀한다.

"곧 예수 그리스도를 믿음으로 말미암아 모든 믿는 자에게 미치는 하나님의 의니 차별이 없느니라."

예수 그리스도를 믿음으로 주어지는 의다! 여기서 예수 그리스도를 '믿음'(헬. 피스티스)은 크게 두 가지 차원이 있다. 먼저, 예수 그리스도를 믿는 믿음(faith in Jesus Christ)이다. 하나님의 구원역사에 우리가 자신의 힘으로 이룬 일은 아무것도 없다. 오직 신실하신 하나님께서 이루신 역사를 믿음으로 받아들일 뿐이다. 둘째, 예수 그리스도의 신실함(faithfulness of Jesus Christ)이다. 언약에 신실하지 못한 우리와는 대조적으로 그리스도께서 끝까지 신실하게 순종하심으로써 우리에게 하나님의 언약적인 신실하심을 계시해주셨다. 인간은 결코 자기의 힘과 역량으로 하나님이 요구하시는 의로움에 도달할 수 없다. 그렇기에 우리는 주님의 신실하신 사역에 기초하여 모든 불의에서 깨끗함을 받는다(롬 1:17, 참조 요일 1:9). 따라서 율법 외에 나타난 하나님의 의는 예수 그리스도의 신실함으로 말미암아 모든 믿는 자에게 미치는 의로움이다.

예수님의 신실하심을 믿음으로 받아들이는 사람이면 누구에게나 아무런 차별 없이 공평하게 주어진다는 점은 충격이다! 왜? 노력과 공로를 배제하고 거저 주어지기 때문이다! 왜 이렇게 하셨을까? 이는 사람에 대한 철저한 절망 때문이다. 모든 사람이 죄를 범하였기에 그 누구도 하나님의 영광에 이를 수 없었다(롬 3:23). 행위에 관한 한 인류는 철저히 파산했다. 그래서 하나님은 행위를 요구하지 않고 믿음을 요구하기로 하셨다. 불가해한 하나님의 사랑과 희생을 믿음으로 받아들이는 방법 외에는 선택의 여지가 없도록 하신 것이다.

그렇다면 메시아 예수님의 신실하심으로 우리에게 주어지는 의는 어떤 것일까? 이는 메시아 예수 안에 있는 속량을 통해 이루어진 의다(롬 3:24). '메시아 예수 안에서' 이루어졌다는 것은 '자신 안에' 이스라엘 전체가 집약된 대표자로서 그렇게 하셨다는 뜻이다(톰 라이트, 「로마서」, 138쪽). 여기서 속량이란 구속과 같은 뜻이다. 이는 붙잡혀 있는 노예 혹은 죄수를 비용을 받고 풀어주는 것을 말한다. 이는 당시의 노예시장을 배경으로 할 때 이해하기가 쉽다. 당시 속량은 전쟁 포로나 죄수가 노예시장에 나왔을 때 이들을 값을 주고 사는 행위 또는 값을 치르고 풀어주어 해방시키는 행위였다. 이 용어는 당시 해방 노예가 꽤 있었을 것으로 짐작되는 로마교회의 성도들에게는 꽤 익숙한 용어였다(롬 16:1-16 참조).

속량에는 큰 비용이 든다. 그러나 여기 놀라운 선언이 있다. 메시아 예수 안에 있는 속량은 우리를 향한 하나님 은혜의 선물로 값없이 거저 주어졌다! 죄인인 우리의 죗값을 치르고 우리를 되사려면 얼마나 많은 대가를 치러야 할까? 하나님은 우리를 되사려고 온 세상과도 바꿀 수 없을 만큼 소중한 독생자 예수의 생명을 대가로 지불하셨다. 값으로는 도저히 치를 수 없는 귀한 대가를 치르신 것이다. 이것이 예수 안에서 이루어진 속량이다. 그리고 이 귀한 속량을 우리에게 값없이 거저 주셨다.

가장 귀한 것은 값을 묻지 않는다. 왜? 물어봐야 치를 수 없기 때문이다. 그래서 은혜로 거저 주어진다. 이것은 너무나도 놀라운 사건이다. 이 커다란 놀라움은 이어지는 다음 절에서 더 놀라운 충격으로 선언된다. 우리는 값없는 은혜의 속량을 통해 '의롭다'라는 법정 선언, 즉 칭의를 받는다! 죄로부터의 해방만이 아니라 하나님의 의로운 합법적인 언약 백성으로까지 인정받는 것이다. 이것은 충격이다. 유대인뿐만 아니라 비유대인 모두 불법적인 신분에서 그리스도 예수 안에 있는 속량을 통해 하나님의 합법적인 의로운 언약 백성으로 선포되기 때문이다!

여기서 '속량'이란 단어는 애굽의 노예로 있다가 출애굽하여 홍해를 건너 약속의 땅으로 갔던 이스라엘의 역사를 떠오르게 한다. 또 이 단어는 로마서 4장에서 설명하는 창세기 15장, 곧 하나님께서 아브라함에게 말씀하신 언약의 핵심적인 내용을 반영한다. 하나님은 아브라함에게 그의 자손이 이방 땅에서 종으로 살다가 상당한 기간이 지나면 구출될 것이라고 말씀하셨다(창 15:13-16). 이 내용을 전제로 속량은 인류 전체가 죄의 노예 상태로 있다가 구출받아 나온 사건이며, 이것이 '그리스도 예수 안에 있는 속량'으로 이루어졌다. 이는 하나님의 언약적인 신실함이 선명하게 드러난 사건이다.

그렇다면 예수 안에 있는 속량이 어떤 것이기에 모든 인류가 의롭다 선포할 수 있게 되었을까? 이어지는 25절은 그 속량을 구체적으로 설명한다.

"이 예수를 하나님이 그의 피로써 믿음으로 말미암는 화목제물로 세우셨으니 이는 하나님께서 길이 참으시는 중에 전에 지은 죄를 간과하심으로 자기의 의로우심을 나타내려 하심이니."

예수 안에 있는 속량의 핵심 내용은 하나님이 예수 그리스도의 피로 예수를 화목제물로 세우신 것이다. 화목제물은 인간의 죄를 깨끗하게 하고, 죄로 진노하신 하나님과의 관계를 회복하는 역할을 한다. 본문에서 '화목제물'(헬. 힐라스테리온)이란 단어를 정확하게 번역하면 '속죄제물'(새번역) 혹은 '속죄제'다(요일 2:2 참조)(김경열, 「드라마 레위기」(서울: 두란노, 2020), 220쪽). '힐라스테리온'은 종종 구약의 '카포렛'이란 히브리 단어를 번역할 때 사용된다. 그렇다면 카포렛은 무엇인가? 이는 성막 안의 지성소에 있는 언약궤를 덮고 있는 '시은좌'(mercy seat)를 의미한다.

구약시대에는 대제사장이 일 년에 한 번 대속죄일에 지성소에 들어가 시은좌에 희생제물의 피를 뿌려 속죄함을 받았다. 시은좌는 그 좌우에 두 스랍(천사)이 서로 날개를 마주 보고 있는 형태로 되어 있으며, 두 스랍 사이에 하나님의 임재가 나타나는 것으로 알려졌다. 따라서 시은좌는 속죄의 장소인 동시에 하나님의 임재가 계시되는 현현의 장소이기도 했다. 하나님은 예수 그리스도를 시은좌로 삼아 그의 피를 뿌림으로써 우리의 죄를 사하시고 새롭게 하나님의 임재를 누릴 수 있는 길을 마련하셨다. 이는 구약에 규정하신 속죄에 필요한 절차에 합당하게, 공의롭게 이루어진 일이다. 이 일에 예수님은 끝까지 신실하게 순종하셨다.

죄인 된 우리의 의로움이 예수 그리스도의 '신실함'으로 말미암는다는 것은 예수님을 믿는 믿음조차도 우리 자신의 공로로 여길 유혹을 제거한다(롬 3:22). 우리의 의로움은 100% 우리를 향한 메시아 예수의 신실하심과 그의 신실한 순종으로 말미암은 것이다. 따라서 25절의 믿음은 '신실함'의 의미가 강력하다.

하나님께서 이렇게 예수 그리스도를 화목제물로 삼으신 것은 우리를 죄로부터 깨끗하게 하실 뿐 아니라 하나님 자신의 의로우심도 드러나게 한다. 그래서 25절 후반절에는 "이는 하나님께서 길이 참으시는 중에 전에 지은 죄를 간과하심으로 자기의 의로우심을 나타내려 하심"이라고 말씀한다. 여기서 '간과하심'이란 표현은 단순히 모른 척하고 무시하여 넘어갔다는 의미가 아니다. 여기서 간과하심은 마땅히 받아야 할 중벌을 내리지 않고 참고 견디셨다는 의미다. 이 의미를 명확하게 하는 것이 바로 앞에 나타난 "하나님이 길이 참으시는 중에"라는 구절이다. 만약 간과하는 게 모른 척 무시하는 일이라면 오랫동안 참을 필요가 없다. 그냥 무시하고 관심을 두지 않으면 그만이다.

그러나 여기서 하나님은 우리의 죄에 마땅한 형벌을 내리셔야 함에도 이를 오랫동안 참으시며 벌을 내리지 않으셨다고 말씀한다. 이러한 하나님의 '간과하심'은 결국 하나님 자신이 그의 언약에 끝까지 신실하심을 드러낸다. 우리의 죄 문제를 대충 무시하고 넘기신 것이 아니라 예수 그리스도의 화목제물을 통해 해결하셨기 때문이다. 하나님은 죄를 지나치지 않으시고 예수 그리스도를 통해 합당하고 공정하게 심판하셨고, 하나님의 공의를 드러내셨다. 그래서 자기의 의로우심, 곧 언약에 충실하심을 드러내셨고, 동시에 시은좌에 뿌려

진 예수님의 피를 믿는 자들까지 의롭다고 하신 것이다.

이를 통해 "이때에 자기의 의로우심을 나타내사 자기도 의로우시며 또한 예수 믿는 자를 의롭다" 하셨다(롬 3:26). '이때에'는 예수 그리스도의 신실함을 통하여 드러난 하나님의 언약적인 신실함이 현재로 앞당겨졌다는 사실을 의미한다. 원래 이는 미래에 있을 종말적 판결에서 최종적으로 드러날 것이었다. 예수님을 믿는 자를 의롭다고 하시는 '칭의'(稱義)의 선언은 법정적인 선언이다. 즉 의롭지 못한 죄인을 예수 그리스도를 믿는 믿음으로 인해 의롭다고 선언해주시는 것이다.

이런 법정선언은 우리가 최후의 심판 때 선고받을 것을 전제한다. 하지만 그리스도 안에 있는 속량은 종말의 법정심판을 현재로 앞당겨 우리를 선취적인 이신칭의(以信稱義)의 역사로 안내한다. 이는 자기를 믿는 자를 의롭다 하시는 예수 그리스도의 신실함 때문에 가능한 일이다. 또한 그의 신실함을 의심 없이 받아들이는 것, 이것이 믿음이다. 이러한 하나님의 역사 앞에 우리는 오직 감사할 수밖에 없다. 여기에는 어떤 자랑과 교만도 자리 잡을 여지가 없다(롬 3:27).

유대인의 자랑이 무엇이었는가? 할례와 율법을 철저히 지키는 '율법의 행위'(롬 3:28)였다. 그러나 율법의 행위는 하나님이 원하시는 의 앞에 아무런 효력이 없는 것으로 이미 드러났다. 의롭다고 칭함받는 일에 아무 기여를 하지 못한다(롬 3:28). 칭의는 오직 메시아 예수의 언약적인 신실함을 믿음으로 받아들여야만 일어난다. 여기서 깊이 숙고해야 할 것은 유대인이 믿는 하나님은 오직 유일한 '한 분' 하나님이라는 사실이다(롬 3:30, 참조 신 6:4). 이는 믿는 자를 의롭게 하시는 하나님을 신뢰하는 자라면 유대인이든 이방인이든 간에 상관없이 모두 동일한 믿음의 한 분 하나님이어야 함을 의미한다.

그렇다면 이런 의문을 가질 수 있다. 그리스도 예수 안에 있는 속량을 믿고 의롭다함을 받았다면 우리는 율법을 폐지시켜야 하는가? 이에 대해 31절 말씀은 "그럴 수 없느니라"며 단호하게 거절한다. 다음 장에서 설명하겠지만 이신칭의의 믿음은 도리어 율법을 굳게 세우는 역할을 한다. 31절의 '파기한다'(헬. 카타르게오)는 단어는 단순히 효력을 없애거나 폐지하는 정도가 아니라 아예 없애버리는 것을 의미한다. 새로운 믿음의 법 앞에 율법은 필요 없다는 문제 제기에 대해 바울은 그럴 수 없노라고 하면서 오히려 믿음으로 말미암아 이를 굳게 세운다고 선언한다. 여기서 율법이 갖는 예민한 의미에 주의해야 한다. 율법은 자칫 유대인의 정체성과 이방인과의 경계를 나타내는 표지로 기능할 수 있지만, 믿음으로 취해질 때 이 율법은 우리를 도리어 더욱 굳게 세워갈 수 있다는 점이다(자세한 논의는 뒤에 나온다).

요컨대 죄와 허점투성이인 우리에겐 소망이 없다. 우리가 붙들어야 할 것은 오직 '하나님의 의' 밖에 없다. 하나님의 의는 우리가 행하는 일에 하나님께서 응답하시는 것이 아니라 철저히 하나님께서 행하시는 일에 우리가 응답하는 것이다. 이 하나님의 의 앞에 우리의 무능과 무력함이 드러나는 동시에 하나님의 선하심과 신실하신 사랑이 드러난다. 기억하라. 가장 귀한 것은 값을 묻지 않는다. 거저 주신다. 그래서 우리는 착각할 수 있다. 가장 귀한 것을 별것 아닌 것으로, 하찮은 것으로 말이다.

이제는 착각에서 깨어나라. 가장 귀한 하나님의 의를 소중히 여기고 자랑스럽게 여기라. 예수 그리스도의 신실함으로 우리를 의롭다 하신 것처럼 우리 안에 착한 일을 시작하신 이가 그리스도 예수의 날까지 신실하게 붙드실 것이다(빌 1:6). 예수님을 신뢰하며, 하나님의 의를 붙들고, 하나님의 의에 감격하여 감사하며 살라.

숨겨진 '칭의'를
찾으라

[1]그런즉 육신으로 우리 조상인 아브라함이 무엇을 얻었다 하리요. [2]만일 아브라함이 행위로써 의롭다 하심을 받았으면 자랑할 것이 있으려니와 하나님 앞에서는 없느니라. [3]성경이 무엇을 말하느냐. 아브라함이 하나님을 믿으매 그것이 그에게 의로 여겨진 바 되었느니라. [4]일하는 자에게는 그 삯이 은혜로 여겨지지 아니하고 보수로 여겨지거니와 [5]일을 아니할지라도 경건하지 아니한 자를 의롭다 하시는 이를 믿는 자에게는 그의 믿음을 의로 여기시나니 [6]일한 것이 없이 하나님께 의로 여기심을 받는 사람의 복에 대하여 다윗이 말한 바 [7]불법이 사함을 받고 죄가 가리어짐을 받는 사람들은 복이 있고 [8]주께서 그 죄를 인정하지 아니하실 사람은 복이 있도다 함과 같으니라. [9]그런즉

이 복이 할례자에게냐 혹은 무할례자에게도냐. 무릇 우리가 말하기를 아브라함에게는 그 믿음이 의로 여겨졌다 하노라. [10]그런즉 그것이 어떻게 여겨졌느냐. 할례시냐 무할례시냐. 할례시가 아니요 무할례시니라. [11]그가 할례의 표를 받은 것은 무할례시에 믿음으로 된 의를 인친 것이니 이는 무할례자로서 믿는 모든 자의 조상이 되어 그들도 의로 여기심을 얻게 하려 하심이라. [12]또한 할례자의 조상이 되었나니 곧 할례 받을 자에게뿐 아니라 우리 조상 아브라함이 무할례시에 가졌던 믿음의 자취를 따르는 자들에게도 그러하니라.

종종 깜짝 놀랄 만한 혁신으로 알려진 일이 알고 보니 이미 과거에 있었던 것을 재발견한 일에 불과한 사실일 때가 있다. 전에 부작용도 없고 수술 부위가 빨리 아물도록 하는 혁신적인 수술용 접착제 물질이 개발되었다. 어떤 물질이기에 이런 놀라운 위력을 발휘할까? 알고 보니 홍합에서 나오는 접착 물질을 활용한 것이었다. 홍합에는 바위에 들러붙을 때 내뿜는 2mm의 가는 실이 있다. 이 실은 바위에 접착시키면 파도가 치는 조건에서도 무려 12.5kg이나 되는 하중을 견뎌 낼 정도로 강력한 접착력을 갖고 있다. 과학자들은 홍합의 실을 구성하는 물질을 분석한 결과 '다이하이드록시 페닐알라닌'(dihydroxyphenylalanine, DOPA), 즉 '도파'란 아미노산으로 이루어져 있는 것을 발견했다(이영완, "[IF] 자연계 미물이 의료 혁명 이끈다"(《조선일보》, 2015. 8. 29)). 그리고 마침내 대장균을 이용하여 이 도파를 대량 생산 하여 수술용 접착제로 개발하는 데 성공했다. 이처럼 우리의 삶에 혁신적인 일은 때로 이전부터 있었던 것을 재발견한 경우가 많다. 이전부터 있었지만 평소에는 미처 주목하지 못하고 지나치다가 특별한 기회에 이를 재발견한 것이다.

이번 장의 본문은 이전 장(롬 3:21-31)에서 구체적으로 밝힌 그리스도 안에 있는 속량, 즉 이신칭의의 충격적이고도 혁신적인 복음을 이전부터 있었지만 미처 주목하지 못했던 구약성경 속에서 재발견하려고 시도한다. 이신칭의의 복음이 충격적이고 생소하게 보이지만, 이것은 전혀 새로운 게 아니라 오히려 이전부터 있었던 복음을 재발견한 것일 뿐이다. 이는 여전히 '율법의 행위', 좀 더 구체적으로는 할례와 같은 육체의 행위로 말미암는 의에 집착을 보이는 유대인들에게 '이신칭의'의 복음이 사실 그들의 선조들이 붙들었던 의와 크게 다른 점이 없는 같은 종류의 의임을 알려주려는 의도다. 이로써 복음이 이방인만을 위한 것이 아니라 또한 유대인들을 위한 것임을 효과적으로 보여준다.

본문에는 두 사람의 증인이 등장한다. 이 증인들은 그리스도 예수 안에 제시된 믿음으로 말미암는 의가 이전부터 있었음을 입증하기 위한 증인들이다. 유대인들에게 법정 증언이 효력을 발휘하려면 적어도 두 사람 이상의 증언이 필요했다. 여기서도 구약의 대표적인 선조 두 사람 아브라함과 다윗이 증인으로 등장한다. 이는 유대인이 붙들던 의에 대한 오해를 반박하는 데 있어 강력한 입증이 된다.

먼저, 아브라함이다. 아브라함은 유대인들이 '우리 조상'으로 부르는 특별한 인물이다(사 51:2 참조). 온 유대인의 조상이며, 이스라엘을 형성한 첫 선조다. 그는 하나님의 특별한 친구로 불렸고(사

41:8, 약 2:23), 하나님과 특별한 언약을 맺었던 사람이며, 그 표징으로 육체에 할례를 받았던 유대인의 첫 선조였다(창 17:9-11). 본문의 시작은 이런 아브라함을 전제로 다소 아리송한 질문을 제기한다. "그런즉 육신으로 우리 조상인 아브라함이 무엇을 얻었다 하리요" (롬 4:1). 표현이 애매해서 정확한 의미가 잘 드러나지 않는다. 여기서 '육으로'는 자연적인 육신의 능력, 노력, 공적 또는 행위를 말하고, '얻었다'라는 하나님의 은총, 친구로 삼아주시는 호의, 은혜를 발견했다는 뜻이다. 이 구절에 붙어 있는 난하주를 보면 이 구절을 이렇게 해석한다. "그런즉 우리 조상 아브라함이 육으로 무엇을 얻었다 하리요." 이렇게 하면 1절 말씀의 의미가 좀 더 명확하게 드러난다. 이를 헬라어 원문에서 직역하면 다음과 같다. "그렇다면 우리가 아브라함을 우리 조상으로 발견한 것이 (할례와 같은) 육신을 따라 된 것인가?" 이를 좀 더 자연스럽게 해석하면 "아브라함이 우리 조상이 된 것이 (할례와 같은) 육신을 따른 것이라고 말할 수 있는가?"이다.

아브라함은 이스라엘의 선조가 되고 하나님의 친구라 칭함을 받는 등 많은 은총과 은혜를 받았다. 유대인들은 이런 아브라함을 자신들의 선조로 자랑스러워했다. 하지만 이 모든 것 중 아브라함 개인의 육신적인 능력과 행함, 공로로 가능했던 일이 과연 무엇이었을까? 곰곰이 생각해보면 이러한 것들은 자연적인 인간의 육체적인 능력으로, 또는 할례와 같은 육체의 행위로는 절대 얻을 수 없는 것이었다. 따라서 2절은 "만일 아브라함이 행위로써 의롭다 하심을 받았으면 자랑할 것이 있으려니와 하나님 앞에서는 없느니라"고 선언한다. 여기서는 앞서 언급했던 일체의 민족적인 정체성에서 비롯된 자랑을 배제한다(롬 2:17-20, 3:27-30 참조).

자, 여기서 다시 '칭의'의 개념이 등장하며, 이전 논의의 본문(롬 3:21-31)과 아브라함의 이야기를 연결해준다. 만약 아브라함이 그의 육체적인 행위로 하나님께 의롭다고 인정받았다면 아브라함이 얻은 의와 예수 그리스도를 믿음으로 얻은 의는 분명 다른 것이다. 그러나 본문은 아브라함의 의가 복음에 나타난 것(롬 1:16-17)과 같은 "믿음으로 말미암는 의"였다고 선언한다(롬 4:3).

아브라함의 믿음의 배경은 다음과 같다. 아브라함이 318명의 사병을 데리고 목숨을 걸고 고대 근동의 맹주였던 엘람 왕 그돌라오멜을 비롯한 동쪽 연합군들을 추격하여 조카 롯을 구하고 돌아온다. 이후 아브라함은 두려움에 휩싸인다. 패했던 그돌라오멜 연합군이 다시 힘을 합쳐 아브라함을 공격할 수 있었기 때문이다. 여기에다 승리를 축하하며 소돔 왕이 호의로 준 전쟁의 전리품을 거절한 것도 마음에 걸리는 일이었다. 소돔 왕이 자신을 무시했다고 아브라함을 향하여 적개심을 품을 수 있었기 때문이다.

무엇보다도 이러다 자신이 죽으면 더 이상 자신을 이을 후사가 없다는 점이 두려웠다. 이때 하나님께서 두려워하는 아브라함에게 나타나셔서 가계를 이을 자녀를 주겠다고 약속하신다. 그러나 아브라함에게는 그 약속의 실현 여부가 아직 멀게만 느껴졌다. 하나님은 아브라함을 끌고 밖으로 나가 하늘에 떠 있는 수많은 별을 보여주신다. 그러면서 말씀하신다. "이 모든 별을 셀 수 있나 보라. 네 자손이 이와 같을 것이라!"(창 15:5 참조). 아무런 변화가 없는 현실 속에서 아브라함은 이 하나님의 말씀을 그대로 믿었다. 이는 자신의 °약속을 반드시 이루실 신실하신 하나님을 신뢰하는 믿음이었다. 하나님은 이렇게 자신의 신실함을 믿음으로 수용하는 아브라함을 의롭게 여기셨다(창 15:6).

여기서 아브라함이 얻은 의는 언약을 반드시 이루실 신실하신 하나님을 믿음으로 말미암아 얻은 의였다. 물론 아브라함은 의롭게 살았고 칭찬받을 만한 선한 일도 했을 것이다. 그러나 아브라함이 하나님께 의롭다 인정받았던 계기는 절대 그의 행위 때문이 아니었다. 결정적인 계기는 오직 하나님이 반드시 그의 약속을 성취하시리라는 하나님의 언약적인 정의를 믿음으로 말미암은 것이다. 자신의 진지한 노력으로 의로움을 얻었다면 이는 당연한 대가로 생각하겠지만 아무 공로와 노력 없이도 자신을 의롭다고 하시는 분을 믿는 사람에게는 그의 믿음을 의로 여겨주신다(롬 4:4-5).

여기서 의로 '여겨진 바 되었다'(헬. 로기조마이)는 단어는 고대 헬라 세계의 전문적인 회계용어다. 영어로는 'credited, reckoned' 정도로 번역된다. 이는 회계할 때 어떤 것을 수입으로 잡으면, 그 잡은 것의 가치를 평가하여 동등한 것으로 청구하는 사실을 의미한다. 다시 말하면 아브라함이 하나님을 믿자, 하나님은 그 믿음을 의로 산정하셔서 아브라함의 계정에 의를 넣어주신 것이다. 여기서 "의로 여겨진 바 되었다"라는 표현은 수동적인 행동을 나타내는데, 이는 아브라함이 얻은 의는 자신의 능동적인 행동으로 얻은 의가 아니라 전적인 하나님의 선물로 받은 의임을 의미한다. 이처럼 아브라함은 예수 그리스도 이전에 불의한 사람을 그의 믿음을 보고 의롭다고 여겨주시는 칭의의 은혜를 미리 맛보았다.

이러한 회계장부에서의 공식적인 처리는 법적 정당성을 확보한다. 이는 믿음으로 말미암는 의가 법정인 차원에서 무죄를 선고받는 법적 정당성을 확보했음을 의미한다. 아브라함의 의는 행위로 말미암는 의가 아니라 바로 이런 종류의 믿음으로 말미암는 의였다.

이어지는 5절은 여기서 더 나아가 아브라함을 마치 경건하지 아니한 자, 곧 불경건한 자로 취급하며 그런 아브라함을 의롭다 하시는 하나님을 믿는 그의 믿음을 의롭다 여기셨노라고 선언한다. 여기서 하나님의 말씀에 순종하던 아브라함을 갑작스레 경건하지 아니한 자로 언급하는 이유는 무엇일까? 이는 부름받기 이전에 고향 우르에서 살던 아브라함의 상태를 나타낸다. 유대 전승은 아브라함을 우상 숭배의 문화 속에서 성장하다가 우상 숭배에 반기를 들고 유일하신 참 하나님 여호와를 예배한 최초의 사람으로 받아들였다(톰 라이트, 「로마서」, 172쪽 참조). 유대인이었던 바울은 이 전승을 그대로 받아들여 아브라함을 이제 믿음에 도달한 이방인의 조상으로까지 묘사한다. 경건하지 아니했던 아브라함이 믿음으로 말미암아 의롭다함을 얻었다는 점을 강조하기 위한 것이다.

하지만 구약의 전통에서 불경건한 자를 의롭다고 선언하는 것은 가증한 일이다(출 23:7, 잠 17:15). 이런 선언은 이스라엘 법정에서 일어나면 안 된다. 하지만 본문은 이런 원칙이 하나님의 차별 없는 언약적인 정의 앞에서는 폐기되었음을 선언한다. 이는 인간 법정에 서라면 부당한 판결이 될 일이지만 이젠 인간의 불의함을 압도하는 더 높은 수준의 하나님의 언약적인 정의 안에서 의롭다고 선언된다.

이는 아브라함이 불경건할 때 하나님을 신뢰하고 체결한 언약은 어떤 일이 있더라도 하나님이 반드시 성취하실 것이며, 그뿐만 아니라 이러한 하나님의 의를 신뢰하는 자들에게 현실로 경험될 것임을 의미한다. 이 언약적인 정의는 이제 예수 그리스도 안에서 성도들에게 나타났으며, 믿는 자들의 회계장부에는 이를 의로 정산해주신다.

한편 여기서 '경건하지 아니한' 이란 표현은 우리로 1장 18절 이하의 여러 불경건한 인간 군상들의 모습을 떠오르게 한다. 이는 하나님의 언약적인 정의가 어느 정도까지 인간의 불성실함을 압도할 수 있는가를 가늠하게 한다. 이는 인간의 모든 불의와 우상 숭배와 죄악을 넉넉히 압도하고도 남음이 있음을 암시한다.

이런 은혜를 맛보았던 또 다른 증인으로 다윗이 있다. 시편 32편 1~2절을 인용한 다윗의 증언은 다음과 같다.

"불법이 사함을 받고 죄가 가리어짐을 받는 사람들은 복이 있고 주께서 그 죄를 인정하지 아니하실 사람은 복이 있도다"(롬 4:7-8).

여기서 다윗은 불법을 저질렀음에도 불구하고 자신을 정죄하지 않고 가리는 하나님의 은혜를 경험한다. 여기서 '가린다'(헬. 에피칼립토)라는 단어는 '위에(에피) 덮어버린다(칼립토)' 라는 뜻이다. 하나님의 은혜가 다윗의 허물과 죄를 덮어버리시는 것이다. 그러고는 다윗의 죄를 죄로 회계하지 않으신다. '인정하다' 는 표현은 앞서 언급한 '여기다' 와 동일한 전문 회계용어인 '로기조마이' 가 사용되었다. 즉 하나님이 덮어주신 죄는 죄로 간주하여 정죄하지 않고 용서함을 받은 것이다. 언약궤의 덮개인 시은좌 위에 피를 뿌려 죄를 사하는 것과 같은 원리가 여기서도 적용되었다. 아브라함이 믿음으로 의의 선물을 얻었다면, 다윗은 자기가 행한 대로가 아닌 하나님의 선물로 죄를 용서받은 것이다. 이는 행위와 무관하게 의롭다고 하시는 '하나님의 칭의'의 본질이 공로가 아닌 은혜임을 보여준다. 둘 다 하나님의 선물로 의롭다함을 얻게 된 것이다.

이렇게 볼 때 예수 그리스도를 믿음으로 주어지는 선물로서의 의는 전혀 생소한 의가 아니다. 이것은 믿음의 선조들이 이전부터 경험했던 하나님의 은혜였다. 바울은 이 은혜가 할례받은 유대인에게뿐만 아니라 할례받지 않은 이방인 모두에게도 해당함을 아브라함의 할례를 경우로 들어 강력하게 제시한다.

우선 바울은 아브라함이 믿음으로 의롭다함을 받은 것이 언제인가를 묻는다. 그가 할례를 받았을 때인가, 아니면 할례를 받지 않았을 때인가?(롬 4:10). 이 질문이 중요한 것은 유대인들의 선민의식과 깊은 관련이 있기 때문이다. 유대인들은 자신들이 할례를 받았기에 의롭다고 생각했다. 따라서 유대인들에게 할례는 자랑이었고 의로움의 근거였다. 따라서 바울의 질문은 할례가 과연 의로움의 근거가 되는가를 묻는 도발적인 물음이다. 창세기에 따르면 하나님께서 아브라함의 믿음을 의로 여기신 것은 분명 할례받기 전이었다. 하나님께서 아브라함의 믿음을 의롭다고 여기신 것은 창세기 15장이었지만, 아브라함이 정작 할례를 받은 것은 창세기 17장에 가서였다. 그가 아들 이삭을 낳기 1년 전인 99세가 돼서야 할례를 받았다.

이렇게 볼 때 할례는 '표'(롬 4:11)에 불과했다. '표'는 그 자체로 효력이 있는 것이 아니라 일종의 상징(sign)에 불과했다. 그렇다면 할례가 상징하는 것은 무엇인가? 이것은 오직 믿음으로 의롭다함을 받았다는 것을 확증하는 표시였다(고전 7:18-20 참조). 순서로 봐도 칭의와 할례 중 칭의가 먼저였다. 먼저 아브라함의 믿음을 의롭다 여기시고, 그 뒤에 할례가 믿음으로 말미암는 의를 확증하는 상징으로 뒤따라온 것이다. 따라서 아브라함은 할례받은 유대인들의 조상이기도 하지만 동시에 할례받지 않고 믿음으로 말미암아 의롭다함을 받은 이방인들에게도 믿음의 조상이 된다(롬 4:12). 결국 아브라함은 모든 믿는 자의 조상이 되는 것이다.

할례받지 않은 자도 모든 면에서 아브라함처럼 믿음으로 의롭다함을 얻는다면, 이제는 도리어 유대인들이 아브라함을 그들의 할례받지 않은 조상으로 발견하는 일, 즉 모든 믿는 자에게 구원을 주시는 복음에 동참하는 일이 필요하다. 이는 1장 16절에 제시된 먼저는 유대인, 그리고 헬라인에게 선포된 구원의 순서를 뒤집는 신선한 도전이다!

여기서 우리는 3장 31절 끝부분에서 주장했던 말씀, 즉 "믿음은 율법을 파기하는 것이 아니고 도리어 율법을 굳게 세운다"라는 주장을 좀 더 심도 있게 이해할 수 있다. 아브라함의 할례를 율법의 대표적인 사례로 볼 때 율법과 믿음의 관계는 새롭게 정리된다. 율법은 믿음 없이는 온전하게 세울 수 없다. 믿음으로 말미암아 새롭게 해석, 적용될 때 그 본래의 의미를 온전하게 이룰 수 있다. 할례도 마찬가지다. 칭의의 선물을 확증하는 표로 이해할 때 할례의 본뜻을 온전히 이해하고 구현할 수 있다. 엄밀하게 말하면 믿음으로 말미암아 의롭다함을 인정받는 데 할례는 아무 유익이 없다. 하지만 유대인의 경우 할례는 이신칭의의 은혜를 상징적으로 몸에 새긴 것으로, 이 증표를 보며 그의 믿음을 더욱 굳건하게 확증하며 살아갈 수 있는 유익을 준다.

이것은 다른 율법도 마찬가지다. 우리에게 주어진 구약의 여러 율법은 폐기하고 버릴 일이 아니다. 칭의를 얻은 후 우리의 믿음을 더욱 확증하고 굳게 세우는 표현, 혹은 증표로 기능할 때 우리를 더욱 굳건하게 세울 수 있다. 따라서 율법은 복음을 중심으로 새롭게 해석되어야 한다. 이것이 로마서 10장 4절에서 "그리스도는 율법의 마침"이라고 말씀하신 이유다. 율법이 유대주의의 상징과 자랑이 아니라 예수 그리스도를 중심으로 재해석될 때 이것은 새로운 차원의 감사와 헌신의 상징이 된다. 성도가 예수 그리스도를 믿음으로 새로운 의를 얻고 하나님의 백성이 되었다면 그는 어떤 표식 또는 인침을 받을까? 바로 성령의 인침이다(엡 1:13, 4:30, 고후 1:22). 성령께서 함께하심으로 세상 끝날까지 하나님의 자녀답게 살게 하신다.

이를 바탕으로 자신에게 물어보자. 하나님은 나의 신앙생활 중 어떤 부분을 가장 귀하고 자랑스럽게 여기실까? 그것은 내 삶을 통해 그분의 뜻을 놀랍게 이루실 신실하신 하나님을 신뢰하는 일이다. 그분의 신실하심을 믿는 것, 의심하며 두려워하지 않고, 감사하고 담대히 그분의 인도하심을 신뢰하며 믿음의 발걸음을 떼는 일이 하나님 앞에 의로 여겨진다. 물론 하나님의 자랑스러운 자녀가 되기 위하여 이런 일도, 저런 일도 해야 한다. 그러나 어디까지나 이런 행동의 표현은 우리가 그분을 신뢰하고 믿는 믿음의 표현으로 나타나는 것들이어야 한다. 그렇지 않으면 우리의 행위는 자칫 무거운 의무조항으로 변질된다. 무엇보다 우리는 그리스도 예수 안에서 믿음으로 의롭다함을 받은 사람들이다. 이 믿음으로 세상 끝날까지 우리를 책임지고 인도하실 주님을 굳게 신뢰해야 한다.

소망 없는 중에도
소망하기

¹³아브라함이나 그 후손에게 세상의 상속자가 되리라고 하신 언약은 율법으로 말미암은 것이 아니요 오직 믿음의 의로 말미암은 것이니라. ¹⁴만일 율법에 속한 자들이 상속자이면 믿음은 헛것이 되고 약속은 파기되었느니라. ¹⁵율법은 진노를 이루게 하나니 율법이 없는 곳에는 범법도 없느니라. ¹⁶그러므로 상속자가 되는 그것이 은혜에 속하기 위하여 믿음으로 되나니 이는 그 약속을 그 모든 후손에게 굳게 하려 하심이라. 율법에 속한 자에게뿐만 아니라 아브라함의 믿음에 속한 자에게도 그러하니 아브라함은 우리 모든 사람의 조상이라. ¹⁷기록된 바 내가 너를 많은 민족의 조상으로 세웠다 하심과 같으니 그가 믿은 바 하나님은 죽은 자를 살리시며 없는 것을 있는 것으로 부르시는 이

시니라. [18]아브라함이 바랄 수 없는 중에 바라고 믿었으니 이는 네 후손이 이 같으리라 하신 말씀대로 많은 민족의 조상이 되게 하려 하심이라. [19]그가 백 세나 되어 자기 몸이 죽은 것 같고 사라의 태가 죽은 것 같음을 알고도 믿음이 약하여지지 아니하고 [20]믿음이 없어 하나님의 약속을 의심하지 않고 믿음으로 견고하여져서 하나님께 영광을 돌리며 [21]약속하신 그것을 또한 능히 이루실 줄을 확신하였으니 [22]그러므로 그것이 그에게 의로 여겨졌느니라. [23]그에게 의로 여겨졌다 기록된 것은 아브라함만 위한 것이 아니요 [24]의로 여기심을 받을 우리도 위함이니 곧 예수 우리 주를 죽은 자 가운데서 살리신 이를 믿는 자니라. [25]예수는 우리가 범죄한 것 때문에 내줌이 되고 또한 우리를 의롭다 하시기 위하여 살아나셨느니라.

2010년 8월 5일 칠레 북부 코피아포시 인근에 있는 구리 탄광이 무너졌다. 이 사고로 지하 700m 갱도에서 작업 중이던 33명의 광부가 매몰됐다. 주변에서는 모두 숨진 것으로 짐작했다. 그도 그럴 것이 섭씨 32도가 넘는 고온과 어둠 속에 먹을 것이라곤 유통기한이 지난 우유와 통조림, 과자 부스러기밖에 없었다. 깨끗한 물이 없어 자기 소변을 마실 정도였다. 도무지 구조의 희망이 보이질 않았다. 칠흑 같은 암흑 속에 이러다 굶어 죽겠다는 아사(餓死)의 공포가 사람들을 덮쳤다. 사람들은 환각을 보고 헛소리하기 시작했다. 절망적인 죽음의 공포 속에서 이들은 분열되고 주먹 다툼하기 시작했다.

그러던 중 이들은 위로부터 점점 가까워지는 드릴 소리를 들었고, 매몰 17일 만에 희망을 발견했다. 구조대가 드릴로 구멍을 뚫어 이들의 생사를 확인하는 데 성공한 것이다. 이후 이들은 매몰 69일 만에 기적적으로 구조되었다. 훗날 이들은 구조의 희망이 없던 처음 17일간이 악몽과도 같았다고 회고했다. 그러나 구조대가 이들의 생사를 확인한 이후 18일째부터는 무려 52일 동안 구조의 소망 가운데 차분하게 구조를 기다리며 죽음의 공포를 넉넉히 이겨냈다.

소망이 끊어진 가운데 무엇인가를 다시 소망할 수 있을까? 사람은 소망이 사라지면 낙담한다. 소망의 여부는 특히 눈에 보이는 가능성과 주변 여건에 많이 좌우된다. 주변 상황이 좋지 않으면 금세 우리의 마음에는 어둠과 탄식의 그림자가 드리운다. 그러나 하나님의 사람은 소망이 보이지 않는다고 해서 거기서 끝나지 않는다. 여전히 소망 없는 중에도 믿음의 눈을 들어 소망을 붙잡는다. 믿음으로 소망을 붙잡는다는 것은 현실에 대해 눈을 감는다는 게 아니다. 소망 없는 현실을 알고 있음에도 하나님의 새로운 영적 현실에 눈을 뜨는 일이다. 현실보다 더 크신 하나님을 보고 있기에 소망을 붙잡을 수 있는 것이다. 하나님이 주시는 새로운 영적 현실은 약속으로 주어진다. 이 약속에는 현실의 절망을 뚫고 이겨나갈 소망이 담겨 있다. 그리고 이 소망은 믿음의 렌즈를 통해서만 제대로 볼 수 있다. 이런 면에서 소망 없는 현실에서 소망을 붙잡는 성도는 믿음으로 영적 현실을 바라보는 영적 현실주의자이다!

이번 장은 이런 영적 현실주의자의 대표로 아브라함을 제시한다. 아브라함은 후손을 볼 소망이 끊어진 상태였다. 나이가 백 세에 가까웠다. 게다가 아내 사라도 나이가 많아 이미 태가 죽어 있었다. 후손을 주시리라는 하나님의 약속을 받은 지 25년이 지났지만 여전히 아무런 조짐도 없었다. 아무것도 바랄 수 없는 절망에 가까운 상태였다. 이것이 아브라함의 현실이었다. 보통 사람 같으면 그 마음에 어둠과 탄식의 그림자가 드리웠을 것이다. 그러나 아브라함은 자기의 "무력함에 집중하지 않았다"(메시지). 이 모든 암담한 현실 가운데서도 아브라함은 하나님의 약속을 신뢰하며 소망을 버리지 않았다. 자신의 나이가 백 세가 되어 그 몸이 죽은 것 같고, 아내의 태도 죽은 것 같아도 믿음이 약해지지 않았고, 하나님의 약속을 의심하지 않았다(롬 4:20).

오히려 아브라함은 믿음으로 더욱 견고해져서 하나님께서 약속하신 말씀을 하나님께서 능히 이루실 줄을 확신하였다(롬 4:21). 왜? 아브라함이 믿는 하나님은 '죽은 자를 살리시며 없는 것을 있는 것으로 부르시는' 하나님이기 때문이다. 하나님은 죽음에 생명을 불어넣으시고, 무(無)에서 유(有)를 창조하시는 창조주 하나님이시기 때문이다. 그리고 이 약속에 대한 견고한 믿음을 하나님은 아브라함의 의로 여기셨다(롬 4:22). 여기서 '여겼다'라는 표현은 앞서 설명한 회계 전문 헬라어 용어인 '로기조마이'다. 하나님께서 아브라함의 믿음을 의로운 언약 신분의 기초로 산정해주신 것이다.

그렇다면 아브라함이 믿었던 하나님의 약속(헬. 에팡겔리아)은 무엇이었는가? 그것은 아브라함과 그 후손이 세상의 상속자가 되는 일이다. 이는 창세기 15장에 따르면 크게 두 가지로 볼 수 있다. 먼저는 아브라함에게 후손을 주실 것이다. 둘째는 아브라함과 그의 후손에게 유업으로 땅을 주실 것이다. 여기서 땅은 1차적으로 가나안 땅이다. 그러나 본문에서는 이 약속의 땅을 '세상'(헬. 코스모스)이라고 표현한다(롬 4:13). 이는 약속의 땅이 단순한 가나안의 지리적인 한계에 고정된 게 아니라 세상에서 구현될 하나님 나라의 개념으로 확장됨을 보여준다. 예수님도 온유한 자가 '땅'을 차지한다는 팔복을 선언하셨다(마 5:5). 히브리서에서는 약속의 후손인 예수 그리스도를 통하여 '만유의 상속자'를 삼으셨다고 선언한다(히 1:2).

여기서 우리는 착각하지 말아야 한다. 아브라함과 그 후손은 스스로 열심 있는 행위나 공로로 이 약속을 받은 게 아니다. 율법은 단순한 선행의 차원을 넘어선다. 특히 유대인이 스스로 언약 백성의 대표적인 행위로 여겼던 할례가 그렇다(롬 4:9,11). 할례를 행하면 하나님 앞에서 의가 담보되는 게 아님에도 유대인들은 할례와 같은 율법의 행위가 하나님 앞에 의의 신분을 증명한다고 생각했다(롬 4:14). 이들은 아브라함의 언약 속에 담긴 약속과 그 징표인 할례는 모세를 통한 언약과 율법을 통해 확대되었다고 생각했고, "아브라함이 내 말을 순종하고 내 명령과 내 계명과 내 율례와 내 법도를 지켰다"라는 창세기 26장 5절을 근거로 아브라함도 미리 율법을 지켰다고 믿었다.

그러나 할례는 종교적 전통에 속하는 '율법의 행위'에 불과한 것으로 절대 하나님 앞에 '의'가 될 수 없다(롬 3:20,28, 4:2). 앞서 살펴본 것처럼 아브라함과 그의 후손이 약속받은 것은 율법을 행함으로, 할례를 받음으로써 의롭다함을 얻은 게 아니다. 그 이유는 오직 하나 아브라함이 소망 없는 중에도 능히 신실하게 약속을 이루실 하나님을 확신하며 믿었기 때문이다. 이 믿음의 의로 말미암아 아브라함은 하나님의 약속을 상속받게 되었다. 율법은 의를 산출하지 못한다. 율법을 준수하는 사람에게만 하나님의 약속을 상속하게 한다면 우리는 실패할 것이다. 율법을 지킬 능력이 없기 때문이다. 도리어 율법은 하나님의 진노를 이룬다(롬 4:15). 율법을 행할 능력이 없는 상태에서 갖는 율법의 지식은 우리로 하나님의 진노 아래 있는 죄인임을 깨닫게 할 뿐이다(롬 2:17-29, 3:20). 이런 율법은 결국 이스라엘 민족 내부의 죄를 보여주고, 하나님의 진노를 불러일으킬 뿐이다. 여기서 만약 상속자를 이스라엘 민족으로 한정한다면 그 누구도 유업을 상속받을 수 없다(톰 라이트, 「로마서」, 180쪽).

그러므로 율법으로는 절대 언약의 상속자가 될 수 없다(롬 4:16). 오직 믿음으로만 상속자가 될 수 있다. 이는 율법에 속한 유대인뿐 아니라 율법 밖에 있는 이방인도 포함된다. 여기서 '그러므로'는 4장 처음에 제기했던 질문, 곧 '아브라함이 우리 조상이 된 것이 (할례와 같은) 육신을 따른 것이라고 말할 수 있는가?'(롬 4:1)에 대한 결론적인 대답이기도 하다. 아브라함과 같이 소망 없는 중에서도 낙망하지 않고 이를 능히 이루실 하나님을 신뢰하는 믿음만 있으면 율법 안에 있든 밖에 있든 상관없다. 모두가 아브라함의 후손이고 상속자가 된다. 왜? 아브라함은 할례의 선조가 아니라 믿음의 선조이기 때문이다. 이러한 사실은 믿음으로 언약의 후사가 되는 후손들의 믿음을 더욱 견고하게 한다(롬 4:16).

하나님이 아브라함의 믿음을 의로 산정하신 것은 아브라함만을 위한 것이 아니다. 이는 오늘날 동일한 믿음으로 하나님께 나아가는 우리 모두를 위함이다(롬 4:24). 아브라함이 하나님의 약속을 신뢰하며 믿음으로 나아갈 때 약속하신 후사를 주셨다. 마찬가지로 우리 또한 하나님의 약속을 신뢰하며 믿음으로 나아갈 때 하나님은 약속하신 그분의 아들을 우리에게 주신다. 하나님께서 불임이라는 현실 가운데 능히 생명을 주셨던 것처럼 그 아들이 십자가의 죽음에 내던져졌을 때 그를 죽은 자 가운데서 살리고 생명을 주셨다(롬 4:24). 이 하나님은 죽은 자를 살리며 없는 것을 있는 것으로 부르시는 하나님이시다(롬 4:17). 아브라함이 믿음으로 의롭다함을 얻은 것처럼 우리 역시 믿음으로 나아갈 때 의롭다 여김을 받을 것이다. 여기서 모형론적으로 제시되었던 아브라함의 이신칭의가 기독론적으로 확장, 해석되고 있다. 이제 하나님의 언약 가족임을 구분하는 경계표지는 율법이 아닌 믿음이다. 우리는 믿음으로 말미암아 언약의 단일가족이 되었다.

그렇다면 하나님이 죽음 가운데 생명을 주고 살리신 그 예수는 어떤 분이신가? 25절은 다음과 같이 소개한다.

"예수는 우리가 범죄한 것 때문에 내줌이 되고 또한 우리를 의롭다 하시기 위하여 살아나셨느니라."

여기서 충격적인 사실이 드러난다. 하나님의 창조와 부활, 생명의 능력이 나타난 예수님이 우리와 상관없는 예수님이 아니라 바로 우리의 범죄로 인하여 사망에 내줌이 되었고, 범죄한 우리를 의롭다 하시기 위하여 생명의 능력으로 살아나신 분이라는 사실이다. 예수님의 죽음과 부활은 우리의 죄 용서와 칭의를 위하여 일어난 일이었다.

여기서 '내준다'(헬. 파라디도미)라는 동사는 로마서 1장에서 하나님을 거부하는 사람들을 하나님이 '내버려 두셨다'라는 표현에도 사용된다(롬 1:24,28). 하나님께서 내버려 두시는 것이 인류에게 얼마나 끔찍하고 파괴적인 결과를 초래하는지는 1장 24절 이하에 잘 설명되어 있다. 하나님은 하나님을 거부하고 우상을 따라가는 인류를 내버려 두신 것처럼 자기 아들 예수도 똑같이 '내버려 두시는' 것이다(김도현, 「나의 사랑하는 책 로마서」(서울: 한국성서유니온선교회, 2014), 190쪽).

이런 '내버려 둠'은 메시아를 예고한 이사야 53장 6절에 좀 더 선명하게 나타난다. "우리는 다 양 같아서 그릇 행하여 각기 제 길로 갔거늘 여호와께서는 우리 모두의 죄악을 그에게 담당시키셨도다." 여기 "담당시키셨도다"라는 표현이 바로 '파라디도미'에 해당한다(히브리어를 헬라어로 번역한 70인역 성경은 "담당시키셨도다"라는 표현을 '파라디도미' 동사로 사용한다). 로마서 식으로 표현한다면 여호와께서는 우리 모두의 죄악을 그에게 '내주셨도다' 또는 '넘겨주셨다' 정도가 될 것이다. 여기서 내줌의 주체가 분명하게 드러난다. 바로 하나님이시다. 하나님은 우리 모두의 죄악을 예수께서 담당하시도록 그를 내주셔서 십자가에 죽게 하신 것이다.

'파라디도미' 동사는 복음서에 보면 특히 예수님의 수난 이야기에 수동형의 표현으로 자주 사용된다(마 20:18-19, 막 9:31, 10:33, 눅 18:32). 언뜻 볼 때 역사적으로 넘겨줌의 주체는 빌라도이고 대제사장이며 로마 군병들이다. 그러나 이것은 단순한 내줌이 아니다. 그 배후에 하나님의 능력의 손이 감추어진 상태로 빌라도와 대제사장, 로마 군병과 함께하고 계신 것이다. 이처럼 하나님의 보이지 않는 신비로운 주권적인 손길을 표현하는 수동태를 '신적 수동태'(divine passive)라고 한다. 그뿐만 아니라 하나님의 주권적인 손길은 우리를 의롭다 하기 위하여 예수님이 살아나게 하셨다. 여기서 "살아나셨느니라"(롬 4:25)는 표현 역시 3인칭 수동형으로 사용되었다. 예수님은 살아남을 당하셨다! 부활 역시 예수님이 주도적으로 하신 일이 아니라 하나님의 주권적인 권능의 손으로 죄와 사망의 권세를 이기신 것이다.

아브라함이 바랄 수 없는 중에 하나님을 바라서 의롭다 칭함받고 아들 이삭을 통해 생명과 새창조의 역사를 경험했던 것처럼, 우리도 바랄 수 없는 중에 우리를 위하여 죽으시고 부활하신 예수 그리스도를 믿음으로 죄 용서와 칭의를 경험한다. 예수님의 부활은 우리의 칭의를 위한 일이다(롬 4:25). 칭의의 성취가 부활의 동력이다(톰 라이트, 「로마서」, 193쪽).

지금 나의 시선은 어디를 향해 있는가? 주변을 현실적인 눈으로 바라보며 낙담하고 공포에 질려 그만 소망조차 하지 않고 포기하려 하지 않는가? 암담한 현실에 집중하지 말라. 자신의 무력함에 집중하지 말라(롬 4:19). 하나님의 약속 안에 펼쳐지는 새로운 영적 현실에 눈을 뜨라. 견고한 믿음으로 주를 바라볼 때 소망 없는 현실 속에 감추어진 새로운 소망이 보이기 시작할 것이다. 내 힘이 아니라 주님께서 의롭게 여겨주시는 새로운 가슴 떨림이 시작될 것이다. 앞길이 막히고 소망이 사라질 때 나는 나의 무력함이 아니라 하나님의 능력에 집중하며 믿음으로 주님을 바라볼 수 있겠는가? 내가 믿음의 눈을 들어 바라보아야 할 약속은 어디인가?

환난 중에도
기뻐해야 할 이유

¹그러므로 우리가 믿음으로 의롭다 하심을 받았으니 우리 주 예수 그리스도로 말미암아 하나님과 화평을 누리자. ²또한 그로 말미암아 우리가 믿음으로 서 있는 이 은혜에 들어감을 얻었으며 하나님의 영광을 바라고 즐거워하느니라. ³다만 이뿐 아니라 우리가 환난 중에도 즐거워하나니 이는 환난은 인내를, ⁴인내는 연단을, 연단은 소망을 이루는 줄 앎이로다. ⁵소망이 우리를 부끄럽게 하지 아니함은 우리에게 주신 성령으로 말미암아 하나님의 사랑이 우리 마음에 부은 바 됨이니 ⁶우리가 아직 연약할 때에 기약대로 그리스도께서 경건하지 않은 자를 위하여 죽으셨도다. ⁷의인을 위하여 죽는 자가 쉽지 않고 선인을 위하여 용감히 죽는 자가 혹 있거니와 ⁸우리가 아직 죄인 되었

을 때에 그리스도께서 우리를 위하여 죽으심으로 하나님께서 우리에 대한 자기의 사랑을 확증하셨느니라. [9]그러면 이제 우리가 그의 피로 말미암아 의롭다 하심을 받았으니 더욱 그로 말미암아 진노하심에서 구원을 받을 것이니 [10]곧 우리가 원수 되었을 때에 그의 아들의 죽으심으로 말미암아 하나님과 화목하게 되었은즉 화목하게 된 자로서는 더욱 그의 살아나심으로 말미암아 구원을 받을 것이니라. [11]그뿐 아니라 이제 우리로 화목하게 하신 우리 주 예수 그리스도로 말미암아 하나님 안에서 또한 즐거워하느니라.

고난을 좋아할 사람은 없다. 우리의 바람은 가능한 고난이 닥치지 않는 것이다. 만약 고난이 다가온다고 하더라도 이 고난이 하루빨리 지나가길 바란다. 믿음으로 의롭다함을 얻은 성도는 필연적으로 고난의 문제에 직면하게 된다. 성도는 하나님의 뜻에 순종하는 사람들이기 때문이다. 세상 풍조에 휩쓸려 죄의 종으로 살았을 때는 세상과 아무런 갈등이 없었다. 갈등이 없으니 고난도 없다. 그러나 구원받은 이후로는 상황이 바뀌었다. 세상이 하나님의 뜻대로 살아가려는 성도를 가만두지 않는다. 구원받은 성도는 더 이상 죄의 뜻대로 움직이는 죄의 종이 아니기 때문이다.

우리는 세상과의 화평 대신 우리 주 예수 그리스도를 믿음으로 말미암아 하나님과 화평을 누리는 자가 되었다(롬 5:1). 하나님과의 관계에서 오는 평안이 이전에 죄 된 세상과의 관계에서 오는 거짓 평안과 즐거움을 대치했다. 로마교회 성도들이 세상에서 주께 돌아오기 전까지 누리던 평화는 어떤 평화였나? 로마의 가이사 아우구스투스가 힘과 군사력을 토대로 한 정의(Iustitia)로 이룩한 로마의 평화(Pax Romana)였다. 하지만 이제는 온 세상을 창조하신 하나님이 '주 예수 그리스도로 말미암아 세운 평화'가 믿음으로 말미암아 의롭다고 하심을 받은 성도들에게 찾아왔다. 이러한 변화는 성도들이 필연적으로 죄와 세상 풍조에 대해 적대적인 갈등관계로 돌아서게 한다. 이로써 이전에 몰랐던 새로운 차원의 고난이 펼쳐진다. 세상의 통제를 벗어나 하나님의 뜻대로 살아가려는 성도를 세상 풍조가 가만두지 않는다. 세상은 성도들에게 어떻게든 믿음을 타협하고, 더 나아가 신앙을 저버리도록 이런저런 모양으로 압력을 가하기 시작한다.

전에 섬기던 교회에서 사업하던 성도의 신앙고백을 듣게 되었다. 이분이 신앙생활을 하기 전에 사업할 때는 이상하게도 기독교인들이 미웠다고 한다. 그래서 사업과 관련되어 관계자들을 만날 때 자신을 기독교인이라고 소개하면 속으로 '너 정말 기독교인이야? 아닐 것 같은데?' 하는 마음이 들었다. 마음속에서 불쑥 상대를 술자리로 데리고 가서 어떻게든 술을 먹이고 그가 취하는 모습을 보고 싶은 충동이 솟아올랐다. 그래서 어떻게든 이런저런 모양의 압력을 가하여 술을 마시게 했다. 그러면 대부분이 이런 압력에 굴복하고 유혹에 넘어갔다고 한다. 이럴 때마다 이분 마음속에 묘한 쾌감이 찾아들었다. 속으로 '너도 별수 없네. 네가 무슨 기독교인이야?' 하는 생각을 했다. 그런데 그중에 가끔 끝까지 거절하며 자기중심을 지키는 사람이 있었다. 그 당시에는 그 사람 앞에서 화내며 온갖 협박으로 구슬렸다. 그래도 끝까지 거절하면 겉으로는 표현하지 않아도 속으로는 그를 존경하였다고 한다. 세상이 이렇다. 집요한 유혹과 압력으로 우리가 거룩한 삶을 포기하게 만들려 한다.

왜 세상은 이렇게도 집요하게 성도를 공격하는가? 여기서 바울의 종말론적 신학구조를 이해할 필요가 있다(이에 관해서는 제임스 던의 저서, 「바울신학」 623-669쪽을 참조하라). 히브리적 사고에 따르면 세상의 시간은 시대 혹은 세대(age)들의 연속체이다. 한 시대가 끝나면 다른 시대가 뒤따른다. 종말을 향하여 연속해서 직선적으로 흘러간다. 이런 가운데 예수 그리스도의 오심으로 종말의 시대가 시작된다. 그러나 아직 시작일 뿐 종말의 시대가 완벽히 도래한 것은 아니다. 그 전에 새 시대가, 죄가 지배하는 현 시대를 뚫고 들어오면서 두 시대가 서로 겹치는 중간시대, 곧 종말적 긴장시대가 시작된다. 종말은 예수

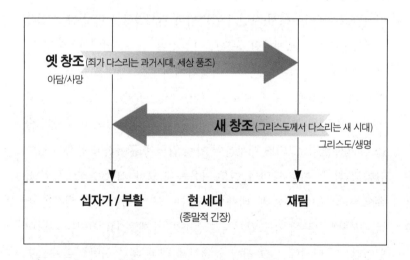

그리스도의 십자가와 부활로 시작되지만 아직 완성된 것은 아니다. 완성은 예수님의 재림으로 끝난다. 이는 현세의 멸망에서도 마찬가지다. 현세의 멸망은 예수 그리스도의 십자가와 부활로 시작되었지만, 그분의 재림 때 완전히 멸망한다. 이를 그림으로 나타내면 왼쪽과 같다.

이 도식에 따르면 성도는 이미(already) 의롭다 칭함을 받았지만, 아직(but not yet) 그 구원을 온전히 이룬 것이 아니다. 우리의 구원은 그리스도께서 다시 오셔서 이 땅을 온전히 새롭게 하고, 우리를 부활의 영광스러운 몸으로 변화시킬 때 완성된다(고전 15장 참조). 이 온전한 구원을 받을 때까지 우리는 이 세상 풍조에서 기다리며 견뎌 나가야 한다. 이 과정에 우리가 경험하는 것이 성도의 고난과 환난이다. 여기에 성도의 종말론적 긴장이 있다. 현 시대에는 옛 시대의 가치관과 새 시대의 가치관이 충돌하고, 옛 시대의 삶의 방식과 새 시대의 삶의 방식이 불꽃을 튀며 충돌한다. 이 가운데 고난이 일어난다. 고난은 힘들다. 하지만 동시에 은혜임을 기억해야 한다. 죄가 다스리는 현 세대 속에서 믿음으로 말미암아 그리스도의 통치 안에 들어왔기에 겪는 것이다. 따라서 성도는 이 현세의 환난 속에서도 장차 완성될 구원과 영광에 확신을 둬야 한다.

여기서 우리는 구원의 세 가지 시제를 이해할 수 있다. 첫째, 과거시제의 구원이다. 우리는 믿음으로 의롭다함을 받았다(롬 5:1). 둘째, 미래적인 구원이다. 우리가 장차 더욱 그로 말미암아 구원을 '받을' 것이다(롬 5:9-10). 셋째, 과거와 미래 사이에 끼어 있는 현 세대의 종말적인 긴장 가운데 화평, 고난, 소망, 사랑, 화목, 즐거워함을

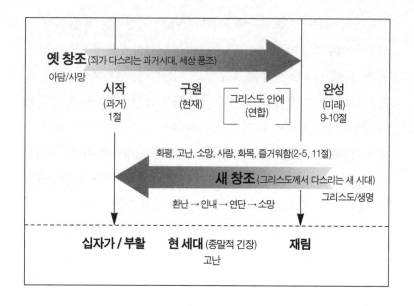

옛 창조 (죄가 다스리는 과거시대, 세상 풍조)
아담/사망

시작
(과거)
1절

구원
(현재)

그리스도 안에
(연합)

완성
(미래)
9-10절

화평, 고난, 소망, 사랑, 화목, 즐거워함(2-5, 11절)

새 창조 (그리스도께서 다스리는 새 시대)
그리스도/생명

환난 → 인내 → 연단 → 소망

십자가 / 부활   현 세대 (종말적 긴장)   재림
                        고난

특징으로 하는 지금의 구원이다(롬 5:2-5,11).

지금의 구원의 시작은 다음과 같이 진술된다. "또한 그로 말미암아 우리가 믿음으로 서 있는 이 은혜에 들어감을 얻었으며 하나님의 영광을 바라고 즐거워하느니라"(롬 5:2). 여기서 '들어감'(헬. 프로사고게, 영. access)은 희생제물을 가지고 제단에 나아감을 의미하는 성전 제의언어다(톰 라이트, 「로마서」, 214쪽). 어디로 들어가는가? '은혜'로 들어간다. 여기서 은혜는 죄인을 구원하는 구속의 은혜와는 구분된다. 이는 마치 구약시대 제사장이 희생제물의 피를 갖고 지성소에 들어가 하나님의 영광스러운 현존을 마주한 것같이 예수님을 믿는 성도가 하나님의 현존과 사랑으로 들어가는 특별한 사귐의 영역을 의미한다. 이는 '그리스도 안에'(in Christ) 혹은 그리스도와의 연합으로도 이해할 수 있다.

이와 같은 상태로부터 비롯되는 결과가 "하나님의 영광을 바라며 즐거워하는" 미래의 소망이다. 이 영광은 첫 사람 아담이 잃어버렸지만(롬 3:23), 다시 그리스도 안에서 회복된 영광이다(롬 8:18, 21, 30). 이 영광 속에서 성도는 창조세계를 다스리는 하나님의 통치 대리자로서 하나님의 형상을 반영하며 잃어버렸던 지위와 직무를 회복한다. 이런 영광의 소망을 '즐거워한다'(헬. 카우카오마이)는 것은 단순한 기쁨을 넘어, 확신에 차 있거나 자신감이 있어 여러 사람 앞에서 때론 과시하듯 보여주거나 선포하는 것을 의미한다. 무엇 때문에 이런 즐거움이 가득할까? 구원의 미래적인 소망이 반드시 아름답게 이루어질 것이라는 충만한 확신 때문이다.

이러한 소망의 즐거움은 출애굽의 구원역사를 반영한다. 이스라엘 백성들은 애굽의 지배에서 벗어나 홍해를 건너고 광야를 지나 약속의 땅을 향해 나아갔다. 이들은 장차 들어갈 젖과 꿀이 흐르는 약속의 땅을 기쁨으로 확신하며 고난의 광야를 견뎠다. 이런 출애굽의 역사가 이제 하나님의 새로운 백성, 곧 성도에게 일어나고 있다. 성도는 죄와 사망의 권세에서 해방되어 새로운 영광의 유업을 향해 나아가는 중이다. 장차 이룰 영광의 유업이 확실하기에 현재의 고난을 소망 중에 기쁨과 확신으로 나아갈 수 있는 것이다.

이러한 영광의 소망이 확실하면 우리가 현세에 당하는 고난이 새로운 차원에서 해석된다. 성도의 환난은 성도가 구원의 여정 가운데 있다는 증거가 되기 때문이다. 환난은 하나님께서 붙잡아주시는 은혜의 확증이다. 이는 환난으로 끝나지 않는다. 전혀 생각하지 못했던 새로운 구원의 차원으로 인도한다. 즉 환난은 인내를 이루고, 인내는 연단을, 연단은 소망을 이룬다(롬 5:4). 여기서 소망의 로드맵이 제시된다.

먼저, 환난은 인내를 이룬다. 여기서 '인내'(헬. 휘포모네)는 심한 외적 압박과 스트레스 가운데서도 포기하지 않고 견디며 단호하게 밀고 나가는 내면의 강인함을 표현한다. 그리스도의 뜻대로 살려고 할 때 세상은 온갖 압력과 스트레스를 가해 성도들에게 믿음을 포기하게 만든다. 이런 압력 가운데서 우리 내면에는 '열정 어린 인내'(메시지)가 견고하게 세워진다. 더 나아가 이런 인내를 통해 우리에게는 연단이 생긴다. 연단은 영어성경에 '캐릭터'(character)로 번역한다. 연단을 의미하는 헬라어 '도키메'는 원래 철을 가공할 때 사용하던 말이다. 대장장이가 강철을 주조하려 할 때를 생각해보라. 쇠를 뜨거운 풀무불에 시뻘겋게 달구어 망치로 내려친다. 그러다 갑자기 찬물에 넣었다가 달구고 또 내리친다. 이런 과정을 반복할 때 철 내부의 구성조직이 촘촘해지면서 더욱 단단한 무쇠가 된다. 이렇게 달구어진 무쇠가 바로 우리의 '성품'(character)이 되는 것이다.

「성공하는 사람들의 7가지 습관」(서울: 김영사, 2005)이란 책으로 잘 알려진 스티븐 코비 박사에 따르면 성품과 성격(personality)은 다르다. 성품은 사람 내면 깊은 곳에서 나오지만, 성격은 외적으로 드러나는 부분에 초점을 맞춘 것이다(위의 책, 26-31쪽 참조). 성격이라는 말의 헬라어 어원은 '페르조나'이다. 이는 우리 얼굴을 가리고 위장하는 가면을 가리키는 말이다. 성격 계발은 대화법, 인간관계나 설득의 기술 같은 오늘날의 자기계발서의 트렌드를 충실히 따라간다. 자신의 깊은 내면과 상관없이 사람들에게 좋은 인상을 심어주고 영향력을 발휘하도록 하는 것이다. 그러나 이것은 일시적이다. 조금 지나면 그동안 써왔던 가면은 벗겨져 버린다. 결국 성품이 중요하다.

성품은 쉽게 변화되지 않는다. 웬만한 자극으로는 변화가 없다. 그래서 하나님은 고난을 통한 단련된 인내를 통해 우리의 성품을 변화시키신다. 철이 철을 날카롭게 하듯(잠 27:17), 우리의 성품은 고난의 환경과 사람들과의 관계를 통하여 영롱한 보석처럼 다듬어진다. 이런 그리스도를 닮은 성품이 형성될 때 우리는 온전한 소망을 품게 된다. 일반적으로 '소망하다'(hope)는 단어는 미래가 불확실한 상태에서 단순히 나의 바람이나 희망을 열거하는 것을 의미한다. 현실적으로는 불가능하지만 꿈만 꾸어 보는 것이다. 그러나 고난으로 연단되어 우리의 성품이 그리스도를 닮아갈 때 우리의 소망은 근거 없는 단순한 바람이 아니라 신실하신 하나님께서 이루실 온전한 구원의 소망(헬. 엘피스)을 확신하게 된다. 이런 소망은 우리를 부끄럽게 하지 않는다. 여기 부끄럽다는 것은 악인이 무고한 의인을 까닭 없이 괴롭히며 수치를 주는 상황을 전제한다. 하지만 하나님의 신실함을 신뢰하는 의인은 하나님을 신뢰하며 마침내 수치를 당하지 않을 것이다(시 71:1-2 참조).

우리가 소망을 확신하는 근거가 무엇인가? 바로 우리에게 주신 성령 때문이다. 성령은 바울 서신에서 종말 구원의 첫 열매(롬 8:23)이자 보증(고후 1:22, 5:5)이다. '보증'(헬. 아를라본)이란 집이나 자동차를 계약할 때 처음 내는 계약금을 가리킨다. 이는 반드시 구매할 것이라는 약속의 확실성을 나타낸다. 성령은 우리에게 첫 계약금으로 지급되셨다. 어떤 계약인가? 하나님께서 완성하실 구원의 소망이 확실함을 보증하는 계약이다. 성령은 다가올 새 창조의 새 시대에서 오신 분이다. 따라서 성령이 보증으로 오셨다는 것은 성령께서 우리를 새 시대의 구원으로 확실하게 인도하실 일을 보증하는 것이다. 이 증거로 성령께서 하시는 일이 있다. 우리 마음에 하나님의 사랑을 부어주시는 일이다. 여기서 '부어주셨다' (pour out, NIV)라는 말은 커다란 양동이로 물을 쏟아붓듯 아낌없이 낭비하는 것을 말한다. 그분의 사랑을 우리 마음에 흠뻑 적셔지도록 부어주신 것이다(롬 5:5).

하나님의 사랑은 이 세상에서도 좀처럼 찾기 힘든 진귀한 사랑이다. 훌륭한 사람, 의로운 사람이라 하더라도 다른 사람을 위해 죽는 일은 쉽지 않다. 물론 간혹 용감히 대신 죽는 사람도 있긴 하다(롬 5:7). 그러나 죽을 운명에 처한, 죽음을 기다리는 사형수를 위해 죽어줄 사람은 없다. 하지만 예수님은 죽을 운명에 처한 사형수 같은 우리를 위해 대신 죽어주셨다(롬 5:8). 성령님은 이 놀라운 하나님의 사랑을 오늘날로 계속해서 경험하도록 역사하고 증언하신다. 이것이 8절 끝부분에 표현된 '확증하셨느니라'는 단어의 의미다. 이것을 표준새번역은 '나타내셨다' (demonstrates, NIV)라는 현재시제로 표현한다. 그리스도의 십자가를 통한 하나님의 사랑이 죄인 된 우리의 인생길에 우뚝 서서 지금으로 나타나는 것이다. 이 사랑은 우리가 '아직 연약할 때', 즉 죄에 대해 무기력하여 그 속에서 종노릇 하며 헤어 나올 수 없을 때(김도현, 「나의 사랑하는 책 로마서」, 212쪽) 하나님께서 먼저 우리를 위해 찾아오심으로 나타나게 되었다.

하나님의 사랑이 우리에게 부어질 때 우리에게는 하나님을 향한 우리의 뜨거운 사랑이 일어난다. 성령의 능력으로 마음을 다하고, 뜻을 다하고, 힘을 다하여 하나님을 사랑하는 '쉐마'의 말씀(신 6:4-5)을 성취하는 일이 가능해지는 것이다(롬 3:30, 1:5 참조). 이런 사랑이 부어질 때 우리는, 하나님은 온 세상의 유일한 하나님이시며, 이는 이방인과 유대인 모두의 하나님 되심을 온전히 고백할 수 있다(고전 8:3 참조). 이렇게 하여 토라의 핵심 계명인 쉐마의 명령은 메시아 예수 안에서 하나님을 사랑하는 모든 자에 의해 성취된다.

성령께서 풍성하게 부어주시는 이 사랑은 우리로 칭의를 얻는 단계에서 더 나아가 온전한 영화까지 나아가게 하는 커다란 원동력이 된다(롬 5:9). 생각해보라. 하나님이 자기 아들을 보내어 우리를 위하여 죽게 하실 정도의 상상할 수 없는 파격적인 그 어려운 일을 행하셨다면, 그보다 덜한 구원을 받는 일은 훨씬 쉽게 하지 않으실까? 이 하나님의 아들을 믿는 자들을 하나님은 능히 종말의 심판에서 구원하실 것이고, 반드시 하나님의 영광에 참여하게 하실 것이다! 성도는 구원의 최종 승리를 확신해야 한다(참고로 로마서는 미래적 구원의 여러 측면을 다양한 용어로 설명한다. '구원'은 종말의 끔찍한 운명으로부터의 구출을, '영화'는 성도가 향유하게 될 측면을, '부활'은 성도가 장차 새로운 영광스러운 몸을 입게 되는 측면을, '칭의'는 최후의 심판에서 받게 될 무죄선고의 측면을 의미한다(톰 라이트, 「로마서」, 221쪽)).

요컨대 믿음으로 의롭다함을 얻은 성도라면 환난 가운데서도 기뻐해야 한다. 환난은 성도가 하나님의 구원의 은혜 안에 있는 증거요, 장차 이룰 아름다운 구원의 완성을 향한 소망이 앞에 놓여 있음을 보여준다. 게다가 하나님은 성령을 통하여 그분의 사랑을 쏟아부으셔서 이 환난을 능히 이겨내게 하시고, 그 가운데 인내와 성품과 온전한 소망을 견고하게 붙들도록 하신다. 이러한 본문(롬 5:1-11)의 설명은 앞으로 더욱 구체적으로 펼쳐질 5~8장의 내용을 요약적으로 제시하여 그 전체의 구도를 보여준다. 환난이 겁나는가? 무서워 회피하지 말라. 환난은 성도라면 마땅히 겪는 일이다. 이는 원석과 같은 투박한 우리를 보석과 같이 영롱하고 아름답게 다듬어주어 장차 누릴 영광을 미리 맛보게 하는 도구이다. 투박한 원석과 같은 우리의 생이 고난을 통하여 아름다운 천국의 보석으로 가공되길 소망하자!

누구를
대표하는가?

¹²그러므로 한 사람으로 말미암아 죄가 세상에 들어오고 죄로 말미암
아 사망이 들어왔나니 이와 같이 모든 사람이 죄를 지었으므로 사망
이 모든 사람에게 이르렀느니라. ¹³죄가 율법 있기 전에도 세상에 있
었으나 율법이 없었을 때에는 죄를 죄로 여기지 아니하였느니라. ¹⁴그
러나 아담으로부터 모세까지 아담의 범죄와 같은 죄를 짓지 아니한
자들까지도 사망이 왕 노릇하였나니 아담은 오실 자의 모형이라. ¹⁵그
러나 이 은사는 그 범죄와 같지 아니하니 곧 한 사람의 범죄를 인하
여 많은 사람이 죽었은즉 더욱 하나님의 은혜와 또한 한 사람 예수
그리스도의 은혜로 말미암은 선물은 많은 사람에게 넘쳤느니라. ¹⁶또
이 선물은 범죄한 한 사람으로 말미암은 것과 같지 아니하니 심판은

한 사람으로 말미암아 정죄에 이르렀으나 은사는 많은 범죄로 말미암아 의롭다 하심에 이름이니라. [17]한 사람의 범죄로 말미암아 사망이 그 한 사람을 통하여 왕 노릇하였은즉 더욱 은혜와 의의 선물을 넘치게 받는 자들은 한 분 예수 그리스도를 통하여 생명 안에서 왕 노릇하리로다. [18]그런즉 한 범죄로 많은 사람이 정죄에 이른 것같이 한 의로운 행위로 말미암아 많은 사람이 의롭다 하심을 받아 생명에 이르렀느니라. [19]한 사람이 순종하지 아니함으로 많은 사람이 죄인 된 것같이 한 사람이 순종하심으로 많은 사람이 의인이 되리라. [20]율법이 들어온 것은 범죄를 더하게 하려 함이라. 그러나 죄가 더한 곳에 은혜가 더욱 넘쳤나니 [21]이는 죄가 사망 안에서 왕 노릇한 것같이 은혜도 또한 의로 말미암아 왕 노릇하여 우리 주 예수 그리스도로 말미암아 영생에 이르게 하려 함이라.

신앙생활 가운데 구원에 대해 알아가며 우리가 이해하기 어려운 점 하나가 있다. 인류의 조상인 아담이 죄를 지었다고 해서 내가 왜 죄인이냐는 것이다. 이는 또 다른 질문으로 이어진다. 예수님이 십자가에 못 박혀 죽으신 것은 알겠는데, 그 한 사람의 십자가 죽음이 어떻게 나를 위한 죽음이 되느냐 하는 것이다. 이를 이해하는 데 있어서 중요한 개념이 바로 대표자 개념이다.

국가대표 타이틀이 걸린 경기는 많은 국민이 마치 자기 일인 양 기대와 관심을 두고 지켜본다. 4년마다 열리는 월드컵 축구경기가 그렇다. 우리나라 대표팀이 16강, 8강, 4강에 진출하면 전 국민이 밤을 지새우며 선수들을 응원한다. 국가 대표팀의 승리는 곧 나라의 승리일 뿐 아니라 국민 개개인의 승리이기도 하다. 함께 경기를 관람하고 난 국민 개개인도 커다란 승리와 성취감을 느낀다. 이것은 내가 비록 경기를 뛰지는 않았지만 대표팀과 자신을 정서적으로 연대시켰기 때문이다.

이러한 연대감은 정서적으로만 이어지는 게 아니다. 오늘날에는 이런 연대가 서로를 법적으로 묶어놓기도 한다. 대표적인 것이 신용보증이다. 아버지가 사업을 위해 아들의 이름을 끌어와 자신의 신용보증자로 서게 하는 경우가 종종 있다. 만약 아버지가 파산하여 빚을 갚지 못하면 아들이 아버지를 대표하여 빚을 갚아야 한다. 자신은 잘못한 게 없는데도 아버지로 인하여 고난을 당해야 하는 것이다.

이는 나라와 나라를 대표하는 대표자와의 관계에도 고스란히 반영된다. 1910년 8월 29일, 우리나라는 일본의 통치로 넘어갔다. 어떻게 온 나라가 일본에게로 넘어갈 수 있었는가? 이는 일본 통감 데라우치 마사타케와 조선 대표 이완용 사이에 조약을 체결했기 때문이다. 이처럼 대표자는 중요하고, 그가 대표로 결단하고 결정한 일은 이후에 돌이키기 힘든 파급력을 갖게 된다.

성경에는 이런 대표자 개념이 들어 있다. 하나님께서 이스라엘의 불순종에 진노하셔서 이들을 진멸하려고 하실 때 모세는 이스라엘의 대표로 하나님께 나아가 생명을 건 중보기도를 드린다(출 32장). 이때 모세는 차라리 자신의 이름을 생명책에서 지워달라고까지 간청한다. 하나님은 대표자 모세의 간청을 들으시고 이스라엘을 살려주신다. 이처럼 모세는 온 이스라엘의 대표로 생명을 구한 것이다.

반면 죄를 범한 대표자 한 사람이 온 이스라엘을 커다란 위험에 빠뜨리는 경우도 있다. 이스라엘 백성이 가나안 땅에 들어와 여리고를 무너뜨리고 이어 작은 아이성을 공격했을 때였다. 이스라엘은 큰 승리를 거두었던 여리고와는 반대로 아이성에서 커다란 패배를 경험했다. 그 이유는 아간이 하나님의 말씀에 불순종하여 전리품을 사사로이 숨겨두었기 때문이다. 하나님은 아간의 행위를 대표적인 범죄 행위로 보시고, 이를 "이스라엘이 내게 범죄하였다"고 말씀하셨다 (수 7:1, 11). 아간을 이스라엘 범죄의 대표로 보신 것이다.

이런 대표자에 대한 개념이 너무 선명해서 때론 거부하고 싶은 마음도 있다. 신약성경에 나오는 로마 총독 빌라도가 그랬다. 그는 예수님을 십자가에 내주고 자신의 손을 씻으며 자신은 이 일과 아무 상관없다고 하였다(마 27:24). 그러나 성경은 여전히 그가 유대 지도자들과 함께 예수 그리스도를 십자가에 못 박았다고 선언한다(행 4:27).

하나님의 사랑은 우리가 아직 죄인 되었을 때 인류의 대표자 되신 그리스도의 죽으심으로 나타났다(롬 5:8). 이번 장의 본문은 이 사랑이 어떤 과정을 통해서 오게 되었는지를 보다 구체적으로 설명한다. 이를 이해하기 위해 도입한 것이 두 대표자 모형이다. 본문에는 인류에게 커다란 영향을 끼친 두 대표자가 등장한다. 먼저는 아담이다. 인류의 조상이자 인류를 대표하는 아담은 최초로 하나님께 불순종하고 죄를 지었다. 이를 통해 죄가 세상에 들어오고, 이 죄로 말미암아 사망이 세상에 들어왔다(롬 5:12). 이후 아담은 자신의 운명을 후세의 모든 사람에게 물려주었다. 그 결과 인류는 사망의 권세에 굴복하여 비참하게 살게 되었다.

여기서 '죄가 세상에 들어왔다' 라는 표현을 생각해보자. 이 명제에서 '죄' 는 단수로 사용되었다. 이는 죄를 하나의 죄로 통칭할 때는 죄의 세력 또는 인격적인 힘(power)을 말한다. 이 죄가 우리가 살아가는 시공간으로 들어왔다. 이렇게 들어온 죄는 세상 가운데 죄의 구조를 형성하여 통치할 수 있는 체제를 마련한다. 이렇게 형성된 구조적인 악은 고정화되어 자리를 잡고 죄의 문화를 형성한다. 이런 문화는 우리의 삶에 사망의 영향력을 끼친다. 죄 된 행동을 하고, 죄 된 말을 하고, 죄 된 생각을 하다가 결국은 사망에 이르게 되는 것이다. 죄는 우리를 죽음에 이르게 하는 강력한 세력이다.

그렇다면 죄와 율법과의 관계는 어떨까? 사실 죄를 짓지 않도록 방지하는 차원에서 부여된 것이 율법이다. 그렇다면 죄는 율법이 있기 전에도 세상에 존재했었다는 말이 된다. 그러나 13절 후반부 말씀처럼 율법이 없었을 때는 "죄를 죄로 여기지 않았다." 여기서 '여기지 않았다' (헬. 엘로게오)라는 표현은 원문으로 보면 '타인에게 부과하다' 또는 '타인이 계산하도록 하다' 는 의미다(제임스 던, 「로마서 1–8」 (WBC 38상)(서울: 솔로몬, 2003), 495쪽). 즉 율법이 있기 전에는 죄의 세력에 휘둘린 행동을 죄로 계산하여 부과하지 않았다는 것이다. 이때는 무엇이 잘못된 행동인지, 무엇을 하지 말아야 하는지를 모르는 상태로 그저 죄의 충동이 이끄는 대로 살았다.

이들은 '아담의 범죄와 같은 죄' (롬 5:14)를 짓지 않았다. 이는 구체적인 율법의 조항을 어기는 죄, 곧 '범죄' (헬. 파라바시스, trespass 또는 transgression)를 말한다. 아담은 처음 범죄 때 하나님의 뜻이 무엇인지 명확하게 알고 있었다. 하나님이 금지하신 선악을 알게 하는 열매를 먹으면 안 되었다. 분명 아는 상태에서 고의로 명백하게 계명을 어긴 '범죄'였다. 그러나 아담 이후로 모세가 오기 전까지 아담의 후손들에게는 선악과의 금지명령이나 율법같이 하나님의 뜻이 명확하게 주어지지 않은 상태였고, 이들은 아담의 범죄행위와 같이 하나님의 뜻을 알고도 고의로 죄를 짓지는 않았다. 그러나 그들의 삶의 모든 행위와 생각들은 아담의 범죄 이후로 세상에 침투한 죄의 권세 아래 있었다. 더 나아가 죄가 초래하는 사망이 왕 노릇하며 이들을 지배했다(롬 5:14). 그렇다면 모세에게 율법이 주어진 후에는 결과적으로 어떤 차이가 있었을까? 결국 죄와 사망의 권세 아래 놓이게 되었다는 점에서는 큰 차이가 없다. 율법을 알고 있더라도 죄와 사망의 왕 노릇 아래 율법을 지키지 못한다는 사실만을 더욱 명확하게 인식할 뿐 실질적으로 죄의 통치를 벗어나지 못했다.

아담 한 사람을 통해 세상에 죄와 사망이 들어 왔다면 이 아담은 또 다른 면에서 오실 자, 즉 예수 그리스도의 모형이 된다. 여기서 바울은 예수만이 아니라 '그리스도'를 함께 사용하고 있다. 이는 예수가 그리스도임을 은연중에 강조하는 것이다. 여기서 '그리스도'란 히브리어로 '메시아'다. 메시아는 하나님의 기름 부음을 받은 자로 온 세상을 구원할 대표를 상징한다. 인류의 처음 대표였던 아담과 새롭게 온 세상을 구원할 대표인 메시아 예수 사이에는 모형론적 연관성이 있다. 여기서 모형(롬 5:14)은 패턴(pattern, NIV), 타입(type, NRSV, ESV), 모델과 같은 용어다. 아담이 예수 그리스도의 모형이 된다면 이는 아담과 예수 그리스도 사이에 유사점이 있다는 뜻이다. 지금까지 살펴본 바에 따르면 아담과 예수 그리스도 사이에는 유사한 패턴보다는 대조되는 패턴이 더 드러나는 것 같다. 본문에서는 먼저 아담과 그리스도 사이에 대조되는 부분(롬 5:15-17)을 살펴본 후, 모형론을 통해 서로 유사한 부분을 제시한다.

먼저 대조되는 부분이다(이 부분은 "~과 같지 않다"라는 표현(롬 5:15-16)을 통해 설명한다). 예수 그리스도 안에 거저 주어지는 선물(free gift, NRSV, ESV)은 아담과는 정반대의 영향력을 끼친다. 아담의 범죄가 많은 사람에게 죄와 사망을 가져온 반면, 예수 그리스도의 은혜의 선물은 많은 사람에게 생명을 주었다. 또 아담의 범죄는 수많은 사람을 심판과 정죄에 이르게 하지만(롬 5:15), 거저 주어지는 은혜의 선물은 많은 사람을 의롭다 칭해주신다(롬 5:16). 아담의 범죄를 통해 사망이 들어오고 결국 이 사망이 많은 사람에게 왕 노릇을 하게 되었다. 그러나 예수 그리스도께서 주시는 선물은 예수님이 주시는 생명 안에서 왕 노릇 하게 한다. 요컨대 예수 그리스도 안에 주어진 은혜의 선물은 아담과 달리 생명을 주고, 심판대 앞에서 의롭다 칭함을 얻게 하고, 생명 안에서 왕 노릇 하게 한다. 이렇게 볼 때 분명 예수 그리스도와 아담 사이에는 모형론적으로 대조가 뚜렷해진다.

그러나 대조를 넘어 아담과 그리스도 사이에는 모형적인 유사성이 존재한다.

첫째, 행위의 유사성이다. 둘 다 새로운 세대의 문을 열었다는 공통점이 있다. 한 사람의 범죄로 이 세대에 죄의 문을 열어 죄와 사망이 들어오게 되었다(롬 5:12). 반면 그리스도의 의로운 행위(십자가와 부활)를 통하여 새 생명의 세대의 문을 열어 많은 사람이 의롭다 하심을 받고 생명에 이르게 되었다(롬 5:18). 아담 한 사람의 영향력이 많은 사람에게 미친 것처럼 그리스도의 행동도 많은 이에게 영향을 미친 것이다. 이는 앞선 로마서 4장의 흐름을 볼 때 더욱 뚜렷이 드러난다. 4장은 그리스도 안에서 믿음으로 말미암는 모든 이가 언약의 상속자 됨과 새로운 가족을 형성함에 관해 설명했다. 이와 마찬가지로 아담은 자신의 범죄의 모양에 따라 죄를 지어 사망이 왕 노릇 하는 죄의 가족을 형성했다(톰 라이트, 「로마서」, 234쪽).

둘째, 순종에 대한 영향력이다. 한 사람의 불순종으로 많은 사람이 불순종하는 죄인이 된 것같이 한 사람이 순종함으로 많은 사람이 믿고 순종하는 의인이 되었다(롬 5:19). '되리라'(헬. 카타스타데손타이)는 어떤 물건이나 사람이 차지하거나 지명되는 위치 또는 신분을 가리킨다(매튜 바렛, 「구원에 관한 40가지 질문」(서울: 아가페, 2018), 298쪽). 이는 한 사람의 순종으로 많은 사람이 하나님 앞에서 의인의 사법적 신분 혹은 위치로 세워질 것을 뜻한다. 여기에서 순종은 자기 언약에 신실하여 세상을 구원하시려는 하나님의 계획에 순종하는 메시아 예수의 신실하심, 곧 믿음의 순종을 의미한다(롬 3:22,26, 롬 1:5, 16:26, 참조 사 53:11).

셋째, 통치의 유사성이다. 죄가 사망 안에서 왕 노릇 한 것처럼 은혜도 의로 말미암아 왕 노릇 하게 된다(롬 5:21). 이 은혜로 인하여 성도 또한 왕 노릇 하게 된다(롬 5:17). 어느 곳을 선택하든 우리는 그 아래서 다스림을 받게 된다.

이러한 모형론은 종말의 은혜의 때에 예수 그리스도께서 여신 은혜의 문을 통해 성도가 궁극적으로 승리할 것을 예견하게 한다. 하나님께서 보내신 인류의 새로운 대표인 예수 그리스도를 통하여 모든 이에게 풍성한 생명이 전해졌다. 하나님께서 인류의 새로운 대표인 그리스도를 우리에게 보내신 이유는 우리가 그를 믿을 뿐 아니라 순종하여 세상에서 그를 대표하는 의로운 사람이 되도록 하기 위한 것이다(롬 5:19, 참조 고전 11:1).

우리는 모두 천국의 국가대표들이다. 그리스도의 대사들이다(고후 5:20, 엡 6:20). 대사는 국가 원수를 대표하는 사람이다. 우리의 발걸음이 그리스도의 발걸음이다. 우리는 하늘 문을 여는 사람들이다. 가는 곳마다 그리스도의 은혜가 부어지는 새 시대가 열리기를 구하자. 그리고 끝까지 믿음으로 그리스도께 순종하자. 예수 그리스도의 생명이 구조적인 악과 굳어진 문화를 허물고 그 가운데 빛을 발할 수 있도록 하실 것이다.

이런 모습으로 세상에 설 때 나에게는 의도하지 않았던 영향력이 생길 것이다. 그리스도를 닮아가는 행동을 통해 많은 사람이 도전받고 변화될 것이다. 더 깊은 순종 가운데 하나님의 의롭게 하시는 역사가 일어날 것이다. 더 나아가 주님께서 나를 온전히 다스리시는 놀라운 역사를 경험하게 될 것이다. 우리가 있는 곳에 하늘의 복이 흘러 들어가는 아름다운 역사가 일어날 것이다. 지금 나의 삶은 누구를 대표하는가? 예수 그리스도의 생명을 잘 드러내는가? 나는 천국의 대표선수다. 하나님의 기쁨과 그리스도의 생명을 온전히 드러내기에 힘써야 한다.

그리스도인으로
산다는 것

¹그런즉 우리가 무슨 말을 하리요. 은혜를 더하게 하려고 죄에 거하
겠느냐. ²그럴 수 없느니라. 죄에 대하여 죽은 우리가 어찌 그 가운데
더 살리요. ³무릇 그리스도 예수와 합하여 세례를 받은 우리는 그의
죽으심과 합하여 세례를 받은 줄을 알지 못하느냐. ⁴그러므로 우리가
그의 죽으심과 합하여 세례를 받음으로 그와 함께 장사되었나니 이
는 아버지의 영광으로 말미암아 그리스도를 죽은 자 가운데서 살리
심과 같이 우리로 또한 새 생명 가운데서 행하게 하려 함이라. ⁵만일
우리가 그의 죽으심과 같은 모양으로 연합한 자가 되었으면 또한 그
의 부활과 같은 모양으로 연합한 자도 되리라. ⁶우리가 알거니와 우
리의 옛 사람이 예수와 함께 십자가에 못 박힌 것은 죄의 몸이 죽어

다시는 우리가 죄에게 종 노릇 하지 아니하려 함이니 [7]이는 죽은 자가 죄에서 벗어나 의롭다 하심을 얻었음이라. [8]만일 우리가 그리스도와 함께 죽었으면 또한 그와 함께 살 줄을 믿노니 [9]이는 그리스도께서 죽은 자 가운데서 살아나셨으매 다시 죽지 아니하시고 사망이 다시 그를 주장하지 못할 줄을 앎이로라. [10]그가 죽으심은 죄에 대하여 단번에 죽으심이요 그가 살아 계심은 하나님께 대하여 살아 계심이니 [11]이와 같이 너희도 너희 자신을 죄에 대하여는 죽은 자요 그리스도 예수 안에서 하나님께 대하여는 살아 있는 자로 여길지어다. [12]그러므로 너희는 죄가 너희 죽을 몸을 지배하지 못하게 하여 몸의 사욕에 순종하지 말고 [13]또한 너희 지체를 불의의 무기로 죄에게 내주지 말고 오직 너희 자신을 죽은 자 가운데서 다시 살아난 자같이 하나님께 드리며 너희 지체를 의의 무기로 하나님께 드리라. [14]죄가 너희를 주장하지 못하리니 이는 너희가 법 아래에 있지 아니하고 은혜 아래에 있음이라.

제정 러시아 말기에 로마노프 왕조(1613-1918)의 마지막 황제를 보좌하던 라스푸틴 사제는 왕가 사람들의 죄를 신앙적으로 합리화해준 일로 유명하다. 그는 왕가 사람들이 죄를 고백하면 로마서 5장 20~21절을 인용하여 이렇게 대답했다. "죄가 많은 곳에 은혜가 넘칩니다. 죄를 지을수록 하나님께는 영광이 됩니다. 보통 죄인이되면 보통 영광을 돌리게 되고, 큰 죄인이 되면 큰 영광을 돌리는 것입니다!" 이는 죄를 합리화시켜주는 아주 교묘한 주장이었다.

그리스도인은 하나님의 큰 은혜를 받고 큰 영광을 돌려야 할 존재다. 그렇다면 큰 은혜를 드러내고 영광을 돌리기 위해 죄를 반복하여 지어도 괜찮은 것일까? 이는 복음의 한쪽 면을 지나치게 단순화시켜 극단적으로 몰고 가는 주장이다. 그런데 이런 주장이 사도 바울이 활동하던 시대에도 문제가 되었다. 바울의 대적자들은 바울이 전하는 복음을 공격하며 비난했다. 그들은 바울을 무율법주의자라 규정하고 비판했다. 이들의 주장은 이전에도 잠시 소개된 바 있다. "그들은 우리가 '악을 더 많이 행할수록 하나님은 선을 더 많이 행하시니, 악을 더 많이 행하자!'라고 말하며 다닌다고 합니다"(메시지).

6장에 와서는 이런 대적자들의 주장을 좀 더 본격적으로 소개한다. 대적자들의 주장을 쉽게 풀어본다면 "아니, 바울은 구원을 얻기 위해서는 율법이 필요 없다고 한다면서? 죄를 많이 지을수록 큰 은혜를 받는다면서?" 정도가 될 것이다. 이는 사도 바울이 결론적으로 주장한 5장 20~21절의 말씀을 근거로 하는 비난이다. 하지만 이런 반대자들의 주장에 대해 바울은 정면으로 대응한다. "그런즉 우리가 무슨 말을 하리요. 은혜를 더하게 하려고 죄에 거하겠느냐. 그럴 수 없느니라. 죄에 대하여 죽은 우리가 어찌 그 가운데 더 살리요"(롬 6:1-2).

우리가 하나님의 계속된 사죄의 은총을 받기 위해 죄를 계속해서 져도 된다는 생각은 복음의 반쪽만을 이해한 것이다. 이는 우리가 복음을 믿고 예수 그리스도 안에 거하게 되면서부터 우리에게 나타나는 놀라운 실존과 신분상의 변화를 무시하는 주장이다. 왜냐하면 우리는 예수 그리스도를 믿는 순간 죄에 대해 죽은 존재가 되기 때문이다(롬 6:2). 죽은 자는 더는 말할 수도 행동할 수도 없다. 이로써 죄와

의 연대가 끊어졌고 죄의 왕 노릇에서 벗어나게 되었다.

성도는 그리스도와 함께 십자가에 못 박혔다. 이제는 신분상으로도 죄의 종이 아니라 그리스도의 종이 되었다. 이런 상태에서 어떻게 우리가 죄 가운데 '거하겠는가?' 여기서 '거한다'(헬. 에피메노)라는 단어는 그 안에서 거주한다는 뜻이다. 즉 죄의 통치 아래 살며 죄를 생각하고 죄를 말하고 죄를 행한다는 뜻이다. 이제 그리스도와 연합한 성도는 더 이상 죄에 거할 수 없다.

이 신비로운 연합과 실존의 변화를 바울은 세례를 통해 설명한다. 우리는 예수와 합하여 세례를 받았다. 그래서 예수와 합하여 함께 장사되었고(롬 6:3), 예수와 합하여 함께 부활의 새 생명을 얻게되었다(롬 6:4-5). 이를 나타내는 상징적인 예식이 세례이다. 여기서세례는 물속에 완전히 잠기는 침례(baptism)를 의미한다. '그리스도 예수와 합한다'라는 표현은 우리가 예수 안으로 들어가 세례를 받았다(baptized into Christ Jesus, NRSV, NIV)는 말과 같다. 예수 그리스도와 믿음으로 연합하여 세례의 물을 통과하여 죽음으로 들어갔다 생명으로 나왔다는 것이다. 이는 이스라엘 백성들이 출애굽 하여 홍해를 통과한 후 바로의 노예로 살던 애굽을 뒤로하고 약속의 땅으로 들어가는 것과 같다. 세례는 이러한 구원의 이야기를 내포하고 있기에 단순한 상징 이상의 풍성한 의미를 준다. 생각해보라. 죽음의 홍해를 통과하여 약속의 땅 가나안에 이르렀는데 또다시 애굽으로 돌아갈 수 있는가? 그럴 수 없다. 이제 이스라엘은 더 이상 애굽 바로의 노예가 아니라 하나님의 백성이기 때문이다.

성도의 신분도 이와 같다. 그리스도와 연합하여 홍해와 같은 세례의 물을 통과하여 죽음에서 생명으로 나아온 성도는 더 이상 과거의 죄와 사망 속에 살 수 없다. 게다가 여기서 연합한다는 말은 단순히 함께 거하는 것 이상의 의미가 있다. '연합하다'(헬. 심퓌토이)라는 단어는 접붙임을 받았다는 뜻이다. 감람나무로 접붙임을 받으면 그 가지는 감람나무의 생명력으로 살아간다. 마찬가지로 그리스도에 접붙인 바 된 성도는 그리스도의 생명으로 살아간다. 이전과는 본질적으로 다른 삶이 시작된다. 따라서 그리스도인으로 산다는 것은 전에 살던 대로 살면서 단순히 죄를 짓고 용서받는 일을 반복하는 게 아니라, 새로운 삶의 실존과 양식으로 들어가는 삶이다. 이는 죄와 이별을 고하고 거룩한 하나님의 통치에 들어감을 의미한다. 홍해를 건넌 것처럼 죄라는 옛 나라를 벗어나 하나님 은혜의 통치로 들어가 과거와 영영 이별하는 삶이다. 죄와의 모든 연대가 끊어졌다. 우리의 옛사람(자아)이 그리스도와 함께 십자가에 못 박혔기에 다시는 죄에게 종노릇 하지 않는 삶으로 들어갔다(롬 6:6). 하나님께 의롭다는 칭함을 받으며 의로운 신분으로 변화되어 살아가는 삶이다(롬 6:7). 그리스도와 합하여 새 생명을 얻었고 부활의 영을 소유했기에 더는 사망이 왕 노릇 하여 좌지우지하지 못하는 삶으로 들어가는 것이다 (롬 6:9, 참조 롬 5:21)(그레고리 빌, 「신약성경신학」, 264쪽).

이런 명백한 영적 현실 앞에 우리는 이전에 익숙했던 과거의 사고방식에서 벗어나야 한다. 우리는 이제 "자신을 죄에 대하여는 죽은 자요 그리스도 예수 안에서 하나님께 대하여는 살아 있는 자로 여겨야" 한다(롬 6:11). 여기서 '여긴다'(헬. 로기조마이)라는 말은 로마서 4장 3절 이하에서 살펴보았던 것과 같이 회계용어다. 이는 막연한 추측이 아니라 하나님께서 그리스도 예수 안에서 이루신 구원역사의 현실을 손익계산 장부에 넣고, 이것을 자신의 영적 현실에 대입하여 계산해 보라는 의미다. 이렇게 볼 때 우리의 생은 막연한 바람이 아니라 죄에 대해 죽고 하나님에 대하여 살아 있는 마땅한 현실이되어야 한다.

다급한 마음에 사채를 지고 날마다 빚 독촉에 시달리는 사람이 있다고 하자. 사채업자는 매일 폭력배를 동원해서 이 사람을 위협한다. 그 폭력배들은 온몸에 무시무시한 문신을 하고 나타나 상상을 초월하는 폭언과 힘으로 그를 괴롭힌다. 너무나도 힘들어 괴로워하고 있는데, 마침 이 사정을 알게 된 절친한 친구가 아무 조건 없이 그가 진 빚을 다 갚아주었다. 그리고 채무가 변제되었다는 증명서를 받아서 그에게 주었다. 뛸 듯이 기뻐하고 있는데 이 사실을 모르는 폭력배들이 다시 나타났다. 빨리 빚을 갚으라고 폭언을 쏟아붓기 시작하자, 이 사람은 채무가 변제되었다는 증명서를 그들 앞에 내보였다. 그러면서 눈을 부릅뜨고 "더 이상 괴롭히지 말고 눈앞에서 사라져라"고 큰소리쳤다. 증명서를 본 폭력배들은 더 이상 그에게 아무런 위해도 가하지 않고 조용히 사라졌다. 폭력배들에게 이렇게 할 수 있는 이유가 무엇인가? 채무가 변제되었다는 증명서 때문이다. 이 증명서로 인해 채무는 '단번에' 해결되었다(롬 6:10).

우리가 죄에 대해 죽은 자이며 그리스도 예수 안에서 하나님께 대해 살아 있는 자로 '여기는' 것이 바로 이와 같다. 막연한 바람과 기대가 아니라 그리스도 예수 안에서 이루어진 명백한 영적 현실을 근거로 계산하여 당당히 요구할 수 있는 것이다. 메시아가 '단번에'

(헬. 에파팍스), 최종적으로(once for all) 죄에 대하여 죽으셨다(롬 6:10). 이는 그 자신이 죄를 지었다는 뜻이 아니라 죄 있는 모양으로 이 땅에 와서 인류의 죄를 지고 죄와 죽음의 무게 아래 죽었지만, 그렇게 단 한 번 죽으심으로써 죄의 영역에서 빠져나오셨다는 의미다(톰 라이트, 「로마서」, 257쪽). 단 한 번 죽으셨고, 이제 후로는 죽음과의 관계는 완전히 끝났다. 아직도 죄의 음흉하고 위협적인 목소리에 움츠러드는가? 이제는 당당히 그리스도 예수 안에서 의롭다 칭함받은 자의 목소리를 내라! 이런 분명한 계산에 근거한 성도의 영적 현실은 필연적으로 다음과 같은 의무사항을 요구한다. 바로 12~13절 말씀이다.

> "그러므로 너희는 죄가 너희 죽을 몸을 지배하지 못하게 하여 몸의 사욕에 순종하지 말고 또한 너희 지체를 불의의 무기로 죄에게 내주지 말고 오직 너희 자신을 죽은 자 가운데서 다시 살아난 자같이 하나님께 드리며 너희 지체를 의의 무기로 하나님께 드리라."

우리는 홍해를 건너온 사람들이다. 죄와의 모든 연대가 끊어졌다. 더는 죄로 돌아갈 수 없다. 우리의 전 존재를 의미하는 '너희 자신'(롬 6:13), 곧 '우리의 자아'는 하나님께 살아 있는 자로 여겨졌다. 너무 큰 대가가 이미 지불되었고, 더는 돌이킬 수 없다. 그래서 종교개혁가 마틴 루터는 유혹과 시험이 닥쳐올 때면 종종 "나는 세례를 받았다!"고 외쳤다고 한다. 물론 여기서는 앞서 설명한 세례의 영적 의미를 염두에 두었을 것이다.

하지만 우리가 '죽을 몸'(롬 6:12)에 거하는 동안에는 몸의 사욕을 통해 죄의 협박과 유혹, 충동이 찾아온다. 여기서 '죽을 몸'은 순종해서는 안 될 육신의 욕망을 소유하는, 이 세대에 영향받는 존재(person)를 의미한다(앞의 책, 255쪽). 가나안 땅 정복을 눈앞에 두고 믿음 없는 정탐꾼들의 말에 솔깃하여 차라리 애굽으로 돌아가자고 난리 쳤던 이스라엘 백성들을 생각해보라(민 14:3 이하). 홍해를 건넌 구원의 백성이라 하더라도 거짓 감언이설에 휘둘리면 안 된다. 다시 죄가 나를 지배한다는 것은 그리스도 안에서 이미 처리된 계산 장부를 볼 때 절대 허용될 수 없는 일이다.

그렇다면 지금 우리가 할 수 있는 일은 무엇인가? 우리의 몸 전체, 즉 손, 발, 눈, 입, 오장육부, 더 나아가 우리의 지성과 감성과 의지를 하나님께서 사용하실 수 있도록 내드려야 한다. 이러한 우리 몸의 여러 부분, 곧 지체들을 하나님의 뜻을 이루는 의로운 무기로 영적 전선의 최전방에 드릴 수 있어야 한다(엡 6:12-17 참조). 우리의 지체를 '무기로 드리라'는 말씀은 아직 우리가 살아가는 환경 가운데 우리의 몸을 통한 치열한 영적전쟁이 일어나고 있음을 전제한다. 여기서 '너희 지체'(your members)란 인격과 정신과 몸의 다양한 요소들을 말한다(앞의 책, 260쪽). 이는 우리의 눈을 유혹하고, 우리의 귀를 유혹하고, 우리의 입을 유혹하고, 우리의 감정과 지성을 유혹하여 다시 죄의 종이 되도록 끌고 가려는 치열한 영적 씨름이 있음을 전제한다.

여기서 '드리라'(헬. 파리스테미)는 단어는 로마서 12장 1절에서 "너희 몸을 거룩한 산 제물로 드리라"고 할 때 '드리라'와 같은 동사다. 즉 여기서 드림은 우리의 지체로 예배드림을 의미한다. 삶의 치열한 전투현장에서 몸으로 죄에 굴복하지 않고 우리 각 성도의 온몸을 하나님의 영광이 되도록 온전히 하나님께 내드리는 게 거룩한 '산 제물'인 것이다. 이렇게 드림 가운데 성도의 실존에 부활의 생명이 시작된다. 우리의 죽을 몸은 썩고 죽을 것이다. 그러나 우리 안에 시작된 부활의 생명은 종말의 때에 우리의 몸을 새로운 차원으로 변화시킬 것이다(롬 8:11 참조).

요컨대 죄는 더 이상 성도를 주장할 수 없다. 우리는 "흑암의 권세에서 건져냄을 받아 그의 사랑의 아들의 나라로 옮겨진 곧 그 아들 안에서 속량 곧 죄 사함을 얻은" 이들이다(골 1:13-14). 더는 죄의 종이 아니다. 성도의 주인은 오직 그리스도 예수 한 분뿐이다! 이는 또 다른 사실을 내포한다. 즉 죄뿐만 아니라 율법 또한 성도를 주장하지 못한다는 뜻이다(롬 6:14). 성도가 두 발을 디디고 서 있는 지대는 율법의 영역이 아니라 은혜의 영역이다. 아낌없는 사랑을 베푸신 그분의 품이 바로 성도가 두 발을 디디고 살아내야 할 근거이다.

이제 과거와는 삶의 실존 근거 자체가 달라졌다. 따라서 성도는 이제 죄의 지배에 '마침표'를 찍어야 한다. 세상이 공공연히 떠드는 죄와 유혹의 논리에 더 귀 기울이지 말아야 한다. 아직도 죄를 지음으로써 하나님께 영광을 돌린다는 말에 귀가 솔깃한가? 더 큰 영광을 돌리기 위해 더 자주 더 큰 죄를 짓자는 주장에 마음이 움직이는가? 마음을 굳게 하여 이런 죄의 논리에서 돌아서라! 그리스도인은 돌아갈 수도, 돌아가서도 안 되는 하나님의 특별한 존재들이다!

목적 없는 자유는
방종으로 흐른다

¹⁵그런즉 어찌하리요. 우리가 법 아래에 있지 아니하고 은혜 아래에 있으니 죄를 지으리요. 그럴 수 없느니라. ¹⁶너희 자신을 종으로 내주어 누구에게 순종하든지 그 순종함을 받는 자의 종이 되는 줄을 너희가 알지 못하느냐. 혹은 죄의 종으로 사망에 이르고 혹은 순종의 종으로 의에 이르느니라. ¹⁷하나님께 감사하리로다. 너희가 본래 죄의 종이더니 너희에게 전하여 준 바 교훈의 본을 마음으로 순종하여 ¹⁸죄로부터 해방되어 의에게 종이 되었느니라. ¹⁹너희 육신이 연약하므로 내가 사람의 예대로 말하노니 전에 너희가 너희 지체를 부정과 불법에 내주어 불법에 이른 것같이 이제는 너희 지체를 의에게 종으로 내주어 거룩함에 이르라. ²⁰너희가 죄의 종이 되었을 때에는 의에 대하여

자유로웠느니라. ²¹너희가 그때에 무슨 열매를 얻었느냐. 이제는 너희가 그 일을 부끄러워하나니 이는 그 마지막이 사망임이라. ²²그러나 이제는 너희가 죄로부터 해방되고 하나님께 종이 되어 거룩함에 이르는 열매를 맺었으니 그 마지막은 영생이라. ²³죄의 삯은 사망이요 하나님의 은사는 그리스도 예수 우리 주 안에 있는 영생이니라.

고등학교 3학년의 힘든 시기를 지나 대학생이 되면 신입생들은 갑자기 주어진 자유에 적잖이 당황한다. 대학입시 준비를 위해 옴짝달싹 못 하며 오직 공부에만 매달리다가 갑자기 너무나도 많은 자유시간이 주어지면, 이 시간을 어떻게 사용할지 몰라 술과 오락으로 소비하려는 유혹이 커진다. 예전에는 그토록 갈망했던 입시로부터의 자유였지만, 막상 자유가 주어지자 그 자유로 무엇을 할지 몰라 방황한다. 자유는 진공상태에서의 방황이 아니다. 목적 없는 자유는 오히려 방황을 낳는다. 자유는 목적과 방향이 선명할 때 그 가치를 제대로 발휘할 수 있다.

성도는 누구인가? 죄로부터 자유로워진 이들이다. 이전에는 죄 아래서 죄의 종으로 사로잡혀 꼼짝하지 못했다. 죄가 시키는 온갖 부정에 순종하며 불법을 따라 살았다. 그러나 이제는 예수 그리스도를 믿음으로 말미암아 모든 죄의 속박으로부터 자유롭게 되었다. 예수 그리스도를 믿는 믿음 안에서, 그분과 연합하여, 그분과 함께 죽었다가 다시 새 생명을 얻었다(롬 6:4). 이때 죄에 종노릇 하던 옛 자아가 죽어 종노릇 하던 신분에서 벗어나게 되었다. 이제는 다가오는 새 시대의 생명, 즉 참되고 영원한 삶인 영생(롬 6:22)을 누리는 존재가 되었다. 새 시대의 생명을 부여받은 것이다.

이 생명은 죄를 위하여 부여받은 생명이 아니다. 이 생명은 새 시대, 즉 하나님의 통치가 임하는 하나님의 나라를 추구하기 위해 부여받은 생명이다. 따라서 성도가 죄로부터 자유롭게 된 것은 동시에 새 생명이 추구하는 삶의 목적을 부여받은 것과 마찬가지다. 따라서 죄로부터의 자유는 커다란 진공상태에서 자기가 하고 싶은 일을 마음껏 추구하는 방종에 가까운 자유가 아니라 선명한 방향을 추구하는 자유이다. 성도는 하나님의 나라를 추구하며 세상과는 다르게 살아야 할 사명을 받은 존재가 된 것이다.

그런데 로마교회에서 일부 무리가 집요하게 "우리는 자유로우니 이 자유로 더욱 죄의 기회를 삼아도 괜찮다"라고 주장하는 일이 발생했다. 이들은 "성도가 죄 지으면 하나님께서 더 큰 은혜를 우리에게 부어주셔서 죄를 사하실 뿐 아니라 더 많은 복을 주신다"라고까지 주장했다(롬 3:8, 5:20). 사도 바울은 6장 전반부(롬 6:1-14)를 통해 '죄에 거하자'라는 거짓 주장(롬 6:1)에 대한 논리적인 대답을 시도한 후, 이번 장의 본문에서는 좀 더 적극적인 대답을 시도한다(롬 6:15-23).

이렇게 두 번씩이나 다른 각도로 접근하여 답변을 시도하는 것은 우리가 하나님의 은혜를 오해하여 너무 쉽게 악용할 수 있기 때문이다. 하나님의 은혜는 우리가 감당할 수 없는 엄청난 것을 하나님께서 우리를 사랑하심으로 거저주신 사건이다. 이 어마어마한 죄 사함과 영생의 선물은 주신 분의 깊은 마음과 의도를 온전히 헤아릴 때 오해 없이 누릴 수 있다. 은혜를 악용하면 은혜가 헛될 뿐 아니라 은혜로 말미암아 누릴 영생의 선물이 변질되고 왜곡된다. 로마서 6장 1절이 은혜를 더하게 하려고 '죄에 거하겠느냐'는 다소 소극적인 표현으로 접근했다면, 이번 장의 본문의 시작인 16절은 은혜 아래 있으려고 '죄를 짓겠느냐'는 보다 적극적인 표현으로 논의를 시작한다.

본문은 사람을 무엇인가의 '아래' 있는 존재로 규정한다. '아래'라는 표현은 우리의 존재 양식이 스스로 독립적으로 존재하는 게 아니라 위에 있는 초월적인 존재와의 관계와 소속으로 규정됨을 의미한다. 먼저 15절은 사람을 '법 아래' 있는 존재와 '은혜 아래' 있는 존재로 나눈다. '법 아래' 있는 존재란 하나님을 떠난 타락한 본성으로 하나님의 뜻을 행할 능력 없이 죄를 지어 '죄의 종'(롬 6:17)이 된 상태를 의미한다. 인간은 누군가의 지배 아래 들어가는 존재이다. 누군가의 지배 아래, 즉 종이 되는 것은 우리를 다스리는 존재에게 순종할 것을 요구한다. 그리고 우리의 순종은 그 대상에 따라 저마다 다른 결과를 초래한다. '죄의 종'은 자신의 삶을 '부정과 불법'에 순종하여 율법 없는 혼돈과 무질서 상태에 이르게 한다(롬 6:19).

반면 '은혜 아래' 있는 존재는 '의의 종'(롬 6:18)이 된다. 여기서 '의'(righteousness)란 하나님께서 그의 백성들과 맺은 언약을 위하여 감당해야 할 의무들을 주도적으로 성취하신 삶을 의미한다(이에 대한 설명은 1장 16-17절에 대한 설명을 참조하라). 이것은 하나님 편에서는 감당하셔야 하는 '의무'이지만, 이를 믿음으로 말미암아 의롭다는 선물을 받은 성도로서는 '은혜'이다. 따라서 의의 종이 되었다는 것은 은혜의 종이 되었다는 뜻이고, 은혜의 지배 아래 살아야 할 존재가 되었다는 의미다. 이는 '하나님 아래 종이 되어' 새로운 노예 상태로 살아가는 삶이다(롬 6:22). 죄가 요구하는 뜻을 따라 사는 삶이 아니라 하나님께서 요구하시는 하나님의 뜻대로 사는 삶은 우리로 거룩함, 곧 성화의 열매를 맺게 한다(롬 6:19). 더 나아가 이는 다가오는 새 시대의 생명을 가져온다.

우리가 '은혜 아래' 있다는 것은 새로운 순종의 관계로 들어갔음을 의미한다. 물론 죄의 통치와 지배로부터 자유롭게 되었지만, 이것은 우리가 자유인이 되어 무엇이든 하고 싶은 일을 할 수 있는 자유를 얻었다는 뜻이 결코 아니다! 이는 자유의 의미와 종 됨의 의미를 오해한 것에 불과하다. 우리가 얻은 새로운 자유는 은혜의 통치에 순종할 자유이지 죄의 통치에 순종할 자유가 아니다. 이제는 소속이 달라졌기에 소속에 따른 의무도 달라졌다.

사람은 결코 홀로 독립하여 살 수 있는 존재가 아니다. 항상 무엇인가의 종으로 자신을 내주고 섬기며 살아가는 존재이다. 그리고 자신이 주인 삼은 그것에 마음과 몸을 내주고 헌신하며 살아간다. 따라서 우리가 죄의 권세로부터(~from) 자유롭게 된 것은 새로운 주인을 맞이하여 그를 향하여(~to) '새로운 순종 관계'로 들어가는 것이다(롬 6:16)(장흥길, 「로마서」, 150쪽).

물론 누구에게 순종하느냐에 따라 그 결과가 달라진다. 죄를 주인 삼아 죄에 순종하며 사는 삶은 불법 가운데 방황하다 결국 사망에 이르게 한다. 반면 그리스도를 주인 삼아 그리스도께 순종하며 사는 삶은 '의로운 삶'에 이르고 '거룩함에 이르는 열매'를 맺는다. 그리고 이는 다가오는 하나님 나라의 시대에 누릴 생명, 즉 영생에 이르게 한다(롬 6:22). 그렇다면 우리는 마땅히 그리스도를 주인 삼아

'의의 종'으로 살아야 할 것이다.

그럼에도 죄로부터 자유로워진 이들이 자꾸만 죄의 기회에 솔깃해하며 관심을 기울이는 이유는 무엇인가? 이전에 죄의 종으로 살았던 삶에 익숙하고 이런 삶이 우리의 몸에 배어 있기 때문이다. 우리의 육신은 참으로 죄의 유혹에 연약하다(롬 6:19). 믿음으로 구원받아 은혜의 통치 아래로 들어갔지만 연약한 육신으로 인해 죄의 통치 아래 들어가고자 하는 충동과 유혹이 끊임없이 존재한다.

이런 모습은 출애굽기에서 홍해를 통과한 이스라엘 백성들에게서 잘 나타났다. 이들은 애굽 왕 바로의 통치 '아래' 노예로 고통받으며 살았다. 너무나도 힘들어 하나님을 향하여 탄식하며 부르짖었다(출 2:23). 이에 하나님은 모세를 통해 열 가지 재앙을 보내사 이스라엘을 바로의 지배에서 벗어나 자유롭게 하셨다. 이스라엘 백성들은 하나님의 기적으로 갈라진 홍해 가운데를 통과하여 애굽에서 벗어났다. 이는 바로의 통치 아래에서 벗어나는 일이 사람의 힘으로 불가능하고, 오직 하나님의 능력만으로 가능함을 보여주시기 위함이었다. 바다 한가운데로 지나간 이스라엘은 이제 다시는 애굽으로 돌아갈 수 없다. 가고자 하더라도 바다가 가로막고 있어 되돌아갈 수 없다. 단번의 출애굽으로 영원히 자유롭게 된 것이다.

하나님은 애굽에서 구원한 이스라엘 백성들을 낮에는 구름기둥으로 밤에는 불기둥으로 보호하시고, 아침마다 만나와 메추라기를 내려주셨다. 그러나 이스라엘 백성들의 육신은 연약했다. 낯선 광야에서 지내는 일이 생소했다. 하나님의 통치 아래 있는 삶에 만족하지 못했다. 하나님의 통치가 주는 새로움과 감격에 살기보다는 과거에 바로의 통치 아래 있던 애굽을 그리워했다. 애굽의 추억을 떠올렸다. 광야에서 내리는 만나와 메추라기 말고 애굽에서 먹던 생선, 수박, 마늘, 파, 부추 등이 간절했다(민 11:5). 나중에는 차라리 애굽에서의 삶이 더 나았다고 한탄하기까지 했다. 그러면서 지금 이렇게 사는 삶은 정상이 아니라고 생각했다. 이렇게 살다가는 광야에서 죽을 것 같다고 원망했다(출 16:3). 그러나 광야에서 하나님의 통치 아래 들어가지 않는 삶은 커다란 위험을 초래하는 일이다. 광야에서 바로의 종처럼 살아선 안 된다. 광야에서는 하나님의 통치와 인도하심에 순종하며 살아야 한다. 그럴 때 광야에 예비된 하나님 생명의 손길을 경험할 수 있다.

성도는 그리스도의 십자가와 부활로 말미암아 죄의 통치에서 은혜의 통치, 하나님의 나라로 옮겨온 사람이다. 죄로부터 해방되어 의에게 종이 되었다. 사실 이것을 가장 극적으로 경험한 이가 바울이다. 한때 훼방자요, 핍박자요, 박해자였던 그가 다메섹 도상에서 꺼꾸러진 후 이제 그리스도의 통치 아래 그리스도를 위해 사는 그리스도의 종이 되었다(딤전 1:13). 그래서 바울은 로마서 첫 시작에 자신을 '예수 그리스도의 종'이라고 분명히 밝힌다(롬 1:1).

이제는 순종의 영역이 옮겨졌다. 전에는 그리스도를 대적하고 핍박했던 그가 이제 그리스도께 순종하고, 하나님의 나라를 전파하는 그리스도의 종이 되었다. 이렇게 순종의 영역이 바뀐 것은 이스라엘 백성들이 출애굽 하여 홍해를 건넌 일과 같이 결코 돌이킬 수 없는 상황이다. 이제는 하나님의 의에 순종하며 거룩함에 이르는 열매를 맺고, 장차 하나님 나라에서 누릴 생명을 여기서부터 맛보며 살아야 한다. 따라서 여기에는 "더 큰 은혜를 얻기 위하여 죄를 지어야 한다"는 궤변이 들어설 여지가 없다.

사도 바울은 6장 1절과 15절에서 거듭 제기했던 반대자들의 궤변에 대한 답변을 조리 있게 설명한 후, 마지막 23절에서 쐐기를 박는다.

"죄의 삯은 사망이요 하나님의 은사는 그리스도 예수 우리 주 안
   에 있는 영생이니라."

아무리 죄에 대한 궤변을 늘어놓아도 성도에게 죄는 결코 정당화될 수 없다. 죄의 삯은 사망이다. 여기서 삯이란 받아야 할 대가에 대한 지불을 말한다(박익수, 「로마서주석 I」, 491쪽). 은혜를 더하게 한다는 명분으로 죄에 머무르며(롬 6:1), 죄를 짓는 삶(롬 6:15)은 결국 사망을 초래할 뿐이다. 성도는 하나님의 은사, 즉 선물(gift)을 받은 사람들이다. '선물'(헬. 카리스마)은 '은혜'(헬. 카리스)에서 온 말이다. 은혜의 지배 아래 들어갈 때 누리는 선물이다. 이 선물은 그리스도 예수 안에서 주어진다. 그리스도를 인생의 주님으로 고백하며 그분의 통치에 순종하는 이에게 주시는 것이다.

이런 성도의 순종은 죄의 지배 아래 있는 이의 순종과 질적으로 다른 거룩한 순종이다. '거룩하다'라는 말은 '구별된다'라는 뜻이다. 죄의 지배 아래 있을 때의 순종은 부정, 즉 더러움과 불법에 대한 순종이다(롬 6:19, 참조 롬 1:24). 여기서 '불법'이란 율법을 어기는 일이 아니라 거칠고 통제되지 않는 행동을 의미한다(톰 라이트, 「로마

서」, 1:28-32 참조). 이런 순종은 재빠른 육체의 만족과 쾌락을 추구하기에 조급하다. 즉각적이다. 반면 거룩함에 이르는 순종은 의에 이르는 성령의 열매를 맺는다. 성령의 열매, 곧 사랑, 희락, 화평, 오래 참음, 자비, 양선, 충성, 온유, 절제와 같은 것들은 하나같이 오랜 시간 인내를 필요로 하는 열매들이다. 그리스도의 지배 아래 있는 종들은 종말의 소망 중에 즐겁게 순종하며, 믿음으로 인내하며, 소망 가운데 순종해 나간다(롬 5:2-5 참조).

이런 순종의 끝에 주어지는 선물은 무엇인가? 바로 '영생'이다. 여기서 영생이란 단순히 끝없이 계속되는 생명이 아니라 다가오는 하나님 나라의 시대에 누리는 새로운 삶, 새로운 생명을 의미한다. 이 생명은 죄와 사망 가운데서는 결코 맛볼 수 없고, 오직 의에게 종이 될 때, 은혜의 지배 아래 살 때 현재적으로 맛볼 수 있다.

나는 지금 은혜 아래 진정한 자유를 맛보고 있는가? 내게 주어진 자유로 나는 무엇을 하고 있는가? 혹시 이 자유로 다시 죄의 기회를 엿보고 있지는 않은가? 이제는 그리스도 안에서 얻은 자유로 진정한 생명을 충만하게 누리며 열매를 맺어가자. 성도는 죄에서 자유롭게 된 사람들이다. 이 자유로 주님의 거룩함을 이루며 새 시대에 누릴 생명을 충만하게 누리자!

무엇에
얽매여 사는가?

¹형제들아 내가 법 아는 자들에게 말하노니 너희는 그 법이 사람이 살 동안만 그를 주관하는 줄 알지 못하느냐 ²남편 있는 여인이 그 남편 생전에는 법으로 그에게 매인 바 되나 만일 그 남편이 죽으면 남편의 법에서 벗어나느니라. ³그러므로 만일 그 남편 생전에 다른 남자에게 가면 음녀라. 그러나 만일 남편이 죽으면 그 법에서 자유롭게 되나니 다른 남자에게 갈지라도 음녀가 되지 아니하느니라. ⁴그러므로 내 형제들아 너희도 그리스도의 몸으로 말미암아 율법에 대하여 죽임을 당하였으니 이는 다른 이 곧 죽은 자 가운데서 살아나신 이에게 가서 우리가 하나님을 위하여 열매를 맺게 하려 함이라. ⁵우리가 육신에 있을 때에는 율법으로 말미암는 죄의 정욕이 우리 지체 중에

역사하여 우리로 사망을 위하여 열매를 맺게 하였더니 [6]이제는 우리가 얽매였던 것에 대하여 죽었으므로 율법에서 벗어났으니 이러므로 우리가 영의 새로운 것으로 섬길 것이요 율법 조문의 묵은 것으로 아니할지니라.

　　어느 대학에서 강의할 때였다. 한 여학생이 두 번이나 연속해서 결석했다. 수업에 성실하게 잘 참여하던 학생이었는데 궁금했다. 알고 보니 그 여학생은 어느 아이돌 가수 그룹의 열렬한 팬이었는데, 그 그룹이 해체를 선언하자 너무나도 큰 충격을 받아 식음을 전폐하고 학교까지 나오지 않았다. 당시 그 그룹은 최절정의 인기를 구가하고 있었고, 일본과 동남아시아에서 선풍적인 인기를 끌고 있었다. 도대체 이 아이돌 그룹이 해체된 이유가 무엇이었을까? 알고 보니 원인은 소속사와의 갈등이었다. 겉으로 보기에는 화려하고 멋졌지만 내부적으로는 소속사의 강압적인 대우에 심한 갈등이 있었다. 소속사의 강제조항에 얽매여 사생활에 일일이 간섭받으며 정신없이 끌려다녔고, 식사도 제때 하지 못하고, 잠도 제대로 자지 못할 정도로 고단한 강행군이 계속되었다. 결국 이런 강제조항들을 이유로 끌려다니던 삶을 견디지 못하고 해체를 선언한 것이다.

　　그렇기에 겉모습이 아무리 화려해도 자신이 어디에 소속되었는지, 무엇에 얽매여 사는지가 삶의 질을 좌우한다. 우리가 육신에 속해 있을 때 우리를 얽매고 우리 삶에 깊이 관여하며 우리를 착취하는 세력이 있었다. 바로 죄의 정욕이다. 죄의 정욕은 율법을 통해 더욱 강력한 힘을 발휘한다. 율법의 세세한 조항을 알수록 이를 지키고 선하게 살아가는 것이 아니라 이에 포위당한 채 벗어나기가 점점 힘들어진다. 율법을 지키고 싶어도 지킬 수 없고, 도리어 더 많은 율법을 범하는 죄인이라는 사실만을 절감할 뿐이다. 율법은 원래 그 의도가 선한 것이지만 우리가 죄에 얽매여 있을 때 우리는 율법을 제대로 지키지 못하고 율법을 범하여 죽음에 이르는 열매를 맺게 된다(롬 2:12,23). 우리가 하지 말아야 할 많은 율법 조항을 알고 있을수록 우리 안에 있는 죄의 정욕은 율법 아래 얽매여 의롭다함을 얻을 수 없는 부끄러운 죄인임을 깨달을 뿐이다(롬 3:20).

여기서 우리는 2부 전체의 흐름 속에 그동안의 논의를 잠시 정리할 필요가 있다. 2부 전체의 주제는 '복음 안에서 소망 찾기'다. 그 중 로마서 5장부터 8장 전체가 복음 안에서 우리가 새롭게 누릴 자유에 대한 소망을 말씀한다. 구체적으로 5장에서는 '사망의 권세로부터의 자유'를, 6장에서는 '죄의 권세로부터의 자유'를, 이번 장부터 시작하는 7장에서는 '율법의 권세로부터의 자유'에 대하여 다룬다. 그리고 8장에 가서는 '성령 안에서의 자유'를 다룬다. 이런 흐름 가운데 이번 장이 다루는 율법의 권세로부터의 자유는 8장의 주제와 밀접하게 연결된다. 이는 '율법에서의 자유'가 단순히 율법에서 벗어나는 일만을 의미하는 게 아니라 새롭게 하시는 성령의 능력 안에서 새롭게 경험하는 자유이기 때문이다(롬 7:6 참조). 성도의 자유는 8장의 '성령 안에서' 누리는 자유에 이르러 절정에 이른다. 이 자유를 온전히 이해하기 전에 이번 장은 우리에게 먼저 율법의 권세로부터 자유롭다는 뜻이 무엇인지를 이해하도록 촉구하고 있다.

율법의 권세는 어떤 영향력을 우리에게 행사하는가? 이를 이해하기 쉽게 하려고 사도 바울은 당시의 결혼제도를 예로 들어 설명하고 있다(롬 7:1-3). 결혼제도를 통해 설명하려는 핵심요지는 이렇다. 즉 "법은 사람이 살아 있는 동안만 그 사람을 주관한다"(롬 7:1 참조). 여기서 '법'(헬. 노모스)이란 단순한 규칙, 규범을 넘어 인간의 삶과 행동을 규제하는 총괄적인 율법을 의미한다. 여기서 '주관한다'(헬. 큐리유에이)라는 말은 '주권을 행사한다' 혹은 '주인 노릇을 한다'는 뜻으로, 율법이 가진 법적 효력, 즉 법적 구속력을 말한다.

결혼이란 살아 있는 동안 서로를 구속하는 효력이 있다. 지금도 그렇지만 당시의 혼인법에 따르면 남편 있는 여인은 남편이 살아 있는 동안 한 남자의 아내로 법적 구속력에 묶여 살아간다. 이 기간에 다른 남자에게 가면 그녀는 간음하는 여인이 된다(롬 7:3). 법적 구속력이 다른 남자에게로 가는 일을 허락하지 않는 것이다. 하지만 이런 구속력이 언제까지나 계속되는 것은 아니다. 이런 법적 효력은 남편이 살아 있을 때까지만이다. 남편이 죽으면 아내는 법의 구속에서 자유롭게 된다. 자유롭게 된 상태에서 다른 남자에게 가는 것은 간음하는 일이 아니요, 결혼서약을 위반하는 일도 아니다.

이스라엘 백성들이 시내산에서 여호와 하나님과 언약을 체결했을 때(출 24장), 그들은 하나님의 백성으로서 율법의 구속력 아래 놓이게 되었다. 결혼생활을 위해 결혼제도의 법적 구속력 아래 들어가는 것과 같다. 이후로 율법의 법적 구속력이 하나님 백성들의 삶을 규정하고 구속했다. 이런 구속은 시내산 언약이 예수 그리스도로 인해 새로운 언약으로 대치될 때까지 계속되었다. 하나님의 선한 율법이 이스라엘의 삶을 규정하자, 원래 의도하지 않았던 이상한 현상들이 나타나기 시작했다. 백성들이 율법으로 인해 더욱 거룩해지는 게 아니라 더욱 타락하기 시작한 것이다. 결국 하나님의 수많은 경고에도 하나님을 진노하게 하고, 사망의 열매를 맺기에 이른다(롬 7:5). 이것이 이스라엘이 경험했던 율법의 구속력이다.

이런 효력은 단지 유대인에게만 해당하지 않는다. 본문 1절은 이런 율법의 구속력을 아는 자들, 즉 '법 아는 자들'을 가리켜 '형제들'이라고 부른다. 이는 일차적으로 로마교회의 성도들을 가리킨다. 로마교회에는 유대 그리스도인들도 많았지만 이방인들은 더 많았다. 그렇다면 이방인들도 '법 아는 자들'에 포함된단 말인가? 이는 당시 로마교회를 구성하는 이방인이 누구였는가를 살펴보면 좀 더 밝게 드러난다. 당시 로마교회는 이방인들이 많았는데, 이들 대다수가 메시아 예수에게로 마음을 돌이키기 전에 이미 하나님을 경외하는 자들(God-fearers)이나 개종자들(proselytes)이었다. 이들은 비록 유대인이 아니었지만 하나님을 경외하는 자로 율법을 배우고 실천하기 위해 나름대로 열심히 힘썼던 사람들이다. 이런 면에서 이들은 율법의 지배 아래 있던 자들이었고, 아담 안에 있는 자들이었으며, 율법 아래 의를 얻으려다 처절한 실패를 경험했던 사람들이었다.

이는 하나님의 뜻대로 살아가려는 오늘날의 우리도 포함된다. 그리스도께서 오기 전까지 우리 역시 하나님이 요구하시는 선한 율법의 기준에 따라 살아야 할 것이 요구되었다. 하지만 그럴수록 우리 안에 있는 죄의 정욕이 자극받아 도리어 정죄함에 이르게 되었고, 율법의 법적 구속력에서 벗어나지 못하게 되었다. 원래 이 율법에는 하나님의 선한 뜻이 담겨 있어 제대로만 준수하면 하나님의 기준에 합당한 사람으로 살아갈 수 있다. 그러나 문제는 이 율법이 우리에게 다가와 우리를 법적 구속력으로 옭아매려 할수록 우리 안에 있는 죄의 정욕들이 자극된다는 점이다! 자극된 죄의 정욕들은 우리가 율법을 지키지 못하고 얽매이도록 하여 우리를 사로잡는다. 그래서 그리스도 밖에 있는 이들은 모두 이 율법의 정죄함에 꼼짝하지 못한 채 율법의 법적 구속력 아래 죄에 끌려다니며 살게 되었다. 그렇다면 이 율법의 구속에서 벗어나려면 어떻게 해야 할까? 방법은 단 하나다. 율법에 대해 죽는 것 외에는 방법이 없다. 그래야 죽은 남편에게서 아내가 벗어나는 것처럼 성도도 율법에 대해 죽고 율법의 법적 지배력에서 벗어날 수 있다.

만약 우리가 율법에 대하여 진짜 죽임을 당한다면 우리는 율법의 구속력에서 벗어나기는 해도 더는 살 수 없는 죽은 존재가 될 것이다. 그러나 예수 그리스도께서 우리를 대신하여 율법의 모든 정죄를 지시고 십자가에 죽으셨다. 성도는 믿음으로 그리스도와 함께 십자가에 못 박혀 죽은 이들이다. 이 죽음과 함께 성도는 과거에 자신을 얽매던 율법에 대해서도 벗어나게 되었다. 이것을 보여주는 일이 바로 세례다. 세례를 받는 것은 성도 자신이 과거 자신을 얽매던 율법에 대하여 죽게 되었음을 공적으로 인정하고 공표하는 일이다.

성도는 그리스도의 몸으로 말미암아 율법에 대하여 죽임을 당하였다(롬 7:4, 참조 갈 2:19). 여기서 '그리스도의 몸'이라는 표현은 초대교회에서 세례와 성만찬을 표현하는 공식적인 고백 언어다(롬 6:3-6, 참조 고전 10:16). 믿음으로 그리스도의 죽으심과 그가 죄와 율법의 권세를 이기시고 다시 살아나심에 동참하여, 자신도 그리스도와 함께 죽었다가 살아났음을 고백하는 것이다. 여기서 '그리스도의 몸'은 크게 두 가지 의미가 있다.

첫째, 십자가 위에서 죽으신 그리스도의 몸을 말한다(박수암, 「신약주석 로마서」(서울: 대한기독교서회, 2000), 184쪽). 즉 예수 그리스도의 십자가에 믿음으로 동참함으로써 율법에 얽매였던 모든 무거운 짐과 죄를 못 받고 그리스도와 함께 죽었다. 따라서 과거에 우리를 지배하고 얽매던 모든 율법의 구속은 더 이상 우리를 어찌할 수가 없다. 우리가 죽음으로써 율법에서 벗어났기 때문이다. 둘째, 그리스도의 몸은 성만찬을 의미한다. 성만찬을 통해 그의 살과 피를 받는다는 것은 우리가 그리스도의 몸에 속한 지체로 새로운 생명으로 새로운 소속 아래 들어가게 되었음을 의미한다. 새로운 소속 아래서 우리는 율법의 결과인 사망과는 정반대인 생명의 열매를 맺는다(롬 7:4 후반부).

우리가 율법 아래 있었던 상태를 5절은 "육신에 있을 때"로 표현한다. 여기서 '육신'은 로마서에서 처음 등장하는 표현으로 인간의 연약함을 나타내는 동시에 창조주를 거역하고 죄의 지배를 받으려는 '아담 안에' 거하는 상태, 곧 옛 창조의 시대를 뜻한다(롬 8:7 참조). 우리가 율법 아래 처하면 자신의 의도와는 상관없이 육신에 있는 죄의 정욕들이 율법으로 말미암아 일어나게 된다. 여기 '율법으로 말미암아'라는 표현은 '율법으로 야기된다'(aroused by the law)라는 뜻이다. 율법은 이를 행할 능력이 없는 육신에 있는 우리를 자극하여 죄의 정욕을 유발한다. 마치 탄산음료를 끊기 힘들어하는 사람에게 탄산음료를 끊으라고 했더니 오히려 그 말에 자극을 받아 더 탄산음료를 마시고 싶은 욕구를 느끼는 것과 같다.

　죄의 지배를 받겠다고 일부러 달려가는 것이 아니다. 율법을 지키며 선하게 살겠다고 다짐한다. 그러나 그 안에서는 창조주를 거부하고 자기 힘으로 살려는 욕구가 일어나고, 이에 연약한 '육신'을 동원하게 된다. 이 육신을 동원하다 보면 죄의 정욕이 자신을 장악하여 사망의 열매를 맺게 된다. 사람이 하나님을 떠나 자기 힘으로 삶을 규정하려 하면 율법에 복종하고 순종하지 못한다. 오히려 내 삶에 제한을 가하는 율법에 맞서 살고 싶어진다. 결국 우리가 육신에 있을 때 우리는 율법을 통해 순종의 삶을 사는 게 아니라 정욕과 죄악에 빠지게 되고, 이는 우리에게 죄와 사망의 열매를 맺게 한다(롬 7:5).

　그러나 이제 우리는 믿음으로 말미암아 그리스도와 함께 십자가에 못 박혀 죽었고, 우리를 얽매던 율법에 대해서도 죽어 율법의 권세에서 벗어나게 되었다(롬 7:6 전반부). 그러면 우리는 어떻게 살아가는가? 그리스도 안에서 우리에게 찾아오신 새로운 성령으로 섬기며 살아간다. 하나님의 성령은 그동안 우리를 얽매고 있었던 "율법 조문의 묵은 것"(롬 7:6)에서 벗어나 새로운 생명의 열매를 맺게 하신다. '율법 조문의 묵은 것' 이란 예수 그리스도로 말미암아 시작된 새로운 시대에 더는 효력을 발휘하지 못하는 낡은 옛 시대의 산물인 율법의 구체적인 조항들을 의미한다. 이것들은 예수 그리스도로 말미암는 새로운 시대에 어떤 효력도 발휘할 수 없다.

　이제 성도는 그리스도의 새로운 다스림 아래 들어가게 되었다. 성령께서 함께하시며 생명의 열매를 맺도록 도와주신다. 성령은 율법이 약속했지만 줄 수 없었던 생명, 궁극적으로 몸의 부활 속에 깃들일 생명을 주신다(롬 7:10, 8:11). 율법 아래 화려해 보이는 삶을 부러워하지 말라. 그 안에 우리를 옭아매는 구속력을 주의하라. 지금 나는 누구에게 속하여 살아가고 있는가? 누가 내 삶에 가장 큰 영향을 끼치고 있는가? 내가 생활하고, 소비하고, 소유하고, 관계를 맺는 것은 누구의 영향력 아래 있는가? 이제는 그리스도에게 속하여, 그리스도의 열매를 맺어가자!

죄는 기회를
타고 들어온다

⁷그런즉 우리가 무슨 말을 하리요. 율법이 죄냐. 그럴 수 없느니라. 율법으로 말미암지 않고는 내가 죄를 알지 못하였으니 곧 율법이 탐내지 말라 하지 아니하였더라면 내가 탐심을 알지 못하였으리라. ⁸그러나 죄가 기회를 타서 계명으로 말미암아 내 속에서 온갖 탐심을 이루었나니 이는 율법이 없으면 죄가 죽은 것임이라. ⁹전에 율법을 깨닫지 못했을 때에는 내가 살았더니 계명이 이르매 죄는 살아나고 나는 죽었도다. ¹⁰생명에 이르게 할 그 계명이 내게 대하여 도리어 사망에 이르게 하는 것이 되었도다. ¹¹죄가 기회를 타서 계명으로 말미암아 나를 속이고 그것으로 나를 죽였는지라. ¹²이로 보건대 율법은 거룩하고 계명도 거룩하고 의로우며 선하도다. ¹³그런즉 선한 것이 내게

사망이 되었느냐. 그럴 수 없느니라. 오직 죄가 죄로 드러나기 위하여 선한 그것으로 말미암아 나를 죽게 만들었으니 이는 계명으로 말미암아 죄로 심히 죄 되게 하려 함이라.

　　엄마가 말하는 것은 무엇이든 반대로 하던 청개구리가 있었다. 평소 청개구리는 엄마의 말이 옳다는 것을 알고 있었다. 그러나 엄마가 선한 의도로 말을 하면 그 말을 기회로 오히려 무엇이든 반대로 하고 싶은 심술이 일었다. 그래서 선한 훈계를 기회로 삼아 수많은 못된 행동을 하였고, 엄마의 마음을 아프게 하였다. 청개구리 이야기는 사실 우리의 이야기다. 괘씸한 청개구리 기질이 우리에게도 있다. 누군가 정상적이고도 바른 일을 하라고 시키면 하려고 했던 일도 하기 싫어질 때가 있다. 옳다는 것은 알지만 옳은 일을 따르기보다는 이것을 망치고 싶은 원죄적 기질이 있다.

　　'리바운드 효과'(rebound effect)를 아는가? 어떤 것을 더는 하지 않겠다고 결심하면 오히려 그에 대한 반동(리바운드)으로 오히려 그 생각이 더 자주 떠오르는 심리 현상을 말한다. 이 개념을 정립한 하버드대학의 대니엘 웨그너 교수는 1987년 학생들을 두 그룹으로 나누어 A그룹에는 흰곰을 생각하라 지시했고, B그룹은 흰곰을 생각하지 말라고 했다(EBS 교양, 〈세상의 모든 법칙: 생각하지 말라고 하면 왜 더 생각날까?〉(2017. 1. 17. 방영) 참조). 참가자들은 서로 간에 대화를 나누면서 흰곰이 생각날 때마다 종을 치도록 했다. 어떤 그룹이 종을 더 많이 쳤을까? 생각하지 말라고 했던 B그룹이다. 이와 유사한 또 다른 실험도 있다. A그룹에는 머릿속에 초콜릿을 생각하지 말라 하고, B그룹에는 초콜릿에 대해 마음껏 이야기하라고 했다. 대화 후 두 그룹에 각각 실제 초콜릿을 두었다. 그러자 초콜릿을 생각하지 말라고 한 A그룹이 B그룹보다 무려 50%나 초콜릿을 더 많이 먹었다. 이처럼 사람에게는 생각해서는 안 되는 것에 대해, 하지 않으려고 애쓰는 것에 대해 더 적극적으로 마음에 품고 행하려는 반동적인 기질이 있다.

하나님은 사람을 지으시고 지켜야 할 일, 따라가지 말아야 할 일들을 그의 백성들에게 율법으로 주셨다. 하나님의 계명을 온전히 행하면 큰 복이 임한다. 생육하고 번성하여 온 땅에 하나님의 백성들로 충만하게 된다(창 1:28). 들어와도 복, 나가도 복을 받을 것이다(신 28:3,6). 따라서 율법 자체는 하나님의 백성과 온 인류를 향한 하나님의 선한 기준이다(롬 5:13-14 참조). 복을 얻고 생명을 얻게 하기 위한 기준인 셈이다. 그러나 온 인류가 율법을 접하는 순간 그동안 잠잠하던 죄의 본성이 자극을 받아 깨어나기 시작했다. 자신을 복종시켜서 하나님의 기준을 따르기보다 자신이 기준이 되고 싶어 했다. 자신이 기준이 된다는 것은 결국 자기 안의 죄의 정욕을 따라 살고 싶어 했다는 뜻이다.

결국 인류는 율법을 통해서 하지 말아야 할 하나님의 뜻을 앎에도 불구하고 죄에 빠지게 되었다. 로마서를 읽다 보면 이런 율법에 대하여 상당히 부정적으로 인식하게 된다. 바울은 율법이 하나님의 진노를 일으켰고(롬 4:15), 우리의 죄를 더하게 하였다(롬 5:20)고 단언한다. 또한 "율법으로 말미암는 죄의 정욕이 결국 사망의 열매를 맺게 한다"고 말한다(롬 7:5). 여기서 우리가 혼동하지 말아야 할 것이 있다. 율법은 그 자체로 죄가 아니라는 점이다(롬 7:7). 오히려 율법에는 하나님의 선한 뜻이 담겨 있다(롬 7:13).

이번 장은 이 같은 전제를 바탕으로 율법이 과연 어떤 역할을 감당하는지를 설명한다. 먼저 7절과 13절은 율법을 죄와 사망으로 규정하는 것을 거부하며 전체 단락을 감싸고 있다. 바울은 묻는다. "율법이 죄냐? 그럴 수 없느니라!"(롬 7:7). "선한 것(율법)이 내게 사망이 되었느뇨? 그럴 수 없느니라"(롬 7:13). 따라서 본문 말씀을 깊이 이해하려면 우선 우리가 선입견처럼 품고 있던 율법에 대한 냉소적인 시선을 잠시 거두어야 한다.

본문에는 율법에 대한 긍정적인 기능을 소개한다. 이는 율법의 교훈적인 기능이다. 이는 율법을 통해 죄를 깨닫고 알게 하는 기능을 말한다. 7절 중반은 이렇게 말씀한다. "율법으로 말미암지 않고는 내가 죄를 알지 못하였으니." 율법이 아니고는 죄를 온전히 알지 못한다는 뜻이다. 여기서 '안다'라는 것은 단순한 지식이 아니다. 이는 삶 가운데 실제적인 죄의 결과를 경험함으로써 '아는' 체험적인 지식이다.

이전에는 다른 사람의 소유물을 바라보며 부러워하기만 하였다. 이 마음이 무엇인지 모른 채로 지내던 어느 날, "탐내지 말라"는 율법 말씀을 접하게 되었다. 그때야 '아, 내 속에 있는 이 마음이 탐심이구나. 이것은 품지 말아야 할 마음이구나' 하는 것을 알게 되었다. 사실 깨달으면 조심하고 삼가야 한다. 죄를 깨닫게 하는 기능에 있어 율법은 위력을 발휘했다. 그런데 문제는 그다음이었다. 율법은 우리의 바람과는 반대로 우리 안에 부정적인 기능을 작동시킨다. 그것은 바로 우리 안에 원죄적으로 잠복되어 있던 죄를 살아나게 하는 기능이다(롬 7:9).

자, 율법을 통해 죄를 모르고 있던 사람이 자극받아 자기 안에 있는 탐심을 알게 되었다. 그러면 탐심을 삼가고 조심해야 하는데, 내 안에서 발견된 탐심이 자극을 받고 깨어난다. 내 안에 죄의 정욕이 자극과 충동을 받고 깨어난 것이다. 사실 율법이 없었다면 죄는 죽은 것처럼 모른 채로 가만히 숨겨져 있었을 것이다(롬 7:8). 여기서 '죽었다'는 단어는 아무런 생명력과 기운을 갖지 않고 완전히 말라죽은 가지처럼 힘없는 상태를 말한다(제임스 던, 「로마서 1-8」(WBC 38상), 650쪽). 그러나 율법을 통해 죄성이 깨어나자 더 많고 다양한 탐심이 일어나기 시작했다. 이처럼 율법을 통해 죄의 정욕이 일어나서(롬 7:5), 결국 우리 안에 죄를 살아나게 했다(롬 7:9).

율법의 부정적인 기능은 여기서 한 발짝 더 나아간다. 그것은 죄를 살아나게 했던 율법이 결국에는 사망에 이르게 한다는 점이다(롬 7:10). 결국 죄가 율법을 장악하기에 이르렀다. 율법은 선한 것이었지만 우리 안에 있던 죄를 깨어나게 하고, 결국 사망의 열매를 맺게 한다. 그래서 율법은 죄, 사망을 도와 인류에게 공포의 삼두정치를 시행하는 주역의 역할을 하게 되었다(위의 책, 630쪽). 생명에 이르게 할 율법이 기회를 타고 우리를 속이고 죽음에 이르게까지 한 것이다(롬 7:8,11, 참조 롬 5:20).

본래 율법은 거룩하고 선한 것이었다(롬 7:12). 율법이 하나님의 백성에게 주어지며 약속한 것이 있다. 바로 생명이다. "너희는 내 규례와 법도를 지키라. 사람이 이를 행하면 그로 말미암아 살리라. 나는 여호와이니라"(레 18:5, 신 30:15-16 참조). 이처럼 율법의 처음 목표는 인류의 희망인 생명이었다. 그러나 율법이 주어지자 죄가 율법을 타고 그 위력을 발휘하기 시작한 것이다. 이번 장 본문 7절의 "탐내지 말라"는 계명은 출애굽기 20장 17절에서 인용한 것으로써 이스라엘 백성이 시내산에서 하나님께 십계명을 받는 장면을 배경으로 한다. 그런데 모세가 십계명을 받고 내려오자마자 시내산 아래에서 마주한 현실은 무엇이었는가? 이스라엘 백성들이 금송아지를 숭배하며 타락한 사건이었다. 율법은 그 자체로 선한 것이었지만 죄를 자극하여 끌어들이는 역할을 하였다.

우리는 이와 유사한 사례를 인류 최초의 조상인 아담과 하와의 선악과 사건에서도 볼 수 있다. "죄가 기회를 타서 계명으로 말미암아 나를 속였다"(롬 7:11)는 말씀은 창세기 3장 13절의 "여자가 이르되 뱀이 나를 꾀므로 내가 먹었나이다"라고 고백한 하와의 진술을 고스란히 반영한다. 여기서 뱀은 죄의 화신으로 등장한다. 하나님이 아담과 하와에게 동산 중앙에 있는 선악과를 먹지 말라는 계명(창 2:17)을 주셨을 때, 이것은 인류가 에덴동산에서 풍성한 생명을 누리도록 의도하신 선한 계명이었다(롬 7:10). 그런데 뱀(죄)은 이 계명에서 기회를 포착하였다. 사실 뱀은 이 계명이 주어지기 전까지는 아담과 하와를 공격할 기회를 찾지 못하고 있었다. 이처럼 뱀은 하나님께서 주신 최초의 율법을 악용하여 인류를 속였다.

이런 면에서 율법은 시내산을 넘어 에덴동산까지 거슬러 올라간다. 이런 면에서 선악과를 먹지 말라는 명령은 최초의 율법에 해당한다. 그러나 뱀은 인류에게 하나님의 금령을 불순종해도 "결코 죽지 아니하리라"(창 3:4)고 속인다. 더 나아가 도리어 "눈이 밝아져 하나님과 같이 될 것"(창 3:5)이라고 유혹하여 하나님 없이 자기 자원과 능력으로 살아가라고 욕심을 부추긴다. 이 거짓에 속아 선악과를 바라보니 그동안 잠잠했던 탐심이 불같이 일어났다. 선악과를 보니 "먹음직도 하고 보암직도 하고 지혜롭게 할 만큼 탐스러워"(창 3:6) 보였다. 결국 탐심에 굴복하여 하나님의 선한 계명을 어기고 자신의 힘으로 살려다가 그만 사망을 경험하기에 이르렀다.

이번 장 본문 7절에서 율법의 대표적인 사례로 탐심을 언급한 점은 우연이 아니다. 이는 율법이 시내산에서 처음 주어질 때부터 명시되었다(출 20:17). 사실 탐욕은 모든 죄의 뿌리다(약 1:15). 탐욕부터 시작하여 죄를 낳고 죄가 장성하여 사망을 낳는다. 이처럼 뱀(죄)은 아담과 하와의 풍성한 삶을 위하여 주셨던 계명을 악용하여 이들을 속이고 감추어졌던 탐심을 일으켜 마침내 사망에 이르게 했다. 하나님이 주신 계명의 기능을 악하게 변조시킨 것이다. 죄는 계명뿐만 아니라 계명을 주신 하나님의 동기까지도 교묘하게 왜곡시켰다. 하나님의 계명이 인류에게 생명을 주시려는 게 아니라 도리어 자신의 특별한 지위와 권리를 잃을까 두려워하여 금지했던 일처럼 왜곡하여 제시한 것이다.

이렇게 볼 때 율법은 인류에게 치명적인 타격을 입히는 통로가 되었지만, 그 자체로 율법은 거룩하고, 계명도 거룩하고 의롭고 선한 법이다(롬 7:12). 이것을 왜곡한 죄가 문제였다. 여기서 율법과 계명이 함께 쓰이면서 두 의미를 중첩하고 있다. 계명은 율법의 개별적인 조항을 의미한다. 반면 율법은 개별적인 율법을 통틀어 일컫는 말이다. 이렇게 두 단어를 병치시키는 데는 한편으로 지금 이야기하는 것이 단순히 선악과의 금지계명(창 2:16-17)에만 국한되는 게 아니라, 이를 통해 상징적으로 대표되는 율법 전체를 포괄하기 위한 목적이 있다. 이는 죄가 기회를 타서 율법으로 말미암아 자신을 속이고 사망에 이르게 하는 일이 아담 한 사람만의 경험이 아니라 이후 이어지는 이스라엘과 온 인류의 경험이기도 함을 은연중에 나타낸다.

죄는 지금도 호시탐탐 기회만을 노리고 있다. 여기에는 예외가 없다. 이번 장에 갑자기 등장해서 7장 끝까지 등장하는 '나'라는 자전적 1인칭 표현이 이를 잘 보여준다. '나'는 앞서 육신에 있을 때 율법으로 말미암는 죄의 정욕으로 인해 사망의 열매를 경험했던 '우리'(롬 7:5-7a)를 구체화된 개인으로 표현한 것이다. 이러한 주어의 인칭 변화는 사도 바울이 즐겨 사용했던 표현으로 갈라디아서 2장 18~21절에도 등장한다(고전 6:12-20, 10:29-11:1, 빌 3:4-15 참조)(Frank Thielman, *Romans*, ZECNT(Grand Rapids, MI: Zondervan, 2018), p.368). 바울은 앞선 단락(갈 2:15-17)을 통해 율법의 행위로는 의롭다 함을 얻을 육체가 없기에, '우리'가 율법의 행위로써가 아니라 그리스도를 믿음으로 의롭다 함을 얻는다고 진술한다. 그랬던 것이 이후 단락에서는 '나'를 등장시켜 '우리'의 일반적 경험을 '나'의 자전적 경험으로 구체화한다. 이 '나'는 날마다 그리스도와 함께 십자가에 못 박혀 죽고 그리스도를 믿는 믿음 안에서 사는 '나'이다(갈 2:20). 여기서 '나'는 '우리'의 경험이 개인적으로 구체화된 '나'이다.

로마서에도 이와 같은 변화가 등장한다. '우리'가 육신에 있을 때 율법으로 인해서 죄의 정욕이 역사하였더니(롬 7:5), '나'에게도 죄가 기회를 타서 계명으로 인하여 온갖 죄의 열매가 맺는 것을 경험한다(롬 7:8). 이는 율법으로 인한 죄와 사망의 경험이 '우리'와 바울 '개인'의 보편적인 경험임을 생생하게 표현한다. 이는 인류에 죄를 가져온 첫 사람 아담의 경험이며, 최초의 살인자였던 가인의 경험이기도 하다. 하나님은 죄가 가인을 원하여 문에 엎드려 호시탐탐 기회를 노리고 있다고 가인에게 경고하신 바 있다(창 4:7). 더 나아가 십계명을 받았음에도 죄의 충동에 사망의 열매를 맺었던 이스라엘의 구체적인 개개인의 경험을 포함한다(롬 7:8).

그렇다면 이 죄를 어떻게 할 것인가? 가장 중요한 점은 죄에게 기회를 주지 않는 것이다. 8절과 11절에서 사용하는 '기회'(헬. 아포르메)는 교두보를 의미한다. 교두보란 아군이 육지에 오르거나 강을 건너기 위한 발판으로 적군지역에 마련한 작은 진지를 의미한다. 교두보를 확보하면 조만간 이곳은 아군의 정복지역이 될 가능성이 큰 것이다. 그래서 적진을 공격할 때 교두보를 확보하는 일은 가장 먼저 힘써야 할 중요한 전략이다. 죄는 율법을 교두보로 삼아 우리 개개인에 죄의 열매를 맺게 했다. 악한 마귀는 지금도 우리의 삶을 허물어뜨리기 위한 교두보를 마련하려고 기회를 호시탐탐 엿본다. 내가 유혹에 가장 취약한 부분이 무엇인가? 나는 내 탐심을 날마다 그리스도의 십자가에 못 박으며 나아가는가? 마귀에게 파고들 기회를 주지 않으려면 어떻게 해야 하는가? 죄에 노출된 작은 기회를 가볍게 여기지 말라. 어떻게든 내 삶에 죄를 허용하지 않도록 주님의 도우심을 구하며 나아가자.

진짜 문제는
죄다

¹⁴우리가 율법은 신령한 줄 알거니와 나는 육신에 속하여 죄 아래에
팔렸도다. ¹⁵내가 행하는 것을 내가 알지 못하노니 곧 내가 원하는 것
은 행하지 아니하고 도리어 미워하는 것을 행함이라. ¹⁶만일 내가 원
하지 아니하는 그것을 행하면 내가 이로써 율법이 선한 것을 시인하
노니 ¹⁷이제는 그것을 행하는 자가 내가 아니요 내 속에 거하는 죄니
라. ¹⁸내 속 곧 내 육신에 선한 것이 거하지 아니하는 줄을 아노니 원
함은 내게 있으나 선을 행하는 것은 없노라. ¹⁹내가 원하는 바 선은 행
하지 아니하고 도리어 원하지 아니하는 바 악을 행하는도다. ²⁰만일
내가 원하지 아니하는 그것을 하면 이를 행하는 자는 내가 아니요 내
속에 거하는 죄니라. ²¹그러므로 내가 한 법을 깨달았노니 곧 선을 행

하기 원하는 나에게 악이 함께 있는 것이로다. ²²내 속사람으로는 하나님의 법을 즐거워하되 ²³내 지체 속에서 한 다른 법이 내 마음의 법과 싸워 내 지체 속에 있는 죄의 법으로 나를 사로잡는 것을 보는도다. ²⁴오호라. 나는 곤고한 사람이로다. 이 사망의 몸에서 누가 나를 건져내랴. ²⁵우리 주 예수 그리스도로 말미암아 하나님께 감사하리로다. 그런즉 내 자신이 마음으로는 하나님의 법을 육신으로는 죄의 법을 섬기노라.

이번 장의 분문 14절에는 율법에 대하여 상당히 충격적인 표현이 등장한다. 그것은 '율법이 신령하다' 라는 것이다. '신령하다' (헬. 프뉴마티코스)라는 말은 일반적으로 '영적이다' 라는 의미인데, 이를 좀 더 적극적으로 표현하면 '율법이 성령에 속하였다' 라는 뜻이 된다. 우리는 이전 본문에서 율법이 선하다는 것을 반복적으로 강조한 사실을 알고 있다(롬 7:12-13). 율법은 하나님의 뜻이 담긴 선한 법이다. 율법이 그 원래 의도로 하나님의 뜻을 성취하는 성령의 도구가 될 때 율법은 신령한 율법이 된다. 그러나 죄가 율법을 통해 교두보를 만들면 율법은 죄의 무기로 전락하고 만다. 죄는 율법을 기회의 구실로 삼아 우리로 범죄에 빠져 사망에 이르게 하는 매우 유용한 도구가 된다. 신령했던 율법이 도리어 죄가 틈타고 들어올 수 있는 악한 도구로 전락한다.

그렇다면 율법이 신령하게 쓰임받지 못하는 이유는 무엇 때문인가? 14절 후반부가 그 이유를 잘 설명한다. "나는 육신에 속하여 죄 아래 팔렸"기 때문이다. 여기서 중요한 것이 '나'에 대한 이해다. 여기서 '나'는 죄와 사망이 역사하는 현 시대와 생명의 성령이 역사하는 새 시대 사이의 종말적 긴장에 놓인 '나'다.

이러한 인간 실존의 이중성은 바울의 종말론적 구조와 함께 이해할 필요가 있다. 우리는 이미 5장 1~11절의 본문을 다루면서 바울이 인식하고 있던 현 세대에 대한 이해를 살펴보았다(142, 144쪽 도표 참조). 바울에 따르면 예수 그리스도의 부활 이후 주님께서 다시 오실 때까지 이 현 시대에는 죄가 다스려 왔던 옛 시대가 멸망해가는 동시에, 예수 그리스도가 다스리는 새 시대가 시작되었다. '이미'(already) 의롭다 칭함받고 하나님의 통치는 시작되었지만, '아직'(but not yet) 온전히 구속받지 못했다. 그리스도께서 다시 오셔서 우리의 몸을 영광스러운 몸으로 변화시킬 때까지 우리는 기다리며 인내하며 이 세상의 공중권세 잡은 마귀의 영향 아래 견뎌 나가야 한다.

'나'는 이 두 시대 사이에서 치열한 싸움 아래 놓여 살아가고 있다. 의롭다 칭함받은 하나님의 자녀가 되었지만 한편으로는 연약한 육신을 갖고 있기에 죄의 영향력에 휘둘린다. '나'의 육신은 아직 사망의 권세로부터 자유롭지 못한 죽을 몸이다(롬 8:11). 그리스도께서 다시 오실 때 이 썩을 몸은 속량을 받겠지만, 그때까지 '나'는 실질적인 죄의 영향력과 인내로 싸워나가야 한다. 이것은 나의 힘으로 싸울 수 있는 싸움이 아니다. 그랬다가는 몸의 죄 된 행실이 살아나 죄의 교두보가 되기 쉽다. 그래서 나를 붙들어주시는 성령을 의지하며 그리스도 안에 선물로 받은 새 생명으로 몸의 행실을 죽이며 살아가야 한다(롬 8:4,13 참조). 이런 '나'는 늘 이중적인 가능성 앞에 놓여 있다. 한편으로는 우리의 몸을 불의의 무기로 죄에게 내어줄 수 있지만, 다른 한편으로 우리의 몸을 의로운 무기로 하나님께 드릴 수 있는 것이다. 불의한 몸으로 드릴 수도 있지만, 거룩하고 신령한, 즉 성령에 속한 무기로 드릴 수도 있다.

이는 율법에도 적용된다. 죄가 내 안에 율법을 통해 교두보를 만들면 율법은 죄의 무기로 전락하고 만다. 반면 율법이 그 원래 의도로 하나님의 뜻을 성취하는 성령의 도구가 될 때 율법은 신령한 율법이 되는 것이다. "육신에 속했다"(롬 7:14b)라는 것은 '죄의 권세 아래 머물러 있다' 라는 의미다. 이는 우리가 죄에 취약한 육체를 소유하고 있을 뿐만 아니라, 전인적으로도 취약한 상태임을 의미한다. 우리가 육에 속하면 율법을 육적인 용도에 사용하게 된다. 이렇게 되면 우리는 죄의 노예로 전락한다(롬 7:14). 여기 '팔렸도다' (헬. 피프라스코)라는 표현은 전쟁포로나 노예로 팔려가는 것을 의미하는 단어다. 누구에게 팔리는가? 죄에 팔린다. 죄가 주인 노릇을 하여 꼼짝 못하고 죄가 부리는 대로 할 수밖에 없는 노예 신세가 된다는 것이다.

우리가 육신에 속할 때 우리 안에서는 인식론적 혼란이 발생한다. 그것은 내 속사람은 하나님께서 기뻐하시는 선하신 뜻이 무엇인지를 알지만, 실제로 죄의 영향에 취약한 육신 가운데 나타나는 나의 행동은 정 반대다(롬 7:14). 하나님이 싫어하시는 것을 행한다. 이러면 안 된다는 것을 알지만, 자신도 모르게 자꾸만 내가 미워하는 일들을 행한다(롬 7:15). 이런 일을 하면서 속으로는 '이러면 안 되는데' '이런 일 하면 나쁜 거야' '하나님이 기뻐하시지 않아' 라는 생각들이 가슴을 쾅쾅 때린다. 내 마음에 이런 생각들이 요동치는 것은 내 깊은 속에서 율법이 말씀하고 있는 것, 즉 율법에는 하나님의 선하신 뜻이 담긴 선한 것이라는 사실에 동의하기 때문이다(롬 7:16).

그렇다면 우리는 율법 자체에 문제를 제기할 것이 아니라 율법 배후에 있는 진짜 문제를 직면해야 한다. 진실의 순간(the moment of truth)이 찾아온 것이다. 본문 17절은 이 진실을 직설적으로 드러내고 있다.

"이제는 그것을 행하는 자가 내가 아니요 내 속에 거하는 죄니라"
(롬 7:17).

이제야 율법 배후에 웅크리고 있던 실체가 드러났다. 율법이 문제가 있어서 그런 것이 아니다. 율법은 그 자체로 선하다. 문제는 바로 죄다! 우리 안에 거하는 죄 때문이다. 여기서 우리는 '죄의 내주'라는 개념을 보게 된다. 죄가 내주하기에 죄를 따라 행하게 된 것이다(8장에서는 이와 대비되는 성령의 내주하심을 소개한다).

바울은 여기서 자신을 가리켜 "내 속 곧 내 육신"이라고 말한다(롬 7:18). 여기서 "내 속"은 자신의 속에 있는 전 존재, 즉 자기 전부를 말한다. 이는 사망과 정욕에 취약한 나의 몸, 곧 육체를 포함한다. 본문은 이 전 존재를 육신(헬. 사륵스)과 동일시하고 있다. 여기서 육(헬. 사륵스)은 살과 피로 이루어진 육신뿐 아니라 자기 생각, 욕망, 의지 모두가 죄의 영향 아래 있는 전 존재를 말한다(차정식, 「로마서 I」, 548쪽). 그렇기에 자신의 존재 안에 선한 것이 없다. 그만큼 죄의 구속력이 강력한 것이다. 선한 것이 무엇인지 지식은 갖고 있지만 선한 행동이 따르지 않는다. 선을 행하려는 의지는 갖고 있지만 그 의지를 행동으로 옮길 수 있는 능력은 결여되어 있다(롬 7:19).

이는 '가인'의 모습을 떠올리게 한다. 하나님께서 아벨의 제사를 받으시자 가인은 몹시 분하여 안색이 변했다. 아벨이 죽도록 미웠다. 이 모습을 보시고 하나님께서 찾아오셔서 말씀하신다.

"네가 선을 행하면 어찌 낯을 들지 못하겠느냐. 선을 행하지 아니하면 죄가 문에 엎드려 있느니라. 죄가 너를 원하나 너는 죄를 다스릴지니라"(창 4:7).

왠지 로마서 본문과 비슷한 느낌이 들지 않는가? 사실 로마서 본문(롬 7:18-19)에는 창세기 4장 7절이 많이 메아리치고 있다. 선을 행하길 원하나 죄가 문에 엎드려 있다. 여기 '엎드려 있다'(히. 라바츠)라는 단어는 짐승이 건드리면 곧바로 달려들 태세로 웅크려 상대를 노려보고 있는 상태를 말한다. 지금 죄는 기회만 주어지면 가인에게 덤벼들어 가인을 제압하고 지배하려는 강력한 의지와 힘을 가진 존재로 묘사되고 있다. 가인은 하나님의 금지명령을 듣고도 결국 죄를 다스리지 못해 동생을 살인하고 말았다. 마음은 원했지만, 자신을 향하여 웅크리고 있는 죄를 다스리지 못하고 죄에 굴복하고 만 것이다.

드디어 문제의 원인을 알았다. 죄가 진짜 문제였다! 연약한 육신에 죄가 거하고 있었기에 죄로 행하는 모든 것이 문제였다. 유대인으로서 하나님이 친히 주신 율법을 갖고 있었어도, 머리로는 알아도 몸과 마음이 죄로 물들어 율법을 행하지 못했던 것이다(롬 2:17-24 참조). 도둑질하면 안 된다는 것을 알고도 이미 내 수중에는 도둑질 한 물건이 들어있다. 간음하지 말아야 한다는 것을 알고도 이미 간음의 쾌락에 취해있다. 남의 것을 탐내지 말아야 한다는 것을 알아도 이미 탐욕에 굴복하여 불법을 저지르고 있다. 바울은 육의 사람 가운데 역사하는 죄의 활동을 분명하게 보고 있다. 그래서 다음과 같이 고백한다.

"만일 내가 원하지 아니하는 그것을 하면 이를 행하는 자는 내가 아니요 내 속에 거하는 죄니라"(롬 7:20).

20절의 진술은 17절의 진술과 그 내용이 동일한데, 이는 성도가 겪는 고뇌(롬 7:14-17)를 이어지는 문단(롬 7:18-20)에서 반복적으로 강조하기 때문이다.

이러한 진단을 결론적으로 요약하며 바울은 마치 자신 안에서 경험하는 듯한 자전적 고백을 마지막 21~25절에 진술하고 있다. 이 고백을 이해하는 데 중요한 것이 있다. 여기에 등장하는 '나'가 누구인가에 대한 이해다. 이를 이해하려면 두 가지를 고려할 필요가 있다.

첫째, 본문(롬 7:14-25)에 등장하는 시제의 변화다. 이전 단락(롬 7:7-13)에는 9개의 과거 시제의 동사들이 사용되었지만 본문은 무려 26개의 현재 직설법 일인칭 동사들이 사용된다(토마스 슈라이너, 「BECNT 로마서」(서울: 부흥과개혁사, 2012), 462쪽). 헬라어 문법에서 현재형은 동작의 반복을 의미한다. 즉 '나'의 탄식이 현재에도 반복적으로 계속되고 있는 자신의 경험임을 암시하는 것이다. 이는 '나'의 경험이 지금 현재에도 생동감 있게 경험되는 현실이며, 이는 곧 바울의 경험인 동시에 연약한 육신가운데 믿음의 분투를 이어가는 모든 성도의 경험임을 나타낸다. 20절과 함께 "오호라. 나는 곤고한 사람이로다"(롬 7:24)는 고뇌에 찬 바울의 고백은 단순히 우리와 상관없는 불신자의 경험이라고 하기에는 우리가 공감하는 바가 너무 크다. 이는 사도 바울 뿐 아니라 여전히 오늘의 연약한 육신을 갖고 있는 모든 성도 개개인의 고백이다.

둘째, 죄의 법과 하나님의 법 사이에 고뇌하는 '나'는 죄에서 해방되었지만(롬 6:18 참조), 완전한 승리를 거둔 '나'가 아니라는 점이다. '나'는 여전히 곤고한 사람으로, 마음으로는 하나님의 법을, 육신으로 죄의 법을 섬기는 '나'로 끝난다(롬 7:25). 이렇게 볼 때 '나'는 불신자가 아니며 예수 그리스도를 믿음으로 죄의 권세에 종노릇 하던 것으로부터 해방되었으나, 여전히 죄와 사망의 권세에 영향받는 죽을 몸이 일으키는 "몸의 사욕"(롬 6:12)과 싸우는 '나'이다. 이런 '나'는 죄가 우리의 죽을 몸을 지배하지 못하도록 분투하며(롬 6:12-23), 성령을 따르며 살아가야 할 '나'이기도 하다(롬 8:4). 따라서 본문(롬 7:14-25)의 '나'는 6장과 8장과의 긴밀한 관계 가운데 이해해야 한다.

이러한 '나'에 대한 이해는 종교개혁자 루터가 로마서 서문에 기록한 것에서 실마리를 찾을 수 있다. 루터는 이 본문을 근거로 우리는 '의인인 동시에 죄인'(simul iustus et peccator)이라는 유명한 말을 하였다. 무슨 말인가? 우리가 살아가는 이 세상 가운데 아직 끝나지 않은 옛 세대와 다가오는 새 시대 사이에 살아가는 존재임을 말하는 것이다(144쪽 도표 참조).

21절 이하에는 이러한 존재로서 우리가 겪는 투쟁과 갈등을 생생하게 전달한다. 바울은 이 갈등의 상황에서 한 법, 곧 한 가지 원리(principle)를 깨달았노라고 고백한다(롬 7:21). 그것은 그동안 논의했던 14~20절 단락의 핵심을 요약한 것으로, '곧 선을 행하기 원하는 나에게 악이 함께 있다'는 것이다(롬 7:21). 여기 '함께 있다'(헬. 파라케이마이)는 표현은 '가까운 곁에'라는 의미의 헬라 접두어 '파라'와 '자리 잡고 눕다'라는 의미의 헬라어 동사 '케이마이'가 결합된 동사로, 시기와 질투에 사로잡힌 가인 앞에 엎드려 잠복한 죄를 묘사하는 것과 같은 표현이다(창 4:7). 이 원리를 좀 더 자세히 진술하면 다음과 같다. 즉 "속사람으로는 하나님의 법(율법)을 즐거워하지만, 내 지체 속에서 '한 다른 법'이 '내 마음의 법'과 싸워 내 지체 속에 있는 죄의 법으로 나를 사로잡는 것"이다(롬 7:22-23). 여기서 내 지체(헬. 멜로스)란 육체의 사지(limbs)를 가리키며, 죄의 권세에 연약한 육체를 대표적으로 일컫는 표현이다. 마음의 바람과는 달리 연약한 육신으로 인하여 죄의 법에 자꾸만 휘둘리는 상황이 발생하는 것이다.

여기서 "한 다른 법"(롬 7:23)이란 "내 마음의 법"(롬 7:23)과 대립하는 또 다른 내적 권위와 요구를 의미한다(더글라스 무, 「NICNT 로마서」(서울: 솔로몬, 2011), 636쪽). 여기서 "법"은 모세 율법이 아니라 마음에 작동하는 원리나 규칙, 요청, 권위 등을 뜻한다. "한 다른 법"이 자신의 지체(육체)를 통해 역사하는 죄의 소욕과 충동에 응답하라는 마음의 요청과 권위를 뜻한다면, "내 마음의 법"은 깊은 내면에 하나님의 법(율법)을 즐거워하고 순종하라는 마음의 요청과 권위를 뜻한다(앞의 책, 636쪽). 바울은 "한 다른 법"으로는 깊은 내면에서 하나님의 법을 즐거워하지만, 다른 한편으로 자신의 지체 곧 육체 속에서는 "죄의 법"(롬 7:23)이 '나'를 사로잡는다고 탄식한다. "죄의 법"은 죄의 요구와 미혹에 반응하도록 충동하는 죄의 소욕과 죄성을 가리킨다(앞의 책, 636쪽). 바울은 이를 좀 더 구체적으로 '내 지체 속에 있는 죄의 법'으로 진술하는데, 이는 죄와 사망에 취약한 육체에 역사하여 죄의 유혹에 휘둘려 행하도록 역사하는 방식을 의미한다(Frank Thielman, *Romans*, pp.362-363).

여기 '마음'은 지체(육신)와 대조되는 개념으로 새 시대에 속한 성도의 내면적 실존을 의미한다(롬 12:2 참조). 성도에게는 이러한 실존과 함께 옛 아담의 시대에 속한 육신의 실존이 있다. 신자는 분명 죄로부터 해방되었고 성령을 소유하였지만(롬 8:8-9), 몸 곧 육체는 아직 죄로 말미암아 구속받지 못한 채 사망의 권세에 잡혀 있다(토마스 슈라이너, 「BECNT 로마서」, 465쪽). 우리가 썩을 몸을 갖고 있는 한, 죄의 사욕은 여전히 남아있고 죄에 의해 휘둘리기 쉽다. 그래서 신자는 몸의 사욕에 순종하지 말고, 몸의 지체를 불의의 무기로 죄에 내주지 않도록 끊임없이 씨름해야 한다(롬 6:12-13). 이 둘 사이의 치열한 갈등을 23절은 군사적 '싸움' 곧 전쟁용어로 묘사한다. 이 얼마나 치열하고 고달픈지 마침내 "오호라. 나는 곤고한 사람이로다. 이 사망의 몸에서 누가 나를 건져내랴"(롬 7:24)고 탄식한다. 바울은 자신 또한 "사망의 몸" 가운데 살아가는 곤고함을 처절하게 경험하였다. 사망에 굴복하여 썩어질 육체 가운데 사는 '나'는 생명이 다하는 종말까지 죄의 몸과 싸워야 할 숙명에 처해 있다(앞의 책, 466쪽).

"이 사망의 몸"(롬 7:24)은 현 세대에 살아가며 죄의 세력과 싸우는 바울 자신의 '몸'인 동시에 성도들이 경험하는 '몸'이기도 하다. 즉 이 탄식에 바울의 탄식 뿐 아니라 모든 신자의 탄식도 함께 들어 있는 것이다. 이러한 탄식과 고백에 우리는 어쩌면 가슴이 철렁할지도 모른다. 아니, 바울이 저럴 정도면 우리는 어떨까 하는 걱정이다. 이렇게 생각하면 그리스도를 믿고 살아가는 것이 늘 탄식과 갈등 가운데 사는 삶이지 않을까 하는 염려가 앞선다. 하지만 이것은 '이미'와 '아직 아니' 사이를 살아가는 신자의 현 상태이며, 이러한 긴장은 신자가 썩을 몸에서 구속받아 해방될 때 벗어나게 될 것이다. 따라서 지금 우리의 삶 가운데도 이러한 탄식과 좌절과 갈등이 빈번히 일어나는 것은 정상이다. 그때까지 우리는 이 믿음의 긴장된 싸움을 계속해서 수행해 나아가야 한다.

18세기 미국의 대각성운동에 귀하게 쓰임받았던 조나단 에드워즈의 집회 때마다 성령의 강력한 역사가 일어났다. 많은 이가 회개하고 삶이 변화되었다. 그러나 그가 쓴 일기를 보면 그는 종종 큰 소리로 흐느껴 울 정도로 자신의 죄악에 탄식하며 괴로워했다. 바울도 그랬고 에드워즈도 그랬다. 우리도 마찬가지다. 늘 죄와 싸워 이기고 싶지만 죄에게 교두보를 내주어 번번이 실패한다. 마음으로는 하나님의 법을 즐거워하며 순종하려 하지만, 연약한 육신으로 말미암아 번번이 실패를 되풀이한다. 언제까지 이런 실수를 반복하며 살아야 하나? 만약 우리의 시선이 이런 탄식에만 머무른다면 마음이 상당히 답답할 것이다. 그래서 바울은 우리의 시선을 예수 그리스도에게로 새롭게 돌린다.

탄식 바로 뒤에 나오는 찬송을 주목하라. "우리 주 예수 그리스도로 말미암아 하나님께 감사하리로다!"(롬 7:25) 이는 지금까지의 탄식이 예수 그리스도 안에서 새로운 변화와 소망으로 바뀔 수 있음을 암시한다(롬 8:11-17). 그렇다면 도대체 그리스도 예수 안에 어떤 소망을 발견할 수 있을까? 이어지는 8장에는 그동안 감추어두었던 그리스도 안의 풍부한 보화를 공개한다. 그것은 성령의 능력으로 이 땅을 살아가며 죄와 싸워 이기고, 장차 성령의 능력으로 죽을 몸조차 다시 살아나, 몸의 속량을 맛보게 될 소망이다(롬 8:11,23).

더 이상
정죄함이 없다!

¹그러므로 이제 그리스도 예수 안에 있는 자에게는 결코 정죄함이 없나니 ²이는 그리스도 예수 안에 있는 생명의 성령의 법이 죄와 사망의 법에서 너를 해방하였음이라. ³율법이 육신으로 말미암아 연약하여 할 수 없는 그것을 하나님은 하시나니 곧 죄로 말미암아 자기 아들을 죄 있는 육신의 모양으로 보내어 육신에 죄를 정하사 ⁴육신을 따르지 않고 그 영을 따라 행하는 우리에게 율법의 요구가 이루어지게 하려 하심이니라.

신앙생활을 하며 성도들이 내면에 종종 겪는 갈등이 바로

'정죄감'이다. 신앙생활을 한다고는 하지만 우리는 여전히 육에 얽매여 하나님을 기쁘시게 하지 못하고 잘못을 범하는 모습 가운데 있다. 성도 중에는 '과연 내가 이런 모습으로 천국에 갈 수 있을까?' '과연 이런 부끄러운 내 모습으로 구원받을 수 있을까?' 하는 정죄감에 시달리는 사람들이 의외로 많다. 이런 정죄감이 위험한 이유는 이것이 우리의 구원문제와 직결되기 때문이다.

전에 어떤 교회에서 집회 중 성도들에게 눈을 감고 자신이 지금 현재 죽으면 천국에 갈 확신이 없는 분, 구원에 대한 확신이 없는 분은 손을 들어보라고 했다. 신앙생활을 꽤 오랫동안 했던 이들이 모인 자리였음에도 의외로 많은 분이 조심스럽게 손을 들었다. 이유를 물어보니 자기의 연약한 모습, 죄와 유혹에 넘어지는 모습, 선행이 부족한 모습 등을 꼽았다. 이렇게 자신의 연약한 모습에 집중하다 보니 죄책감과 함께 정죄감이 찾아오고 구원에 대한 확신이 흔들리는 것이다. 그렇기에 이 정죄감의 문제를 해결하지 않고는 우리는 구원의 확신을 소유한 성도로 바로 서기가 쉽지 않다.

정죄감으로 괴로울 때 우리의 귀를 솔깃하게 하는 말이 무엇인가? 이런 모습으로는 구원받을 수 없으니 더 많은 선행과 공로를 쌓아야 한다는 주장이다. 하지만 이는 은혜의 구원을 행위의 구원으로 뒤바꾸려는 매우 위험한 시도다. 사실 오늘날의 많은 이단이 믿음으로 구원받는 구원을 정죄감으로 흔들고 그 자리에 행위와 공로를 집어넣는다. 어떤 이는 난데없이 유대인의 안식일을 들이대며 안식일을 철저히 지키고 율법을 제대로 준수해야 구원받는다고 협박하고, 또 어떤 이는 요한계시록의 14만 4천의 무리 가운데 들어가기 위해 지금보다 더 열심히 선행과 거룩함의 공로를 쌓아야 한다고 위협한다. 지금 모습으로는 턱없다는 협박으로 우리의 구원을 뒤흔드는 것이다. 이런 이들에게 구원은 매우 불확실하고 부담스러운 미래다. 이런 공갈 협박에 흔들리지 않으려면 성도에게는 정죄와 구원의 문제에 대한 분명한 확신이 있어야 한다.

놀라운 사실은 우리가 맞이할 미래의 최후 심판대에서 당할 '정죄'가 그리스도 예수 안에서 미리, 이미 제거되었다는 사실이다! 본문 1절 말씀의 장엄한 선언에 주목해보자.

"그러므로 이제 그리스도 예수 안에 있는 자에게는 결코 정죄함이 없나니."

여기서 '정죄'(헬. 카타크리마)는 일반적으로 법정에서 피고가 유죄선고를 받을 때 사용하는 용어다. 이는 율법의 요구를 완수하지 못했을 때 의로우신 재판장이신 하나님으로부터 받을 최종적인 유죄선고, 곧 최후의 심판을 말한다(톰 라이트, 「로마서」, 318쪽). 하나님의 '정죄'는 모든 잘못된 것을 최종적으로 바로잡으실 하나님께서 세상과 인류를 파괴하는 모든 대상에게 필연적으로 집행하셔야 할 공의로운 행동이다(롬 2:1-16, 5:16의 반향을 참조하라).

하나님의 최종 심판이 내려질 때 그리스도 예수 안에 있는 자에게 정죄함이 없는 이유가 무엇일까? 이는 성도가 당해야 할 정죄가 그리스도 예수의 십자가에 이미 내려졌고, 메시아를 믿는 믿음 안에서 메시아가 십자가에서 당한 정죄가 곧 성도의 정죄가 되었기 때문이다. 성도가 당할 정죄의 결과가 무엇인가? 죽음이다. 하지만 이 죽음이 십자가에 달리신 메시아에게 대신 내려졌고, 이제 메시아 예수 안에서 성도는 함께 정죄받았기에 장차 당할 정죄가 제거된 것이다(롬 5:18 참조).

이 놀랍고도 충격적인 선언을 좀 더 구체적으로 살펴보자. 1절의 첫 시작인 '그러므로'는 앞 단락(롬 7:7-25)의 논의로부터 이끌어 낸 결론이다. 이는 "나 자신이 마음으로는 하나님의 법을, 육신으로는 죄의 법을 섬긴다"(롬 7:25)는 결론이다. 이러한 흐름은 논리적으로 다소 어색하다. 이는 1절의 결론을 도출하기 위한 삼단논법의 중간 전제를 건너뛰었기 때문이다. 그 전제는 이어지는 2절 이하에 나온다.

전형적인 삼단논법은 다음과 같다.
A. 모든 사람은 죽는다.
B. 소크라테스는 사람이다.
C. 그러므로 소크라테스는 죽는다.

이런 흐름대로라면 로마서의 원래 논리적인 흐름은 다음과 같다.
A. 나 자신이 마음으로는 하나님의 법을, 육신으로는 죄의 법을 섬긴다. 즉 이런 나의 상태로는 장차 정죄가 있을 것이다(롬 7:25).
B. 그리스도 예수 안에서는 생명의 성령의 법이 죄와 사망의 법에서 너를 해방하였다(롬 8:2).

C. 그러므로 그리스도 예수 안에 있는 자에게는 결코 정죄함이
   없다(롬 8:1).

따라서 1절을 이해하기 위해서는 7장 25절과 함께 8장 2절의 전
제를 이해해야 한다. 이는 그리스도 안에 제거된 정죄의 역사가 어떤
방식으로 작동하는지를 보여준다. 예수 안에서 새로운 생명의 성령
의 법의 역사가 시작된 것이다.

'그러므로'는 본문이 7장부터 시작된 율법 아래에서 신음하는 옛
이스라엘의 실존에 대한 논의를 근거로 하고 있음을 의미한다. 이와
함께 등장하는 '이제'(now)는 하나님께서 그리스도 안에서 성령으
로 죄와 사망의 법에서 우리를 해방하신 일을 통하여, 장차 있을 '미
래 종말'의 심판이 미리 '현재'로 앞당겨졌음을 의미한다(롬 7:6,
3:21 참조). 2절은 7장 25절에 이어 종말의 심판이 현재로 앞당겨진
전제를 설명한다(헬라어 원문에는 2, 3, 5, 6절 시작 부분에 모두 이유를 설명하
는 헬라어 접속사 '가르'(왜냐하면, 때문에)가 등장하여 그리스도 예수 안에 정죄함이
없는 이유를 차근차근 제시한다. 이는 ① 성령의 법이 죄와 사망의 법에서 해방했기
때문이고(롬 8:2), ② 하나님이 자기 아들의 육신에 죄를 정죄했기 때문이고(롬 8:3-
4), ③ 두 가지 유형의 인간 중 우리는 성령의 유형이기 때문이고(롬 8:5), ④ 육신을
따르는 자는 죽음을 향하여, 영을 따르는 사람은 생명을 향해 나아가기 때문이다(롬
8:6)).

그리스도 안에 정죄함이 없는 이유, 곧 심판이 선취적으로 앞당
겨진 이유는 첫째로, 그리스도 예수 안에 있는 생명의 성령의 법이
죄와 사망의 법에 있는 '너'를 해방하였기 때문이다. 여기서 '해방하

였다' 라는 표현은 죄와 사망의 법에 매인 노예를 해방시키는 출애굽의 심상을 표현한다. 특이한 변화는 7장에서 계속해서 율법 아래 있는 이스라엘의 곤고함을 '나' 로 표현했다면 이제는 '너' 로 바꾸어 표현한다는 사실이다. 이는 그간의 논의가 일부 독자와 상관없는 바울, 혹은 바울과 연대한 율법 아래의 이스라엘인 '나' 의 일로 생각했던 이가 있다면(롬 9:3 참조), 이제부터 전개될 내용은 모든 독자가 정말 주목하며 집중해야 할 바로 '당신' 에게 해당되는 내용이라는 것이다.

주목할 점은 죄와 사망의 법에서 '너' 를 해방시킨 것이 메시아 예수 안에 있는 생명의 성령의 법이라는 사실이다. 여기서 '법' 이란 '율법' (헬. 노모스)을 의미하는 단어로, 몇 가지 의미가 있다.

첫째, 중립적인 도구로서의 율법이다. '성령의 법' 에서 '~의' 는 소유의 의미다. 이는 성령께서 소유한 율법, 즉 성령께 붙잡힌 바 된 율법을 의미한다(롬 7:14 참조). 율법이 생명을 주시는 성령에 의해 붙들릴 때 죄와 사망의 권세를 이기게 하는 율법으로 작용할 수 있다. 이런 율법은 본래 행하는 이들에게 생명을 주는 역할을 담당했다(레 18:5, 신 30:15-20). 하지만 죄로 타락한 인간에게 그 일을 행할 수 없었다. 그러나 율법이 실패했던 생명을 수여하는 일은 이제 메시아 예수 안에서 부활의 생명인 성령을 통해 최종적이고도 영광스럽게 성취된다. 여기서 '생명의 성령의 법' 과 대조적으로 등장하는 '죄와 사망의 법' 은 죄와 사망이 붙잡고 있는 율법을 의미한다. 율법이 죄와 사망에 의해 붙잡히면 원래 약속했던 생명을 주기는커녕 도리어 우리를 죽게 한다.

둘째, 권세와 힘을 포함한 법이다. 율법이 죄와 사망에 붙들리면 죄와 사망이 주는 권세와 힘을 갖고, 성령에 붙들리면 성령이 주는 권세와 힘을 갖는다. 성령은 세상의 처음 창조 때부터 하나님 곁에서 창조의 숨결이자 대리자로 생명을 주시는 분으로 함께 계셨다(창 1:2, 2:7, 시 104:29-30 참조). 그래서 성령은 '생명의 성령'이다. 생명을 주시는 성령의 권세에 붙들리면 죄와 사망이 붙든 율법의 권세를 이길 수 있다. 여기서 율법은 하나님이 성령을 통해 우리에게 생명을 수여하는 비밀스러운 대행자가 된다(앞의 책, 321쪽).

'생명'은 이 장과 함께 이어지는 8장 1~11절까지를 관통하는 핵심적인 주제로, 원래 율법이 주려 했지만 줄 수 없었던 하나님의 선물이다. 본문에서는 하나님의 아들이 죄와 죽음을 처리하고 성령께서 우리 안에 거하던 죄를 대신하여 거하셨기 때문에 이 생명이 올 수 있었음을 진술하고 있다.

그렇다면 '생명'이 우리에게 올 수 있었던 보다 근원적인 이유는 무엇일까? 하나님이 자기 아들의 육체에 '죄를 정하셨기' 때문이다. 이것이 그리스도 예수 안에 있는 자에게 정죄함이 없는 두 번째 이유다. '정하다'(헬. 카타크리노)라는 단어는 '정죄하다' '고발하다'로 번역할 수 있는데, 이는 유죄를 확정한 후에 처벌을 선언하는 행위를 말한다. 그렇다면 '죄를 정하다'라는 뜻은 '죄에 대한 유죄 판결'을 의미한다. 이는 그동안 인간 안에 거하여 속이고 죽음으로 몰고 갔던 권세로서의 죄에 대한 사형선고다. 죄가 사형선고를 받고 그 세력이 붕괴되면 하나님께서 생명을 주실 수 있다. 그것이 바로 십자가 위에서 일어난 일이다.

하나님이 죄에 사형선고를 내리시고 죄를 처리한 장소는 '죄 있는 육신의 모양'에서다. '모양'(헬. 호모이오마)이란 겉모습만 육신처럼 보이는 가현설적인 표현이 아니다. 도리어 예수님은 참된 인성을 가지신 분임을 강조하는 표현이다. 그렇다면 왜 '모양'이라는 표현을 사용했을까? 그것은 예수님의 참된 인성이 사람의 그것과 다른 점이 하나 있기 때문이다. 그것은 바로 '죄'다. 진정한 인간성을 구성하는 데 있어 '죄'는 필수 불가결한 요소가 아니다. 하나님의 아들은 참사람이 되어 진정한 육신으로 오셨지만 죄는 없으셨다(히 4:15 참조). 이는 인류의 죄의 책임이 하나님의 아들에 있는 게 아님을 나타내기 위한 표현이다. 그러나 그는 인류의 대표자로 모든 이를 위하여 단번에 자기의 육체에 죄에 대한 선고를 받고 죽음을 맞이했다. 하나님의 아들을 죄 있는 육신의 모양으로 보내어, 그 육신에 죄를 정한 일에는 하나님의 크신 사랑이 암묵적으로 전제되어 있다(롬 5:10, 8:32 참조).

인류의 대표이신 메시아 예수의 육체에 내려진 죽음으로 죄는 인류를 더는 고발하고 정죄할 명분과 힘을 잃게 되었다. 죄의 고발과 정죄는 메시아가 모두 자기 육체에 담당하셨기 때문이다. 이로써 모든 권세가 무력화되고 파괴되었다. 이와 더불어 그리스도 예수 안에서 인류도 그와 함께 죽었다. 이로써 죄와 사망이 휘두르던 지배는 끝나게 되었다.

이를 보충하는 설명이 하나님이 자기 아들을 죄 있는 육신의 모양으로 보내어 '속죄 제물'(a sin offering, NIV)이 되게 하셨다는 표현이다. 개역개정 성경은 이를 단순히 '죄로 말미암아'로 번역했지만, 이에 대항하는 헬라어 어구 '페리 하마르티아스'는 70인역 성경에서는 일반적으로 속죄제물을 가리키는 제사전문 용어로 사용된다. 속죄제사가 무엇인가? 여호와의 계명을 부지중에 범하였을 때 죄를 용서받기 위해 드리는 제사다(레 4:2, 13-14, 27-28 참조). 율법 아래 있을 때 경험하는 이런 곤경은 "내가 원하는 바 선은 행하지 아니하고 도리어 원하지 아니하는 바 악을 행하는도다"(롬 7:15,19)라고 고백하는 이스라엘의 곤궁을 고백하는 표현에도 반영되어 있다. 속죄제사는 부지중에 범한 죄(sin of ignorance)와 의도하지 않은 범죄 (unwilling sin)에 대한 용서에 효력을 발휘한다(앞의 책, 322쪽). 이는 8장에서 제시하는 해결책이 바로 7장에서 심도 있게 논의한 문제에 대한 답변으로 제시됨을 보여준다. 더 나아가 이는 9~11장의 논의를 사전에 준비하는데, 바울은 자기 동족 이스라엘이 '하나님의 의를 모르고' 있었다는 사실을 언급하며 이스라엘의 '부지 중에 범한 죄'에 대한 해결책을 전개해 나간다(롬 10:3).

하나님의 아들은 이런 곤궁 가운데 있는 사람들을 위하여 자신을 희생제사로 단번에 드리셨다(롬 6:10, 참조 히 9:12,26,28, 10:10). 단번에 최종적으로 드렸다는 말은 우리의 모든 죄와 곤궁을 십자가에서 모두 해결하셨다는 것이다. 어떤 단체는 이를 예수께서 우리의 과거와 현재, 미래의 죄를 모두 없앴다고 주장한다. 하지만 이런 주장은 도덕적인 방종을 초래하기 쉽다. 죄가 없으니 마음대로 살아도 된다는 이상한 논리가 성립될 수 있다. 이는 죄를 존재론적으로만 이해하려 하기에 발생하는 편향적인 사고이다.

죄는 근본적으로 관계에서 파생된다. 죄는 하나님을 향한 불순종과 어그러진 관계에서 나온다. 이것을 선명하게 보여주는 표현이 죄 '아래' 있다는 것이다(롬 3:9, 7:14). 이는 죄의 다스림 아래 순종하는 관계가 되었다는 뜻이다. 죄는 어긋난 관계에서 영향력을 발휘한다. 본문은 이를 '따른다' 라고 표현한다(롬 8:4-5). 그리스도 예수 안에 있으면 성도는 이제 더 이상 육신을 따르지 않고, 성령의 일을 생각하며, 성령을 따르는 삶을 살게 된다.

4절은 이를 구체적으로 설명한다. 4절의 첫 시작은 목적을 나타내는 접속사 '히나'(~하기 위하여)로 시작한다. 로마서에서 '히나'는 종종 신적 목적을 나타내기 위해 사용된다(롬 5:20, 7:13 참조). 마찬가지로 여기서는 하나님께서 자기 아들을 죄 있는 육신의 모양으로 보내어 육신에 죄를 정하신 신적 목적과 의도를 드러내는데, 이는 "육신을 따르지 않고 그 영을 따라 행하는 우리에게 율법의 요구가 이루어지게 하려"(롬 8:4)는 것이다.

여기서 '육신' 은 반역적이고 타락한 인간의 실존적인 본성을 의미한다. 하나님이 죄에 대한 사형선고를 그 아들의 육신에 내리신 것은 이제 우리가 더 이상 반역적이고 타락한 죄의 권세 아래 살지 않도록 하기 위함이다. 우리는 이미 죄의 권세에서 출애굽했다. 그렇다면 이제부터 우리는 '영', 곧 '성령' 을 따라 행하며 율법의 요구를 이루며 살아야 한다.

성도의 삶이 '성령을 따라 행하는 것' 이라는 표현은 광야에서 하나님의 영광(쉐키나)이 이스라엘을 낮에는 구름기둥으로, 밤에는 불기둥으로 인도하는 모습을 연상시킨다. 하나님의 영광은 이스라엘 진영 가운데 임하여 그들을 항상 지키고 인도하였다. 마찬가지로 성령은 하나님의 백성들 가운데 거하며 이들을 지키고 인도하신다. 이를 통해 성령은 율법의 요구가 이루어지게 하신다. 여기서 율법의 '요구'(헬. 디카이오마)란 율법이 내리는 법령, 명령, 판결 등을 의미한다. 율법이 내렸던 판결이 무엇인가? '율법을 행하면 살 것'이라는 선언이다(레 18:5, 롬 10:5 참조). 이전에는 타락한 육신에 죄가 거하여 율법을 행할 능력이 없었지만, 하나님이 예수의 육신 안에 죄를 정하고 그를 믿는 성도에게 성령을 수여하셨다. 이로써 율법을 행할 능력을 주시고, 율법의 판결, 즉 율법이 제시하고 약속했던 생명을 향해 나아가게 하셨다. 생명을 향해 나아가게 하는 성도 안에 역사하는 성령의 활동은 장차 성도의 몸이 영광의 부활에 이르는 데까지 나아가게 한다(롬 8:11).

이로써 성도는 메시아 예수 안에서 성령의 새로운 통치 안으로 들어가게 되었다. 광야에서 하나님의 영광이 졸지도 주무시지도 않고 이스라엘을 지키셨던 것처럼, 이제 성령께서 그의 백성들을 졸지도 주무시지도 아니하시며 지키고 인도하실 것이다. 이제는 성령이 주시는 능력으로 죄와 사망의 권세를 이기고 기쁘게 하나님의 뜻을 따라 행할 것이다. 이런 믿음의 순종은 결국에는 영광스러운 몸의 부활에까지 이르게 한다. '그리스도 안에' 거하는 하나님의 백성 됨의 실존을 도표로 나타내면 오른쪽과 같다.

도표에서 나타나듯 그리스도 예수 안에 거하는 삶은 성령의 인도에 따르며 끊임없이 죄의 유혹과 싸워나가는 관계적, 분투적인 삶이다. 분명한 점은 그리스도 예수 안에서 최후의 정죄, 심판이 현재로 앞당겨져 더는 정죄함이 없게 되었다는 사실이다. 이를 '칭의'라고

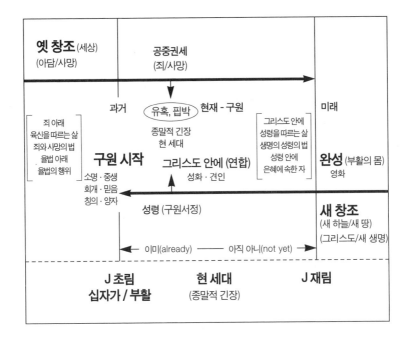

옛 창조 (세상) (아담/사망)	공중권세 (죄/사망)	
과거	(유혹, 핍박) 현재 - 구원	미래
죄 아래 육신을 따르는 삶 죄와 사망의 법 율법 아래 율법의 행위	종말적 긴장 현 세대	그리스도 안에 성령을 따르는 삶 생명의 성령의 법 성령 안에 은혜에 속한 자
구원 시작 소명 · 중생 회개 · 믿음 칭의 · 양자	그리스도 안에 (연합) 성화 · 견인	완성 (부활의 몸) 영화
	성령 (구원서정)	새 창조 (새 하늘/새 땅) (그리스도/새 생명)
	이미(already) ── 아직 아니(not yet)	
J 초림 십자가 / 부활	현 세대 (종말적 긴장)	J 재림

한다. 그리스도 예수 안에서 일어난 법정적 칭의를 통해 우리의 죄는 이미 사형선고를 받았고, 이제 더 이상 우리는 죄의 통치에 거하지 않고 성령의 통치 안으로 들어가게 되었다.

생각해보라. 하나님의 아들이 모든 특권을 버리시고 우리와 같은 죄 있는 육신의 모양을 취하시어 우리 대신 정죄를 받으셨다. 얼마나 큰 은혜이자 선물인가! 아직 자신을 정죄하며 구원의 확신이 흔들리고 있지는 않은가? 이제는 연약한 나 자신을 바라볼 것이 아니라 그리스도 안으로 우리를 부르시는 그분을 바라보자. 그분이 나의 모든 정죄를 그의 육체에 대신 당하셨다. 더는 자신을 정죄함으로 스스로 시달리게 하지 말라. 당신은 하나님의 아들이 소중한 생명을 내줄 정도로 존귀한 사람이다. 믿음의 주요 또 온전하게 하시는 이인 예수를 바라보라(히 12:2). 생명 주시는 성령의 역사에 집중하라. 이제는 구원의 기쁨과 성령으로 말미암는 자신감을 회복할 때이다!

내 안의 갈망을
점검하라

⁵육신을 따르는 자는 육신의 일을, 영을 따르는 자는 영의 일을 생각하나니 ⁶육신의 생각은 사망이요 영의 생각은 생명과 평안이니라. ⁷육신의 생각은 하나님과 원수가 되나니 이는 하나님의 법에 굴복하지 아니할 뿐 아니라 할 수도 없음이라. ⁸육신에 있는 자들은 하나님을 기쁘시게 할 수 없느니라. ⁹만일 너희 속에 하나님의 영이 거하시면 너희가 육신에 있지 아니하고 영에 있나니 누구든지 그리스도의 영이 없으면 그리스도의 사람이 아니라. ¹⁰또 그리스도께서 너희 안에 계시면 몸은 죄로 말미암아 죽은 것이나 영은 의로 말미암아 살아 있는 것이니라. ¹¹예수를 죽은 자 가운데서 살리신 이의 영이 너희 안에 거하시면 그리스도 예수를 죽은 자 가운데서 살리신 이가 너희 안에

거하시는 그의 영으로 말미암아 너희 죽을 몸도 살리시리라.

　　죄와 사망의 권세에서 해방된 성도의 가장 두드러진 변화 중 하나는 관심사가 변한다는 점이다. 이전에는 세상 미디어를 통해 전파되는 드라마, 영화, 연예인, 스포츠, 뉴스 등이 관심이었다. 또 최근 유행을 따라가는 것과 최신 제품과 명품을 소유하는 일이 관심이었다. 재테크에도 관심이 많았다. 어떻게 돈을 불릴까 고민하며 밤을 지새우곤 했다. 그러던 일이 성령을 따라가면서부터 놀라운 변화가 찾아왔다. 그렇게 재미있고 귀를 쫑긋 세우게 만들던 미디어가 이제는 별 재미가 없다. 최신 제품을 소유하고 최신 유행을 따라가는 삶이 아무런 의미가 없게 느껴진다. 이제는 모든 관심이 하나님의 말씀뿐이다. 말씀을 읽고 듣고 깨닫는 일에 희열을 느낀다. 예배의 깊은 은혜에 빠지는 것에 기쁨과 의미를 찾는다. 어떻게 더 많은 물질을 소유할까 깊이 고민하던 게 이제는 이 물질로 어떻게 하나님을 기쁘시게 할까로 바뀐다.

　　이렇게 바뀌는 우리의 관심사는 그 깊은 내면의 변화된 가치관과 세계관을 반영한다. 가치관이 바뀌면 생각이 바뀐다. 우리가 평생 걸어가는 인생길에서 이 생각을 주의 깊게 살피는 일이 중요하다. 내가 성령의 사람인가, 아니면 육신의 사람인가를 분별할 수 있는 게 바로 자기 생각을 살피는 일이다. 온종일 내 마음속에는 어떤 생각이 머물러 있는가? 이것은 우리가 무엇을 따르는가를 반영한다. 육신의 일을 생각하면 육신을, 성령의 일을 생각하면 성령을 따르게 된다.

이번 장의 본문은 바로 앞 4절의 내용, 즉 육신을 따르지 않고 성령의 일을 따른다는 삶이 무엇인지를 구체적으로 설명하기 위해 육신을 따르는 삶과 성령을 따르는 삶을 본격적으로 대비한다. 새 시대의 생명의 능력인 성령께서 임하시면 율법의 요구를 성취하게 되는데, 이때 두드러지게 나타나는 게 생각의 변화다. 육신을 따르는 자는 육신의 일을 생각하지만, 영을 따르는 자는 영의 일을 생각한다(롬 8:5). 여기서 '따른다'(헬. 페리파테오)라는 말은 성도의 영적 현실을 잘 보여주는 단어다. 헬라어 '페리파테오'는 '주변'(페리)과 '걷다'(파테오)가 결합된 말로 '주변을 자세히 살피며 걷는 것'을 뜻한다. 성도라면 성령을 따라 시대의 악한 사조와 정신, 경향, 유행의 영향력에 휩쓸리지 말고 제대로 분별하여 걸어가야 한다. 성경 원문을 엄밀하게 보면 본문 5절에서 '따른다'라는 동사는 생략되어 있다. 생략된 이유는 문맥의 흐름상 바로 앞 4절에 나오는 '따른다'라는 동사를 이어받을 것으로 전제하기 때문인데, 이는 본문의 내용이 바로 앞 4절을 구체적으로 부연 설명하는 기능이 있음을 암시한다. 4절의 말씀을 본 단원의 본문(롬 8:5-11)에 추가로 설명함은 성령을 따라 행하는 삶이 그만큼 성도에게 중요한 과제임을 강조하기 위해서다.

죄와 사망의 권세에서 해방되는 순간부터 성도에게는 결단의 도전이 시작된다. 이는 우리가 과연 '육신의 일'을 따를 것인가, 아니면 '영'을 따를 것인가이다. 여기서 '육신'은 하나님의 뜻을 거역하며 그분께 반항하는 인간의 죄 된 본성(sinful nature, NIV)을 말한다. 따라서 육신을 따라 사는 삶은 세상의 타락성과 멸망할 운명을 공유하는 삶이다(톰 라이트, 「모든 사람을 위한 로마서 L」, 208쪽). 한편 '영'

은 하나님의 영, 곧 성령을 의미한다. 본문에서 제시하는 육신의 삶과 영적 삶의 대비는 성도가 걸어가야 할 길이 죄 된 본성을 따르는 길과 성령의 통치를 따르는 것 사이에 놓여 있음을 의미한다. 그리스도 안에서 죄와 사망의 권세로부터 해방된 성도는 이미(already) 시작된, 그러나 아직(but not yet) 완성되지 않은 그리스도의 통치 가운데로 들어간다. 여전히 죄 된 본성을 가진 연약한 몸을 가졌기에 성도가 성령을 따르는 길에는 늘 육신의 일과 성령의 일 사이의 종말적인 긴장이 도사리고 있다. 이것이 바로 현재를 살아가는 성도의 종말론적 실존이다. 성도에게는 항상 육을 따라 육으로 돌아가고 싶은 유혹이 있다. 이 유혹을 떨쳐버리고 성령을 따라 순종하려는 결단이 날마다 있어야 한다.

우리가 무엇을 따르는가는 우리의 사고방식을 반영한다. 여기서 '생각한다'(헬. 프로네오, 롬 8:5-7)라는 단어는 단순히 이성적인 사고만을 의미하지 않는다. 이는 마음에서 알고 느끼고 결정하는 사람의 지, 정, 의가 모두 작동하는 총체적인 정신작용을 말하는 것으로, 이것을 통해 삶의 방향을 결정한다(김도현, 「나의 사랑하는 책 로마서」, 302쪽). 그래서 성도는 무엇보다 생각의 변화가 일어나는 마음을 새롭게 함으로 변화를 받을 필요가 있다(롬 12:2). 그렇지 않고 육신을 따르다 보면 생각이 허망하여지고, 마음이 미련하고 어두워지며, 마음에 하나님 두기를 싫어하고 상실한 마음이 된다(롬 1:21-22,28). 이렇게 되면 자연스럽게 육신의 정욕에 충동받아 이끌리어 육신의 일을 결단한다.

반면 하나님의 성령을 따르다 보면 성령의 일을 생각하게 된다.

빌립보서 2장 5절은 "너희 안에 이 마음을 품으라(헬. 프로네오). 곧 그리스도 예수의 마음이니"라고 말씀한다. 여기서 그리스도 예수의 마음을 품는 것은 지, 정, 의 모두가 동원되는 행위다. 즉 예수님처럼 생각하고, 예수님이 느끼셨던 것을 나도 느끼고, 예수님이 결단하셨던 것처럼 나도 결단하는 삶이다. 따라서 성령의 일을 생각한다는 것은 그리스도 예수의 일을 생각하는 것이다. 예수님을 생각하고, 예수님의 말씀을 생각하고, 예수님의 섬기는 삶, 자기를 아낌없이 내주신 그의 다함 없는 사랑을 생각하는 것이다. 이러한 생각들은 우리 삶에 행동의 변화를 일으킨다.

요즘 어린아이부터 성인에 이르기까지 스마트폰과 인터넷, 게임과 미디어에 대한 노출이 빈번하다. 이러한 일들은 자극적인 재미, 죄악 된 세상 풍조의 재미들을 제공한다. 여기에 지속해서 노출되다 보면 우리는 내면에 미디어가 말하는 생각들을 품고, 미디어가 제공하는 육적인 갈망들을 일으킨다. 문제는 이런 것들을 접하면서 우리 안의 뇌가 중독된 형태로 변해가기 시작한다는 점이다. 특히 10세 이전에는 뇌의 신경계를 이어주는 신경접합부(시냅스)가 생성되는 시기다(권장희, 「우리 아이 게임 절제력」(서울: 마더북스, 2010), 22-26쪽 참조). 이 시기에 이런 노출이 계속되면 이런 자극에만 반응하도록 뇌가 형성된다. 이런 상태로는 정상적으로 보고 느끼고 결정하지 못한다. 자꾸 미디어로 도피한다. 그러면서 삶이 점점 피폐해져 간다.

전에 대학에서 강의할 때 한 학생이 오전 수업에 종종 결석했다. 알고 보니 밤새 PC방에서 게임을 하고 돌아와 아침에 자느라 수업에 빠진 것이다. 왜 이렇게 열심히 게임을 하느냐고 물었더니 게임 아이

템을 팔아 그 돈으로 책도 사고, 먹고 싶은 것도 먹으려고 그랬다는 것이다. 문제는 이렇게 번 돈으로 책을 사도, 이런 잦은 결석으로는 학점이 제대로 나오지 않을 가능성이 크다는 점이다. 밤낮을 바꾸느라 인간관계도 제대로 형성되지 않아 학교생활이 외롭다. 풍성한 삶을 꿈꾸며 게임을 했지만 오히려 결과는 정반대였다. 삶의 악순환이 점점 심해져 갔다.

우리가 품는 생각은 마음에서 멈추지 않는다. 생각은 행동을 낳고, 행동은 결과를 낳는다. 본문은 그 결과를 다음과 같이 명시한다.

"육신의 생각은 사망이요 영의 생각은 생명과 평안이니라"(롬 8:6).

하나님을 거스르는 죄 된 본성인 육신의 생각은 결국 사망에 이르게 한다. 하나님을 대적하는 마음과 삶의 방식으로는 결국 죽음에 이를 수밖에 없다. 세상에서 아무리 성공가도를 달린다고 하더라도 육신을 따라가는 삶이라면 결국에는 영적으로 죽은 것에 불과하다. 이런 생각은 결국 관계를 회복해야 할 하나님으로부터 돌아서서 하나님이 싫어하시는 일만 골라 하게 되고, 결국에는 하나님과 원수가 되게 한다(롬 8:7). 하나님과 좋은 관계를 맺고 싶어도 이미 육신을 따라 살며 마음에 육신의 생각을 품다 보면 어느덧 하나님과 원수가 된다. 이런 상태로는 하나님의 뜻에 따를 수도 없게 된다(롬 8:7 후반부).

하나님을 기쁘시게 하고 싶은가? 성령을 따라 살라! 그리스도의 성령(롬 8:9)을 따라 그리스도의 일을 품고 사는 사람은 생명과 평안에 이르게 된다(롬 5:1 참조). 왜냐하면 육신의 생각은 하나님과 원수가 되지만 성령의 생각은 하나님과 평안을 이루기 때문이다. 또한 성령은 예수 그리스도를 죽음에서 일으키신 부활 생명의 근원이기에 성령을 따르면 생명에 이르게 된다.

이렇게 살아가려면 반드시 성도 속에 하나님의 영, 곧 성령이 거하셔야 한다(롬 8:9). 여기서 '하나님의 영'이라고 하는 말은 구약에서 가져온 표현으로 주로 하나님께서 능력 있게 행하시는 운동력을 강조할 때 사용하는 표현이다. 구약시대 하나님의 영은 이스라엘 백성 가운데 거하셨다. 출애굽 때는 성막에, 솔로몬 성전시대에는 하나님의 성전에 거하셨다.

이제 예수 그리스도로 말미암는 새 생명이 역사하는 성령의 시대에는 성령이 성도 안에 거하신다. 성도의 삶을 권능 있게 이끄시는 성령께서 성도 안에 거하시면 성도는 더 이상 육신을 따라 육신의 영향력 아래 살지 않고 성령 안에 살게 된다. 여기서 '거한다'(헬. 오이케오)라는 표현은 집을 뜻하는 '오이코스'와 같은 어근을 갖는다. 즉 여기서 거한다는 뜻은 잠시 머무는 손님으로 있는 것이 아니라 아예 집을 짓고 산다는 의미다(요 1:12 참조). 우리가 성령을 따라 거하게 되면 주님은 우리 안에 처소를 만드시고 우리 안에 거하신다.

이를 요한일서 4장 13절은 다음과 같이 표현한다. "그의 성령을 우리에게 주시므로 우리가 그 안에 거하고 그가 우리 안에 거하시는 줄을 아느니라." 성도의 특징은 그 중심에 성령을 모셨다는 것이다. 성령이 우리 안에 거하면서 우리가 또한 그 안에 거하게 되고 영을 따라 살게 된다. 이로써 육신의 생각이 죽고 영의 생각이 살아나는 것이다. 누구를 따라 살고 무엇을 생각하느냐에 삶의 결과가 좌우된다.

우리는 여전히 죄의 법에 휘둘리는 연약한 몸을 갖고 있다. 이로 인해 우리의 몸은 부패하고 죽음에 이른다. 이를 본문 10절은 "몸은 죄로 말미암아 죽은 것"이라고 표현한다. 이를 가리켜 빌립보서 3장 21절은 '낮은 몸' '비천한 몸' (새번역) 또는 '썩어질 몸' (메시지)이라고 표현한다. 하지만 "영은 의로 말미암아 살 것이다"(롬 8:10 후반부). 여기서 '영'은 '성령'을 의미하며, 이를 직역하면 '성령은 의로 말미암아 생명이다'가 된다. '의'는 하나님의 언약적인 신실함을 의미한다. 따라서 이 구절의 뜻은 "하나님의 언약적인 신실함으로 말미암아 의롭다 하심을 얻은 백성에게는 성령이 생명을 주신다"라는 뜻이다. '의'를 통하여 사망의 반대인 생명을 얻는다(롬 5:21 참조).

다가오는 새 세대의 생명인 성령은 이 땅에서의 삶의 방향을 좌우하는 일로 끝내시지 않는다. 성령은 여기서 더 나아가 우리의 삶을 장차 새로운 차원으로 이끄실 것이다. 성령은 그리스도를 죽음 가운데서 다시 살리신 부활의 영이기에 장차 썩어 죽을 우리의 몸을 영광의 부활의 몸으로 살아나게 하실 것이다(롬 8:11). 하나님이 그 아들 예수 그리스도를 다시 살리신 것처럼 그의 권능으로 우리를 다시 살리실 것이다(고전 6:14). 이 장엄한 선포는 다른 한편으론 로마서 7장 24절의 "오호라. 나는 곤고한 사람이로다. 이 사망의 몸에서 누가 나를 건져내랴"라고 절규했던 탄식에 대한 답변이기도 하다. 성령께서 건져내실 것이고, 마침내 성도의 마지막 몸의 부활을 열매로 맺을 것이다(롬 8:23, 참조 고전 15:20-22). 이런 면에서 성도 안에 거하시는 성령은 성도의 최종 부활을 위한 보증이 되신다(고후 1:22, 5:5, 엡 1:14 참조).

당신은 지금 성령의 사람으로 사는가? 성령을 따라 사는 삶이 단순히 교회에 출석하고 성경을 지식적으로 아는 일로만 그쳐서는 안 된다. 실질적인 성령의 능력을 소유하고 성령을 따라 영의 사람으로 사는 삶이 중요하다. 이것을 나타내는 중요한 지표가 지금 현재 내 마음에 머무는 생각이다. 지금 나는 무엇을 생각하는가? 육신의 일인가, 성령의 일인가? 성령의 일을 생각하라. 그리고 성령을 따라 행하며 날마다 성령의 생명 역사를 맛보라. 성령은 현재 내 안에 거주하고 날마다 경험되어지는 성도의 실존 양식이 되어야 한다.

성도의 내면에 하나님의 영광이 거주한다는 사실은 놀라운 일이다. 구약시대에 하나님의 영광(쉐키나)이 이스라엘의 성막에 거했던 것과 같다(롬 8:11). 이렇게 될 때 성도는 더 이상 육신에 얽매이지 않고 죄와 사망의 법에서 해방되어 성령의 인도 아래 살 수 있는 특권을 누릴 수 있다. 중요한 점은 지금부터다. 매 순간 성령의 인도하심에 들어가야 한다. 그래서 갈라디아서 5장 13절은 다음과 같이 권면한다. "형제들아 너희가 자유를 위하여 부르심을 입었으나 그러나 그 자유로 육체의 기회를 삼지 말고 오직 사랑으로 서로 종노릇하라."

지금 나는 내가 가진 자유로 무엇을 생각하며 무엇을 따르는가? 우리는 자신이 따라가는 것을 정말 자세히 살피며 걸을 필요가 있다. 내가 따르는 바로 그것이 내 생각과 운명을 좌우하기 때문이다. 지금 내 마음에 머무르는 생각을 꼼꼼하게 점검하라.

사랑의 빚진 자로
사는 행복

¹²그러므로 형제들아 우리가 빚진 자로되 육신에게 져서 육신대로 살 것이 아니니라. ¹³너희가 육신대로 살면 반드시 죽을 것이로되 영으로써 몸의 행실을 죽이면 살리니 ¹⁴무릇 하나님의 영으로 인도함을 받는 사람은 곧 하나님의 아들이라. ¹⁵너희는 다시 무서워하는 종의 영을 받지 아니하고 양자의 영을 받았으므로 우리가 아빠 아버지라고 부르짖느니라. ¹⁶성령이 친히 우리의 영과 더불어 우리가 하나님의 자녀인 것을 증언하시나니 ¹⁷자녀이면 또한 상속자 곧 하나님의 상속자요 그리스도와 함께한 상속자니 우리가 그와 함께 영광을 받기 위하여 고난도 함께 받아야 할 것이니라.

현대 사회는 빚더미 위에 세워졌다 해도 과언이 아니다. 나라마다 천문학적인 액수의 부채가 있다. 도심에 빽빽하게 들어선 아파트는 상당수 가계부채라는 빚더미 위에 세워졌다. 이따금 나라 하나가 빚으로 큰 타격을 받아 파산할 지경에 이르러도 전 세계가 경쟁적으로 빚을 끌어들여 위기를 막는다. 빚을 내기도 쉬울 뿐 아니라 여러 가지 명분으로 정당성을 부여하며 빚낼 것을 권하는 시대다. 그러나 빚은 결코 공짜가 아니다. 빚에는 반드시 갚아야 할 책임과 의무가 따른다. 책임을 지고 갚지 않으면 빚은 언젠가 반드시 고통의 불씨가 된다. 경제적인 차원에서만 고통을 주는 것이 아니다. 빚은 사람의 정신과 영혼을 피폐하게 만든다. 어디를 가든지 이 빚에 대한 부담과 압박으로 고통스럽게 조인다. 이렇게 되면 빚은 우리의 마음과 주변 세계를 지배하고, 우리를 온통 빚의 관점에서만 바라보게 한다. 무엇을 꿈꾸며, 어디로 가든지 채무를 갚지 않는 한 우리는 빚의 부담에서 절대 자유로울 수 없다. 이것이 바로 빚이 가지는 무서운 힘이다.

그런데 바울은 성도 모두가 빚진 사람이라고 말한다(롬 8:11). 아니, 성도는 모두 빚쟁이라니, 무슨 말인가? 이후의 문맥을 자세히 살펴보면 그가 말하는 빚은 우리를 고통스럽게 옥죄는 빚이 아니라 오히려 우리를 행복하게 하는 기이한(?) 빚임을 알 수 있다. 이 빚은 하나님께서 그 아들 예수 그리스도를 보내서 우리의 죄를 대신 지시고 죽으시고 부활하셔서 우리 죄의 빚을 모두 청산해주신 '사랑의 빚'(롬 13:8)이다. 우리는 이 커다란 빚을 진 '빚진 자'(롬 8:12)라는 자기 인식과 함께 이 빚의 크기와 무게를 올바르게 인식할 필요가 있다. 왜냐하면 이 빚은 우리의 힘과 능력으로는 도저히 갚을 수 없는 계산이 불가능한 커다란 빚이기 때문이다.

빚에 대한 올바른 인식은 우리에게 빚에 따른 책무를 유발한다. 그렇다면 계산할 수 없는 하나님의 사랑의 빚, 은혜의 빚에 대한 성도의 책무는 무엇인가? 그것은 이전과 같이 하나님께 대항하는 죄된 본성(sinful nature, NIV)인 육신을 따라 사는 삶이 아니라(롬 8:12), 영으로써 '몸의 행실'을 죽여야 한다는 것이다(롬 8:13). 여기서 몸은 로마서에서 사용된 '몸'이라는 단어 가운데 가장 부정적으로 사용된 용례로 '육신에 따른 삶'을 의미한다(제임스 던, 「로마서 1-8」 (WBC 38상), 766쪽). '행실'(헬. 프락시스)은 죄의 본성이 습관적으로 실천한 일들을 말한다.

그렇다면 몸의 행실의 구체적인 예들은 무엇인가? 갈라디아서는 몸의 행실을 직접 '육체의 일'로 진술하면서 다음과 같은 예를 제시한다. "육체의 일은 분명하니 곧 음행과 더러운 것과 호색과 우상 숭배와 주술과 원수 맺는 것과 분쟁과 시기와 분냄과 당 짓는 것과 분열함과 이단과 투기와 술 취함과 방탕함과 또 그와 같은 것들이라. 전에 너희에게 경계한 것같이 경계하노니 이런 일을 하는 자들은 하나님의 나라를 유업으로 받지 못할 것이요"(갈 5:19-21). 이러한 '몸의 행실' 또는 '육체의 일'은 죽여야 할 대상이지, 따라야 할 대상이 아니다. 만약 따라간다면 반드시 사망에 이르게 된다(롬 8:13 전반). 그래서 골로새서 3장 5절은 "그러므로 땅에 있는 지체를 죽이라. 곧 음란과 부정과 사욕과 악한 정욕과 탐심이니 탐심은 우상 숭배니라" 고 선언한다.

이번 장의 본문에서 "영으로써 몸의 행실을 죽여야 한다"(롬 8:13

후반부)는 말씀은 우리가 싸우는 영적 싸움의 이중적인 차원을 이야기한다. 먼저는 하나님의 성령으로서 싸워야 한다. 이것은 신적인 차원의 싸움이다. 성령의 능력으로 육신의 죄 된 욕구를 죽이는 자들은 영생을 누린다. 그러나 이와 동시에 우리는 적극적으로 몸의 행실을 '죽여야' 한다. 이는 인간의 차원에서 싸워야 할 싸움이다. 이렇게 볼 때 우리가 몸의 행실을 죽이는 데 있어서 우리 편에서 크게 두 가지 차원의 실천이 필요함을 알 수 있다. 먼저는 우리가 빚진 자라는 명확한 인식이다(롬 8:12). 우리가 진 빚이 얼마나 크고, 이 빚에 따른 책무, 즉 육신대로 살 것이 아니라 영으로써 몸의 행실을 죽이며 살아야 한다는 책무를 선명하게 인식해야 한다. 둘째, 실제로 이런 행실을 죽이기 위한 영적 훈련과 성령에 대한 순종의 실천이 필요하다.

이러한 싸움은 마치 이스라엘 백성이 출애굽 이후 광야에서 불기둥과 구름기둥 가운데 인도함을 받으며 나아갔던 장면을 연상하게 한다. 하나님은 애굽에서 노예로 종살이하던 이스라엘을 '내 아들'로 부르셨고(출 4:22, 호 11:1), '나의 소유'(출 19:5)라고 선포하셨다. 여기서 '소유'(히. 세굴라)는 특별하고 존귀한 소유, 즉 보물(treasure)을 말한다. 본문의 14절 말씀은 이러한 출애굽 사건을 떠올리게 한다.

"무릇 하나님의 영으로 인도함을 받는 사람은 곧 하나님의 아들이라."

이스라엘은 하나님의 특별한 아들로 광야에서 구름기둥과 불기둥의 인도함을 받았다. 이제 예수 그리스도 안에서 하나님의 성령으로 인도함을 받는 이들은 곧 하나님의 아들과 딸이다. 애굽을 벗어나서도 여전히 두려움 가운데 산다면 하나님의 자녀가 아니라 애굽의 노예, 즉 종으로 사는 것이다. 마찬가지로 죄와 사망의 법에서 벗어나서도 여전히 율법 아래 자기 힘으로 지키려고 애쓰는 사람은 하나님의 자녀로 살지 못하는 것이다(롬 8:15). 왜냐하면 하나님이 우리에게 주신 것은 두려워하는 마음이 아니라 오직 능력과 사랑과 절제하는 마음이기 때문이다(딤후 1:7).

성령은 종의 영이 아니라 아들의 영이다. 우리가 예수 그리스도를 믿음으로 말미암아 종의 영이 아니라 '양자의 영'을 받았다(롬 8:15). 그래서 우리는 양자의 영이 주시는 확신과 담대함 가운데 하나님을 향하여 '아빠 아버지'라고 부르짖는 것이다(막 14:36 참조). 생각해보라. 어떻게 죄의 종이 되었던 우리가 하나님을 향하여 '아빠'라고 부를 수 있는가! 아마 누가 그렇게 부르라고 해도 믿기 어려워하며 주저할 것이다. 그런데 하나님의 성령께서 우리에게 그분의 양자됨을 확신과 담대함으로 붙들어주셔서 감히 하나님을 향하여 '아빠 아버지'로 부를 수 있게 되었다.

여기서 양자란 원래 친자녀가 아닌 사람에게 자녀의 자격을 주어 자녀로 삼은 사람을 말한다. 우리에게는 다소 생소할 수 있을지 모르겠으나 로마서가 쓰였을 당시 양자입양은 빈번하게 일어나는 일이었다. 이는 1세기 로마 사회의 번영과 관계가 깊다. 국가가 부유해지고 문명이 고도화되자 로마 사회에는 고령화 현상이 나타났다. 동시에 오늘날과 같이 결혼과 출산을 피하는 현상이 일어났다. 당시 로마령이었던 트로이의 경우를 보면, 19세 이상의 청년 101명 가운데 결혼한 사람은 35명에 불과했고, 그중에서 자녀가 있는 사람은 17명, 그리고 그중 10명에게는 자녀가 1명뿐이었다고 한다(박종훈, 「지상 최대의 경제 사기극, 세대전쟁」(서울: 21세기북스, 2013), 64쪽).

이처럼 결혼 기피, 출산 기피는 상당히 만연했다. 이런 가운데 로마 사회에서는 귀족들을 중심으로 가문의 대를 잇기 위해 장래가 촉망되고 명민한 성년이 된 다른 사람의 자녀를 자신의 양자로 받아들이는 문화가 발달했다. 1세기 로마의 대번영을 이룩한 아우구스투스(존엄자)란 칭호를 받은 옥타비아누스 황제도 율리우스 카이사르의 양자였다. 양자가 되면 이전 가족의 모든 권리를 잃어버리고, 새로운 가족 내에서 법적인 자식으로서 모든 권리를 얻게 된다(브루스 B. 바톤 외, 「로마서」(LAB)(서울: 한국성서유니온선교회, 2002), 258쪽).

우리가 받은 성령은 두려워하는 종의 영이 아니라 하나님 아버지의 법적 자녀임을 확신하는 양자의 영이다. 이 성령은 우리의 영과 함께 우리가 하나님의 자녀임을 증언하실 뿐 아니라 양자의 특권을 확증하신다(롬 8:16). 영은 영끼리 통한다. 하나님의 성령이 우리의 영에 우리가 하나님의 귀한 자녀이며 보물인 것을 확신으로 부어주신다. 이때 성도는 그 무엇도 흔들 수 없는 견고한 내적 확신을 얻게 된다. 이것은 내적 확신만이 아니다. 신분의 확신과 함께 장차 얻을 유업에 대한 확신도 갖게 된다(갈 4:5-7 참조).

하나님께서 이스라엘을 출애굽 시키신 일은 단순히 이들을 아들 삼아 구름기둥과 불기둥으로 인도하시기 위한 것만이 아니었다. 아들로 입양한 것은 이들에게 주실 유업, 즉 약속의 땅 가나안이 있었기 때문이다. 따라서 여기서 아들로 부르셨다는 말은 곧 기업을 이을 상속자로 부르셨다는 뜻이다.

하나님의 양자로 부름받은 성도는 곧 하나님의 상속자다. 또한 그리스도와 함께한 상속자다(롬 8:17 전반부). 그리스도와 함께 유업을 이어받을 '공동 상속자'라는 의미다(표준새번역 참조). 이는 시편 2편 8절의 "내게 구하라. 내가 이방 나라를 네 유업으로 주리니 네 소유가 땅끝까지 이르리로다"라는 약속을 떠오르게 한다. 여기서 이방 나라, 즉 열방들(nations, NRSV)에 대한 약속은 아브라함에게 주신 약속에 들어 있는 내용이다(롬 4:13). 이는 아브라함과 그의 후손이 온 세상을 유업으로 상속받을 것이라는 뜻이다. 이는 죄와 사망으로 신음하며 죽어가는 온 세상이 예수 그리스도의 죽음과 부활로 회복되어 하나님이 통치하시는 새로운 세상으로 변화되어 메시아와 그의 백성들에게 양도될 것이라는 의미다(톰 라이트, 「모든 사람을 위한 로마서 I」, 217쪽). 이것이 바로 그리스도와 함께 유산을 상속받을 공동 상속자가 누릴 종말의 '영광'이다. 우리는 이 영광에 참여하는 자로 부름받았다.

그러나 여기에는 '만약'(헬. 에이페르)이라는 조건이 붙는다(롬 8:17). 그것은 우리가 '고난'을 통과해야 한다는 것이다. 이는 성도가 아직 완성되지 않은 이 세상 가운데서의 종말론적인 시대에 성령을 따르며 살아가는 동안 겪어야 할 세상의 저항과 박해를 뜻한다. 세상은 성령이 원하시는 일과 정반대를 추구한다. 그래서 성도가 성령을 따라 사는 삶을 어떻게든 방해하려고 한다. 감사한 일은 이 고난을 혼자 통과하지 않는다는 사실이다. 그리스도와 '함께' 통과한다. 임마누엘로 함께하시는 그리스도의 영이 우리를 돕고 붙들어주신다. 우리는 언젠가 가슴 벅찬 하나님 나라의 '영광'으로 들어갈 것이다. 아브라함에게 약속하셨던 하나님의 나라를 상속받는 그날이 반드시 올 것이다.

이 모든 은혜를 허락하신 하나님 앞에 우리는 '빚진 자'다. 그러나 어마어마한 양자의 복을 상속받게 될 황홀한 '빚진 자'다. 이것을 명확하게 인식할 때 우리에게는 거룩한 채무의식이 불타오른다. 육신에 져서 육신대로 살 것이 아니라 하나님의 영으로 몸의 행실을 죽이고 인도함을 받고 살리라는 채무의식이다. 이러한 채무의식과 함께 담대한 영적 싸움이 시작된다. 그리고 치열한 영적 싸움은 장차 우리가 유업으로 받게 될 하나님 나라의 영광을 앞당긴다. 그렇다면 지금 고난이 닥치고 힘들어도 한번 싸워볼 만하지 않겠는가? 나는 하나님의 상속자임을 깨닫고 고난 가운데서도 세상이 알 수 없는 기쁨과 행복을 누리며 살고 있는가?

하나님의 구원계획은
생각보다 크다

¹⁸생각하건대 현재의 고난은 장차 우리에게 나타날 영광과 비교할 수 없도다. ¹⁹피조물이 고대하는 바는 하나님의 아들들이 나타나는 것이니 ²⁰피조물이 허무한 데 굴복하는 것은 자기 뜻이 아니요 오직 굴복하게 하시는 이로 말미암음이라. ²¹그 바라는 것은 피조물도 썩어짐의 종노릇한 데서 해방되어 하나님의 자녀들의 영광의 자유에 이르는 것이니라. ²²피조물이 다 이제까지 함께 탄식하며 함께 고통을 겪고 있는 것을 우리가 아느니라. ²³그뿐 아니라 또한 우리 곧 성령의 처음 익은 열매를 받은 우리까지도 속으로 탄식하여 양자될 것 곧 우리 몸의 속량을 기다리느니라. ²⁴우리가 소망으로 구원을 얻었으매 보이는 소망이 소망이 아니니 보는 것을 누가 바라리요. ²⁵만일 우리가 보

지 못하는 것을 바라면 참음으로 기다릴지니라.

우리나라에서 가장 사랑받는 과일이 무엇일까? 바로 바나나다. 최근 국내 한 마트가 발표한 과일 판매량 순위에서 바나나는 3년 연속으로 판매 1위를 차지할 정도다(김성윤, "바나나 멸종說"(《조선일보》, 2014. 5. 15.)). 그러나 안타깝게도 이 바나나가 멸종위기에 처해 있다. 무슨 말인가? 지금 전 세계에서 재배하는 바나나는 대부분이 '캐번디시'(Cavendish)라 불리는 단일 품종이다. 캐번디시만을 키우는 이유는 바나나 종류 중에서 가장 당도가 높고 잘 자라기 때문이다. 우리는 흔히 바나나하면 당도가 높은 과일로 생각하지만 달지 않은 바나나도 많다. 바나나는 그 종류만 400여 종에 이른다. 그러나 전 세계에서 자라는 바나나의 95%는 바로 이 캐번디시다. 문제는 이 캐번디시에 유독 치명적인 'TR4' 라는 곰팡이가 있는데, 이 균이 전 세계로 퍼져나가기 시작했다는 점이다. 이 곰팡이는 죽지도 않는다. TR4는 뿌리를 타고 올라가 관다발을 먹어버리는데, 치료할 마땅한 방법이 없어 '바나나 불치병' 으로 불리고 있다. 늘 접하던 바나나가 우리도 모르는 사이에 멸종위기에 처한 것이다.

이런 위기는 사실 인류 스스로가 부른 측면이 크다. 자연 그대로의 바나나였다면 서로 다른 종이 섞여 질병에 대한 다양한 내성을 갖고 번성하기 마련이다. 그러나 인류의 입맛에 맞는 것만을 의도적으로 단일화하여 대량생산하다 보니 바나나의 다양한 종이 사라지게 하였다. 단순화된 바나나 종이 스스로 위기를 초래한 것이다. 대량생산의 배후에는 경제 자본의 논리가 있다. 결국 인류의 탐욕이 위기를 낳았다.

이런 위기는 비단 바나나의 문제에만 그치지 않는다. 지구에 산소를 공급하는 아마존의 열대림이 사라지고 있고, 편리함과 욕심만을 추구하다 대기로 내뿜은 매연은 지구 온난화를 초래하고 대형기상재해를 일으키고 있다. 히말라야의 눈은 녹아내리고, 다양한 동식물이 지구상에서 사라지고 있다. 이런 속도라면 2080년이면 인류가 사랑하는 커피도 지구상에서 사라지게 될지 모른다. 1900년 이후 사라진 척추동물만 477종이다(윤정호, "인간이 사라질 것, 제6의 멸종 경고"(《조선일보》, 2015. 6. 22.)). 과학자들은 앞으로 2세대(60년) 안에 지구상의 75%의 종이 사라질 위험이 있다고 경고한다.

이런 위기의 근원은 어디에 있는가? 바로 인류의 내면에 자리 잡은 죄에 있다. 인간은 하나님을 떠나 자신의 힘으로 자기 자원을 확보하여 생존하려고 하였고, 그러면서 다른 자원을 필요 이상의 탐욕으로 쌓아두고 자기 안전을 확보하려고 하였다. 하나님을 두기 싫어하는 이런 인간에게 모든 불의, 추악, 탐욕, 악의, 시기, 살인, 분쟁, 사기, 악독이 넘치게 되었고(롬 1:29), 결국 이런 악은 인간에게만이 아니라 피조물에게도 고통과 피해를 끼치게 되었다.

우리가 구원받고 두 발을 디디며 사는 세상은 바로 이런 세상이다. 우리는 죄가 이끌고 가는 세상 풍조 속에 살아가는 동시에 인간의 죄로 인해 신음하고 탄식하는 자연의 피조세계 가운데 또한 살아가고 있다. 따라서 성도는 두 가지 차원의 고난을 기억할 필요가 있다. 첫째, 구원 이후 '이미' 시작된 하나님의 나라와 '아직' 이 세상 속에서 이루어지지 않은 옛 시대와 새 시대 가운데 끼어 있는 중첩된 시대의 고난이다. 둘째는 인류의 죄로 인해 신음하며 아파하는 피조세계의 고난이다. 이번 장은 이런 두 차원의 고난을 잘 보여주고 있다.

먼저 사도 바울은 성도의 죄의 실존적인 고난에 대해 다음과 같이 고백한다.

"생각하건대 현재의 고난은 장차 우리에게 나타날 영광과 비교할 수 없도다"(롬 8:18).

여기 '생각하건대'라는 단어는 복음에 근거한 견고한 확신 가운데 깊이 추론하며 생각하는 것을 말한다. 이 확신에는 현재의 고난이 포함되어 있다. 여기서 현재의 고난은 두 시대 가운데 씨름하는 성도의 분투와 고생을 말한다. 그리스도 안에서 이 악한 세대 가운데 살아가는 성도는 성령으로 다가올 시대를 미리 맛보며 살아가지만 여전히 연약한 몸 가운데 곤고하게 살아가고 있다. 이런 고난은 성도에게 닥치는 피할 수 없는 분명한 고난이다. 그런데 성도에게는 이 고난을 이기게 하는 또 다른 확신이 있다. 그것은 장차 성도들에게 나타날 '영광'에 대한 확신이다. 이 영광은 우리를 '향하여'(toward, 헬. 에이스), 우리 '쪽으로'(into) '계시될'(헬. 아포칼립토) 영광이기도 하다. 이 영광은 장차 이 세상을 온전히 다스리실 완전한 하나님 나라의 미래적인 영광이다. 이때 우리는 우리 썩을 연약한 몸이 부활의 몸으로 변화하여 영광스러운 몸이 될 것이다(롬 8:11 참조). 빌립보서는 이러한 몸의 영광을 다음과 같이 설명한다. "그는 만물을 자기에게 복종하게 하실 수 있는 자의 역사로 우리의 낮은 몸을 자기 영광의 몸의 형체와 같이 변하게 하시리라"(빌 3:21).

성도에게 나타날 이런 영광은 우리만 기다리는 게 아니다. 이 세 상에 인류의 죄로 신음하는 모든 피조물도 함께 고대하고 있다(롬 8:19). 여기서 '고대하다'(헬. 아포카라도키아)라는 단어는 머리(카 라)를 쳐들고 목을 앞으로(아포) 길게 쭉 늘어뜨려 바라보며 간절히 기다리는 모습을 의미한다. 모든 피조물이 하나님의 아들들이 이런 영광 가운데 나타나길 목이 빠지도록 고대하고 있다는 뜻이다. 이때 는 종말론적인 하나님의 나라가 온전히 드러난다. 피조세계의 고통 과 아픔은 하나님의 나라가 이 땅에 임할 때 종식된다. 온전히 회복 된 새 하늘과 새 땅에서는 이전 일은 기억되지 않고 큰 기쁨의 소리 만 가득할 것이다(사 65:17-18, 사 66:2 참조).

그렇기에 모든 피조물, 곧 하나님의 모든 창조세계가 하나님의 아 들들이 나타나기만을 흥분 속에 간절히 기다리고 있다. 이때가 되면 하나님의 아들들은 아담의 타락 이후로 상실한 피조세계의 청지기적 인 사명(창 1:28)을 온전히 감당할 수 있게 될 것이다. 이러한 영광의 비전은 1장 17절이 제시하는 '하나님의 의', 곧 죄로 인해 비틀어진 세상을 바로 잡고자 하시는 하나님의 언약적인 신실하심을 드러낸다.

이번 장의 본문 20절은 현 세대에 피조물들이 고통당하는 이유를 다음과 같이 설명한다.

"피조물이 허무한 데 굴복하는 것은 자기 뜻이 아니요 오직 굴복
하게 하시는 이로 말미암음이라."

여기 피조물들은 '허무한 데' 굴복하고 있다. 여기 '허무'는 1장 21절에도 등장하는 단어로, 하나님을 떠나 창조의 본래 목적과 어긋나서 자신의 힘으로 의미 없고 무익한 일을 추구하는 상태를 말한다. 이러한 상태가 어떠한 것인지에 대해서는 구약성경 전도서에 구체적으로 설명하고 있다. 하나님이 창조하신 피조세계가 이런 의미 없고 무익한 허무에 굴복하고 있다. 인간의 죄성에 굴복하고, 탐욕에 생태계가 파괴되고, 자원이 소진되면서까지 굴복한다. 피조세계는 의미 있는 일에 쓰임받지 못하고 인간의 허망한 일에 자신을 내준다.

이런 피조물의 모습은 사실 창세기 3장 17~18절에 잘 나타나고 있다. "아담에게 이르시되 네가 네 아내의 말을 듣고 내가 네게 먹지 말라 한 나무의 열매를 먹었은즉 땅은 너로 말미암아 저주를 받고 너는 네 평생에 수고하여야 그 소산을 먹으리라. 땅이 네게 가시덤불과 엉겅퀴를 낼 것이라. 네가 먹을 것은 밭의 채소인즉." 여기서 피조세계인 땅은 아담의 범죄로 말미암아 저주를 받는다. 비옥해야 할 땅이 가시덤불과 엉겅퀴로 신음한다. 땅은 잘못한 일이 없다. 그러나 하나님은 아담의 범죄로 인해 저주의 세력에 피조물을 넘겨주신다(「독일성서공회 해설 성경전서」(서울: 대한성서공회, 1997), 375쪽). 피조물을 책임지고 다스릴 인간이 타락하자 하나님께서 피조세계도 타락한 인간의 영향력 아래 있도록, 허무한 데 굴복하도록 넘겨주신 것이다. 이것은 피조물에게 고통이다.

그러나 감사한 일은 이 고통으로 끝이 아니라는 사실이다. 여기에는 새롭게 기대하는 소망이 있다. 개역개정 성경에는 이 소망에 대한 언급이 없다. 그러나 헬라어 원문에는 이에 대한 언급이 나온다.

원문을 직역하면 "오직 소망 중에 굴복하게 하시는 분"이 된다. 이를 반영하기 위해 새번역은 20절 끝부분에 "그러나 소망은 남아 있습니다"라는 번역을 추가한다. 이는 매우 중요하다. 왜냐하면 피조세계는 인간의 범죄로 말미암아 죄와 사망의 저주에 넘겨졌던 것처럼 인간의 구원으로 말미암아 죄와 사망의 세력에서 해방될 것이기 때문이다. 피조물을 다스리던 인간이 회복되면 피조세계도 함께 회복될 소망이 있는 것이다. 이렇게 볼 때 현재의 고난은 끝이 아니라 새로운 소망의 근거로 작용한다(제임스 던, 「로마서 1-8」(WBC 38상), 810쪽). 21절은 이런 피조세계의 소망을 잘 보여주고 있다.

> "그 바라는 것은 피조물도 썩어짐의 종노릇한 데서 해방되어 하나님의 자녀들의 영광의 자유에 이르는 것이니라."

하나님은 피조물을 절망 중에 저주로 내팽개치지 않으셨다. 저주에 내주시는 중에서도 피조물들의 종말론적 해방과 회복을 꿈꾸고 계셨다. 그동안 로마서는 인간의 다양한 해방의 차원에 대해서 말했었다. 사망 권세로부터의 해방(롬 5:17,21), 죄의 권세로부터의 해방(롬 6:18,22), 율법으로부터의 해방(롬 7:3, 8:2). 이런 권세들에게 굴복하고 종노릇 하는 것은 인간과 피조물을 '썩어짐'에 이르게 한다. 그런데 이제 인간의 회복과 함께 피조물도 이런 권세들에 대한 썩어짐의 종노릇 하는 데서 벗어나 자유를 누리게 된다. 하나님의 자녀들이 누리는 영광의 자유가 피조물에게 해방과 회복을 가져다주기 때문이다. '영광의 자유'는 아담이 원래 가졌던 청지기 직분을 감당했던 일을 말한다. 더욱 구체적으로 '영광'이란 하나님께서 본래 의도하신 목적이 온전히 실현되고 드러나는 상태를 말한다. 이 영광의 자유는 결국 하나님 자녀들의 영화를 통해 실현된다(톰 라이트, 「로마서」, 356쪽).

피조물은 이런 소망 가운데 현 세대를 살아가며 인류와 함께 탄식하고, 함께 고통 중에 있다(롬 8:22). 인류와 운명을 연대하고 있다. 피조세계에 만연한 탄식과 고통을 보라. 인류의 탐욕으로 인해 야기되는 지구 온난화와 기상 이변으로 인한 홍수와 기근, 그리고 전쟁과 환경오염 등으로 인한 이 땅의 황폐함은 피조물이 인류와 함께하는 탄식이자 고통이다. 여기서 고통을 겪는 것은 단순한 아픔이 아니라 산모가 태아를 출생하기 위해 겪는 '해산의 고통으로 신음하는'(헬. 쉬노디노, groaning in labor pains) 아픔이다. 이는 다가올 새 시대의 출현을 고통 중에 기다리는 모습을 생생하게 표현한다. 다가올 새 하늘과 새 땅은 현 세대가 완전히 폐기처분이 되는 것이 아니라 현 세대를 기반으로 태어나는 연속성을 갖는다. 출산은 새 생명의 탄생인 동시에 어머니 자신의 생명이 이어지는 것과 같다.

이러한 탄식은 성도에게도 있다. 23절을 보라. "그뿐 아니라 또한 우리 곧 성령의 처음 익은 열매를 받은 우리까지도 속으로 탄식하여 양자 될 것 곧 우리 몸의 속량을 기다리느니라." 이는 현 세대의 온전한 회복이 성도의 온전한 회복과 밀접한 관계가 있음을 보여준다. 성도는 성령의 처음 익은 열매를 받은 자들이다. 성령은 새로운 부활의 생명이다. 그래서 성령은 우리로 육신에 거하지 않고, 우리의 죽을 몸도 살아나게 하신다(롬 8:9,11). 우리가 이런 성령의 처음 익은 열매를 얻었다는 것은 장차 있을 추수의 첫 부분을 경험하고 있다는 것이다. 장차 있을 추수란 장차 경험할 온전한 부활의 생명을 말한다. 이때 우리는 우리의 죽을 몸이 변화하여 우리의 영혼뿐 아니라 몸까지도 부활의 생명을 입은 새로운 몸으로 덧입는다. 이 부활의 몸으로 덧입는 것이 '몸의 속량'(롬 8:23), 즉 몸의 구속이다. 이 몸의 구속이 이루어질 때 비로소 우리는 예수님과 같은 부활의 몸으로 살아가는 하나님의 완전한 양자가 된다.

양자됨의 완성은 최종적인 몸의 부활을 통해서다. 이때 우리는 그리스도와 같이 영광스럽고 아름다운 영화의 완성을 경험하며, 더는 약함, 질병, 죄, 그리고 죽음에 굴복하지 않을 수 있다. 그래서 '이미'와 '아직 아니' 사이에 있는 현 세대의 고난 가운데서 이런 '성령의 처음 익은 열매'를 누리고 있는 삶은 매우 중요하다(고후 5:3-5 참조). 그래서 바울은 이를 '보증'(헬. 아를라본)이라고도 했다(고후 5:5). 여기서 보증이란 지불할 비용의 첫 납부금 또는 보증금을 말한다. 집의 보증금을 지불했다는 것은 이 집에 반드시 살겠다는 확실함을 담보한다. 마찬가지로 성령의 생명이 우리에게 주어졌다는 것은 우리로 온전한 양자가 될 생명을 주겠다는 담보가 된다.

이러한 장래 구원의 영광스러운 소망을 바라보는 성도는 인내로 부름받는다(롬 8:25). 환난 중에 있지만 이 소망을 기다리며 즐거워해야 한다(롬 5:3-4). 낙심은 금물이다. 왜? 비록 우리는 고난 가운데서 신음하고 탄식하지만 이를 통해 새롭게 회복될 현재의 영광과는 비교할 수 없는 황홀한 영광이 우리 앞에 기다리고 있기 때문이다(롬 8:18, 참조 고후 4:16-17). 물론 이것이 아직 눈에 보이지 않고 잡히지 않는다. 하지만 참된 소망은 보이지 않는 것을 소망하는 일이다(롬 8:24). 우리는 믿음으로 구원을 받았다. 또한 동시에 우리는 온전한 구원, 즉 부활의 생명으로 말미암는 온전한 몸의 구속까지를 소망하며 구원받았다. 이것이 24절이 말씀하는 "소망으로 구원을 얻었다"라는 의미다. 이는 소망을 통하여 구원받았다는 의미라기보다 온전한 부활의 생명을 소망하며 구원받았다, 혹은 이런 소망의 관점에서 구원받았다(in terms of hope, we are saved)라는 의미다(제임스 던, 「로마서 1-8」, 475쪽). 이런 소망이 우리에게 격려하는 것이 무엇인가? 바로 인내이다. 우리는 온전한 구원을 소망하는 가운데 참고 인내하며 두 시대가 중첩된 이 시대 속에서 죄와 사망의 권세에 굴복하지 않고 싸워 이겨야 한다. 성도의 인내는 소망 있는 인내이기에 적극적으로 기다릴 수 있다. 여기 '기다린다'(헬. 아펙데코메타, 롬 8:25)라는 것은 흥분되는 기대 가운데 열렬하게 기다림을 의미한다.

복음은 단순히 우리 개인을 구원하는 차원에 머물지 않는다. 복음은 인류와 온 피조세계 모두에 가슴 벅찬 희망을 주는 소식이다. 나는 그리스도께서 다시 오실 때 성령이 주실 부활의 온전한 생명을 확신하고 있는가? 피조세계의 탄식을 바라보며 함께 아파할 수 있는가? 현재의 고난을 보다 큰 소망을 갖고 흥분되는 기대 속에 열정적으로 인내하며 기다릴 수 있는가? 기억하라. 하나님의 구원계획은 우리의 좁은 생각보다 훨씬 크시다!

말할 수 없는
탄식으로

²⁶이와 같이 성령도 우리의 연약함을 도우시나니 우리는 마땅히 기도할 바를 알지 못하나 오직 성령이 말할 수 없는 탄식으로 우리를 위하여 친히 간구하시느니라. ²⁷마음을 살피시는 이가 성령의 생각을 아시나니 이는 성령이 하나님의 뜻대로 성도를 위하여 간구하심이니라. ²⁸우리가 알거니와 하나님을 사랑하는 자 곧 그의 뜻대로 부르심을 입은 자들에게는 모든 것이 합력하여 선을 이루느니라. ²⁹하나님이 미리 아신 자들을 또한 그 아들의 형상을 본받게 하기 위하여 미리 정하셨으니 이는 그로 많은 형제 중에서 맏아들이 되게 하려 하심이니라. ³⁰또 미리 정하신 그들을 또한 부르시고 부르신 그들을 또한 의롭다 하시고 의롭다 하신 그들을 또한 영화롭게 하셨느니라.

성경에는 하나님을 가리키는 다양한 호칭이 나온다. 우리가 잘 아는 '여호와' 뿐 아니라 그 뒤에 '샬롬' (평강), '이레' (예비하심), '라 파' (치료), '닛시' (승리) 등의 다양한 별칭이 붙기도 한다. 하나님의 언약과 관련해서는 '아브라함의 하나님' 또는 '아브라함과 이삭과 야곱의 하나님' 이란 호칭이 붙기도 한다. 또 예수님의 구속사역과 관련해서는 "나를 보내신 아버지"(요 5:37, 6:44, 8:18, 12:49, 14:24)로, 또 로마서에서는 "예수를 죽은 자 가운데서 일으키신 분" (롬 4:24, 8:11)으로 불리기도 한다(톰 라이트, 「모든 사람을 위한 로마서 I」, 226쪽).

　그런데 이번 장에서는 하나님에 대한 호칭을 하나 더 소개하고 있다. 바로 "마음을 살피시는 분"(롬 8:27)이다. 언뜻 볼 때 이는 전형적인 구약의 각 사람 마음의 중심을 보시는 여호와 하나님을 생각하기 쉽다(삼상 16:7, 왕상 8:39, 시 44:21, 139:23, 잠 15:11 참조). 여기서 '마음' (헬. 카르디아)이란 내면의 가장 깊은 부분으로 가치체계와 근본 동기가 뿌리내려 있는 중심을 말한다. '살핀다' (헬. 에라우나오)라는 단어는 횃불을 붙이고 온갖 물건들로 꽉 찬 어두운 방을 천천히 돌아다니면서 특정한 물건을 찾는 동작을 의미한다(위의 책, 226쪽). 하나님은 하나님을 모르고 떠난 이들에게는 그들 마음 깊은 곳에 감추어진 은밀한 죄와 정욕을 어둠에 횃불을 밝혀 살피듯 샅샅이 살피신다. 그리고 여기서 드러나는 죄와 더러움들을 종말의 때에 심판하신다(롬 2:16). 그렇다면 하나님은 성령을 힘입어 그를 '아빠 아버지' 라고 부르는 성도들에게서는 무엇을 찾으실까? 그것은 바로 우리 안에 역사하시는 "성령의 말할 수 없는 탄식"(롬 8:26) 소리다.

그렇다면 성령의 말할 수 없는 탄식이란 무엇인가? 이를 이해하기 위해서는 그동안 로마서에서 묘사해왔던 성도의 실존을 전제해야 한다. 성도는 죄와 사망의 권세에서 해방되어 그리스도 안에서 "성령의 처음 익은 열매"(롬 8:23)인 부활하신 그리스도의 생명을 이미 맛보기 시작했다. 그러나 여전히 죄와 사망이 지배하는 현 시대에 살면서 죄의 유혹과 공격과 맞서 싸워야 할 도전을 안고 있다. 연약한 몸을 갖고 살아가기에 중첩된 '이미'와 '아직 아닌' 상태에서 오는 긴장이 크다. 때로 하나님의 뜻임을 알면서도 사망의 몸 가운데 악이 죄의 법을 타고 역사하는 일을 경험하며 자신에게 좌절하고 실망하기도 한다(롬 7:21-23 참조).

이를 본문은 '우리의 연약함'이라는 말로 표현했다. 여기서 '연약함'(헬. 아스테네이아)이란 두 세대 사이에 끼어 고난받는 성도의 취약한 상태를 말한다(롬 8:18). 자신에게 실망하여 기도할 힘조차 없을 때 성령은 성도 안에서 말할 수 없는 탄식으로 기도하며 역사하신다. 그분의 영이 우리 안에 역사하셔서 우리 안에 기도를 일으키시는 것이다. 그래서 어떤 이들은 이러한 탄식에 대하여 성령의 감동으로 황홀경 중에 부르짖는 '방언기도'로 간주하기도 한다(이와 같은 입장으로는 박익수, 장흥길 등이 있다. 박익수, 「로마서 주석 Ⅱ」, 71쪽; 장흥길, 「로마서」, 205쪽 참조).

그러나 성령의 말할 수 없는 탄식은 이러한 방언기도를 넘어선다. 왜냐하면 성령의 탄식은 방언의 언어조차도 초월하는 일이기 때문이다(이러한 관점으로 제임스 던, 「로마서 1-8」(WBC 38상), 796쪽을 참조하라). 전에 성령께서 나에게 허락하셨던 경험은 이러한 탄식을 이해하는

데 도움을 준다. 그때 나는 홀로 깊은 밤 기도할 때 성령의 탄식을 경험한 적이 있다. 깊은 기도 가운데 부활하신 예수 그리스도 앞에 서게 되었다. 그분에게서 나오는 거룩한 영광의 광채가 비춰오자, 순간 나 자신의 연약함과 무력한 한계를 적나라하게 직면하게 되었다. 동시에 그분의 따뜻하고 형용할 수 없는 사랑이 전해져왔다. 순간 방언으로 기도하던 나는 더 이상 기도할 수 없었다. 기도가 멈추었다. 더 이상 어떻게 기도해야 할지 몰랐다. 그리스도의 형용할 수 없는 영광과 사랑의 광채가 밀려오는 파도같이 덮쳐 오는데, 그 어마어마한 은혜의 물결 앞에 더 이상 입술을 열 수 없었다. 그 앞에 나 자신의 한없는 무력함과 연약함을 직시하게 되었고, 입술에서 나왔던 기도의 언어조차 감히 그분 앞에 적절한 표현이 되지 않는다는 사실을 직감적으로 깨달았다.

심지어는 방언기도조차 이 상태를 표현할 수 없었다. 말로 형용할 수 없는 은혜였다. 그렇다고 그 엄위하신 임재 앞에 방성대곡하며 통곡할 수도 없었다. 주님을 향해 '사랑한다' 고백하던 고백도 멈추었다. 왜? 이 표현조차 그분 앞에 드리기에 얼마나 가치 없고 부족한 언어인지 깨달았기 때문이다. 그저 조용히 주체할 수 없는 눈물로 흐느끼며 "주님!" 하고 탄식할 수밖에 없었다. 이것은 자신의 힘으로 할 수 있는 기도가 아니었다. 성령께서 내 안에 거하시며 '말할 수 없는 탄식' 으로 기도하고 계신 것이었다. 이런 상태로 세 시간이 넘게 깊은 성령의 탄식 가운데 잠기었다.

이러한 성령의 탄식은 "성도의 연약함을 돕는" 탄식이다(롬 8:26). 여기서 '돕는다' (헬. 쉰안티람바네인)라는 동사는 '함께' 를 의미하는

'쉰'과 '위로' 혹은 '대항하여'를 의미하는 '안티', 그리고 '취하다' '들다'를 의미하는 '람바네인'이 결합된 단어다. 따라서 '안티람바네인' 하면 '들어 올려주다' 혹은 (넘어지지 않도록 대항하여) '잡아주다'를 의미하고, 여기에 '함께'라는 의미가 있는 접두어 '쉰'이 결합되면 '다른 사람의 손을 같이 잡아주다' 혹은 '함께 짐을 들어 올려주다'라는 뜻이 된다. 즉 성령의 도우심은 함께 오셔서 우리의 손을 붙잡아주시며 돕는 것이다.

성도가 연약하여 마땅히 기도할 바를 알지 못할 때 성령님은 그 속에서 말할 수 없는 탄식으로 우리를 위해 친히 기도하신다. 성령의 탄식은 넘어지려는 우리의 손을 붙들어주고, 짐의 무게로 눌러앉지 않도록 오셔서 함께 이 짐을 들어 올리신다. 이 탄식은 기도를 초월한 기도로, 인간 심연의 어둡고 차가운 바닥까지 잠수하여 들어간다. 놀랍지 않은가? 성령님은 우리의 상태가 좋을 때뿐만 아니라 좋지 않을 때, 기쁠 때뿐만 아니라 슬프고 낙담될 때, 심지어 가장 밑바닥으로 가라앉을 때도 함께하시며 탄식하신다. 하나님은 바로 이 탄식의 기도 소리를 찾고 계신다. 이 기도는 우리가 머리로 다 이해할 수 없다. 하지만 분명한 점은 이 말할 수 없는 성령의 탄식 안에 성도의 절망과 탄식뿐 아니라 그를 향한 하나님의 선하신 뜻이 들어 있다는 사실이다. 그래서 이 탄식은 하나님께서 기뻐하시는 뜻에 따라 드리는 기도이며(롬 8:27), 하나님의 역사하심을 촉구하는 기도이다.

또한 이 기도는 '하나님을 따라' 드리는 기도이기도 하다. 무슨 말인가? 27절에 등장하는 "하나님의 뜻을 따라"는 원문을 직역하면 '하나님을 따라'가 된다. 하나님은 우리를 위하여 행동하시는 하나님이다(제임스 던, 「로마서 1-8」(WBC 38상), 799쪽). 이는 성령께서 하나님의 행하심을 '따라' 기도하신다는 뜻이다. 이런 기도는 '간구'이다. 그야말로 간절하고 애절한 중보기도인 것이다. 성령님은 하나님의 작정하심과 결단하심에 반응하며 성도를 위하여 간구하신다.

이러한 성령의 탄식 어린 중보에 우리가 반드시 확신 가운데 붙들어야 할 것이 있다. 그것은 "하나님을 사랑하는 자 곧 그의 뜻대로 부르심을 입은 자들에게는 모든 것이 합력하여 선을" 이룬다는 사실이다(롬 8:28). '선을 이룬다'라는 것은 탄식하시는 성령께서 우리와 동행하시며, 종말적인 하나님의 최종 목적과 계획을 이룬다는 뜻이다. 현 세대에서 활약하는 악의 온갖 방해 가운데서도 결국 하나님이 모든 잘못된 일을 바로잡으시고, 그의 언약적인 정의를 세우시며, 정의를 회복하실 것이라는 의미다.

이 선언은 구약의 요셉 이야기를 생각나게 한다. 온갖 고난과 역경 끝에 요셉은 애굽의 총리가 되고 형제들과 재회한다. 요셉은 형제들 앞에서 말한다. "당신들은 나를 해하려 하였으나 하나님은 그것을 선으로 바꾸사 오늘과 같이 많은 백성의 생명을 구원하게 하시려 하셨나니"(창 50:20). 요셉은 자신의 고난을 아름다운 선으로 바꾸시는 하나님의 손길을 경험하였다. 여기서 하나님이 이루신 선은 요셉의 구원을 넘어 이스라엘 전체의 구원에까지 이르게 한다. 이는 하나님께서 미리 작정하셨던 아브라함에게 주셨던 약속을 이루기 위해서다(창 12:1-3, 15:13-16 참조). 전에는 매 순간이 고난이었지만, 이 고난의 모자이크 조각이 어느 순간 하나로 맞추어지기 시작할 때 단순한 모자이크 조각들의 모음이 아니라 깜짝 놀랄 만한 '작품'임을 깨닫게 되는 것이다. 하나님은 신실하셨고, 그동안 잘못되었던 모든 일을 바로잡으셨으며, 마침내 요셉과 이스라엘 전체를 향한 그분의 뜻을 이루셨다.

하나님은 성도의 인생을 향하여도 이런 놀라운 '작품'을 작정하셨다. 여기서 하나님의 '뜻'(헬. 프로테시스)은 하나님께서 미리 세우신 그분의 목적을 의미한다. 하나님은 성도를 그분의 목적에 따라 미리 작정하시고(롬 8:29) 부르셨다. 세례 문답에서 묻는 중요한 질문이 있다. "사람의 제일 되는 목적이 무엇인가?" 답은 "하나님을 영화롭게 하고 영원토록 그분을 즐거워하는 것"이다. 이는 단순히 구원 얻는 차원을 넘어선다. 하나님께서 작정하신 원래의 목적, 곧 구원받아 하나님을 영화롭게 하는 차원까지 이르는 삶을 말한다. 이를 통해 인간의 죄성으로 인해 비뚤어진 일을 바로잡고, 마침내 그분의 뜻을 이루어내는 하나님의 언약적인 신실함이 드러난다.

성도는 하나님의 신비로운 목적과 작정하심에 따라 부르심을 받은 이들이다. 비록 두 세대 사이에 끼어 고난이 있지만, 성령께서 말할 수 없는 탄식으로 함께하시며 우리의 고난을 재료로 하나님의 목적을 이루어가도록 도우신다. 29절은 그 목적을 '아들의 형상'을 본받는 일로 명시한다. 아들의 형상이란 하나님이 처음 아담에게 의도하셨던 하나님의 형상이기도 하다(창 1:27). 아들의 형상을 온전히 이룰 때 우리는 영광스럽게 변하고(빌 3:21 참조), 창조의 본래 목적대로 하나님을 영화롭게 하며, 영원토록 그분을 즐거워할 수 있다. 우리 안에 탄식하시는 성령님은 우리로 죄로 인해 파괴되었던 하나님의 형상을 그리스도의 죽음과 부활을 통하여 온전히 회복시키는 데까지 인도하길 원하신다(고후 3:18, 고전 15:49 참조).

그렇다면 아들의 형상은 어떤 단계를 통하여 회복되는가? 이는 30절에 구체적으로 나와 있다. 첫째, 미리 정하심이다. 하나님께서 우리를 창조하시고 구원하기로 작정하셨다. 이 작정하심은 둘째, 부르심으로 이어진다. 부르심은 복음선포를 통해 이루어진다. 전도는 미련한 일 같지만 하나님은 이 전도의 미련한 일로 그분의 백성을 부르는 것을 기뻐하신다(고전 1:21). 성도의 전도를 통해 하나님의 성령은 그들의 마음속에 효과적으로 역사하셔서 믿음, 소망, 사랑을 붙들게 하신다. 여기서 '효과적인 부르심'이 일어난다. 셋째, 부르신 백성을 의롭다고 선언해 주신다. 이는 칭의의 역사를 말한다. 칭의는 단순히 의롭다고 선포하는 일만을 의미하지 않는다. 성령을 그 마음에 부으셔서 의롭게 살 힘과 능력을 주셔서 '믿음의 순종'(롬 1:5, 16:26)에 이르게 하신다. 그리고 마침내 하나님의 형상과 그 안에 담긴 영광을 회복시켜주신다. 이 최종적인 목적은 하나님께서 처음부터 갖고 계셨던 목적이지만, 모든 사람이 죄를 범하므로 좌절되었던 목표였다(롬 3:23, 1:21 참조).

이제 이것이 마침내 실현될 수 있는 길이 예수 그리스도를 통해 열리게 되었다. 이를 좀 더 순서대로 세밀하게 나누면 다음과 같다 (219쪽 도표 참조).

1. 소명 (복음 전도를 통해 예수님을 믿도록 하심)
2. 중생 (성령의 내주하심으로 우리의 성향을 바꾸어주심)
3. 회심 (죄를 회개하고 예수님을 믿도록 하심)

4. 연합 (그리스도와 하나 되게 하심)

5. 칭의 (의롭다고 선언해주심)

6. 양자 (하나님의 자녀로 입양해주심)

7. 성화 (전인적으로 예수님을 닮아가게 하심)

8. 견인 (죽는 순간까지 믿음을 지키게 하심)

9. 확신 (이 세상에 사는 동안에도 구원의 확신을 가질 수 있게 해주심)

10. 영화 (우리의 영혼과 육체가 변화하여 영광스럽게 됨)

이 길이 열려 있는 것을 알 방법이 있다. 바로 우리 안에 탄식하시는 성령의 기도 소리에 귀 기울이는 것이다. 이 탄식은 하나님의 상속자로 영광을 받기 위해 고난과 싸워 이기도록 하시는 성령의 탄식이기도 하다. 그분의 탄식에 나의 탄식이 실려 하나님께로 상달된다.

성령이 내주하는 성도는 하나님 아들의 형상을 본받는 형상 담지자들(image-bearers)이다. 이는 당시 신의 아들(the son of gods)로 자처하던 로마의 황제 가이사를 숭배하던 제국과 커다란 대조를 이룬다. 로마제국의 곳곳에는 가이사의 형상을 담지한 신상들이 세워졌다. 그뿐만이 아니었다. 가이사와 그의 아들들과 상속자들이 모두 신격화되는 신적 형상의 담지자들이 되기를 고대하고 있었다. 이들은 주변 세계의 숭배를 받기 원했고, 이 제국을 통치하는 주인이 누구인지를 상기시키기 원했다. 하지만 본문은 피조세계가 고대하는 일은 제국의 형상 담지자들이 아닌 하나님 아들의 형상을 담지하고, 성령의 말할 수 없는 탄식 가운데 부르심을 받은 하나님의 아들들임을 보여준다(롬 8:19 참조).

　지금 나의 상황을 돌아보라. 세상과 주님 사이에 끼어 압박감과 괴로움으로 장탄식이 흘러나오지 않는가? 만약 그렇다면 오히려 기뻐하고 감사하라. 이런 고난이 우리에게 있다는 것은 우리 안에 성령께서 함께하시며 역사하신다는 증거다. 영광의 소망이 있기에 고난 가운데 있는 것이다(롬 8:17). 성령께서 역사하지 않으시면 우리는 고난을 겪을 틈도 없이 세상의 격랑에 거침없이 휩쓸려 갔을 것이다. 영광의 약속에 이르기까지 성령의 탄식에 귀 기울이고 하나님의 선한 뜻을 신뢰하며 나아가라. 고난과 아픔의 모든 재료가 하나님의 아름다운 선을 반드시 이루고야 말 것이다.

사랑이
이긴다

³¹그런즉 이 일에 대하여 우리가 무슨 말 하리요. 만일 하나님이 우리를 위하시면 누가 우리를 대적하리요. ³²자기 아들을 아끼지 아니하시고 우리 모든 사람을 위하여 내주신 이가 어찌 그 아들과 함께 모든 것을 우리에게 주시지 아니하겠느냐. ³³누가 능히 하나님께서 택하신 자들을 고발하리요. 의롭다 하신 이는 하나님이시니 ³⁴누가 정죄하리요. 죽으실 뿐 아니라 다시 살아나신 이는 그리스도 예수시니 그는 하나님 우편에 계신 자요 우리를 위하여 간구하시는 자시니라. ³⁵누가 우리를 그리스도의 사랑에서 끊으리요. 환난이나 곤고나 박해나 기근이나 적신이나 위험이나 칼이랴. ³⁶기록된 바 우리가 종일 주를 위하여 죽임을 당하게 되며 도살당할 양같이 여김을 받았나이다

함과 같으니라. [37]그러나 이 모든 일에 우리를 사랑하시는 이로 말미암아 우리가 넉넉히 이기느니라. [38]내가 확신하노니 사망이나 생명이나 천사들이나 권세자들이나 현재 일이나 장래 일이나 능력이나 [39]높음이나 깊음이나 다른 어떤 피조물이라도 우리를 우리 주 그리스도 예수 안에 있는 하나님의 사랑에서 끊을 수 없으리라.

초등학교 때 놀이공원에 가서 바이킹이란 것을 처음 타봤다. 처음 탈 때 거의 숨이 멎는 줄 알았다. 재미있는 놀이기구라 생각하고 탔지만 바이킹 배가 점점 높이 올라갈수록 공포에 질리기 시작했다. 오금이 저리고 마치 밑으로 떨어져 추락할 것 같았다. 나도 모르게 공포의 비명이 나왔다. 이러다 떨어져 죽겠다고 생각했다. 너무 무서워서 손잡이를 있는 힘을 다하여 잡고 눈을 질끈 감기까지 했다. 내 옆의 친구는 아예 고개를 밑으로 푹 처박고 울면서 엄마를 부르고 있었다. 그렇게 공포의 시간이 몇 분 흐른 후 바이킹은 제자리로 돌아왔다. 바이킹에서 내릴 때 든 생각이 있었다. '무섭지만 탈만 하네.' 그리고 내리자마자 다시 바이킹을 타는 줄로 돌아와서 또다시 바이킹에 도전했다. 이번에는 눈을 감지 않았다. 처음처럼 손잡이를 그렇게 꽉 붙잡지도 않았다. 심지어 다른 친구들을 따라 두 손을 하늘로 올리며 환호성을 지르기까지 했다. 이렇게 순식간에 용기를 발휘할 수 있었던 이유가 무엇이었을까? 그것은 내 안에 견고한 확신이 생겼기 때문이다. 바로 바이킹이 그토록 무시무시하게 요동을 쳐도 나는 결코 거기서 추락하지 않고 안전하리라는 확신이다.

성도가 살아가는 현 세대도 이와 같다. 이미 시작된 하나님의 나라와 아직 온전히 이루어지지 않은 현 세대에서 성도에게는 환난과 고난과 박해와 위험이 찾아온다. 이때 성도는 갑자기 들이닥친 환난 앞에 무서워 떨 수 있다. 박해와 위험 앞에 두려워 꼼짝 못 하고 온몸을 처박고 어딘가로 숨어들 수 있다. 이렇게 무서워하는 이유가 무엇인가? 이런 어려움이 성도에게 회복할 수 없는 치명적인 위협이 된다는 생각 때문이다. 그러나 이번 장은 이러한 고난들이 절대로 성도를 넘어뜨릴 수 없음을 확고하게 선포한다. 바이킹이 우리로 아찔함을 느끼게 만들고 긴장하게 할 수는 있지만 그 이상은 어찌할 수 없는 것처럼, 현 세대에서 성도에게 들이닥치는 어려움 또한 성도들을 어렵게는 해도 그 이상은 어찌할 수 없는 것이다.

이를 본문은 '누가~ 하겠는가?'라는 네 개의 연속적이고도 도발적인 질문(롬 8:31,33,34,35)으로 관심을 집중시킨다. '누가 우리를 대적하겠는가?' '누가 능히 하나님께서 택하신 자들을 고소하겠는가?' '누가 정죄하겠는가?' '누가 우리를 그리스도의 사랑에서 끊겠는가?' 이 질문들이 갖는 공통적인 확신이 무엇인가? 하나님께서 택하신 성도는 환난 가운데서도 절대적으로 안전하다는 것이다. 이런 질문들은 결국 '아무도 없다'라는 대답을 확신 가운데 기대한다. 그렇기에 성도는 고난 가운데서도 흔들림 없는 확신을 붙들어야 한다.

그렇다면 구체적인 질문을 하나하나 살펴보자. 먼저, 하나님이 성도를 위하시면 "이 일에 관해 누가 성도를 대적하겠는가?"(롬 8:31) 하는 질문이다. 여기서 '이 일'이란 무엇인가? 이는 28~30절에 나타난 성도의 구원여정을 말한다. 하나님은 성도들이 이 세상에 태어나기 전부터 알고 계셨고, 성도들을 위한 계획을 세워놓으셨다(엡 3:9 참조). 하나님의 예지와 예정이 있었다(롬 8:29). 또한 성도를 부르셨다. 소명의 역사를 일으키신 것이다. 부른 성도를 향하여서는 의롭다고 칭의를 선언하셨다. 이들을 영화롭게 하셨다. 중요한 점은 이러한 구원의 여정이 아무것도 없는 진공상태에서 이루어지는 게 아니라는 사실이다. 이러한 역사는 현 세대의 고난 가운데(롬 8:18) 살아가는 성도의 연약함에도(롬 8:26), 소망 중에(롬 8:23-24), 인내하는 가운데(롬 8:25) 일어난다. 이런 어려움 가운데서도 하나님은 그의 뜻대로 부르신 이들을 위하여 모든 것을 합력하여 선을 이루어가는 언약적인 신실함을 드러내실 것이다(롬 8:28).

바로 이러한 구원역사에 하나님은 전적으로 성도의 편에 서서 성도를 위하여 일하신다. 그렇다면 '누가' 이러한 구원역사에 감히 대적할 수 있겠는가? 여기서 '누가'는 암묵적으로 현 세대를 좌지우지하며 성도를 방해하는 모든 세력을 의미한다(롬 8:38 참조). 이 모든 방해세력은 결코 성도들을 향한 하나님의 신실하심을 막아설 수 없다. 우리 주 하나님의 신실하심(미쁘심)이 결국 최종적으로 승리할 것이기 때문이다(롬 3:6 참조).

하나님의 신실하심은 이미 그의 아들을 우리에게 내주시는 데서 극명하게 드러난 바 있다. "자기 아들을 아끼지 아니하시고… 내주신 분"이라면 어찌 그 아들과 함께 이 모든 것을 우리에게 주시지 않겠는가?(롬 8:32). 이는 창세기 22장의 아브라함과 이삭의 이야기를 반향한다. 아브라함은 그가 사랑했던 독자 이삭을 하나님께 기꺼이 내드린다. 그때 하나님은 아브라함을 말리시며 "네가 이같이 행하여 네 아들 네 독자도 아끼지 아니하였은즉 내가 네게 큰 복을 주겠다"
라고 약속하신다(창 22:16-17). 이로써 자기 아들을 아끼지 아니한
아브라함은 하나님을 향한 자신의 사랑과 헌신을 입증하였다. 하나
님은 이런 아브라함을 크게 기뻐하며 축복하셨다. 그랬던 하나님께
서 이제는 친히 자기 독생자를 아끼지 아니하고 내주심으로써 우리
를 향한 자기의 사랑을 입증하셨다. 이후로는 그 어떤 것도 이 사랑
을 멈출 수가 없다.

　하나님께서 자기 아들을 아끼지 아니하시고 '내주신' 분임을 주
목할 필요가 있다. 여기 '내주다' 혹은 '넘겨주다' 라는 의미가 있는
헬라어 동사 '파라디도미' 는 이미 로마서 1장 24절과 26절, 28절 세
차례에 걸쳐 인류의 타락을 설명하는 데 연속적으로 사용되었다. 하
나님은 허망한 생각과 미련한 마음으로 우상을 숭배하는 인류를 정
욕대로 더러움에 '내버려 두셨다'(롬 8:24). 또 그들을 부끄러운 욕
심에 '내버려 두셨다'(롬 8:26). 또한 그 상실한 마음대로 '내버려 두
셨다'(롬 8:28). 그러나 여기 놀라운 소식이 있다. 인간을 죄악 된 마
음과 더러움에 넘겨주셨던 하나님께서 이제는 그 아들을 아끼지 아
니하시고 모든 인류를 위해 '내주신' 것이다! 이는 로마서 1장에서
시작되었던 인류의 타락이 어떻게 회복되는지를 하나님의 '내주심'
의 관점에서 보여준다.

　하나님의 내주심은 이 땅에서 그 아들의 수동적인 고난으로 나타
난다. 예수 그리스도는 사람들의 손에 넘겨져 고난을 받고, 죽임을
당하셨다(막 9:31, 8:31 참조). 여기서 아브라함의 내줌과 하나님의
내줌의 차이가 드러난다. 아브라함의 독자 이삭은 죽지 않고 복을 받

지만 하나님의 아들은 십자가에 죽고 그 복은 우리가 받는다! 자기 아들을 내줌은 사흘 만에 다시 부활의 생명이 되어 우리에게 새로운 희망으로 주어진 것이다. 이렇게까지 내주셨던 하나님이 우리를 위하신다면 아무리 이 세상의 공중권세 잡은 세력들이 성도들을 대적한다고 해도 결국 패배하고 말 것이다. 그 누구도 이러한 하나님의 구원역사를 가로막을 수는 없다.

둘째, "누가 능히 하나님께서 택하신 자들을 고발하겠는가?"(롬 8:33) 하는 질문이다. 이 질문은 종말적인 심판 상황을 전제한다. 여기 '고발한다'(헬. 엥칼레오)라는 단어는 법정에서 상대편을 기소하는 것을 의미한다. 이는 역사의 최후 순간에 사탄이 성도들의 죄를 고발하는 상황을 말하는 것이다. 그러나 이때 이러한 기소는 효력을 발휘하지 못한다. 왜? 재판장 되시는 하나님께서 그가 택하신 성도들을 의롭다고 선언하실 것이기 때문이다(롬 8:33).

여기서 '의롭다고 선언하다'에 사용된 동사(헬. 디카이온)는 현재시제다. 헬라어에서 현재시제는 반복적인 동작을 의미한다. 이는 칭의의 사건이 단회적인 사건이 아니라 지속해서 우리를 붙들어주시는 사건임을 상기시켜준다(롬 8:30 참조)(제임스 던, 「로마서 1-8」(WBC 38 상), 503쪽). 우리가 예수를 처음 믿을 때 의롭다 하시는 것으로 그치는 게 아니라 성령을 부어주셔서 하나님의 은혜 안에 순종하여 살게 하시고, 많은 고난 가운데서도 거룩하심을 닮아가도록 세상 끝날까지 함께하심을 전제하는 것이다. 이사야 50장 8절을 보라. "나를 의롭다 하시는 이가 가까이 계시니 나와 다툴 자가 누구냐. 나와 함께 설지어다. 나의 대적이 누구냐. 내게 가까이 나아올지어다." 그렇다.

나를 끝까지 책임지고 의롭다 하실 분을 가까이하는 일이 성도의 능력이고 확신의 근거이다.

셋째, "누가 정죄하겠는가?"(롬 8:34) 하는 질문이다. 이 또한 두 번째 질문에 이어 종말의 최후 심판을 전제한다. 왜냐하면 '정죄하겠는가'라는 동사(헬. 카타크리논)의 시제가 미래형이기 때문이다. 이 간단한 질문을 풀어보면 '종말의 때에 누가 과연 성도를 정죄할 수 있을 것인가'라고 할 수 있다. 이렇게 담대한 질문을 할 수 있는 근거가 무엇인가? 바로 하나님 우편에 계신 예수 그리스도 때문이다. '우편'은 가장 신임하는 사람에게 허락하는 특별한 존귀와 명예와 권능의 자리다. 한편 이 우편은 하나님의 심판 자리이기도 하다(시 110:1).

우리가 마지막 심판 때 대적자들의 정죄에 대하여 담대할 수 있는 이유는 심판이 열리는 하나님의 보좌 우편에 계시는 예수 그리스도께서 우리를 위하여 간절히 중보하실 것이기 때문이다. 예수님은 자신이 대신 죄의 짐을 지고 죽기까지 사랑한 자들을 변호하시고 그 모든 정죄로부터 막아주실 것이다. 그는 하나님 앞에 우리의 대언자가 되신다(요일 2:1). 히브리서 4장 14절에 따르면 이 예수님은 하늘에 계셔서 우리를 위해 중보하는 '큰 대제사장'이시다. 하나님 우편에 계시는 죄 없으신 대제사장이 우리를 보호하고 변호하는 한 그 누구도 우리를 정죄하여 넘어뜨릴 수 없다.

넷째, "누가 우리를 그리스도의 사랑에서 *끊을 수 있겠는가?*" 하는 질문이다. 이는 현세를 살아가는 성도의 삶이 들이닥치는 고난을 전제한다(롬 8:18). 여기서 분리를 의미하는 '끊다'(헬. 코리조)라는 극단적인 표현이 예사롭지 않게 들린다. 이후 등장하는 환난, 곤고, 박해, 기근, 적신(벌거벗은 몸), 위험, 칼 등 듣기만 해도 끔찍한 고난의 목록(롬 8:35)은 성도들에게 위협으로 다가오는 일이지만, 다른 한편으로 이는 이미 사도 바울이 복음을 전파하며 경험했던 고난의 목록이기도 하다. 그는 수없이 옥에 갇히고, 매질을 당하였고, 돌팔매질을 당하였고, 잠도 못 자고, 주리고, 춥고, 헐벗었던 경험이 있다(고후 11:23-27). 이런 고난은 거의 바울의 생명을 앗아갈 뻔했고, 때로는 자신이 그리스도의 사랑에서 끊어지는 것이 아닌가 하는 생각까지 들게 할 정도였다.

그러나 이 모든 극심한 고난 가운데서도 바울은 예수님께 실망하여 돌아서지 않았고, 도리어 그리스도의 몸 된 교회에 대한 사랑과 염려가 더 커짐을 경험했다(고후 11:28). 바울은 아무리 극심한 환난이 자신을 억누른다고 하더라도 결코 그리스도의 사랑에서 자신을 끊을 수 없다는 사실을 확신했다. "누가 끊겠는가"라는 35절 전반부의 선언은 말할 수 없는 환난 가운데 현세를 살아가는 성도들의 삶에 반드시 붙들어야 할 확신이다. 이를 '성도의 견인'(Perseverance of the Saints)이라 한다.

성도의 고난은 힘들다. 때로 견디기 버거워 쓰러질 것 같다. 이런 성도가 당하는 고난에 대하여 바울은 시편(44:22)을 인용하여 "우리가 종일 주를 위하여 죽임을 당하게 되며 도살당할 양같이 여김을 받았나이다"(롬 8:36)라고 진술한다. 이 구절은 그리스도의 고난을 반향하는 말씀으로, 이는 성도의 고난이 그리스도의 고난을 반향하고 있음을 나타낸다.

그러나 이 모든 고난 가운데서 우리는 겨우 힘에 부쳐 낑낑대는 게 아니라 넉넉히 승리하게 될 것이라는 사실을 확신해야 한다(롬 8:37). 여기서 '넉넉히 이긴다'(헬. 휘페르니카오)는 말은 '이긴다'(니카오)는 동사와 '~위에'(휘페르)를 의미하는 전치사가 결합된 단어다. 일반적으로 승리하는 것을 훨씬 뛰어넘어 이기는 것이다. 이것을 우리는 압도적인 승리, 이기고도 남는 승리라고 부른다. 성도가 고난 가운데 압도적으로 이길 수 있는 이유가 무엇인가? 바로 우리를 사랑하시는 하나님 때문이다. 하나님의 사랑이 승리의 원동력이다. 이로써 하나님의 사랑은 5장 5~8절에 전면에 등장했다가 저변으로 사라진 후(롬 8:3 참조) 8장의 끝부분에 와서 다시 수면 위에 드러나 메아리친다. 이는 '복음 안에서 제시하는 소망'(롬 5–8장)의 저변을 흐르는 근본적인 동기와 배경이 바로 하나님의 사랑임을 나타낸다.

"누가 감히 하겠느냐?"는 야심 찬 네 개의 질문은 결국 그 누구도 할 수 없다는 결론에 이른다. 이를 바탕으로 바울은 흔들릴 수 없는 굳건한 확신에 도달했다. 이는 하나님의 사랑 앞에서는 그 어떤 것도 감히 덤빌 수 없다는 의미다!

38~39절은 성도를 위협하는 것들을 열거한다. 사망, 생명, 천사들, 권세자들, 현재 일, 장래 일, 능력, 높음, 깊음, 다른 피조물 등이 그것이다. 여기서 능력과 권세자들은 공중권세를 잡고 세상의 문화와 힘으로 성도들을 미혹하는 세력들을 의미한다(고전 15:24 참조). 높음과 깊음은 점성술과 관련 깊은 용어다. 이 세상 그 무엇도 성도를 하나님의 사랑에서 결코 끊을 수 없다! 이러한 확신을 가진 성도

는 고난 중에서도 기쁨과 소망을 잃지 않고 나아갈 수 있다. 이것이 바로 성도가 갖는 장엄하고 가슴 벅찬 '소망'이다. 이런 측면에서 우리는 5장 3~5절에 진술한 성도의 소망의 반향을 다시 한번 점검할 필요가 있다. 성도의 소망은 성령으로 말미암아 하나님의 사랑이 부어질 때 갖게 된다.

결국 하나님의 사랑이 이긴다. 성도의 고난은 반드시 이길 고난이고, 이는 장차 우리가 맛볼 영광과 감히 비교할 수 없다(롬 8:18). 주님은 우리가 이러한 확신을 하기 원하신다. 본문을 묵상하면 갈릴리 호수를 잔잔하게 하셨던 예수님과 제자들이 생각난다(눅 8:22-25). 제자들이 예수님의 말씀을 따라 배를 띄워 호수를 건너가다 큰 풍랑을 만났다. 주님은 주무시고 계시는데 제자들은 불안했다. 결국 제자들은 "주여 우리가 죽겠나이다"(눅 8:24)라고 소리쳤다. 그러자 예수님은 일어나셔서 바람과 물결을 꾸짖으시고 잔잔하게 하셨다. 그러고는 제자들에게 "너희 믿음이 어디 있느냐?"(눅 8:25)라고 말씀하셨다. 예수님은 제자들의 믿음이 풍랑과 파도 가운데 흔들리지 않기를 원하셨다. 아무리 죽을 것 같은 드센 풍랑이라도 우리를 사랑하시는 예수님이 함께 계시는 한 끄떡없으리라는 확신이 있길 원하셨다.

나에게는 이런 확신이 있는가? 온 세상을 지으시고, 하나밖에 없는 독생자 예수를 우리에게 아낌없이 내주신 전능하신 하나님의 사랑이 바로 우리에게 있다. 이 사랑은 어떤 고난과 환난 속에서도 우리가 반드시 넉넉하게 압도적으로 이기게 한다. 지금 나를 붙들고 있는 걱정은 무엇인가? 무엇이 나를 그토록 불안하고 고민하게 하는가? 이제는 이 모든 무거운 짐을 주님 앞에 내려놓자. 이 믿음 안에서 여유와 기쁨을 회복하자. 우리는 하나님 앞에 그럴 가치가 충분히 있는 사람들이다. 하나님의 사랑이 반드시 이기게 할 것이다.

복음 안에 감춰진

'신비' 찾기

역설을 살아가는
그리스도인

> ¹내가 그리스도 안에서 참말을 하고 거짓말을 아니하노라. 나에게 큰 근심이 있는 것과 마음에 그치지 않는 고통이 있는 것을 내 양심이 성령 안에서 나와 더불어 증언하노니 ³나의 형제 곧 골육의 친척을 위하여 내 자신이 저주를 받아 그리스도에게서 끊어질지라도 원하는 바로라. ⁴그들은 이스라엘 사람이라. 그들에게는 양자 됨과 영광과 언약들과 율법을 세우신 것과 예배와 약속들이 있고 ⁵조상들도 그들의 것이요 육신으로 하면 그리스도가 그들에게서 나셨으니 그는 만물 위에 계셔서 세세에 찬양을 받으실 하나님이시니라. 아멘.

어느 가정에 부모로부터 온갖 사랑을 독차지하던 두 살배기 외동 아들이 있었다. 혼자였기에 엄마 아빠로부터 관심과 사랑을 집중적으로 받았다. 그러던 어느 날 엄마가 갑자기 2주 정도 사라졌다가 나타났다. 엄마의 품에는 동생이라는 다른 아기가 있었다. 이때부터 큰아들에게는 힘든 상황이 펼쳐지기 시작했다. 그동안 홀로 독차지했던 엄마 품을 동생에게 빼앗기게 되었다. 부모가 자기만 사랑하는 줄 알았던 큰아들은 멘탈이 붕괴되었다. 그래서 동생 먹으라고 타 놓은 분유도 먹어버리고, 엄마 아빠가 보지 않는 틈을 타서 동생을 밀쳐 넘어뜨리기도 하였다. 부모는 큰아들의 이런 반응에 당황했다. 여전히 변함없이 큰아들을 사랑하는데, 큰아들은 부모의 사랑을 오해했다. 동생에게 부모의 사랑이 가는 것을 시기하고 분해했다. 동생을 사랑한다고 해서 큰아들을 향한 부모의 사랑과 신실함이 더는 유효하지 않은 것인가? 절대 그렇지 않다. 큰아들이 자신의 처지에서 오해한 것일 뿐이다.

로마서 9~11장에는 이러한 정서가 전제되어 있다. 그동안 1~8장까지 치열하게 논의했던 이신칭의의 복음 이후, 바울은 그동안 가슴에 꺼림칙하게 걸려왔던 문제를 9~11장까지 다룬다. 그것은 바로 이스라엘의 구원문제다.

이스라엘은 일찍부터 많은 특권을 허락받았다. 우선, 장자로 부름받았다. 여호와 하나님은 출애굽을 시작하며 "이스라엘은 내 아들 장자"(출 4:22)라고 선언하셨다. 이방인들을 부르기 훨씬 앞서 아들로 삼으셨다(롬 9:4). 이는 하나님께서 이스라엘을 먼저 사랑하기로 작정하셨기 때문이다(호 11:1). 이스라엘은 장자로서 많은 특권과 사랑을 독차지했다(롬 9:4-5). 본문에서 이들을 유대인 아닌 이스라엘이라 부르는 것 자체가 하나님의 언약 백성을 상기시키는 특별한 칭호였다.

둘째, 광야에서 하나님의 '영광'(히. 쉐키나)을 직접 봤다. 낮에는 구름기둥으로 밤에는 불기둥으로 임하시는 하나님의 생생하고도 놀라운 영광을 친히 본 것이다. 셋째, 하나님께서 체결하신 '언약들'이 있다. 아브라함을 통해 주신 언약, 다윗을 통해 주신 언약들이다. 또한 이러한 언약들과 함께 하나님의 때에 이루실 새 언약도 주셨다(렘 31:31-34). 넷째, 이들은 모세를 통해 하나님의 '율법'을 받았다. 하나님의 뜻을 일찍부터 알 수 있는 특권을 받았다. 다섯째, 이들에게는 '예배', 즉 짐승의 피로 드리는 제사가 있었다. 임시적이지만 이 피를 통해 사함받는 사죄의 은총을 경험하는 특권이 있었다.

여섯째, 그 외에도 하나님은 많은 '약속들'을 허락해주셨다. 일곱째, 여러 믿음의 '조상들'이다. 하나님은 아브라함의 하나님, 이삭의 하나님, 야곱의 하나님이셨고, 이후 수많은 신앙의 모델이 될 만한 선조들을 허락해주셨다. 여덟째, 그리스도께서 이스라엘의 혈통을 통해 나셨다. 그리스도는 히브리어로 '메시아'다. 이스라엘 백성들에게 메시아는 일차적으로 이스라엘의 구원자, 즉 이스라엘을 구원하기 위해 오신 민족적인 구원자시다. 이런 면에서 이들 가운데 오신 메시아는 무엇보다 이스라엘을 위한, 이스라엘의 메시아인 것이다.

자, 이런 특권들이 먼저 부름받은 장자인 이스라엘에게 주어졌다. 얼마나 감사하고 자랑스러운 일인가? 그런데 여기에 문제가 있다. 이스라엘이 그들에게 먼저 찾아오신 메시아를 받아들이기 거부한 것이다. 결국 이들에게 주시려 했던 은혜의 복음은 이방인에게로 건너갔다. 그 결과 유대인들이 누리던 특권들을 이방인이 메시아 안에서 누리게 되었다. 새 언약을 소유하고 하나님의 양자가 되었다. 성령으로 말미암아 마음에 할례를 받았다. 율법이 아닌 생명의 성령의 법(롬 8:2)을 소유하고, 날마다 자신을 거룩한 산 제사로 드리며, 그리스도 안에서 주어진 새로운 약속들을 부여잡고 살게 되었다.

복음 안에는 하나님의 의가 들어 있고, 하나님의 신실하심이 들어 있다(롬 1:16-17). 그러나 많은 특권을 받았던 이스라엘은 복음을 거부했다. 무엇 때문에 민족 전체가 예수를 메시아로 믿는 데 실패했는가? 이는 예수께서 못 박혀 죽으신 십자가 때문이다. 율법의 규정에 따르면 그리스도는 저주받은 자다(신 21:23). 따라서 십자가는 유대인에게 거리끼는 것이고 걸림돌이었다(갈 5:11, 고전 1:23). 그렇다면 이스라엘의 거부는 하나님의 신실하심을 폐지시킬 것인가? 이 질문이 중요한 것은 사도 바울이 선포한 복음의 진정성에 관한 문제와 맞닿아 있기 때문이다. 만약 이스라엘이 끝까지 하나님을 거부한다면 그가 선포한 복음은 "모든 믿는 자에게 구원을 주시는 하나님의 능력"(롬 1:16)이 될 수 없다.

하나님을 거부하는 이스라엘은 사도 바울의 마음 가운데 '큰 근심'과 '그치지 않는 고통'으로 자리 잡았다(롬 9:1-2). 이를 1절 서두에 '내가 참말을 한다' '거짓말을 아니한다' '내 양심이 증언한다'는 식으로 연달아 세 번이나 강조하고 있다. 이러한 고민은 9장에서 갑작스럽게 등장하는 것 같지만 3장에서 이미 살짝 그 속내를 들추어 보인 적이 있다(롬 3:1-8). 이렇게 잠깐 언급했던 부분을 여기서 본격적으로 언급하는 이유가 무엇인가?

첫째는 복음의 통일성을 위해서다. 앞서 언급했듯 복음이 모든 자에게 구원을 주시는 하나님의 능력이 되려면 거부하는 이스라엘을 향한 하나님의 신실하심의 문제를 반드시 다루어야 한다.

둘째는 당시 로마교회의 상황 때문이다. 주후 49년 로마 글라우디오 통치 제9년에 황제는 로마에서 유대인을 추방할 것을 명령하는 칙령을 내렸다. 이 무렵 로마교회의 일원이었던 브리스가와 아굴라(롬 16:3)도 추방되어 고린도에 머무르며 바울과 함께 지낸 적이 있었다(행 18:2-3). 이때 로마교회에는 유대 그리스도인들이 다 떠나고 이방인 그리스도인들만 남게 되었다. 5년 후인 주후 54년 글라우디오 황제가 죽자 추방되었던 유대인들이 다시 로마로 돌아왔고, 유대 그리스도인들도 로마교회로 돌아왔다. 그 결과 이방 그리스도인들이 교회의 주도적인 역할을 감당하며 우위를 점하였고, 유대 그리스도인들은 소수로 전락하고 말았다.

그러자 이방 그리스도인들이 소수인 유대 그리스도인들을 업신여기고 무시하는 일이 발생했다(롬 12:10,16 참조). 그 당시 대다수 유대인들이 그리스도를 거부하고 믿지 않았기에, 다수의 이방 그리스도인들은 저들이 하나님의 언약에서 끊어진 자라고 비아냥거렸다. 그렇다면 유대인의 시대는 저물고 이방인의 시대가 오는 것인가? 이런 오만한 착각에 대해 바울은 해명할 필요가 있었다(롬 11:1 참조).

사도 바울의 근심과 고통은 절대 절망으로 이어지지 않는다. 1~2절에 언급하는 '근심'(헬. 루페, 슬픔)과 '고통'(헬. 오두네, 정신적 고통, 탄식)은 희망을 품은 근심과 고통이다. 무슨 말인가? 성경에서 이 두 단어가 함께 나타나는 곳은 이사야 35장 10절과 51장 11절이다. "여호와의 속량함을 받은 자들이 돌아오되 노래하며 시온에 이르러 그들의 머리 위에 영영한 희락을 띠고 기쁨과 즐거움을 얻으리니 슬픔과 탄식이 사라지리로다"(사 35:10). "여호와께 구속받은 자들이 돌아와 노래하며 시온으로 돌아오니 영원한 기쁨이 그들의 머리 위에 있고 슬픔과 탄식이 달아나리이다"(사 51:11). 여기서 슬픔과 탄식은 하나님의 회복을 전제하며 사라질 슬픔과 탄식을 의미한다. 지금 슬픔과 탄식이 있지만 신실하신 하나님이 결국 회복시키실 미래를 확신하며 나아가는 것이다. 이렇게 볼 때 바울의 근심과 고통은 회복의 소망으로 나아가게 하는 근심과 고통인 것이다.

소망이 있다고 슬픔과 탄식은 별것 아닌가? 절대 그렇지 않다. 그럼에도 바울의 아픔은 진실했다. 그는 마치 모세가 하나님께 간구했던 것처럼(출 32:32), 자신이 하나님의 저주를 받아 그리스도에게서 끊어질지라도 동족 유대인들이 구원받기를 원한다고 고백한다. 유대인들에게 자신이 속한 공동체 관계에서 '끊어진다' 라는 것은 가장 비참한 최후를 의미한다(창 17:14, 행 3:23 참조). 바울이 이토록 간절히 원하는 이유는 만일 이스라엘이 그리스도를 거부하면 자신이 전했던 모든 사람을 위한 복음과 그 안에 담긴 불경건한 사람에게조차도 은혜를 베푸시는 하나님의 신실하심이 무효가 되기 때문이다(제임스 던, 「로마서 9-16」(WBC 38하)(서울: 솔로몬, 2005), 73쪽). 따라서 복음은 이방인과 유대인 모두에게 전해져야 한다!

바울이 토로하는 슬픔과 탄식은 결국 하나님께서 유대인만의 하나님이 아니라 유대인과 이방인 모두를 품고 만유 위에 계셔서 세세토록 찬양을 받으셔야 할 하나님이라는 확신에 기인한다(롬 9:5). 우리 하나님은 큰아들뿐 아니라 작은아들도 모두 사랑하고 품으시는 하나님이신 것이다.

이는 우리의 삶에도 고스란히 적용된다. 하나님께서 나를 사랑하셔서 큰 죄 가운데서 구원해주신 은혜는 참으로 크고 넓다. 구원받은 감격 가운데 이 은혜를 헤아리다 보면 우리는 역설적인 슬픔과 탄식을 경험한다. 바로 내 주변의 사랑하는 가족, 친척, 친구들이 하나님을 계속해서 거부하고 있다. 모든 사람에게 구원을 주시는 하나님의 능력이라면 저들은 어떻게 할 것인가? 사실 이 문제로 인해 많은 이가 눈물을 흘리고 탄식하며 기도하고 있다. 나는 이 슬픔과 탄식을 어떻게 받아들이고 있는가? 이런 아픔은 성령 안에서 우리가 풀어가야 할 부담이자 사명이다. 나는 구원받지 못한 형제와 이웃에 대한 마음의 고통과 아픔을 해결하기 위해 어떻게 몸부림치고 있는가? 신실하신 하나님께서 끝내 구원하실 역사를 신뢰하자. 그리고 끝까지 하나님 앞에, 형제와 이웃 앞에 그리스도의 사랑으로 신실하자.

부르심이
중요하다

⁶그러나 하나님의 말씀이 폐하여진 것 같지 않도다. 이스라엘에게서 난 그들이 다 이스라엘이 아니요 ⁷또한 아브라함의 씨가 다 그의 자녀가 아니라. 오직 이삭으로부터 난 자라야 네 씨라 불리리라 하셨으니 ⁸곧 육신의 자녀가 하나님의 자녀가 아니요 오직 약속의 자녀가 씨로 여기심을 받느니라. ⁹약속의 말씀은 이것이니 명년 이때에 내가 이르리니 사라에게 아들이 있으리라 하심이라. ¹⁰그뿐 아니라 또한 리브가가 우리 조상 이삭 한 사람으로 말미암아 임신하였는데 ¹¹그 자식들이 아직 나지도 아니하고 무슨 선이나 악을 행하지 아니한 때에 택하심을 따라 되는 하나님의 뜻이 행위로 말미암지 않고 오직 부르시는 이로 말미암아 서게 하려 하사 ¹²리브가에게 이르시되 큰 자

가 어린 자를 섬기리라 하셨나니 ¹³기록된 바 내가 야곱은 사랑하고 에서는 미워하였다 하심과 같으니라. ¹⁴그런즉 우리가 무슨 말을 하리요. 하나님께 불의가 있느냐. 그럴 수 없느니라. ¹⁵모세에게 이르시되 내가 긍휼히 여길 자를 긍휼히 여기고 불쌍히 여길 자를 불쌍히 여기리라 하셨으니 ¹⁶그런즉 원하는 자로 말미암음도 아니요 달음박질하는 자로 말미암음도 아니요 오직 긍휼히 여기시는 하나님으로 말미암음이니라. ¹⁷성경이 바로에게 이르시되 내가 이 일을 위하여 너를 세웠으니 곧 너로 말미암아 내 능력을 보이고 내 이름이 온 땅에 전파되게 하려 함이라 하셨으니 ¹⁸그런즉 하나님께서 하고자 하시는 자를 긍휼히 여기시고 하고자 하시는 자를 완악하게 하시느니라.

성지순례 여정 중 이스라엘 유대광야의 작은 도시 '아라드'에 머문 적이 있었다. 보수적인 동네라서 그런지 거리 곳곳에 검은 중절모와 양복을 입고 돌아다니는 정통파 유대인들이 참 많았다. 때마침 유월절 기간이라 이들은 밤마다 회당에 모여 집회를 했다. 집회 후에는 삼삼오오 자기들끼리 이야기를 나누며 돌아다녔다. 이런 모습이 신기했던 우리 일행은 정통파 유대인들이 모여 있는 광장을 거닐며 이들을 둘러보았다. 그런데 이들은 신기하게도 우리 일행과 인사는커녕 얼굴도 마주치지 않았다. 알고 보니 이방인들과 가능한 상종하지 않으려고 일부러 그런 것이었다. 그들의 모습에는 아직도 토라를 소유한 배타적인 선민의 자부심이 진하게 배어 있었다.

이런 이스라엘 백성들은 자신들이 이미 구원받은 백성이라고 생각했다. 북미의 신학자 샌더스(E. P. Sanders) 박사는 예수님 당시 1세기에 유대인들이 갖고 있던 이러한 구원관을 당시의 여러 문헌을 연구한 후 '언약적 신율주의'(covenantal nomism)라고 명명했다(E. P. Sanders, *Paul and Palestinian Judaism*(Minneapolis: Fortress, 1977), pp.419-423). 언약적 신율주의에 따르면 이스라엘은 하나님의 선택을 받았고 율법을 받았다. 여기서 율법은 구원을 얻기 위한 조건이 아니라 이미 하나님의 선택 안에 들어간 구원을 유지하기 위한 약속이다. 이스라엘이 이 율법을 순종하며 언약 안에 머무르는 한 구원은 보장된다. 따라서 언약적 신율주의란 '신율', 즉 '하나님께서 주신 율법'이 구원을 받기 위한 율법이 아니라 언약을 유지하기 위한 율법임을 강조하는 용어다. 만약 율법이 구원의 조건임을 강조한다면 아마도 '구원적 신율주의'가 되었을지도 모른다.

이러한 유대인의 자부심 앞에 바울은 탄식하며 절망했다. 왜? 이들의 교만함이 눈을 가려 그들을 위해 죽으신 생명의 주 예수 그리스도를 부인했기 때문이다. 오늘날도 많은 이스라엘 사람들이 자신들은 이미 구약시대부터 선택받았기에 예수 그리스도가 필요 없다고 주장한다. 그러나 이는 잘못된 생각이다. 그들은 로마서 9장 1~2절에서 탄식하는 유대인 바울의 아픔을 깊이 묵상할 필요가 있다. 바울에게는 아무리 선택받은 하나님의 선민이라 하더라도 그들이 예수 그리스도를 거부한다면 구원에서 제외된다는 확신이 있었다. 이것이 바울이 그토록 탄식하며 차라리 자신이 저주받는 편이 낫다고 말한 이유다. 그렇다면 그리스도를 거부한 이스라엘은 구원에서 영영 끊어진 것인가?

이번 장의 본문은 "하나님의 말씀이 폐하여진 것 같지 않다"(롬 9:6)고 조심스럽게 선언하며 희망을 붙잡는다. 여기서 '하나님의 말씀'이란 하나님께서 이스라엘에게 주신 약속, 즉 언약을 의미한다. 언약은 한쪽이 연약하여 성실하게 준수하지 못하더라도 나머지 한쪽이 끝까지 그 약속을 붙들고 지켜내는 신실함이 전제된다(Part 1의 2. 세상에 드러나는 믿음 참조). 만약 이스라엘이 하나님을 거부한다는 이유로 이들을 구원하리라 약속하신 하나님의 언약이 무효가 된다면 이스라엘을 부르신 하나님의 신실하심 또한 무효화 되어야 한다. 하지만 실패한 것은 이스라엘이지 하나님이 아니다. 여기 '폐하였다'(헬. 에크핍토)라는 문자적으로 '~로부터 떨어지다'(fall from)로 '실패했다'(failed)라는 의미다. 이스라엘의 실패가 곧 하나님의 실패가 아닌 것은 하나님의 입에서 나오는 말씀은 헛되이 돌아오지 않기 때문이다. 한 번 나가면 반드시 그의 기뻐하시는 뜻을 이루고야 만다(사 55:11). 풀은 마르고 꽃은 시들어도 하나님의 말씀은 영원히 설 것이다(사 40:8). 이번 장은 이런 신실하신 하나님의 약속은 결코 무효화되지 않았다는 새로운 희망을 선언한다.

이는 전에 없던 소망이 아니다. 하나님께서 이스라엘을 통해 하나님의 약속을 성취하기 위해 어떻게 일해 오셨는지에 대한 독특한 이야기에 근거한다. 이는 이스라엘의 실패, 곧 넘어짐이 더 큰 하나님의 구원역사의 관점에서 세계로 확장되는 이야기다.

본문은 새로운 희망의 근거를 크게 세 가지 이야기로 설명한다. 이는 족장들의 이야기(롬 9:6-13), 애굽 이야기(롬 9:14-18), 그리고 하나님의 심판과 포로 이후에 하나님의 계획이 성취되는 이야기(롬

9:19-29) 등이다. 각 이야기의 도입부에는 문제 제기의 구절이 등장한다. "하나님의 말씀이 폐하여진 것 같지 않도다"(롬 9:6), "하나님께 불의가 있느냐"(롬 9:14), "하나님이 어찌하여 허물하시느냐"(롬 9:19). 이번 장에서는 문제 제기를 중심으로 다룰 것이다.

먼저, "하나님의 말씀이 폐하여진 것 같지 않도다"라는 질문에 대한 대답으로 이끄는 족장들의 이야기다. 언뜻 볼 때 족장들은 육신의 출생을 따라 자연스럽게 믿음의 족장들이 된 것 같지만 절대 그렇지 않다. 족장들은 하나같이 하나님의 약속에 따라 난 자손들이다. 그래서 6절 후반부는 "이스라엘에게서 난 그들이 다 이스라엘이 아니요"라고 말한다. 이는 유대인 중에서도 표면적 유대인이 유대인이 아니요, 이면적 유대인이 참된 유대인임을 선언한 로마서의 흐름(롬 2:28-29)을 고스란히 반영한다. 이는 7장에서 하나님의 율법을 즐거워하지만 그 짐 아래 눌려 괴로워하는 또 다른 '나', 곧 이스라엘을 묘사하는 흐름과 연결되어 있다. 그럼 구체적인 사례를 통해 살펴보자.

먼저, 아브라함에서 난 약속의 자손은 이스마엘이 아니라 이삭이라는 점이다(롬 9:6-9). 이스마엘과 이삭은 둘 다 아브라함에게서 난 자녀들이다. 엄밀하게 말하면 아브라함에게서 난 자녀들은 더 있다. 사라가 죽은 후 아브라함은 후처 그두라를 취해 여섯 아들을 더 낳았다. 그런데 이중에서 하나님께서 영광의 유업을 주기로 한 자녀는 오직 이삭뿐이었다. 아브라함에게서 났다고 다 약속의 후사가 아니다. 이삭과 이스마엘을 가르는 기준이 무엇인가? 바로 약속이 있는가, 없는가이다. 자녀라고 다 똑같은 자녀가 아니라 약속을 붙든 자녀가 참된 믿음의 자녀인 것이다. 이를 본문은 '씨'(롬 9:7-8)라고 표현했다. "육신의 자녀가 하나님의 자녀가 아니라 오직 약속의 자녀가 하나님의 자녀", 즉 '씨'로 여김을 받는 것이다(롬 9:8).

여기서 '여김을 받는다'(헬. 로기조마이)라는 단어는 4장 5절에도 등장했던 회계용어로, 어떤 것의 가치를 평가하여 동등한 것으로 청구하는 일을 말한다. 아브라함이 하나님을 믿자, 하나님께서 그의 믿음을 의로 산정해주신 것을 기억할 것이다. 이렇게 볼 때 약속의 자녀가 씨로 여기심을 받으려면 이에 상응하는 동등한 가치요소가 필요하다. 바로 믿음이다. 오직 믿음으로 약속의 자녀가 씨로 여김을 받는다. 혈통이 아니다. 오직 하나님의 약속을 믿어야 한다. 사라는 이 약속을 붙들었고, 이 약속으로 인해 약속의 자손 이삭을 낳게 되었다(롬 9:9). 이처럼 하나님의 구원역사는 약속을 믿음으로 붙드는 이들에게 주어진다.

둘째, 이는 믿음의 족장 이삭의 아들 야곱에게 있어서도 마찬가지다(롬 9:10-16). 이삭의 아내 리브가는 쌍둥이를 잉태하였다. 하나는 맏아들 에서, 다른 하나는 동생 야곱이었다. 이 둘은 태중에서도 서로 먼저가 되려고 치열하게 싸웠다. 그런데 하나님의 약속은 정상적인 혈통의 수혜자인 맏형 에서가 아닌 야곱에게 이어졌다. 이유가 무엇인가? 야곱이 에서보다 착해서? 부모님의 말씀을 잘 듣고 선한 일을 많이 해서? 아니다. 후천적인 행위와는 전혀 상관없다. 이는 오직 하나님께서 자유로운 의지로 야곱을 사랑하고 에서를 미워하기로 작정하셨기 때문이다(롬 9:11). 하나님은 이런 작정하심으로 리브가에게 "큰 자가 어린 자를 섬기리라"(롬 9:12)고 말씀하셨다. 왜, 무슨 근거로 이런 말씀을 하셨는가에 대해 성경은 설명하지 않는다. 이를 하나님의 은혜의 주권으로 돌릴 뿐이다. 이런 주권으로 본문은 말라기 1장 2~3절을 인용하여 "내가 야곱은 사랑하고 에서는 미워하였다"(롬 9:13)고 말씀한다.

말라기서는 하나님께서 에서를 미워한 일이 어떤 결과를 초래했는지를 잘 보여준다. 여기서 '미워한다'라는 표현은 하나님의 구원 역사에 있어 선택의 여부를 드러내는 표현으로 볼 수도 있다(박익수, 「로마서 주석 II」, 126쪽). 구약을 보면 하나님께서 야곱을 선택하셨지만 에서와 그의 후손에게 여전히 자비를 베푸시고 한 민족을 이루어 번성하게 하심을 볼 수 있다. 이스라엘 백성들에게도 에서의 후손들인 에돔 사람들을 미워하지 말라고 명시적으로 말씀하셨다(신 23:7).

하지만 에서의 후손들은 이후 타락하여 하나님의 택하신 야곱 족속을 괴롭혔다. 이후 에돔 족속의 운명과 심판을 보면 하나님의 미워하심이 어떤 결과를 가져오는지를 적나라하게 보여준다. 급기야 말라기에서는 에서의 후손들이 이스라엘을 괴롭혔다가 하나님께 미움을 받아 그 성이 무너지고 재건할 수 없을 정도로 황폐한 상황을 보여준다(말 1:2 이하 참조). 이는 하나님께서 이스라엘(야곱)을 선택하고 에돔을 미워한 결과가 어떠한지를 잘 보여주는 것이다. 하나님의 미워하심은 선택하지 않으신 것뿐만 아니라 하나님의 언약 백성을 시기하고 질투하여 괴롭혔던 에돔 족속에 대한 실질적인 심판과 저주로 나타났다.

하나님의 긍휼에 기초한 부르심을 보여주는 것이 바로 '여인'을 통해 이어지는 가계의 역사다. 본문에서 족장의 흐름에 중요한 역할을 하는 것은 사라, 리브가와 같은 믿음의 어머니들이다. 이는 족장의 계보가 육체를 따라 난 것이 아니라 약속을 따라 났음을 보여준다. 선조들이 하나님 앞에 최선을 다해 훌륭한 업적을 남겼기 때문에 그의 육체적인 후손이 이어진 게 아니다. 이는 하나님의 긍휼에 기초한 주권적인 역사다. 여기서 우리는 하나님의 아들 예수 그리스도께서 요셉이 아닌 마리아를 통해 오신 이유를 이해할 수 있다(마 1:16). 여인의 후손으로 오신 것은 그가 바로 하나님의 언약을 통해 오신 약속의 자손, 곧 메시아임을 보여준다(창 3:15 참조).

이처럼 하나님은 주권적으로 이스라엘을 부르셨다. 여기에는 사람의 공로가 들어설 여지가 없다. 그렇다면 이스라엘의 구원은 아직 유효하다. 이스라엘을 부르신 하나님의 부르심은 아직 실패하지 않았고, 철회되지 않았다면 여전히 희망이 있다!

이 장이 이야기하는 희망의 두 번째 근거는 "하나님께 불의가 있느냐"는 질문에 대한 답변으로, 이는 출애굽 이야기다(롬 9:14-18). 출애굽 역시 이스라엘의 힘과 공로로 이룬 일이 아니었다. 먼저 15절은 하나님께서 모세에게 이르신 "내가 긍휼히 여길 자를 긍휼히 여기고 불쌍히 여길 자를 불쌍히 여기리라"는 출애굽기 33장 19절 말씀을 인용하여 제시한다. 이 말씀은 이스라엘 백성들이 시내산에서 금송아지를 만들어 숭배함으로써 행위와 공로의 측면에서 이미 철저히 실패했을 때를 배경으로 한다. 모세가 하나님께 간절히 중보하자, 하나님은 오직 그의 주권적인 긍휼로 말미암아 이스라엘을 자기 백성 삼아주시고, 마침내 출애굽을 끝까지 인도하겠다고 약속하신다. 이런 약속은 이스라엘이 원한다고, 열심히 달음박질한다고 얻을 수 있는 게 아니다. 오직 하나님의 긍휼하심에 기초한다.

"하나님께 불의가 있느냐"는 질문에 대한 또 하나의 답변으로 본문은 하나님께서 바로의 마음을 완악하게 하신 사건을 제시한다(롬 9:17-18). 바로가 누구인가? 이스라엘 백성이 모세의 인도로 출애굽하려 할 때 번번이 앞을 가로막았던 애굽의 왕이다. 놀라운 점은 그렇게 완강하게 이스라엘에 저항하는 바로조차 하나님의 주권 가운데 있었다는 사실이다(출 9:12 참조). 바로의 완악함은 두 가지 면에서 하나님의 목적을 성취한다(롬 9:17, 참조 출 9:16). 첫째, 하나님의 능력을 보여주기 위함이다. 바로의 완강함으로 인해 하나님은 애굽에 열 가지의 재앙을 보내신다. 이 재앙을 통해 모든 백성이 하나님의 능력을 본다. 둘째, 하나님의 이름이 온 천하에 전파되기 위함이다(롬 9:17). 애굽의 열 가지 재앙과 홍해의 기적은 당시 주변 근동 국가들에 이스라엘의 하나님께서 살아 역사하시는 분임을 널리 알리는 계기가 되었다. 이렇게 볼 때 바로의 완악함은 하나님의 처벌이 아니라 하나님의 능력과 이름이 온 세계에 선포되는 것이 궁극적인 목적이었다.

예민한 성도라면 이쯤 해서 "아하!" 하는 깨달음이 왔을지 모르겠다. 지금 완강하게 예수 그리스도를 거부하는 유대인들이 완강하게 모세를 거부했던 바로와 비슷하기 때문이다. 이들의 완악함은 크게 두 가지 결과를 가져왔다. 첫째, 복음의 능력이 나타나게 되었다. 누구든지 주의 이름을 부르는 자는 구원을 얻고, 죄와 사망과 질병으로부터 자유롭게 되는 역사가 실제로 일어나기 시작했다. 둘째, 그리스도의 이름이 온 천하에 전파되기 시작했다. 복음이 사마리아와 안디옥과 온 아시아와 제국의 심장부인 로마에까지 거침없이 전파되었다. 결국 이스라엘 '의'의 완악함조차 하나님의 주권 안에 있음이 더욱 드러났다. 이러한 목적은 육체를 따른 유대인들에게 하나님의 약속이 실패한 것처럼 보이는 지금의 상황이 어떤 의미가 있는지를 보여준다. 이는 하나님의 아들 예수 그리스도의 이름이 온 세계에 선포되기 위한 것이다(롬 10:9-13 참조). 이렇게 볼 때 비록 바울의 동족 이스라엘이 그리스도를 거부한다고 하더라도 하나님의 주권과 은혜는 언젠가 온 세상에 흩어진 참된 이스라엘을 불러 모으고 이들을 하나님의 놀라운 계획 가운데 들어오게 할 것이다. 이러한 결론은 로마서 9~11장의 결론 부분(롬 11:25-26)에 이르러 절정을 이룬다.

이러한 근거들은 우리로 기존에 이해했던 이스라엘에 대한 새로운 이해와 인식을 요구한다. 이제는 유대인이든 이방인이든 간에 육체적인 혈통이 중요하지 않다. 오직 신실하신 하나님의 언약을 붙들고, 내 힘과 공로가 아닌 주의 힘과 공로를 의지하여 믿음으로 나아가는 이가 참된 이스라엘이다. 바울은 동족 이스라엘 백성들이 예수 그리스도를 극심하게 거부하는 일을 보며 마음이 아팠지만, 이들이 여전히 하나님의 주권적인 계획 가운데 있음을 또한 믿고 있었다. 이런 완악한 상태로 끝나지 않을 것도 확신하고 있었다. 오히려 그분의 때에 이스라엘을 더욱 멋지게 사용하실 것을 믿으며 기대하고 있었다.

우리는 종종 하나님의 부르심에 대해 오해할 때가 있다. 그분의 뜻과 계획이 잘 이해되지 않을 때 우리는 어떻게 하는가? 금방 낙담하고 먼저 포기하지 않는가? 이럴 때 우리는 아직 철회되지 않은 하나님의 약속으로 돌아가야 한다. 여전히 하나님의 약속이 유효하다면 우리는 이 약속을 신뢰하며 기다릴 수 있어야 한다. 여러 여건이 우리를 혼란스럽게 할 때는 항상 부르심으로 돌아가라. 결국 부르심이 중요하다. 부르셨으면 부르신 분이 끝까지 그분의 약속을 책임지실 것이다. 그 부르심이 온전히 이루어질 때까지 신뢰하며 나아가라. 믿음의 눈을 더욱 크게 뜨고 내 삶을 향한 그분의 더 큰 부르심에 눈을 뜨라!

토기장이 앞에
겸손하라

¹⁹혹 네가 내게 말하기를 그러면 하나님이 어찌하여 허물하시느냐 누가 그 뜻을 대적하느냐 하리니 ²⁰이 사람아 네가 누구이기에 감히 하나님께 반문하느냐. 지음을 받은 물건이 지은 자에게 어찌 나를 이같이 만들었느냐 말하겠느냐. ²¹토기장이가 진흙 한 덩이로 하나는 귀히 쓸 그릇을, 하나는 천히 쓸 그릇을 만들 권한이 없느냐. ²²만일 하나님이 그의 진노를 보이시고 그의 능력을 알게 하고자 하사 멸하기로 준비된 진노의 그릇을 오래 참으심으로 관용하시고 ²³또한 영광받기로 예비하신 바 긍휼의 그릇에 대하여 그 영광의 풍성함을 알게 하고자 하셨을지라도 무슨 말을 하리요. ²⁴이 그릇은 우리니 곧 유대인 중에서 뿐 아니라 이방인 중에서도 부르신 자니라. ²⁵호세아의 글에

도 이르기를 내가 내 백성 아닌 자를 내 백성이라, 사랑하지 아니한 자를 사랑한 자라 부르리라. [26]너희는 내 백성이 아니라 한 그곳에서 그들이 살아 계신 하나님의 아들이라 일컬음을 받으리라 함과 같으니라. [27]또 이사야가 이스라엘에 관하여 외치되 이스라엘 자손들의 수가 비록 바다의 모래 같을지라도 남은 자만 구원을 받으리니 [28]주께서 땅 위에서 그 말씀을 이루고 속히 시행하시리라 하셨느니라. [29]또한 이사야가 미리 말한 바 만일 만군의 주께서 우리에게 씨를 남겨 두지 아니하셨더라면 우리가 소돔과 같이 되고 고모라와 같았으리로다 함과 같으니라.

　　요 며칠간 계속해서 곤충 만화책을 보던 아들 녀석이 장수풍뎅이에 푹 빠졌다. 장수풍뎅이의 다부진 몸집과 길게 뻗은 뿔에 마음을 빼앗겨버린 것이다. 그러던 어느 날 아들은 산으로 장수풍뎅이를 잡으러 가자고 졸랐다. 하루 이틀이 아니었다. 정말 집요했다. 할 수 없이 동네 인근 산에 올라가 곳곳을 뒤져보았지만 장수풍뎅이가 눈에 들어오지 않았다. 아무것도 잡지 못하고 빈손으로 돌아오자 아이는 시무룩해졌다. 날마다 장수풍뎅이를 잡아야 한다고 떼를 썼다. 그러던 어느 날, 환한 얼굴로 집에 들어왔다. 그러더니 어떻게 알아냈는지 장수풍뎅이를 잡으러 마트에 가자고 졸랐다. 아니, 웬 마트? 아들의 간청에 못 이겨 마트에 갔더니 정말 장수풍뎅이가 많았다. 장수풍뎅이들이 각각 작은 플라스틱 원통에 담겨 진열되어 있었다. 수많은 장수풍뎅이 중에서 무엇을 선택할 것인가? 아이는 잠시 고민하더니 여러 장수풍뎅이 중에서 크고 윤기 나며 멋진 뿔을 가진 놈을 골랐다. 그리고 장수풍뎅이를 데리고 기분 좋게 집으로 왔다.

여기서 재미있는 상상 하나를 해보자. 만약 아들에게 선택받지 못한 장수풍뎅이 하나가 아이에게 왜 자신을 선택하지 않았냐고 아우성친다면 어떨까? 아들을 향해 왜 굳이 저 큰 장수풍뎅이 녀석을 데려가야만 하느냐고 아들의 선택에 문제를 제기한다면 이 주장은 합당할까? 절대 그렇지 않다. 왜냐하면 많은 장수풍뎅이 중에서 자신이 키우고 싶은 놈을 선택하는 일은 전적으로 아들의 자유로운 주권이기 때문이다.

이번 장의 본문은 하나님의 선택에 대하여 이와 비슷한 질문을 진지하게 던지고 있다. 하나님은 우리를 지으신 창조주시다. 그리고 우리를 향해 그분의 주권으로 선택하고 부르셨다. 그런데 만약 누군가가 이런 하나님의 선택이 부당하다고 문제를 제기한다면 어떨까? 이 세상을 경영하시는 하나님의 섭리와 목적에 대해 왜 그렇게 하시냐고, 우리가 관여할 수 있는 일은 아무것도 없다고 투덜거린다면 어떨까? 특히 이스라엘 백성들은 하나님의 구원역사에 관해서 툭하면 문제를 제기했다. 로마서가 쓰였을 당시에도 그랬다. 어떤 이들은 하나님께서 이스라엘을 선민으로 삼으시고서는 왜 이제는 이방인에게까지 구원을 베푸시느냐고 문제를 제기했다. 또 어떤 이들은 하나님이 왜 유대인을 천한 백성처럼 취급하시고 이방인을 귀히 쓰는 백성으로 삼으셨냐고 문제를 제기하기도 했다. 이러한 문제 제기에 대하여 본문은 "하나님의 말씀이 폐하여진 것 같지 않도다"(롬 9:6)는 전제 아래 "하나님이 어찌 허물(책망)하시느냐. 누가 그 뜻을 대적하느냐"(롬 9:19)라는 질문으로 포문을 열고 답변을 시도한다.

먼저 20절은 한낱 피조물에 불과한 "이 사람아 네가 누구이기에 감히 하나님께 반문하느냐"고 호통을 친다. 20절 서두에 "이 사람아"라고 부르는 표현은 원문에 따르면 "오, 사람아"라고 번역해야 정확하다. '오'는 감탄사다. 이는 "오, 한낱 인간에 불과한 존재인 당신이여!"라고 하는 말이다. 즉 우리는 하나님 앞에 지음받은 피조물에 불과하다는 뜻이다. 피조물이 창조주를 향하여 창조주의 선택과 주권에 대해 왈가왈부하며 문제를 제기하는 것은 타당하지 않다는 의미다. 마치 장수풍뎅이가 왜 자신을 선택하지 않고 다른 장수풍뎅이를 선택했냐고 문제를 제기하는 것과 같다. 어떤 장수풍뎅이를 집으로 데려가고 어떤 장수풍뎅이를 마트에 남겨둘지는 전적으로 선택하는 고객의 자유로운 주권과 의지에 달렸다. 장수풍뎅이가 고객에게 문제를 제기한다면 이는 장수풍뎅이가 사람을 곤충의 수준으로 끌어내려 생각하고 판단하는 일과 같다.

본문은 하나님의 주권을 토기장이의 비유로 풀어 설명한다. 구약성경에서 토기장이의 비유는 예언서 곳곳에서 하나님의 주권을 강조하며 사용된 바 있다(사 29:16, 45:9, 렘 18:1-6). 어떤 토기장이에게 진흙 한 덩어리가 있다고 하자. 토기장이는 솜씨를 발휘하여 용도에 따라 다양한 그릇을 만들었다. 모두 똑같은 그릇을 만든 것이 아니었다. 귀하게 쓸 유기그릇을 만들기도 하고, 막 쓸 수 있는 질그릇을 만들기도 하였다. 귀한 그릇과 질그릇은 차이가 있었다. 레위기에 보면 그릇이 부정함을 입으면 귀한 유기그릇은 다시 닦아서 쓸 수 있었지만 질그릇은 부정함이 그 안으로 흡수되기에 다시 쓰지 못하고 곧바로 깨부수었다. 이스라엘 중에 부정함을 제거하기 위함이었다(레 6:28 참조). 질그릇은 언제든지 쉽게 대체할 수 있는 막 쓸 수 있는 그릇이었지만 유기그릇은 중요한 용도에만 사용하였다. 그런데 그릇이 각각 빚어지고 나자 질그릇이 토기장이를 원망하기 시작한다. "왜 나를 이렇게 일회용으로 만들었습니까? 난 당신의 의도와 목적에 동의할 수 없습니다." 일견 그럴듯한 주장으로 보인다. 하지만 그릇은 그렇게 말할 권한이 없다. 왜? 그 용도를 결정하는 일은 전적으로 주인의 주권적인 결정에 달렸기 때문이다. 그릇은 단지 토기장이의 목적대로 빚어지고, 또한 빚어진 대로 쓰임받으면 된다.

이것은 우리 개개인에게도 적용된다. 하나님은 우리 개개인을 그분의 주권과 선택에 따라 각각 고유한 성격과 외모와 재능으로 빚으셨다. 우리는 빚어진 모양대로 쓰임받을 뿐이다. 왜 나를 이 모양으로 이렇게 만드셨냐고 문제를 제기할 권한이 우리에겐 없다.

이는 하나님께서 이스라엘과 이방인을 부르심에도 그대로 적용된다. 하나님은 자신의 진노와 능력을 나타내시기 위해 주권적으로 바로를 택하셨다(롬 9:17). 마찬가지로 에서도 택하셨다(롬 9:13). 마찬가지로 복음을 거부하는 유대인들을 진노의 그릇으로 택하셨다(롬 9:22). 하나님은 이들이 회개하고 돌아올 기회를 주기 위해 오랫동안 참고 기다리셨다(벧후 3:9).

그러나 하나님 나라의 유업을 받기로 택함받은 귀한 긍휼의 그릇이 있다. 바로 복음을 듣고 믿기로 결단한 이방 그리스도인들이다(롬 9:23). 반면 하나님이 진노를 보이시고 그분의 능력을 나타내기 위해 준비하신 진노의 그릇이 있다. 바로 유대인들이다. 이들은 끊임없는 우상 숭배와 하나님이 보내신 선지자들을 죽이며 하나님의 진노하심을 가득하게 하였다(살전 2:15-16 참조). 하지만 하나님은 이들을 오래 참으심으로 관용하셨다(롬 9:22). 이는 긍휼의 그릇들에게 나타날 영광을 풍성하게 하기 위함이기도 했다. 마치 바로를 하나님이 오랫동안 멸하지 않고 참으시면서 이스라엘로 하나님의 능력과 영광을 풍성하게 경험하도록 하시는 것과 마찬가지다. 만약 하나님께서 이방인들에게 구원의 풍성한 영광을 베풀기로 이렇게 작정하셨다면 우리는 이 하나님의 주권과 작정하심에 대해 아무런 문제를 제기할 수 없다. 이는 유대인들이 예수 그리스도를 받아들이기 거부하였기에 일어난 일이었다. 여전히 하나님은 많은 유대인이 그리스도께로 돌아오기를 긍휼 가운데 기다리시지만 하나님은 구원의 기회를 이방인들에게 새롭게 열어주셨다. 이러한 하나님의 주권적인 선택에 대하여 우리는 딴지를 걸 수 없다.

놀라운 점은 이 영광받기로 예비하고 택하신 긍휼의 그릇이 바로 '우리', 곧 '교회'라는 사실이다(롬 9:24). 이 교회는 이방인뿐 아니라 유대인 가운데서도 하나님의 부르심에 순종한 이들이 함께 모인 곳이다. 구체적으로는 로마교회다. 세계 최강제국 로마에서도 하나님은 유대인과 헬라인 상관없이 그의 자비로운 택하심으로 그의 백성을 교회로 부르셨다. '교회'를 헬라어로 '에클레시아'라고 한다. '에크'라는 전치사는 '~으로부터'(from)라는 뜻이고, '클레시아'는 '부르다'를 의미하는 동사 '클레오'에서 왔다(아마 사업상의 문제를 제기할 때 '클레임 걸다'라는 말을 들어봤을 것이다). 즉 교회는 '어둠으로부터 빛으로 불러낸 하나님의 백성들' 이라는 뜻이다. 하나님의 주권적인 택함과 영광이 바로 교회에 있다. 애굽에서 종살이하던 이스라엘을 하나님께서 선민 이스라엘로 불러내신 것처럼 하나님은 예수 그리스도를 통하여 어둠 가운데 종노릇 하던 인류를 자비하신 주권 가운데 교회로 부르셨다. 그런 면에서 교회는 하나님의 새로운 언약에 기초한 '새 이스라엘' 이다. 하나님께서 새롭게 그의 백성을 부르신다는 사실은 놀랍다 못해 충격적이다. 그러나 이어지는 이방 그리스도인을 향한 호세아서의 말씀(롬 9:25-26)과 남은 유대인을 향한 이사야서 말씀(롬 9:27-29)의 인용은 이러한 새로운 선택이 이미 하나님의 작정하심 속에 있었음을 보여주고 있다.

먼저 하나님께서 교회를 작정하신 근거는 호세아 2장 23절을 인용하여 "내가 내 백성 아닌 자를 내 백성이라, 사랑하지 아니한 자를 사랑한 자라 부르리라"(롬 9:25) 약속하신 말씀이다. '하나님의 백성이 아니었던 자' 는 원래 우상 숭배와 불신앙으로 인해 내쳐진 이스라엘 백성을 가리킨다. 본문은 이 구절을 더 확대하여 한 번도 언약에 속한 적이 없던 이방인을 지칭하는 표현으로까지 확대하여 사용한다(톰 라이트, 「로마서」, 435쪽). 이는 사랑받을 자격이 없는 자들을 사랑하신 하나님의 사랑을 나타낸다(롬 3:21-26, 5:1-11, 8:31-39 참조).

또 호세아 1장 10절을 인용하여 "내 백성이 아니라 한 그곳에서 그들이 살아 계신 하나님의 아들이라 일컬음을 받으리라"(롬 9:26) 는 말씀을 새 이스라엘의 근거로 삼는다. 여기 '하나님의 아들' 은 헬라어 원문에는 복수형(헬. 휘오이, sons)으로, 이는 맏아들 예수 그리스도 안에서 그와 함께 상속자가 된 믿음의 자녀들을 말한다. "하나님의 자녀들이라 일컬음 받는다"라는 것은 유대인과 이방인을 모두 포함하며, 복음의 부름을 받아 믿음의 순종에 이르는 새로운 하나님 백성의 정체성을 드러낸다. 이는 새 이스라엘이 더는 과거의 언약에 얽매여 있는 게 아니라 그리스도 예수가 세운 새 언약 안에 주어지는 새로운 부르심으로 이루어질 것을 의미한다.

그렇다면 새 이스라엘에서 원래 이스라엘 백성, 즉 유대인들은 어떻게 될 것인가? 27절은 이사야서를 인용하여 물리적인 이스라엘 자손 전체가 아니라 오직 '남은 자'만이 새 이스라엘 안으로 편입될 것을 말하고 있다. 27절은 이사야 10장 22절에서 전제하는 '넘치는 공의'를 암시적으로 전제하고 있는데, 이는 로마서를 관통하는 주제인 하나님의 의와 밀접한 관련이 있다. 이어지는 28절은 이사야 10장 23절을 반영하여 이러한 하나님의 의로운 심판이 속히 이루어질 것을 말한다. 이는 이스라엘의 남은 자만 새 언약의 백성으로 편입되는 일이 속히 이루어질 것을 의미한다. 감사한 점은 그나마 주께서 남은 자, 곧 거룩한 씨(사 6:13, 말 2:15 참조)를 남겨두셨기에 이스라엘이 전멸되는 것을 면할 수 있었다는 사실이다. 남은 자는 대다수가 멸망할 전체의 위기 가운데서도 하나님께서 남겨두신 새 희망의 작은 불씨이다(왕상 19:18, 왕하 19:31, 미 4:7, 5:7-8 참조). 만약 하나님의 특별한 은혜로 '남은 자'를 남겨두지 아니하셨더라면 이스라엘은 이미 소돔과 고모라와 같이 멸망하였을 것이다(창 18:16-19:29 참조).

요즘 교회에 대한 비판과 부정적인 언론의 보도가 심심찮게 들려

온다. 이러한 이야기를 듣고 있노라면 우리도 교회를 인간적인 눈으로 보고 움츠러들곤 한다. 그러나 성도에게 교회는 구약에서부터 이어진 하나님의 약속이 성취된 새 이스라엘이다. 함부로 비판하지 말고 인간적인 시선만으로 보던 부정적인 색안경을 이제는 좀 벗어던지자. 더 나아가 우리는 교회에 감추어진 부르심과 하나님이 예비하신 영광의 풍성함을 드러내기 위해 힘써야 한다.

이스라엘에서 예수 그리스도를 하나님의 메시아로 믿고 고백하는 유대인들이 점점 늘어난다는 소식이 심심찮게 들린다. 남은 자의 불씨가 완전히 꺼진 것이 아니라 다시 불붙어 번지고 있다. 이런 걸보면 2천 년 전 선포되었던 하나님의 주권은 여전히 유효하게 역사하고 있다.

우리에게는 하나님이 토기장이심을 명백하게 인정하는 신앙고백이 필요하다. 나는 교회를 빚고 세우시는 토기장이이신 하나님 앞에 겸손하게 행하는가? 그분 앞에 제멋대로 날뛰며 불평과 날카로운 비난을 쏟아내지는 않는가? 나의 현재 상황을 놓고 원망 섞인 논리를 쏟아내지는 않는가? 겸손하라. 그리고 그분이 작정하신 대로 온전히 쓰임받을 수 있도록 겸손히 우리 자신을 기쁨으로 내드리자. 나 자신을 하나님이 언제든지 쓰실 수 있는 깨끗한 그릇으로 준비하자(딤후 2:20-21).

율법의 마침,
예수 그리스도

³⁰그런즉 우리가 무슨 말을 하리요. 의를 따르지 아니한 이방인들이 의를 얻었으니 곧 믿음에서 난 의요 ³¹의의 법을 따라간 이스라엘은 율법에 이르지 못하였으니 ³²어찌 그러하냐. 이는 그들이 믿음을 의지하지 않고 행위를 의지함이라. 부딪칠 돌에 부딪쳤느니라. ³³기록된 바 보라. 내가 걸림돌과 거치는 바위를 시온에 두노니 그를 믿는 자는 부끄러움을 당하지 아니하리라 함과 같으니라. ¹형제들아 내 마음에 원하는 바와 하나님께 구하는 바는 이스라엘을 위함이니 곧 그들로 구원을 받게 함이라. ²내가 증언하노니 그들이 하나님께 열심이 있으나 올바른 지식을 따른 것이 아니니라. ³하나님의 의를 모르고 자기 의를 세우려고 힘써 하나님의 의에 복종하지 아니하였느

니라. ⁴그리스도는 모든 믿는 자에게 의를 이루기 위하여 율법의 마
침이 되시니라.

이스라엘 백성들은 하나님의 선민으로 그들에게 주어진 율법으로 말미암아 구원을 얻을 수 있다고 굳게 확신하고 있었다. 그러나 이러한 율법을 기초로 한 구원시스템은 이제는 더 이상 통하지 않게 되었다. 예수 그리스도 이후로 모든 것이 바뀌었고, 이전의 율법은 낡은 체제가 되어버렸다. 만약 이스라엘이 그럴 리가 없다고 우기면서 끝까지 율법을 기초로 한 구원을 주장한다면 돌이킬 수 없는 후회를 부를 것이다. 유대인들은 이렇게 반문할지 모른다. "아니, 다른 일도 아니고 인류의 구원에 관한 일이 그렇게 쉽게 바뀔 수 있습니까? 어떻게 구원의 기반이 그렇게 급격하게 바뀔 수 있습니까? 하나님이 너무 변덕스러우신 분은 아닙니까?"

그러나 이번 장의 본문은, 바뀐 구원의 새로운 체제는 하나님 편에서의 갑작스러운 변덕이 아니라 이전부터 계획하고 선포되었던 하나님의 말씀이 성취되는 사건이라 말하고 있다. 그 근거가 바로 33절 말씀이다.

"기록된 바 보라. 내가 걸림돌과 거치는 바위를 시온에 두노니 그를 믿는 자는 부끄러움을 당하지 아니하리라 함과 같으니라."

이 말씀은 이사야 28장 16절과 8장 14절 말씀을 결합하여 인용한 말씀이다. 당시 이스라엘은 북쪽에서는 북이스라엘을 멸망시킨 앗수르, 남쪽으로는 애굽이 남유다를 위협하고 있었다. 이들은 이런 위기 가운데 하나님을 의지하고 온전한 예배를 회복하기보다는 외교력과 군사력에 의지하여 위기를 돌파하려고 하였다.

하나님은 다른 방법으로 위기를 돌파하려는 그들에게 걸림돌과 걸려 넘어지는 바위를 둘 것이라고 말씀하셨다(사 8:14). 이 돌은 성소를 이루는 돌이요, 새로운 성전의 견고한 기초를 놓는 '기촛돌'(사 28:16)이기도 했다. 이는 장차 세워질 새로운 성전의 기초가 된다. 이 돌은 한때 건축자들이 버린 돌(시 118:22, 벧전 2:7)이었지만, 이제는 새로 지어지는 새 성전의 모퉁이의 머릿돌이 되었다(마 21:42, 막 12:10, 눅 20:17, 행 4:11).

이 돌의 존재는 다니엘서 2장에도 등장한다. 다니엘은 바벨론의 느부갓네살 왕이 본 금신상에 대한 환상을 묘사한다. 머리는 금, 가슴과 팔은 은, 배와 넓적다리는 놋, 종아리는 쇠, 발은 쇠와 진흙이 섞여 있는데, 갑자기 손대지 아니한 돌(cut by no human hand, ESV)이 날아와 신상을 산산조각 낸다. 이후 이 돌은 태산을 이루어 온 세계에 가득하게 된다(단 2:35). 다니엘은 이것이 하나님께서 세우실 영원한 나라임을 밝힌다(단 2:44). 여기서 '손대지 아니한 돌'이란 사람의 손으로 다듬지 아니한 돌로 이는 성전의 돌을 의미한다(신 27:6, 수 8:31 참조).

이쯤이면 이 돌이 누구인지 짐작할 것이다. 바로 예수 그리스도시다. 성경은 예수 그리스도를 기초로 한 하나님의 새로운 구원사건이 장차 펼쳐질 것을 이사야 선지자를 통해 미리부터 예고하셨다. 갑작스러운 변덕이 아니라 이전부터 말씀하셨던 하나님의 계획이 예기하지 못한 때 예기하지 못한 방법으로 성취된 것이다.

하나님께서 새롭게 두신 걸림돌은 이스라엘과 이방인들에게 놀라운 반전을 일으켰다. 본문은 이를 다음과 같이 말씀한다.

> "의를 따르지 아니한 이방인들이 의를 얻었으니 곧 믿음에서 난 의요 의의 법을 따라간 이스라엘은 율법에 이르지 못하였으니"(롬 9:30-31).

여기서 용어들이 비슷비슷하여 자칫 혼돈을 유발할 수 있다. 각 용어가 어떤 의미로 사용되었는지를 정확히 확인해야 전체 의미가 명확해진다. 먼저, 이방인들이 의를 얻었다고 할 때 '의'란 하나님과 맺는 올바른 언약적인 관계로 들어가는 언약적인 신분을 의미한다. 어떻게 이런 의를 얻을 수 있는가? 바로 믿음을 통해서다. 즉 자신에게는 이러한 의가 없음을 인정하고 우리를 위하여 하나님의 아들이 십자가에서 친히 이루어 놓으신 의를 믿음으로 받아들임으로써 가능한 일이다. 하나님의 의가 들어 있는 것이 바로 복음이다. 복음에는 하나님의 의가 나타나서 믿음으로 의를 얻게 한다(롬 1:17 참조).

이렇게 얻게 된 의는 우리로 언약의 자녀가 되는 신분을 가져다준다. 톰 라이트는 이러한 의미를 살려 30절을 다음과 같이 번역한다. 이는 본문에 대한 이해를 더 풍성하게 돕는다. "언약의 신분을 갈망하지 않던 민족들이 언약의 신분을 얻었으나, 그것은 곧 믿음을 기초로 한 언약의 신분입니다"(톰 라이트, 「모든 사람을 위한 로마서 Ⅱ」, 41쪽, 45쪽).

반면 의의 법을 따라간 이스라엘은 율법에 이르지 못하였다(롬 9:31). 여기서 '의의 법'이란 '의의 율법'(표준새번역), 즉 의로움의 율법으로 유대인은 이 율법을 통해 의로움에 이를 수 있다고 믿었다. 이는 유대인이 하나님의 선민 됨의 정체성을 부여하는 율법의 특정한 행위에 의지하여 의를 담보받을 수 있다고 여기는 것이다. 율법의 행위에 대해서는 이미 앞서 살펴본 적이 있다(롬 3:20,27-28, 2:28 참조). 구체적으로 할례, 안식일, 월삭과 같은 절기들, 그리고 음식 규정을 포함한 정결 규례들을 지키는 일을 말한다.

이러한 율법들은 유대인을 이방인과 구별하는 경계선 역할을 한다. 유대인들은 이러한 경계표지 규정들을 따라갔지만 온전한 율법에 이르지는 못했다(롬 9:31). "율법에 이르지 못했다"라는 말씀은 율법의 진정한 목적에 이르지 못했다는 뜻이다. 즉 율법으로 말미암아 죄를 심히 죄 되게 하여 죄와 사망을 그리스도의 십자가에 퍼붓게 한 후 마침내 진정한 생명의 길에 이르게 하는 것이다. 율법은 그리스도의 십자가를 위해 존재하였고, 궁극적으로 그리스도를 가리킨다. 이렇게 볼 때 이스라엘은 율법의 행위를 지키면서도 이 율법이 본래 추구하는 생명에 이르지 못하고, 그것이 도리어 걸림돌이 되어 걸려 넘어졌다(고전 1:18,23-24 참조).

하지만 하나님께서 두신 걸림돌로 인하여 이스라엘과 이방인 사이에 극적인 반전이 일어났다. 의롭다고 자부하던 이스라엘이 의로움에 이르지 못했고, 의를 따르지 않던 이방인들이 믿음으로 말미암아 의를 얻게 되었다. 이방인이 이러한 언약적인 신분을 얻게 된 것은 기쁘고 감사한 일이다. 하지만 바울에게는 언약 백성의 지위를 잃어버린 동족 이스라엘을 향한 안타까움이 있었다. 그래서 바울은 간절히 원하고 기도하는 게 바로 이스라엘이 구원을 얻는 일이라고 호소한다(롬 9:1-3).

유대인들은 열심이 특심하였다. 선민 됨의 경계표지 규정들을 정말 철두철미하게 지켰다. 그러나 이러한 것을 지킴으로써 그들이 세울 수 있는 의의 수준은 하나님께서 요구하시는 흠 없는 의와는 비교 자체가 불가능했다. 하나님은 그 질(quality)에 있어서 차원이 다른 탁월한 무결점의 의로움을 요구하셨기 때문이다. 따라서 유대인들의 율법을 향한 열심은 하나님께서 새롭게 세우신 구원의 길에 도저히 미치지 못하는, 구원과 상관없는 열심에 불과했다. 그렇기에 유대인들은 그동안 붙들고 있었던 행위의 율법을 내려놓고 의로움을 얻는 새로운 길을 모색해야 했다.

하나님께서는 변덕스러운 분이 아니었다. 하나님은 신실하셨다. 처음부터 이런 길을 예비하셨다. 아담과 하와가 타락할 때부터 신실하게 준비하셨고(창 3:15 참조), 아브라함을 부르셔서 믿음으로 이러한 의를 힘입게 하셨다(창 15:6). 유대인들은 이러한 일을 모르고 어떻게든 행위로 말미암는 자기 의, 곧 자신의 언약적인 지위를 내세우며 하나님의 의에 힘써 복종하지 않았다(롬 10:3). 결국 그들은 산 돌(벧전 2:4-5)이신 예수 그리스도 앞에 걸려 넘어지고 말았다.

그렇다면 이제 이스라엘은 고집스럽게 붙들고 있던 '의의 법'(롬 9:31)을 내려놓고, 걸려 넘어진 걸림돌에 주목해야 한다. 이는 새로운 의를 얻게 된 이방인들도 마찬가지다. 왜냐하면 이 거치는 돌인 예수 그리스도는 "모든 믿는 자에게 의를 이루기 위하여 율법의 마침이" 되셨기 때문이다(롬 10:4). 이는 유대인과 이방인 신자 모두를 포함한다. 이제 모두가 이 새로운 돌이신 예수 그리스도 위에 세워져야 한다. 믿는 자들은 하나님의 의를 얻는다. 이를 위해 그리스도는 율법의 마침이 되셨다. 여기서 '마침'(헬. 텔로스)은 목적을 성취하는 완성을 의미한다. 헬라어 텔로스는 '종결'(end)이라는 의미도 있지만, 로마서와 다른 바울서신에서 사용된 용례는 주로 '목적' 또는 '완성'을 의미한다(롬 6:21-22, 고후 12:9, 갈 5:14,16). 만약 '마침'을 종결로 이해한다면 그리스도께서 율법을 종결시켰다는 의미가 될 것이다.

하지만 로마서에서 율법은 신령한 것(롬 7:14)으로, 이것이 믿음으로 붙들 때 믿음의 율법(롬 3:27)이 되어 성령에 붙들린 바 된 생명의 성령의 법(롬 8:2)으로 작동한다. 따라서 여기서는 그리스도께서 율법을 종결시켰다는 의미라기보다 율법의 본래 목적을 최종적으로 완성, 성취하셨다는 뜻이 더 정확하다. 그리스도께서 율법(토라)의 목적이 되셔서 믿음을 소유한 모든 사람, 그리스도 예수 안에 있는 모든 사람이 의와 생명을 소유하여 토라의 본래 목적을 완벽하게 성취하신 것이다(톰 라이트, 「로마서」, 462쪽).

따라서 유대인들이 특권으로 생각하며 붙들었던 율법의 행위들로는 율법의 본래 목적을 성취하는 일은 더 이상 유효하지 않다. 선민의 자부심이 담겨 있는 할례와 외적표지들은 더 이상 아무것도 아닌 것이 되었다(갈 6:15 참조). 메시아 예수로 인하여 이 모든 일이 완전히 성취되었다. 이제는 오직 믿음으로만 나아갈 수 있다. 이로 말미암아 율법이 원래 목표로 했던 하나님 앞에서의 '흠 없는 의' 혹은 '완전한 의'를 성취하게 되었다.

　이것은 오늘의 우리에게도 여전히 생생한 능력으로 나타난다. 우리가 그리스도를 우리 인생의 주인으로 받아들이는 순간 그분은 하나님께서 우리 인생을 향해 계획하셨던 크고 놀라운 구속사의 일들을 성취해 가신다. 율법의 정죄 속에 살아왔던 생을 마감하고, 하나님께서 원래 목표하셨던 하나님을 영화롭게 하는 거룩한 생을 성취할 수 있도록 인도해 주신다(롬 1:21 참조). 지금 그리스도는 얼마나 든든한 생의 반석이 되시는가? 내 인생의 기초는 그리스도에 기반하고 있는가? 아니면 세상 풍조가 속삭이는 돈, 인맥, 권력과 같은 자원들인가? 이제는 내 생의 기초를 새롭게 해야 한다. 그리스도만이 내 인생의 기초가 됨을 확신하며(사 28:16) 그리스도와 함께, 그리스도 안에서 나아가야 한다.

예수 그리스도로
해석하라

⁵모세가 기록하되 율법으로 말미암는 의를 행하는 사람은 그 의로 살리라 하였거니와 ⁶믿음으로 말미암는 의는 이같이 말하되 네 마음에 누가 하늘에 올라가겠느냐 하지 말라 하니 올라가겠느냐 함은 그리스도를 모셔 내리려는 것이요 ⁷혹은 누가 무저갱에 내려가겠느냐 하지 말라 하니 내려가겠느냐 함은 그리스도를 죽은 자 가운데서 모셔 올리려는 것이라. ⁸그러면 무엇을 말하느냐. 말씀이 네게 가까워 네 입에 있으며 네 마음에 있다 하였으니 곧 우리가 전파하는 믿음의 말씀이라. ⁹네가 만일 네 입으로 예수를 주로 시인하며 또 하나님께서 그를 죽은 자 가운데서 살리신 것을 네 마음에 믿으면 구원을 받으리라. ¹⁰사람이 마음으로 믿어 의에 이르고 입으로 시인하여 구원에 이

르느니라. [11]성경에 이르되 누구든지 그를 믿는 자는 부끄러움을 당하지 아니하리라 하니 [12]유대인이나 헬라인이나 차별이 없음이라. 한분이신 주께서 모든 사람의 주가 되사 그를 부르는 모든 사람에게 부요하시도다. [13]누구든지 주의 이름을 부르는 자는 구원을 받으리라. [14]그런즉 그들이 믿지 아니하는 이를 어찌 부르리요. 듣지도 못한 이를 어찌 믿으리요. 전파하는 자가 없이 어찌 들으리요. [15]보내심을 받지 아니하였으면 어찌 전파하리요. 기록된 바 아름답도다. 좋은 소식을 전하는 자들의 발이여 함과 같으니라. [16]그러나 그들이 다 복음을 순종하지 아니하였도다. 이사야가 이르되 주여 우리가 전한 것을 누가 믿었나이까 하였으니 [17]그러므로 믿음은 들음에서 나며 들음은 그리스도의 말씀으로 말미암았느니라. [18]그러나 내가 말하노니 그들이 듣지 아니하였느냐. 그렇지 아니하니 그 소리가 온 땅에 퍼졌고 그 말씀이 땅끝까지 이르렀도다 하였느니라. [19]그러나 내가 말하노니 이스라엘이 알지 못하였느냐. 먼저 모세가 이르되 내가 백성 아닌 자로써 너희를 시기하게 하며 미련한 백성으로써 너희를 노엽게 하리라 하였고 [20]이사야는 매우 담대하여 내가 나를 찾지 아니한 자들에게 찾은 바 되고 내게 묻지 아니한 자들에게 나타났노라 말하였고 [21]이스라엘에 대하여 이르되 순종하지 아니하고 거슬러 말하는 백성에게 내가 종일 내 손을 벌렸노라 하였느니라.

이단들이 종종 사용하는 말이 자기들은 '성경대로' 한다는 것이다. 성경을 성경대로 풀고, 성경대로 지키며 살아간다는 것이다.

언뜻 들으면 맞는 말 같다. 그러나 '성경대로' 한다는 말처럼 모호한 표현이 없다. 성경대로 한다고 하면서 유월절을 지킨다. 안식일을 토요일로 지킨다. 여성의 머리에 수건을 써야 한다며 구약의 율법들과 당시의 문화적 관습을 지킬 것을 강조한다. 이들의 주장은 매우 단호하다. 이렇게 해야 구원받을 것처럼 주장한다. 그러나 성경대로 하는 이들의 모습은 우리에게 의아함을 자아내게 한다. 과거 이스라엘 백성들이 지켰던 그대로 하는 일이 과연 '성경대로' 한다는 것일까? 성경대로 하는 일이 유대교로 돌아가는 것과는 어떤 차이가 있는 것일까? 여기서 우리는 '성경대로' 한다는 말이 어떤 의미인지를 분별할 필요가 있다.

먼저, 성경대로 한다는 말이 신약시대에 와서 더는 유효하지 않은 구약의 율법 조항을 회복시키는 일이어서는 안 된다(골 2:16 참조). 또 성경대로 한다는 말이 1세기 로마제국 내에 유행했던 문화적인 전통을 회복시키는 일이어서도 안 된다(고전 11:2 이하 참조). 예수님 시대에도 바리새인과 서기관들은 성경대로 한다며 조상 대대로 물려받은 전통을 붙들었다. 그런 이들을 향하여 예수님은 정말 중요한 것을 붙들지 못한다고 책망하셨다(막 7:9 참조).

그렇다면 성경대로 한다는 말은 무엇을 뜻하는 것일까? 이는 '복음'을 해석의 중심으로 놓는 것이다. 예수 그리스도의 생애와 죽음과 부활을 성경해석의 중심 열쇠로 삼는 것이다. 따라서 올바른 성경해석은 성경을 볼수록 예수 그리스도가 명확해지고 가까워져야 한다. 반면 성경을 볼수록 예수 그리스도는 점점 멀어지고, 엉뚱한 구약율법이나 또 다른 보혜사라 자칭하는 사이비 교주가 더 크게 다가

온다면 이것은 성경대로 하는 일이 아니다. 따라서 우리는 예수 그리스도가 멀어지는 해석을 경계해야 한다.

유대인들은 그들에게 주어진 성경을 수없이 읽었지만 그 안에서 예수 그리스도를 발견하지 못했다. 예수 그리스도를 통해 성경을 해석하지도 못했다. 그러나 예수님을 핍박하던 바울이 다메섹 도상에서 극적으로 그분을 만나고 새롭게 변화되고 난 이후, 그는 모든 성경을 통해 그리스도를 발견하였다. 또 예수 그리스도로 해석하였다. 본문은 구약의 말씀 속에서 복음을 발견하고, 예수 그리스도로 해석하는 일이 무엇인지를 생동감 있게 보여주고 있는 소중한 말씀이다.

본문을 이해하려면 5절 초반부에 생략된 헬라어 접속사 '가르'에 주의를 기울여야 한다. 이는 '왜냐하면' 또는 '그러므로' 등으로 해석되는 인과접속사이다. 인과관계를 살피려면 바로 앞 구절에서 선언한 말씀을 검토해야 한다. 바로 "그리스도는 모든 믿는 자에게 의를 이루기 위하여 율법의 마침"(롬 10:4)이 되신다는 내용이다. 그렇다. 그리스도께서 율법의 최종목표를 성취하셨다! 그렇다면 이는 자연스럽게 모든 성경해석의 중심은 그리스도여야 한다는 결론으로 인도한다.

사도 바울은 구약의 핵심메시지로 레위기 18장 5절을 인용하여, "모세가 기록하되 율법으로 말미암는 의를 행하는 사람은 그 의로 살리라"(롬 10:5)고 제시한다. 이것이 원래 율법이 의도했던 바다. 율법을 온전히 순종하면 그 의를 통해 생명을 얻는다. 문제는 인간의 능력으로 율법을 100% 지켜낼 수 없다는 사실이다. 우리의 능력으로 율법의 목표에 도달할 수 없다면 우리는 이 구절을 예수 그리스도를 믿음으로 말미암는 새로운 의를 통하여 재해석해야 한다. 왜? 그리스도는 율법이 목표로 하는 것을 온전히 성취하셨기 때문이다. 그분께서 율법의 완성이 되셨다. 놀라운 점은 이 믿음으로 말미암는 의가 신약시대에 이르러 갑자기 나타난 의가 아니라 이미 구약 여러 곳에 예고되었다는 사실이다.

이를 설명하기 위해 6~8절은 신명기 30장 12~14절 말씀을 인용하여 다음과 같이 말씀한다(이에 관한 상세한 논의는 김도현이 쓴 「나의 사랑하는 책 로마서」, 386-393쪽을 참조하라).

"믿음으로 말미암는 의는 이같이 말하되 네 마음에 누가 하늘에 올라가겠느냐 하지 말라 하니 올라가겠느냐 함은 그리스도를 모셔 내리려는 것이요 혹은 누가 무저갱에 내려가겠느냐 하지 말라 하니 내려가겠느냐 함은 그리스도를 죽은 자 가운데서 모셔 올리려는 것이라. 그러면 무엇을 말하느냐. 말씀이 네게 가까워 네 입에 있으며 네 마음에 있다 하였으니 곧 우리가 전파하는 믿음의 말씀이라."

이 말씀을 엄밀하게 살펴보면 신명기 9장 4절 말씀도 함께 인용하고 있다. "심중에 ~하지 말라"(신 9:4)는 부분을 여기서 "네 마음에 ~하지 말라"(롬 10:6)고 말씀하고 있다. 마음에 무엇을 하지 말라는 것인가? 신명기 본문의 문맥을 살펴보면 이것이 명확하게 드러난다. 이는 이스라엘 백성들이 약속의 유업인 가나안 땅을 차지한 이유가 자신들이 율법을 잘 지켜 공의롭기 때문이라고 착각하지 말라는 뜻이다. 이스라엘은 율법을 온전히 지키지 않았다. 마음이 정직하지도 않았다. 그럼에도 그들이 약속의 땅을 차지한 것은 하나님께서 가나안 민족들이 악함으로 인해 쫓아내셨기 때문이다.

하지만 이스라엘은 율법으로 말미암는 의를 추구하려 하였기에 이들은 자신들이 가나안 땅에 들어온 이유가 마치 율법을 잘 순종해서 들어온 것인 양 착각하고 있었다. 율법을 순종해서 들어온 것이 아니다. 은혜로 들어온 것이다. 여기서 신명기 9장 4절을 인용한 까닭은 이러한 율법을 추구하는 유대인들의 모습을 선명하게 드러내기 위해서다. 그리고 나서 바울은 신명기 30장 12절 이하의 말씀을 인용한다. 이를 이해하려면 신명기 28장부터의 흐름과 이 장의 본문이 위치한 30장 전후의 문맥을 이해할 필요가 있다.

먼저 신명기 28장부터 이어지는 흐름을 살펴보자. 28장은 이스라엘 앞에 복(신 28:1-14)과 저주(신 28:15-68)가 있음을 상기시키며, 이를 지킬 것을 촉구하고 있다(신 29:9). 그러나 이를 온전히 지키지 못하면 하나님은 이스라엘을 뽑아내실 것(신 29:29)을 경고하신다. 이 저주와 복은 신명기의 역사관을 형성하며, 신명기 전체, 더 나아가 모세오경과 역사서, 심지어는 예언서를 관통하는 구약성경의 중요한 주제이다. 이스라엘은 이 둘 중 하나를 선택해야 했다.

그러나 안타깝게도 이스라엘은 저주를 선택하고 파멸에 이른다. 결국에는 바벨론의 포로로 사로잡혀 간다. 하지만 만약 이스라엘이 포로로 간 그곳에서 마음을 돌이켜 돌아온다면(신 30:1-2), 하나님은 이들의 마음에 할례를 베푸실 것을 약속하신다(신 30:6). 마음의 할례는 장차 새 언약을 통해 나타날 성령의 역사를 예고한다(겔 36:26-

27). 이때 이들은 새로운 마음으로 온전하게 순종하게 될 것이고, 이를 통해 새로운 생명을 얻을 것이다(롬 1:5, 16:26 참조). "네 하나님 여호와께서 네 마음과 네 자손의 마음에 할례를 베푸사 너로 마음을 다하며 뜻을 다하여 네 하나님 여호와를 사랑하게 하사 너로 생명을 얻게 하실 것이며"(신 30:6).

유배상태에서 새로운 회복의 역사가 일어날 것이다. 이런 회복의 역사 앞에 새 언약의 백성들은 하나님의 말씀을 다시 선택해야 하는데(신 30:15), 이는 그다지 어려운 선택이 아니다. 멀리 있는 것도 아니다. 하늘에 올라가서 찾아야 할 것도 아니고(신 30:12), 바다 건너 먼 곳에 있는 것도 아니다(신 30:13). 마치 전에 모세가 율법을 받기 위하여 시내산 꼭대기로 올라갔던 것처럼 올라갈 일도 아니고, 또 출애굽 했던 경로를 거슬러 바다를 건너 다시 애굽으로 돌아가야 하는 일도 아니다. 왜? 이 선택이 이스라엘의 입술에서 가깝고, 그들의 마음에도 매우 가깝기 때문이다(신 30:14). 지금 모세를 통하여 이스라엘 앞에 선포되는 이 말씀을 그때에도 마음을 열고 선택하기로 결단하면 되는 일이다. 이럴 때 이들은 비로소 메시아 예수 안에서 오랜 유배생활의 종지부를 찍고, 하나님의 새로운 통치 안으로 들어가게 된다.

바울이 극적으로 예수 그리스도를 만나 복음을 계시받은 후, 그는 이러한 신명기의 말씀이 그리스도 안에서 새롭고도 놀랍게 성취되었음을 깨달았다. 이제 신명기에서 말씀하신 새로운 선택과 회복의 때가 그리스도를 통하여 이스라엘에게 다가왔다. 이스라엘은 그리스도를 멀리서 찾을 일이 아니다. 그가 성육신하여 우리 가운데 내려오셨기 때문이다(롬 10:6). 또 그를 찾으려고 바다 너머와 같이 먼 죽음 너머의 무저갱, 즉 지옥에 내려갈 일도 아니다(롬 10:7). 그분은 이미 죽음 가운데서 부활하셔서 우리 가운데 계시기 때문이다. 우리는 마음을 활짝 열고 가까이 계신 그리스도를 기꺼이 선택할 수 있다. 그렇다면 선택은 구체적으로 어떻게 하는가? 이는 말씀의 일꾼된 사도들을 통하여 선포된 믿음의 말씀, 즉 복음을 받아들이는 것을 가리킨다. 이를 8절은 다음과 같이 말씀한다.

> "그러면 무엇을 말하느냐. 말씀이 네게 가까워 네 입에 있으며 네 마음에 있다 하였으니 곧 우리가 전파하는 믿음의 말씀이라."

여기서 말씀은 헬라어로 '로고스'(요 1:1 참조)가 아니라 '레마' 다. 이는 사람의 입을 통해 선포된 말씀을 뜻한다. 구체적으로는 사도들을 통해 선포된 복음의 말씀을 의미한다. 이 말씀은 '믿음의 말씀' 이다. 믿음의 순종을 불러일으키는 말씀인 것이다(롬 1:5, 16:26 참조).

우리가 이 복음을 받아들여 입으로 예수를 주로 시인하고, 또 복음의 내용을 마음에 믿으면 우리는 우리의 공로와 정직함이 아니라 그리스도께서 성취하신 새로운 의를 힘입어 구원에 이르게 된다(롬 10:9-10). 여기서 '마음'(헬. 카르디아, 롬 10:10)은 '심장'을 의미하는 단어로 그 사람의 가장 깊은 곳이다. 따라서 마음으로 믿는다는 것은 자신의 전 존재를 다 하여 그리스도를 믿고 따르며 헌신하는 일을 말한다. 이럴 때 예수 그리스도는 모든 사람의 주가 되신다(롬 10:12).

바울은 믿음으로 받아들인 복음을 통하여 예수 그리스도께서 하나님 백성의 모든 유배를 종식시키고 새로운 통치자가 됨을 선언한다. 바울은 이 놀라운 성취를 "누구든지 주의 이름을 부르는 자는 구원을 받으리라"(롬 10:13)는 한 문장에 압축적으로 요약한다. 요엘서 2장 32절을 인용한 이 말씀은 원래 '여호와의 이름'을 '주의 이름'으로 바꾸고 있다. 하나님의 구원계획이 예수 그리스도를 통해 성취된 일을 보여주는 것이다. 요엘서는 이런 역사에 성령이 만민에게 부어지는 역사를 전제한다(욜 2:28). 복음의 역사에 성령께서 그 마음을 준비시켜 주심을 암시하는 것이다.

이토록 귀한 믿음으로 말미암는 '하나님의 의'를 하나님은 우리가 마음을 열고 손만 뻗으면 붙들 수 있도록 너무도 가까이에 두셨다. 문제는 마음이다. 마음만 열면 되는데 이 마음이 잘 열리지 않는다. 제일 쉬우면서도 제일 어렵다. 사도들을 통해 유대인들에게 예수 그리스도의 복음이 선포되었다. 믿으면 하나님의 의로운 백성으로 부름 받지만 믿지 않으니 어둠 가운데 불러낼 수가 없다(롬 10:14). 하나님은 원래 이스라엘이 그리스도를 믿고 보내심을 받아 열방에 나아가 복음을 전하는 자들의 아름다운 발이 되기를 원하셨다(롬 10:15). 그러나 이들은 모두 복음에 순종하지 않았다(롬 10:16, 참조 롬 1:5). 16절은 이사야 53장 1절을 인용하여 "주여 우리가 전한 것을 누가 믿었나이까"라고 진술한다. 이는 우리를 위해 수난받고 십자가 지신 메시아를 전했지만 이를 거부할 것을 예고하는 말씀이다. 많은 유대인이 십자가 지신 메시아 앞에 걸려 넘어졌다. 하나님의 저주를 받아 나무에 달린 자(신 21:23)가 하나님의 아들이라고 하는 것은 말도 안

되는 주장이라고 여겼기 때문이다(토마스 슈라이너, 「BECNT 로마서」, 673-674쪽). 사실은 바울도 다메섹에서 부활하신 그리스도를 만나기까지 믿지 않았다. 결국 이스라엘은 모두 십자가를 지신 메시아 앞에 걸려 넘어져 복음에 순종하지 않았다.

마음을 열고 귀를 열어야 한다. 그래야 복음이 들어간다. 믿음은 들음에서 나고, 들음은 복음의 일꾼들을 통해 선포되는 그리스도에 관한 복음의 '말씀'(헬. 레마)에서 비롯되기 때문이다(롬 10:17). 결국 이스라엘이 복음 듣기를 거부했기에 이 그리스도의 말씀은 땅끝까지 선포되었다(롬 10:18). 하나님의 백성이 아니었던 자들이, 이제 하나님의 백성이 되었다(롬 10:19). 처음부터 하나님을 모르고 그분을 찾지 않았던 이들에게 이제는 찾은 바 되고 나타나게 되었다(롬 10:20). 이렇게 복음은 이스라엘을 넘어 열방으로 전파되게 된 것이다. 이 결과 앞에 이스라엘은 더 이상 변명할 것이 없다. 이토록 복음의 말씀이 가까이에서 선포되었음에도 이스라엘이 믿음을 갖지 못한 것은 이들이 전적으로 마음을 닫고 복음을 거부했기 때문이다. 하나님은 믿지 않고 순종하지 않는 백성들에게 온종일 손을 벌리며 복음을 받아들이기 원하셨지만 이들은 복음을 끝끝내 거절하였다.

요컨대 구약의 중심적인 책인 신명기 말씀은 이스라엘의 멸망으로 실패한 것이 아니라 예수 그리스도 안에서 놀랍게 성취되었다. 이스라엘 백성들이 율법 앞에 놓인 순종과 불순종 중에 불순종을 선택하여 결국 멸망하고 포로로 끌려갔던 것처럼, 1세기의 유대인들도 그리스도 예수의 복음 앞에 놓인 순종과 불순종 중에 또다시 불순종을 선택하게 되었다.

이제 이 신명기의 복과 저주의 선언이 율법의 마침 되시는 그리스도 예수 안에서 성취되어 우리 앞에 있다. 무엇을 선택할 것인가? 그리스도 안에 감춰진 신령한 기업의 복이 놀랍고 크다(엡 1:3-14,18). 그리스도 안에서 우리의 모든 것이 충만하게 회복된다(엡 1:23, 3:19, 4:10,13). 그분이 하나님 말씀의 중심이고 우리 삶의 중심이다. 이제는 그리스도로 성경을 해석하라. 그리스도로 우리의 삶을 해석하라. 그리고 믿음의 순종으로 복음 안에 허락하신 하늘의 신령하고 충만한 복을 누리라!

남은 자에게
임하는 은혜

¹그러므로 내가 말하노니 하나님이 자기 백성을 버리셨느냐. 그럴 수 없느니라. 나도 이스라엘인이요 아브라함의 씨에서 난 자요 베냐민 지파라. ²하나님이 그 미리 아신 자기 백성을 버리지 아니하셨나니 너희가 성경이 엘리야를 가리켜 말한 것을 알지 못하느냐. 그가 이스라엘을 하나님께 고발하되 ³주여 그들이 주의 선지자들을 죽였으며 주의 제단들을 헐어 버렸고 나만 남았는데 내 목숨도 찾나이다 하니 ⁴그에게 하신 대답이 무엇이냐. 내가 나를 위하여 바알에게 무릎을 꿇지 아니한 사람 칠천 명을 남겨 두었다 하셨으니 ⁵그런즉 이와 같이 지금도 은혜로 택하심을 따라 남은 자가 있느니라. ⁶만일 은혜로 된 것이면 행위로 말미암지 않음이니 그렇지 않으면 은혜가 은혜 되

지 못하느니라. [7] 그런즉 어떠하냐. 이스라엘이 구하는 그것을 얻지 못하고 오직 택하심을 입은 자가 얻었고 그 남은 자들은 우둔하여졌느니라. [8] 기록된 바 하나님이 오늘까지 그들에게 혼미한 심령과 보지 못할 눈과 듣지 못할 귀를 주셨다 함과 같으니라. [9] 또 다윗이 이르되 그들의 밥상이 올무와 덫과 거치는 것과 보응이 되게 하시옵고 [10] 그들의 눈은 흐려 보지 못하고 그들의 등은 항상 굽게 하옵소서 하였느니라. [11] 그러므로 내가 말하노니 그들이 넘어지기까지 실족하였느냐. 그럴 수 없느니라. 그들이 넘어짐으로 구원이 이방인에게 이르러 이스라엘로 시기나게 함이니라. [12] 그들의 넘어짐이 세상의 풍성함이 되며 그들의 실패가 이방인의 풍성함이 되거든 하물며 그들의 충만함이리요.

일상을 살아가다 이따금 듣게 되는 말 한마디가 우리의 내면 깊은 곳으로 들어와 심하게 뒤흔들 때가 있다. 마치 조용한 호숫가에 돌 하나를 던져 호수 전체에 파장을 일으키는 것과 같다. 한 단어가 우리의 내면에 이렇게 큰 영향력을 끼치는 이유는 그 단어가 우리가 살아가는 삶의 스토리 가운데 내면 깊숙한 곳에 새겨졌기 때문이다. 그래서 그 단어를 듣게 되면 그 사람은 과거의 고통스러운 경험을 오늘날로 재현하며, 그 단어와 연결된 과거 삶의 스토리로 엮어져 들어가게 된다.

본문에는 이스라엘 민족 전체의 집단의식 속에 깊게 새겨진 단어가 연속해서 두 번이나 등장한다. 그것은 바로 '버리셨다'라는 단어다(롬 11:1-2). 이것은 일차적으로 바벨론으로 끌려간 사건과 관련된다. 바벨론 포로기의 경험은 하나님의 선민이었던 이스라엘 민족이 하나님께 버림받았다는 민족적 트라우마를 경험하는 사건이었다. 절대 일어나지 않을 것 같은 사건이 일어났을 때 이스라엘은 엄청난 충격에 휩싸이게 되었다. 그래서 이스라엘 백성들에게 하나님께서 자신들을 '버리셨다'라는 말은 다시 듣고 싶지 않은, 그러나 부인할 수 없는 충격이었다.

'하나님께서 과연 우리를 버리셨는가?' 하는 질문은 주후 1세기에도 계속해서 유효한 질문이었다. 당시 이스라엘은 여전히 로마제국의 식민통치 아래 있었고 독립국가가 아니었다. 여전히 포로상태였다. 그래서 대다수 유대인은 자신들이 여전히 바벨론 포로기의 연장선에 있다고 생각했다. 성전은 이방인에 의해 종종 짓밟혔고 위기에 처했다. 그러다 마침내 주후 70년에 처절하게 무너져 내리기에 이른다.

'버리셨다'라는 단어가 특별히 이스라엘을 괴롭게 하는 이유가 있다. 이 단어와 함께 연이어 등장하는 '자기 백성'이라는 표현 때문이다(롬 11:1-2). 자기 백성이란 하나님께서 선택하고 언약을 맺으신 하나님의 친백성이라는 의미다. 하나님께서 이들을 친히 부르시고 특별한 소유로 삼으셨다. 여기서 '자기' 백성, 혹은 하나님의 '소유'된 백성이란 단어는 히브리어로 '세굴라'라고 하는데 이는 소중한 보물, 또는 귀한 보석을 뜻한다(출 19:5, 신 7:6, 14:2, 26:18 참조). 본문에는 소중한 '세굴라'와 이 세굴라를 버리신 하나님 사이의 팽팽한 대립이 1절과 2절에 연속적으로 메아리치고 있다.

하나님은 신명기 30장 12~14절의 말씀을 그리스도 예수 안에서 새롭게 성취하시고, 그가 보물 삼으셨던 이스라엘 백성들이 가까이서 복음을 듣고 입으로 시인하여 구원을 받을 수 있도록 세심하게 배려하셨다. 그러나 이스라엘은 여전히 완악한 마음으로 복음을 거부하고 있다. 하나님이 온종일 그분의 손을 벌리고 기회를 주시건만 이스라엘은 이를 여전히 거부한다. 도대체 어떻게 된 일인가? 혹시 하나님께서 자신이 친히 소유 삼으신 귀한 백성을 버리신 것은 아닌가? 바벨론 포로 이후로 여전히 완악한 이들을 완전히 포기하기로 하신 것은 아닌가? 어떻게 소중한 보석을 버리실 수 있는가?

이는 유대 그리스도인뿐만 아니라 이방 그리스도인들에게도 중요한 질문이었다. 왜냐하면 이는 교회 내에서 유대 그리스도인들을 배제하고 밀어내는 데 정당성을 부여하기 때문이다. 이렇게 되면 그동안 유대인들이 자부심으로 여겼던 율법, 할례, 절기와 같은 것들은 한낱 오만의 상징으로 전락한다(롬 3:1-3 참조). 그렇게 되면 이방인들은 유대인들을 구원받을 자격을 잃은 것으로 여기게 되고, 이들은 주님의 교회에서 유대 그리스도인들조차 배타적으로 밀어낼 수 있었다. 이는 유대 그리스도인들도 함께 신앙생활을 했던 로마교회에도 커다란 위기를 초래할 수 있었다(롬 16:3,7 참조). 2차 세계대전 당시, 독일의 나치는 이러한 논리로 유대인들을 대량으로 학살하며 자신들을 합리화하였다. 따라서 하나님이 자기 백성을 버리셨느냐는 질문은 유대인뿐 아니라 이방인에게도 매우 중요한 질문이었다.

바울은 이 질문에 대해 단호하게 "그럴 수 없다"라고 대답한다. 하나님은 이스라엘을 결코 포기하신 것이 아니었다. 그 이유가 무엇인가? 첫째, 무엇보다 로마인들에게 복음을 전하고 있는 바울이 이스라엘 백성이기 때문이다. 그는 아브라함의 자손이자 베냐민 지파의 정통 유대인이었다. 베냐민 지파는 하나님께서 온종일 지켜주시고 당신의 등에 업어 키우실 정도로 특별한 은혜와 보살핌을 받은 지파였다(신 33:12, 표준새번역). 이스라엘 12지파 중 베냐민 지파는 그야말로 남은 자들이었다.

남북 왕국으로 분열된 이후 북 왕국의 열 지파가 앗수르에 의해 흩어졌다. 앗수르는 혼혈정책과 이주정책을 병행하여 이스라엘 열 지파의 흔적을 지우려 했다. 이후 남은 유다 지파와 베냐민 지파가 이스라엘의 명맥을 유지하다가 주전 586년 바벨론에 의해 무너졌다. 바벨론은 이전 앗수르 제국과는 달리 혼혈정책을 사용하지 않고 이주정책만 사용하였다. 바벨론 포로 70년 이후 유다 지파와 베냐민 지파는 기적적으로 다시 약속의 땅으로 돌아왔다. 따라서 자신을 베냐민 지파 사람으로 소개하는 바울의 진술에는 자신이야말로 '남은 자'의 자손이라는 자긍심이 배어 있었다. 베냐민 지파의 대표적인 조상은 이스라엘의 초대 왕 사울이다. 절묘하게도 바울의 옛 이름이 사울이다. 여기에는 천 년 전 베냐민 지파의 사울을 택하여 위기에 빠진 이스라엘을 구원하신 하나님의 역사가 지금의 베냐민 지파의 사울(바울)에게 일어나기를 바라는 마음 또한 있을 것이다.

이런 하나님의 구원역사를 기대하는 표현이 바로 다음 구절 "하나님이 그 미리 아신 자기 백성을 버리지 아니하셨다"라는 말씀이다(롬 11:2). 여기 '미리 아셨다'라는 표현은 단순한 지적인 앎이 아니다. 미리 아심은 하나님께서 자기 백성이 어떤 것을 생각하거나 행하기 전에 먼저 손을 내밀어 복 주시려는 하나님 사랑의 한 형태다. 이를 갈라디아서 1장 15절은 하나님의 미리 아심이 은혜의 부르심을 낳고, 하나님의 선하신 목적을 이룰 것으로 알려준다(롬 8:29 참조).

따라서 하나님의 미리 아심은 그의 백성을 쉽게 버리지 않는다 (롬 11:2). 여기서 '버리지 않는다' 라는 표현은 사무엘의 선언이기도 하다. 블레셋을 비롯한 주변 대적들의 위협 가운데 사무엘은 이스라엘 백성들의 요구대로 베냐민 지파에서 사울 왕을 선출하고 일선에서 물러나며 말한다. "여호와께서는 너희를 자기 백성으로 삼으신 것을 기뻐하셨으므로 여호와께서는 그의 크신 이름을 위해서라도 자기 백성을 버리지 아니하실 것"이라고 선언하면서, "나는 너희를 위하여 기도하기를 쉬는 죄를 여호와 앞에 결단코 범하지 아니하고"라 말한다(삼상 12:22-23). 하나님의 미리 아심을 확신하는 사무엘은 단순히 아는 것으로 그치는 게 아니라 미리 아심의 목적이 성취될 때까지 중보기도의 자리를 지키겠다는 뜻이다.

바울에게도 마찬가지다. 바울은 이스라엘 백성들이 예수 그리스도를 거부하고 버린 바 된 것처럼 보이는 현시점에서, 하나님께서 사무엘 시대에 미리 아신 자기 백성을 버리지 않는다고 말씀하신 것처럼 이스라엘도 절대 버리지 않으실 것이고, 이에 자신도 기도로 헌신할 것임을 은연중에 암시하고 있다. 이미 이러한 심정을 바울은 로마서에서 내비치고 있으며(롬 9:1-3, 10:1), 이러한 중보기도의 전통은 모세의 목숨 건 기도와도 연결되어 있다(출 32:32). 이런 바울을 볼 때 하나님은 이스라엘을 아직 버리신 게 아니었다.

둘째, 하나님은 바울 외에도 남겨두신 이들이 있었다. 이를 설명하기 위해 바울은 열왕기상 19장 18절을 인용하며 북 왕국 아합 왕 시대에 하나님께서 남겨두신 7천 명을 예로 들고 있다. 엘리야 선지자는 홀로 당시에 이스라엘 백성들을 미혹하던 바알과 아세라 선지자 850명과 목숨을 건 대결을 벌었다. 바알과 여호와 사이에 머뭇머뭇하던 백성들에게 하나님을 따르라고 호소하고, 불로써 응답하시는 하나님의 역사를 경험했다. 엘리야는 통쾌한 승리를 맛보았다. 그러나 바알신을 섬기던 아합 왕의 아내 이세벨은 이 패배를 전해 듣고는 사신을 보내 엘리야를 죽이겠다고 협박했다. 이 협박에 엘리야는 두려워 유다 최남단 성읍 브엘세바까지 도망가서 거기서 하룻길을 더 광야로 들어가 하나님께 죽여 달라고 호소했다. 이스라엘 모두가 바알을 따르는 상황에서 하나님을 섬기는 선지자는 이제 자기 혼자밖에 없으니 너무 외롭고 힘들다는 것이었다(왕상 19:10,14). 이때 하나님은 엘리야에게 이것은 엘리야의 착각이고, 아직 이스라엘 가운데 바알에게 무릎 꿇지 않은 7천 명을 남겨두셨다고 말씀하신다. 바울은 이들을 '남은 자'로 지칭한다(롬 11:5,7). 이 '남은 자'는 바울이 만들어낸 용어가 아니다. 이는 이사야서에서 장차 하나님께서 구원을 위하여 남겨두신 적은 무리를 예언했던 표현이다(사 10:22, 1:9, 롬 9:27,29 참조).

바울은 자신의 처지를 이런 엘리야 선지자와 동일시했다. 그는 엘리야와 같이 이스라엘을 위해 홀로 남은 중보자와 같다고 느꼈다. 하나님의 백성들이 일어나야 하는데 현실에는 아무도 일어나지 않았다. 바울은 이런 이상과 현실의 간극을 메워야 하는 중보자였다. 낙담하지 말아야 할 것은 그가 결코 홀로 '남은 자'가 아니었기 때문이다.

지금도 하나님의 은혜로 택하심을 따라 남은 자들이 있다(롬 11:5). 그렇다면 그들은 과연 누구일까? 로마서 16장에 보면 바울이 로마교회에 안부 인사를 전하는 부분이 등장하는데, 여기 등장하는 브리스가아 아굴라, 안드로니고, 유니아 같은 이들이 바로 남은 자, 즉 유대 그리스도인들이었다. 이들은 목숨을 걸고 복음의 증인이 될 정도로 헌신한 남은 자들이었다. 이들은 하나님께서 이스라엘을 완전히 버리지 않으셨다는 사실을 보여주는 새로운 희망이었다. 그뿐만이 아니었다. 성령께서 말할 수 없는 탄식으로 그의 백성들을 위해 중보하고 계셨다(롬 8:26).

이 '남은 자'들은 은혜를 따라 택하심을 입은 자들이다(롬 11:5). 이는 그 당시 자기 행위의 의를 따라 남은 자들과 대조된다. 대표적인 것이 쿰란 공동체다. 이들은 사해 서쪽 부근 유대광야에 머물며 율법을 준수하고 자신들을 정결하게 준비하여 종말을 맞이하려 했다. 이들은 자신을 그 당시의 혼란하고 타락한 시대의 유일한 '남은 자'로 자처했다. 그러나 시간이 갈수록 이들의 규모는 줄어들었고 결국에는 로마군에 의해 모두 멸망했다. 행위로 말미암아 남았던 이들은 결국 행위로 망하고 만 것이다(롬 11:6 참조).

남은 자들이 보여주는 영적인 현실이 무엇인가? 이스라엘 백성들은 전체적으로 그들이 구하는 '의'를 얻지 못했지만 오직 택하심을 입은 남은 자, 곧 그리스도를 믿고 입으로 시인한 유대 그리스도인들만이 '믿음으로 말미암는 의'를 얻었다는 사실이다(롬 11:7). 의를 얻지 못한 이스라엘은 '우둔해졌다'(롬 11:7). 여기 '우둔해졌다'(헬. 포로오)라는 단어는 단단히 굳어졌다는 뜻이다. 이 단어의 명사형인

'포로스'는 돌을 의미하며, '포로오'는 포로스 돌처럼 단단히 굳어졌다는 뜻이다. 성경은 이를 '완악해졌다'라고 표현한다. '완악함'은 하나님의 선택을 받지 못한 자들에게 나타나는 특징이다. 에서도 완악해졌고 바로도 완악해졌다(롬 9:13,18).

하나님께서 이스라엘을 선택하셨을 때 선택받지 못한 이방인들이 완악해졌던 것처럼 이제는 하나님께서 이스라엘의 남은 자들을 선택하셨을 때 선택받지 못한 이스라엘 대다수는 에서, 바로와 같이 완악해졌다. 이들의 상태는 혼미한 심령으로 마땅히 볼 것을 보지 못하고, 들어야 할 것을 듣지 못하는 상태이다(롬 11:8). 이런 상태는 우상의 특징이기도 하다(사 6:9-10, 시 115:4-8 참조). 즉 이스라엘 백성들의 우둔함과 혼란함은 이들이 복음을 거부하는 일이 '우상 숭배'의 전통과 매우 밀접한 관련이 있음을 암시한다. 이들을 보면 마음이 어렵다. 답답하다. 절망스럽다.

그렇다면 이스라엘은 소수의 남은 자를 제외하고는 이제 구원에서 멀어진 자들인가? 절대 그렇지 않다. 앞서 언급했듯이 하나님은 미리 아신 자기 백성을 반드시 그의 신실하심과 사랑으로 구원하실 것이다. 특별히 여기서 "그 미리 아신 자기 백성"이라고 말씀하신 것에 주목할 필요가 있다(롬 11:2). 자기 백성을 향하여 특정 대상을 지칭하는 관사를 사용하여 "그 미리 아신 자들"이라고 하신다. 이는 이스라엘이 이렇게 복음을 거부하고 완악할 것까지도 아셨다는 뜻이다. 만약 이스라엘의 불성실함과 완악함이 하나님의 신실하심에 어떤 차이를 만들어냈다면, 또 이스라엘이 완악하여 복음을 거부하고 신실하지 못한 것에 영향을 받으셔서 구원계획을 바꾸셨다면 하나님은 처음부터 이스라엘을 선택하지 않으셨을 것이다(James Dunn, *Romans 9-16*(Word Biblical Commentary)(Dallas: Word, 1988), p.644).

이 모든 일이 하나님의 지식 안에 있다. 무슨 뜻인가? 지금 실패처럼 보이는 이스라엘의 모습에도 불구하고 하나님께서 이스라엘을 부르신 그 부르심은 여전히 유효하다는 의미다. 바울은 확신했다. 이스라엘은 하나님이 전혀 예측하지 못한 방법으로 행하지 않았고, 결과적으로 하나님은 이스라엘의 실패에도 불구하고 신실하게 남아계실 것이다(위의 책, 644쪽). 하나님은 도리어 이들의 실패를 사용하셔서 이방인들을 충만하게 구원하실 것이고, 이스라엘로 시기하여 언젠가 이들도 풍성하고 충만한 은혜로 돌이키실 것이다(롬 11:11-12).

그렇다면 남은 자의 사명은 무엇인가? 자신이 선택받은 것만을 기뻐하고 다행스럽게 여기는 게 아니라 모두가 포기하고 절망의 먹구름이 가득할 때조차 홀로 남아 하나님의 신실하심을 신뢰하며, 그분의 은혜와 회복의 역사를 기다리는 일이다. 다들 떠나고 자신만 남았다고 불안해하지 말라. 떨지 말라. 우리에게는 회복되어야 할 이상과 현실의 괴로움을 메워야 할 중보자의 사명이 있다. 이런 사명을 감당하는 자에게는 하늘로부터 임하는 특별한 은혜가 있다.

첫째, 남은 것 자체가 하나님의 특별한 은혜다. 엘리야 시대에 바알에게 무릎 꿇지 않은 7천 명의 남은 종들이 있었다. 이들이 남을 수 있었던 것은 자신들의 결심과 행위 때문이 아니라 택하시고, 믿음을 붙들고 지켜주신 하나님의 은혜가 있었기 때문이다. 이 은혜가 나를 무릎 꿇어 기도하게 하고, 반드시 응답을 맛보게 하실 것이다.

둘째, 남은 자에게는 본질을 꿰뚫어 볼 수 있는 은혜가 있다. 이들에게는 환경을 뚫고 역사하시는 하나님의 능력과 경륜을 헤아릴 수 있는 믿음과 은혜가 임한다. 반면 남지 못한 자들은 환경과 사람 등 비본질적인 것으로 인해 쉽게 하나님을 거부하고 완악해진다. 힘들다. 현실에 변화가 없다. 나 혼자 있는 것 같다. 그러나 결코 혼자가 아니다. 성령이 말할 수 없는 탄식으로 중보하시고, 주변에 기도하는 믿음의 동역자들이 함께할 것이다.

셋째, 남은 자에게는 끝까지 하나님을 신뢰하는 믿음이 있어야 한다. 이스라엘의 실패가 하나님의 실패는 아니다. 하나님은 여전히 역사하고 계시고, 결국에는 이스라엘의 실패가 이방인과 이스라엘 모두를 풍성하고 충만하게 할 것이다. 지금의 암담한 현실은 결코 실패가 아니다. 반드시 아름다운 열매를 거두게 하실 것이다.

하나님은 모두가 포기하고 떠날 때 종종 우리를 그곳에서 남은 자로 부르신다. 나는 다른 이들이 모두 거절하고 떠날 때 함께 떠나려 하는가? 아니면 하나님의 은혜를 신뢰하며 끝까지 자리를 지키려 하는가? 홀로 남게 된 것에 불안해하지 말라. 모두가 거부하고 떠날 때도 그곳에서 하나님을 신뢰하며 남을 수 있는 한 사람, 그 사람이 축복의 통로가 된다.

악화되는 현실의 끝은
어디를 향하는가?

¹³내가 이방인인 너희에게 말하노라. 내가 이방인의 사도인 만큼 내 직분을 영광스럽게 여기노니 ¹⁴이는 혹 내 골육을 아무쪼록 시기하게 하여 그들 중에서 얼마를 구원하려 함이라. ¹⁵그들을 버리는 것이 세상의 화목이 되거든 그 받아들이는 것이 죽은 자 가운데서 살아나는 것이 아니면 무엇이리요. ¹⁶제사하는 처음 익은 곡식 가루가 거룩한즉 떡덩이도 그러하고 뿌리가 거룩한즉 가지도 그러하니라. ¹⁷또한 가지 얼마가 꺾이었는데 돌감람나무인 네가 그들 중에 접붙임이 되어 참감람나무 뿌리의 진액을 함께 받는 자가 되었은즉 ¹⁸그 가지들을 향하여 자랑하지 말라. 자랑할지라도 네가 뿌리를 보전하는 것이 아니요 뿌리가 너를 보전하는 것이니라. ¹⁹그러면 네 말이 가지들이

꺾인 것은 나로 접붙임을 받게 하려 함이라 하리니 [20]옳도다. 그들은 믿지 아니하므로 꺾이고 너는 믿으므로 섰느니라. 높은 마음을 품지 말고 도리어 두려워하라. [21]하나님이 원 가지들도 아끼지 아니하셨은즉 너도 아끼지 아니하시리라. [22]그러므로 하나님의 인자하심과 준엄하심을 보라. 넘어지는 자들에게는 준엄하심이 있으니 너희가 만일 하나님의 인자하심에 머물러 있으면 그 인자가 너희에게 있으리라. 그렇지 않으면 너도 찍히는 바 되리라. [23]그들도 믿지 아니하는 데 머무르지 아니하면 접붙임을 받으리니 이는 그들을 접붙이실 능력이 하나님께 있음이라. [24]네가 원 돌감람나무에서 찍힘을 받고 본성을 거슬러 좋은 감람나무에 접붙임을 받았으니 원 가지인 이 사람들이야 얼마나 더 자기 감람나무에 접붙이심을 받으랴.

청년 취업이 쉽지 않다. 통계청이 발표하는 청년고용 동향을 보면 매달 연속 실업률이 10%를 넘어간다("2016년 4월 고용 동향"). 제대로 된 일자리를 구하는 것이 하늘의 별 따기다. 그런데 어렵게 일자리에 들어가도 그곳에서 버티지 못하고 나오는 경우가 많다. 취업 후 1년 안에 평균 10명 중 절반이 그만두고, 많게는 10명 중 7명이 그만둔다. 무엇 때문에 이렇게 많은 이들이 어렵게 구한 일자리를 그만둘까? 그 주요 원인은 크게 두 가지다. 첫째는 근로여건이 만족스럽지 못한 것이고, 둘째는 직장에서 비전이 보이지 않기 때문이다(조재희, "신입사원 절반 1년 안에 떠난다"(미생탈출 A to Z)(〈조선일보〉, 2016. 3. 2.)). 힘들게 일하는데 끝이 잘 보이지 않는 것이다. 열심히 달려왔지만 달릴수록 내가 꿈꾸었던 이상이 멀리 달아나는 것 같을 때 우리는 어떻게 해야 할까?

사도 바울에게도 이와 비슷한 고민이 있었다. 유대인이었던 바울은 이방인을 위한 사도로 부름받았다. 바울의 사명은 할 수 있는 한 더 많은 이방인을 그리스도에게로 돌아오게 하는 일이었다. 그러나 바울이 사명을 감당하기 위해 더욱 열심히 달려갈수록 현장에서 느끼는 동족에 대한 괴리감은 점점 더 켜졌다. 로마교회와 같은 이방교회들이 점점 더 커질수록 동족 이스라엘 백성들의 구원은 점점 더 멀어지는 것 같았기 때문이다. 이방인들이 그리스도께로 돌아올수록 점점 많은 유대인이 그리스도를 거부하고 있었다. 동족 이스라엘의 구원은 갈수록 멀게만 느껴졌다. 이런 역설적인 현실 속에서 바울은 괴로웠다. 자신의 사명이 이스라엘의 구원을 앞당기는 게 아니라 점점 더 멀어지게 하는 것 같았다.

이런 와중에 바울은 로마교회의 이방인 그리스도인들이 혹시라도 자만해지지 않을까 염려했다. 바울은 일부 이방 그리스도인들이 지금과 같은 현상으로 볼 때 하나님은 이제 더는 유대인들을 구원하지 않으시고, 바울을 포함한 현재의 유대 그리스도인의 남은 자들이 있지만 더는 늘지 않을 것으로 생각할 일을 우려했다(톰 라이트, 「로마서」, 503쪽). 이럴 때 어떻게 해야 할까? 차라리 이런 현실을 외면하고 이방인의 사도라는 자신의 직분도 다 내려놓고 멀리 도망가는 게 낫지 않을까?

바울은 이런 상황을 다음과 같이 시작함으로써 정면 돌파를 시도한다. "내가 이방인인 너희에게 말하노라!"(롬 11:13). 바울은 서두에 교만한 생각을 품을 수도 있는 이방 그리스도인들을 명시적으로 소환하며 본문을 시작한다. 바울은 자신의 이방인 사역으로 유대인의 구원이 멀어지는 것 같은 현실 속에서 자신의 직분에 대한 명확한 인식을 드러낸다.

"내가 이방인의 사도인 만큼 내 직분을 영광스럽게 여기노니"(롬 11:13).

바울은 괴로운 현실 가운데서도 자신의 직분을 영광스럽게 여겼다. 이유가 무엇인가? 이는 갈수록 심화되는 현재의 상황이 끝이 아님을 확신했기 때문이다. 바울은 이방인들에게 이스라엘의 하나님이요, 아브라함의 하나님께서 이제 메시아를 중심으로 새롭게 구성되는 한 가족 안으로 이방인들을 환영하여 받아들이신다는 소식을 전하고 있었다(롬 4:1-25). 바울은 자신이 직분을 충성스럽게 감당할수록 악화되는 것 같은 현 상태가 끝이 아니라 새로운 종말론적인 구원을 일으키는 동력으로 이어짐을 바라보고 있었다. 이어지는 그의 고백을 들어보자.

"이는 혹 내 골육을 아무쪼록 시기하게 하여 그들 중에서 얼마를 구원하려 함이라"(롬 11:14).

바울은 이방인들에게 복음을 전파하는 일이 유대인들에게 자극이 될 것을 확신했다. 복음이 이방인에게 들어가 이들이 놀랍게 변화되어 하나님의 통치 아래 살아가게 된다면 이 모습이 이스라엘 백성들에게 질투심을 일으킬 것이고, 선민이라는 언약적인 특권 가운데 있던 이스라엘은 자신들도 종말론적인 축복에 동참하고 싶은 열망으로 결국 이들 중 얼마가 돌아올 것이다. '얼마'가 돌아온다는 것은 바울이 소수의 유대인이 돌아올 것을 기대했다는 의미가 아니다. 바울은 할 수 있는 한 많은 유대 동족들이 복음 앞에 무릎 꿇기를 원했다. 그렇다면 여기서 '얼마'란 바울의 겸손과 함께 자신의 한계를 인정하는 표현이다. 자신은 부족하지만 최선을 다하겠고 최종적인 이스라엘의 돌아옴은 하나님께서 주권적으로 충만하게 이루실 하나님의 선교(Missio Dei)를 기대하는 것이다(롬 11:26 참조).

주목할 점은 여기 바울이 이스라엘을 가리켜 나의 '골육'(헬. 사르카, flesh), 즉 '육체'로 표현한 것이다. 바울은 이미 자신의 동족을 '골육의 친척'(롬 11:3), 즉 '육체를 따른 나의 혈족'으로 표현한 바 있다(롬 11:5 참조). 이스라엘을 '사르카', 곧 육신, 육체로 표현하는 것은 앞선 7장 전체의 논의를 반영하는 것으로 이스라엘이 드러내는 반역과 타락의 상태, 죄가 거하는 상태의 논의를 고스란히 이어받고 있다.

바울은 갈수록 강퍅해지는 이스라엘의 현 상태를 바라보면서 자신이 받은 이방인의 사도로서의 사명이 동족 이스라엘의 구원과 아주 상관없어 보인다고 하더라도 이것이 궁극적으로 이스라엘의 구원으로까지 이어질 것을 확신했다. 현재 부르심의 자리에서의 충성스러운 사명 감당이 궁극적인 하나님의 구원에 기여할 것임을 확신했다. 비록 연약하고, 또 돌아오는 유대인들은 일부에 불과하지만 하나님의 때가 이르면 반드시 거둘 것을 확신했다(갈 6:9).

이러한 깨달음의 배후에는 다 이해할 수 없는 신비로운 하나님의 경륜에 대한 신뢰가 있었다. 이스라엘이 복음을 거부한 것은 실패처럼 보였다. 15절 서두의 "그들이 버리는 것"은 원문을 직역하면 "그들(이스라엘)이 (복음을) 거부한 것"을 말한다. 하지만 하나님은 이를 실패로 끝나게 하지 않으시고, 도리어 세상에 화목을 가져오도록 하셨다. 메시아가 버려짐으로 세상의 화목을 이룬 것처럼 메시아의 육체를 따른 바울의 동족 이스라엘이 버려짐으로써 이방인이 화목을 이루었다(롬 11:15 전반부). 우리가 구원을 받는 일이 메시아의 다시 살아난 생명 때문인 것처럼 하나님이 바울의 동족 이스라엘로 복음을 듣고 믿게 하셔서 이들을 다시 받아들이신다면 이는 마치 이들이 죽은 자 가운데서 살아남과 같은 일이다(롬 11:15 후반부).

기독론의 관점에서 유대인들이 메시아를 거절한 일은 그 배후에서 하나님께서 이들을 거절하셨기 때문이다. 그래서 15절의 시작을 새번역은 "하나님께서 그들을 버리심"으로 풀어 설명한다. 하나님의 거절로 이스라엘은 마치 바로가 완악하게 된 것처럼 완악해져서 메시아의 죽음을 초래했고, 이방인들은 이스라엘의 완악함과 불순종으로 인하여 긍휼을 입게 되었다(롬 11:30 참조). 이런 면에서 이스라엘의 완악함은 하나님의 구원계획 일부가 되었다(롬 9:14-24 참조).

그렇다면 하나님께서 이스라엘을 버려지게 하셔서 세상의 화목을 이룬 일이 마치 이스라엘의 죽음과 같은 사건이라면, 이스라엘이 복음을 듣고 믿게 하셔서 이들을 다시 '받아들이는 사건'(헬. 프로슬렘프시스), 이스라엘이 회심하여 돌아오는 사건이 일어난다면 이는 그

중요성에 있어 '죽은 자 가운데서 살아나는' 부활과 같을 것이다.

바울은 자신의 확신을 두 가지 사례를 들어 설명한다. 먼저는 제사 때 하나님께 처음 익은 곡식 가루를 드림으로써 떡 전체가 거룩해지는 예다. "제사하는 처음 익은 곡식 가루"(롬 11:16)는 헬라어 단어 '아파르케'를 해석한 것으로 '첫 열매' 혹은 '첫 수확'을 의미한다. 아파르케를 드리는 방식은 민수기(15:20-21)에 나오는 제사 원리를 따른 일이다. 처음 익은 곡식을 수확해서 첫 결실로 빵 반죽 덩어리를 만들어 그중 일부를 하나님께 먼저 흔들어 거제로 드리면 나머지 덩어리도 거룩하게 여겨진다. 여기서 첫 열매로 드리는 "처음 익은 곡식 가루"(민 15:20)는 이스라엘 백성 중 믿고 구원받은 소수의 남은 자들을, 나머지 떡덩이 전체는 메시아를 믿지 않는 이스라엘을 가리킨다. 즉 민수기에 나오는 제사 원리와 같이 이스라엘의 일부 남은 자들이 하나님께 헌신하여 드려지면 이스라엘 전체가 거룩하게 되는 역사가 올 것을 확신한 것이다.

둘째는 뿌리와 가지와의 관계다. 가지는 현 상태가 어떠하든 결국 뿌리의 영향을 받게 되어 있다. 뿌리가 거룩하면 가지도 거룩하게 된다(롬 11:16). 여기서 뿌리는 아브라함, 이삭, 야곱과 같은 하나님과 언약을 맺었던 믿음이 선조들의 신앙유산을 의미한다. 더 나아가 이들은 육체로 메시아의 뿌리에서 나온 이들이다(롬 15:12 참조). 현재 믿지 않는 가지인 이스라엘은 결국 뿌리와의 관계로 인해 거룩하게 될 것이다.

문제는 현재 뿌리에서 나온 가지가 꺾였다는 사실이다. 하나님은 꺾인 그 자리에 이방 돌감람나무를 접붙이셨다. 돌감람나무는 쓸 만한 열매를 제대로 맺지 못하는 야생 올리브나무를 말한다. 야생 올리브나무가 원래의 감람나무에 접붙임을 받자 놀랍게도 뿌리의 진액이 가지로 공급되면서 살아나기 시작했다. 지금도 이스라엘과 지중해 연안 지역에 가보면 마을 곳곳에 수백 년에서 수천 년 된 올리브나무들이 두꺼운 뿌리와 기둥을 형성한 채 살아 있는 경우가 많다. 그런데 올리브나무가 너무 노쇠하면 열매가 튼실하지 못하다. 지금도 그렇거니와 당시에도 노쇠한 올리브나무에 어린 야생 올리브나무를 접붙이기하는 일은 풍성한 올리브 열매를 맺게 하여 생산력을 증가시키는 방법이었다(박익수, 「로마서 주석 Ⅱ」, 205쪽).

접붙이기 한 야생 올리브, 즉 돌감람나무 가지들이 생명을 얻고 열매를 얻은 것은 꺾인 가지들, 즉 복음을 거부한 이스라엘 덕분이다(롬 11:17). 따라서 돌감람나무 가지들은 참감람나무 가지들을 향하여 자랑하지 말아야 한다(롬 11:18). 첫째, 돌감람나무 가지들은 다 꺾인 게 아니다. 그중 '얼마'만 꺾였을 뿐이다. 아직 끝이 아니다. 언젠가 참감람나무 가지들이 다시 살아날 날이 올 것이다. 둘째, 돌감람나무의 생명과 열매는 전적으로 뿌리로부터 올라온다. 즉 돌감람나무의 힘과 공로 덕이 아니라 이스라엘의 영적 유산으로부터 받은 것이다.

따라서 접붙임을 받은 돌감람나무 가지인 이방 그리스도인들은 올리브 가지가 꺾인 것이 내가 접붙임을 받도록 하기 위한 하나님의 뜻이라고 교만해서는 안 된다. 이것이 당연한 일처럼 정당화하지 말아야 한다. 꺾인 참감람나무 가지인 이스라엘을 마치 구원에서 제외된 백성인 양 무시하지 말아야 한다. 도리어 하나님을 두려워함으로 겸손해야 한다(롬 11:20). 이방인이 이스라엘을 대체한 게 결코 아니다. 이스라엘과 이방인이 이렇게 된 일은 믿음이 있느냐 없느냐의 차이로 인한 것이다. 이방인은 믿었기에 접붙임을 받았고, 이스라엘은 믿지 않았기에 꺾였다. 이런 역사의 배후에 이방인 그리스도인들은 "하나님이 원 가지들도 아끼지 아니하셨은즉 너도 아끼지 아니하시리라"(롬 11:21)는 사실을 또한 깊이 생각해야 한다.

따라서 로마교회는 유대 그리스도인과 이방 그리스도인들 모두 항상 겸손하게 하나님의 "인자하심과 준엄하심"(롬 11:22)을 염두에 두어야 한다. 인자하심은 하나님께서 이방인 그리스도인들에게 보여주신 사랑과 구원의 역사를 내포한다. 하나님의 자비로우심으로 우리는 구원을 받았다. 그런데 이렇게 구원받은 일을 갖고 자신의 공로인 양 교만하게 이스라엘 백성들을 경시해서는 안 된다. 우리는 하나님의 준엄하심을 또한 기억해야 한다. '준엄하심' (헬. 아포토미아)이란 어떤 물건이 잘린 상태에서 만들어지는 예리한 각을 의미한다(차정식, 「로마서 Ⅱ」(서울: 대한기독교서회, 1999), 235쪽).

이는 하나님의 공의가 갖는 사법적인 엄격성을 말한다. 하나님은 공의의 심판대 앞에 일체의 여지도 주지 않으시고 가차 없이 심판하신다. 이방 그리스도인들은 하나님의 자비하심으로 접붙임을 받았지만 원가지였던 이스라엘은 하나님의 준엄하심 앞에 잘려나갔다. 만약 이스라엘처럼 교만하여 하나님 앞에 신실하지 못하면 접붙임받은 이방 그리스도인들도 여지없이 찍혀버릴 수 있음을 알아야 한다(롬 11:22). 그래서 우리는 늘 하나님을 경외하는 마음으로 그분의 은혜 안에 신실하게 머물러 있기를 힘써야 한다.

인자하심을 경험한 이방인이 하나님의 준엄하심을 기억해야 한다면 다른 한편 하나님의 준엄하심을 경험하고 꺾여 나갔던 이스라엘 백성들이 언젠가는 하나님의 자비하심을 기억하고 돌아올 수 있음을 인정해야 한다. 돌감람나무 가지가 참감람나무의 생명력을 이어받았다면, 복음을 거부했던 원 감람나무 가지였던 이스라엘 백성들이 마음을 열고 완악함에서 벗어나 믿음으로 나아가면 다시 접붙임을 받을 것이다(롬 11:23). 비록 이들은 꺾였지만 하나님은 이들을 완전히 버리신 게 아니다(롬 11:1). 언제든지 믿음으로 돌아오기만 한다면 이들은 다시 접붙여져 뿌리의 풍성한 수액을 이어받아 살아날 것이다(롬 11:24).

사도 바울은 이방인의 사도로서 그동안 수많은 돌감람나무 가지들이 참 감람나무 뿌리에 접붙임 되도록 돕는 일들을 해왔다. 덕분에 수많은 이방인이 믿음으로 그리스도께 돌아왔다. 이방인 지역 곳곳에 교회가 세워졌다. 이런 와중에 그는 분명히 확신하고 있었다. 이렇게 돌감람나무 가지들이 살아나는 일이 끝이 아니라는 것을 말이다. 만약 이방인들이 이렇게 살아나 열매를 맺었다면 참감람나무 가지인 이스라엘이 시기하여 다시 원뿌리에 접붙임 될 때는 더욱 풍성한 생명의 열매가 맺혀질 것을 믿음으로 바라보았다. 그때까지 자신은 이스라엘 백성들의 마음에 부러움과 시기를 일으키는 사명, 즉 이방인의 사도로서의 사명을 충실하게 감당하면 된다.

사역의 끝이 보이지 않는 힘든 길이지만 바울은 결국 하나님께서 이 모든 일을 합력하여 그분의 놀라운 선을 이루어가실 것을 신뢰하며 최선을 다해 복음을 전했다(롬 8:28 참조). 또한 이런 확신을 로마교회 성도들도 갖기를 원했다. 하나님께서 꿈꾸시는 일은 이방인들만으로 이루어진 이방인의 교회가 아니다. 모든 이방인과 이스라엘이 그리스도 앞으로 돌아와 그분의 몸을 이루는 우주적인 교회다. 하나님이 시작하셨으니 그분의 주권적인 능력으로 반드시 이루실 것이다.

　나는 어떠한가? 날로 악화되는 현실 속에서 미래를 비관하며 암담하게 바라보지는 않는가? 교회도 그렇다. 인구도 줄어드는데 갈수록 신자들은 교회를 떠나고 있다. 세속화의 물결과 이단의 활동, 무신론의 영향 등으로 교회는 갈수록 흔들리고 있다. 이러한 현실의 소용돌이 가운데 나는 끝이 암담해 보인다고 지레 겁먹고 포기하려 하지는 않는가? 그러나 이런 현실 속에서도 하나님은 여전히 일하고 계신다. 이스라엘의 경우와 같이 현재의 악화는 장차 이루실 하나님의 더 큰 구원역사의 밑거름이 된다. 어두운 현실 속에서도 부족한 나의 순종이 결국 하나님께서 이루실 부흥의 동력이 된다. 주님이 부르신 그 자리에서 최선을 다하라.

신비를
사는 성도

²⁵형제들아 너희가 스스로 지혜 있다 하면서 이 신비를 너희가 모르기를 내가 원하지 아니하노니 이 신비는 이방인의 충만한 수가 들어오기까지 이스라엘의 더러는 우둔하게 된 것이라. ²⁶그리하여 온 이스라엘이 구원을 받으리라. 기록된 바 구원자가 시온에서 오사 야곱에게서 경건하지 않은 것을 돌이키시겠고 ²⁷내가 그들의 죄를 없이 할 때에 그들에게 이루어질 내 언약이 이것이라 함과 같으니라. ²⁸복음으로 하면 그들이 너희로 말미암아 원수 된 자요 택하심으로 하면 조상들로 말미암아 사랑을 입은 자라. ²⁹하나님의 은사와 부르심에는 후회하심이 없느니라. ³⁰너희가 전에는 하나님께 순종하지 아니하더니 이스라엘이 순종하지 아니함으로 이제 긍휼을 입었는지라. ³¹이와 같이 이

사람들이 순종하지 아니하니 이는 너희에게 베푸시는 긍휼로 이제 그들도 긍휼을 얻게 하려 하심이라. ³²하나님이 모든 사람을 순종하지 아니하는 가운데 가두어 두심은 모든 사람에게 긍휼을 베풀려 하심이로다. ³³깊도다. 하나님의 지혜와 지식의 풍성함이여, 그의 판단은 헤아리지 못할 것이며 그의 길은 찾지 못할 것이로다. ³⁴누가 주의 마음을 알았느냐. 누가 그의 모사가 되었느냐. ³⁵누가 주께 먼저 드려서 갚으심을 받겠느냐. ³⁶이는 만물이 주에게서 나오고 주로 말미암고 주에게로 돌아감이라. 그에게 영광이 세세에 있을지어다. 아멘.

서양 문명사에 있어 로마제국의 존재감은 그 어떤 제국이나 문명도 비길 바가 되지 못한다. 천 년 이상 존속하며 서양의 탁월한 문화유산을 조화롭게 흡수하고 받아들였으며, 정치, 건설, 문화, 예술 등 인류 문명의 모든 부분에 지울 수 없는 커다란 발자취를 남겼다. 계속되었으면 하는 아쉬움이 있지만 결국에는 무너지고 말았다. 그런데 이 로마제국이 무너진 이유가 중국이 쌓은 만리장성 때문이라면 이해할 수 있겠는가? 전혀 상관없는 일 같은 엉뚱한 대답에 아마도 고개를 갸우뚱할지 모르겠다. 브리태니커 백과사전의 편집자를 역임했던 저술가 찰스 밴 도렌은 그의 책 「지식의 역사」(서울: 갈라파고스, 2010, 216-220쪽)에서 로마제국의 멸망과 중국의 만리장성과의 관계를 설득력 있게 설명한다.

만리장성은 오랑캐로 일컬었던 흉노족의 침입을 막기 위해 진나라 왕조가 주전 220년경 세운 총 길이 6,350km에 이르는 거대한 성벽이다. 얼마나 크고 길던지 달에서도 보일 정도라고 한다. 이 만리장성은 중국을 방어하기 위해 세웠지만 이는 오히려 흉노족의 안전지대를 확보하는 결과를 초래했다. 그래서 이들은 만리장성 바깥의 안전한 지대에 결집하여 부족을 통일하고 군사기술을 눈부시게 발전시켰다. 서기 1세기경 이들은 세력을 결집해서 다시 만리장성을 넘어 한(漢)나라를 공격했지만 다시 한나라에 밀려 쫓겨난다.

이후 흉노족은 만리장성을 배후의 안전지대로 두고 새로운 땅을 찾아 서쪽으로 이동하기 시작한다. 그리고 마침내 로마제국이 있는 서방에 이르렀다. 이 과정에서 흉노족은 훈족이란 이름을 얻게 되고, 이들은 로마 멸망의 결정적인 원인으로 작용한다. 결과적으로 흉노족은 만리장성 덕분에 서방으로 진출할 수 있었고, 로마를 무너뜨릴 수 있었다. 진 왕조는 만리장성을 쌓을 때 자신들이 쌓아 올린 만리장성이 이런 영향을 끼칠 것이라고는 전혀 예상하지 못했을 것이다.

이처럼 우리는 우리 앞에 펼쳐진 일들을 한 치 앞도 예측하지 못한다. 하나님께서 행하시는 일들은 더더욱 그렇다. 우리를 인도하고 구원하시는 역사는 우리의 예측과 계산을 뛰어넘는 신비로운 영역이다. 그래서 우리에겐 겸손과 믿음, 인내가 필요하다. 하나님의 일하심을 섣부르게 판단하지 않고, 온전히 신뢰하며 그분의 구원역사를 기다릴 수 있어야 한다.

하나님의 구원역사는 종종 우리의 좁은 식견으로는 잘 헤아릴 수 없다. 그래서 성도에게 제일 위험한 일은 눈에 보이는 대로 판단하는 것이다. 이는 로마교회에도 마찬가지다. 당시 교회 내에서는 이방인의 숫자가 압도적으로 많아지고, 유대인들은 소수로 전락해가고 있었다. 로마교회 대다수를 이루고 있던 이방 그리스도인들은 이런 눈에 보이는 현상에만 의지하여 하나님의 구원역사를 쉽게 결론 내리려 하고 있었다. 그것은 이제 하나님의 구원역사가 유대인이 아닌 이방인에게 이르렀다는 점이다. 하나님께서 선택하셨던 이스라엘 백성들이 이방교회로 대체된다는 이른바 '대체 신학'(replacement theology)을 받아들이고 있었다(김도현, 「나의 사랑하는 책 로마서」, 421쪽).

이제 이스라엘은 꺾인 가지요, 이방교회는 접붙임을 받은 가지다. 이스라엘은 믿지 아니하여 꺾였고, 이방인은 믿음으로써 접붙임을 받았다. 그렇다면 이스라엘을 향한 하나님의 구원역사는 이미 끝났는가? 아직 아니다. 눈에 보이는 현 상황으로만 결론짓는 일은 하나님의 놀랍고도 신비로운 구원역사를 너무나도 좁은 시야 안에 가두는 행태다. 그래서 바울은 로마 교인들을 향하여 이 신비로운 하나님의 구원역사를 알기 원한다며, 간절한 호소로 본문을 시작한다.

"형제들아 너희가 스스로 지혜 있다 하면서 이 신비를 너희가 모르기를 내가 원하지 아니하노니 이 신비는 이방인의 충만한 수가 들어오기까지 이스라엘의 더러는 우둔하게 된 것이라"(롬 11:25).

여기서 말하는 하나님의 신비가 무엇인가? 이스라엘이 이렇게 꺾인 가지처럼 완악하게 된 것은 하나님께서 작정하신 이방인 구원의 '충만함'(헬. 플레로마)(원문으로 하면 충만한 수가 아니라 '충만함'이다)에 이르게 하기 위한 것이다. 스스로 지혜 있다고 하면서 이 부분을 헤아리지 못한다면 지혜가 없는 것이다. 따라서 꺾인 감람나무 가지 같은 이스라엘은 아직 하나님의 손안에 붙들려 있다.

여기서 우리는 복음을 거부하는 이스라엘의 우둔함이 하나님의 심판을 위한 일이 아니라 궁극적인 구원을 위한 완악함임을 알아야 한다. 25절 후반부의 '더러'(헬. 아포 메루스)는 '일부'(in part, NIV)라는 뜻으로도 쓰이지만 '잠깐'(for a while)이라는 뜻도 있다 (롬 15:24). 문장의 흐름을 보면 이방인이 들어오는 때를 언급하기에 여기서는 '잠깐' 또는 '잠정적으로' 정도의 의미가 적절하다. 이는 이스라엘의 우둔함이 잠정적임을 의미한다. 이방인이 충만하게 구원에 이를 때 그동안 이어왔던 이스라엘의 완악함은 사라질 것이다. '그리하여', 즉 '이런 과정 전체를 통하여' 온 이스라엘이 구원을 받을 것이다(롬 11:26).

그렇다면 '온 이스라엘'은 누구를 지칭하는가? 그동안 '이스라엘'은 유대인을 지칭하는 말로 사용되었다. 바로 앞 25절에서도 이방인의 충만함과 대조되는 이스라엘의 우둔함을 대조했다. 결국 이런 방식으로 '온 이스라엘'이 모두 구원을 받을 것이다. 여기서 모두 구원을 받는 것은 이전의 논의(롬 11:13-24)에서 다루었던 것처럼 원가지와 돌감람나무 가지인 이스라엘 모두가 접붙임을 받는 일을 의미한다. 이는 모든 유대인이 아닌 이방인과 유대인 모두를 포함하여 오직 믿음으로 형성된 하나님의 새로운 백성(4장 참조), 즉 '새 이스라엘'(New Israel)을 의미한다.

바울은 이미 "이스라엘에서 난 자들이 다 이스라엘이 아니라"고 명시적으로 언급한 바 있다(롬 9:6). 새 이스라엘은 할례나 무할례로 규정되는 것이 아니라 '오직 믿음'으로 말미암아 새로 지으심을 받은 '하나님의 이스라엘'이다(갈 6:16). 이들은 율법에 속한 자가 아니라 아브라함의 믿음에 속한 자들이다(롬 4:16). 바울은 앞에서 참된 유대인을 육신의 할례와 율법을 자랑하는 표면적인 유대인이 아니라 성령을 따라 마음에 할례를 받은 사람으로 정의한 바 있다(롬 2:28-29, 참조 빌 3:3).

'온 이스라엘'의 구원은 이사야의 성취다. 먼저는 "구원자가 시온에서 오사 야곱에게서 경건하지 않은 것을 돌이키겠다"라는 이사야 59장 20~21절의 성취다. 26절에서 인용하는 이사야 59장은 이스라엘의 죄에 대한 탄식과 이들을 친히 구원하시는 하나님의 구원 역사를 노래하는데, 그 흐름이 로마서와 유사하다. 로마서에서 죄 아래 처한 인류를 고발하는 단락에서(롬 3:9-18) 이사야 59장 7~8절을 인용한다. 죄 가운데 있는 이스라엘은 스스로 구원할 수 없다(사 59:16). 결국 여호와께서 스스로 공의를 갑옷으로 삼으시며, 구원을 투구로 삼으셔서 구원의 역사를 시작하신다(사 59:17-19). 여호와의 구원역사는 동서남북 사방에 미치고, 이때 구속자가 시온에 임하며, 야곱의 자손 중에 회개하는 자에게 구원이 임한다(사 59:19-20). 놀라운 점은 이후로 하나님이 세우신 새로운 언약으로 말미암아 하나님의 성령과 말씀이 이스라엘의 입에서 떠나지 않을 것이라는 사실이다(사 59:21). 여기에는 새 언약을 노래한 예레미야 31장 31~34절, 에스겔 36장 26절의 울림이 가득하다.

이를 반영하듯 이어지는 본문의 27절은 이사야 27장 9절 이하를 인용하여 "내가 그들의 죄를 없이 할 때 그들에게 이루어질 내 언약이 이것이라"고 말씀한다. 이는 새 언약을 확증하는 일련의 말씀들

(사 59:21, 렘 31:31-34, 겔 36:26, 욜 2:28-29)을 반영한다. 주목할 점은 이사야의 '구속자'를 이곳에서 '구원자'로 말한다는 사실이다. 이는 여호와, 즉 '주'(헬. 퀴리오스, 70인역)가 시온에서 오신다는 신명기 33장 2절의 울림을 반영하는데, 여기서는 이 구원자가 바로 예수 그리스도임이 선명하게 드러난다. 구원자 예수 그리스도의 오심으로 말미암아 새 이스라엘 백성들이 죄 사함을 받고, 하나님의 법이 이들의 가슴에 새겨지고, 그리하여 하나님의 언약이 성취되는 것이다.

비록 현재 복음의 수용상태를 기준으로 볼 때 이스라엘은 하나님의 원수 된 자들이다(롬 5:10 참조). 하나님과 화해하지 못하고 죄의 법에 사로잡혀 있기 때문이다. 그러나 이들은 택정함의 기준으로 볼 때 여전히 하나님의 사랑을 입은 자들이다(롬 11:28). 하나님께서 일찍이 그들의 조상들을 택하여 부르셨고, 그 약속이 아직 유효하며 진행 중이기 때문이다. 다만 하나님의 신비 속에 놀라운 구원계획이 아직 유보되고 있을 뿐이다. 하나님께서 주시는 은혜의 선물(은사)과 부르심에는 후회가 없으시다(롬 11:29). 즉 다시 철회되거나 취소될 수 없다. 한 번 주신 약속은 반드시 끝까지 이루어내고 마신다. 그렇기에 우리는 지금 현재 눈에 보이는 현상만으로 이스라엘을 향한 구원이 끝났다고 섣불리 판단해서는 안 된다.

바울은 여기에 이르러 그간의 논의를 함축적으로 진술한다. "너희가 전에는 하나님께 순종하지 아니하더니 이스라엘이 순종하지 아니함으로 이제 긍휼을 입었는지라"(롬 11:30). 하나님의 경륜 가운데 이방인들이 구원을 얻은 일은 유대인들의 불순종 덕택이다. 이방인들은 구원받을 기회를 육체를 따른 이스라엘의 버려짐에 전적으로 의존하고 있다. 여기에는 이방인들의 교만의 가능성에 대한 경고가 들어 있다. 그리스도의 죽음으로 인해 그를 무시하면 안 되는 것처럼 이스라엘 역시 무시해서는 안 된다. 동시에 이스라엘에 대한 희망의 가능성을 피력한다. 이들은 불순종했지만 이제는 하나님께서 이방인들에게 베푸셨던 긍휼로 유대인의 질투를 일으켜 이들을 믿음과 구원으로 인도하실 것이다(롬 11:31). 그리고 그 역사는 '이제', 곧 '지금' 일어날 것이다.

이러한 하나님의 구원역사 전체는 32절에 요약적으로 나타난다. "하나님이 모든 사람을 순종하지 아니하는 가운데 가두어 두심은 모든 사람에게 긍휼을 베풀려 하심이로다." 하나님은 이방인과 유대인을 포함한 인류 전체가 죄의 권세에 굴복하여 불순종의 감옥 가운데 가두어 두셨고, 이는 결국 모든 일을 바로잡는 하나님의 언약적인 신실하심을 그리스도 예수 안에서 베푸셔서, 그리스도를 믿는 자들에게 하나님의 약속을 주시기 위함이다.

결국 이방인과 이스라엘 모두가 믿음으로 하나님 앞에 구원받을 날이 올 것이다. 이때 모든 인류의 교만이 꺾이고 하나님의 긍휼과 은혜가 세상을 뒤덮을 것이다(롬 11:32). 이런 결론에 다다르자 바울은 현재 복음을 거부하는 동족에 대한 근심마저 하나님을 신뢰하며 내맡길 수 있다. 이런 하나님의 깊은 지혜와 지식 앞에 마땅히 우리가 드려야 할 반응은 무엇일까? 찬송과 찬양뿐이다.

그래서 바울은 9장부터 11장까지 계속됐던 이스라엘의 구원문제를 자신의 상식적인 범주 안에서 결론 내리지 않고, 이해를 초월하는 하나님의 신비로운 구원역사를 찬양하며 마무리한다. 원문대로 하면 찬송의 첫마디는 "오!"라는 감탄사이다. 직역하면 다음과 같다. "오! 하나님의 부요와 지혜와 지식의 깊이여!"(롬 11:33). 바울서신에서 지혜는 종종 하나님의 신비로운 구원사역을 표현하는 용어로 사용된다(고전 1:21,23-25 참조). 지식 또한 구원과 관련된 지식을 의미하며(엡 3:18, 빌 1:9, 3:8, 딤후 3:7), 지혜와 함께 사용되기도 한다(골 2:3).

부요함은 종종 '풍성함'이란 단어로 사용되기도 하는데, 이는 하나님의 구원역사에 부족함이 없음을 나타낸다. 온 인류를 구원하시는 하나님의 구원역사의 지혜와 지식의 풍성함은 그 누구도 따라올 수 없고 헤아릴 수도 없다! 이 풍성함의 깊이 앞에 누구도 하나님의 마음을 알 수 없고, 그에게 감히 이렇다 저렇다 조언할 수도 없다(롬 11:34). 이는 이사야 40장 13절을 인용한 것인데, 본래 유배를 당하고 있던 이스라엘을 구원하는 능력과 지혜를 찬양하는 말씀이다. 이를 배경으로 바울은 죄의 권세 아래 있는 모든 인류와 피조물을 바로잡고 구원으로 인도하시는 하나님의 지혜를 찬양한다.

누가 하나님께 먼저 예물을 드리고서는 하나님께서 내가 드린 예물에 대해 상응하는 보답을 해주셔야 한다고 주장할 수 있겠는가?(롬 11:35). 이 세상에 있는 모든 것이 다 하나님의 것이다. 결국 하나님의 것으로 하나님께 드린 것일 뿐이며(욥 41:11 참조), 우리는 오직 은혜로만 사는 존재다. 이처럼 하나님의 구원역사는 어떤 공로로도 얻을 수 없고, 전적으로 하나님의 능력으로만 이루어진다.

이 모든 찬양의 고백은 인류의 구원역사는 전적으로 하나님의 신비이며, 하나님께서 반드시 이루실 역사로 귀결된다. 만물이 주에게서(from) 나오고, 주로 말미암고(through), 주에게로(to) 돌아갈 것이다! 기원과 과정과 궁극적인 목적지가 전적으로 하나님께 있다. 얼마나 큰 은혜이고, 얼마나 큰 신비이며, 얼마나 큰 감격인가! 결국 바울이 고민했고, 우리가 고민했던 이스라엘을 비롯한 모든 열방의 선교는 우리의 선교가 아닌 '하나님의 선교'(Mission Dei)였던 것이다! 하나님께서 이 모든 일을 시작하셨고, 결국 하나님께로 모든 게 돌아갈 것이다. 그분의 영광만이 세세토록 있을 것이다! 영광은 전적으로 하나님의 몫이다.

하나님의 영광을 하나님께 돌려드리는 일은 인류가 실패했던 일이고(롬 1:21), 바로 그 이유로 인해 인류는 하나님의 영광에 이르지 못했다(롬 3:23). 하지만 아브라함은 믿음으로 견고해져서 하나님께 영광을 돌렸고(롬 4:20), 이제는 소망 안에서, 예수 그리스도의 복음을 통하여 그 영광이 회복된다(롬 5:2, 8:30). 이제는 그리스도 예수 안에서 하나님께 돌려드려야 할 마땅한 영광을 더욱 온전히 올려드려야 한다. 이 하나님께서 지금도 우리를 위해 쉬지 않고 새 일을 행하고 계신다. 문제는 우리다. 우리가 그분의 역사하심을 다 헤아리지 못하고 보지 못할 뿐이다. 당장 이해할 수 없고, 또 문제가 해결되지 않는다고 원망하고 불평을 쏟아내지 말라. 하나님은 깊은 지혜와 풍성한 지식과 신비로운 손길로 우리를 구원의 길로 인도하신다. 우리는 하나님의 신비로 초대받고, 그 신비를 누리며 살도록 부름받은 존재들이다. 이러한 하나님의 신비의 손길을 기꺼이 신뢰하며 영광을 돌리며 나아가자.

[**P·A·R·T·4**]

복음으로

'관계'
살아내기

새로운 부르심으로의
-- 초대

> ¹그러므로 형제들아 내가 하나님의 모든 자비하심으로 너희를 권하
> 노니 너희 몸을 하나님이 기뻐하시는 거룩한 산 제물로 드리라. 이는
> 너희가 드릴 영적 예배니라. ²너희는 이 세대를 본받지 말고 오직 마
> 음을 새롭게 함으로 변화를 받아 하나님의 선하시고 기뻐하시고 온
> 전하신 뜻이 무엇인지 분별하도록 하라.

　　터키의 수도 이스탄불은 두 개의 '대륙'으로 이루어져 있
다. 그렇다. 섬이 아니라 대륙이다! 유럽 대륙의 끝자락과 아시아의
끝자락이 해협 하나를 사이에 두고 맞닿아 있는 것이다. 이 해협이

바로 총길이 30km의 보스포로스 해협이다. 1973년 이 두 해협을 잇는 다리가 건설되었다. '보스포로스 대교'로 불리는 이 다리는 길이가 1,560m로 두 대륙을 잇는 최초의 다리다. 이 대교로 말미암아 두 대륙이 분리되지 않고 하나의 이스탄불로 연결되어 오늘날 터키의 수도를 이루고 있다.

이번 장은 로마서의 보스포로스 대교와 같다. 한눈에 봐도 선명하게 구분되는 전반부(1-11장)와 후반부(12-16장)를 이어주는 가교 역할을 한다. 전반부가 예수 그리스도를 믿음으로 의롭다함을 얻는 복음에 대한 치열한 논의를 담고 있다면, 후반부는 이러한 복음으로 부름받은 성도들의 공동체가 그리스도의 한 몸(롬 12:4-5)으로 우리의 삶 가운데 구체적으로 어떻게 풀어나가야 할지를 보여준다. 자칫 이질적이고 동떨어진 것 같은 이 두 개의 논의가 어떤 원리로 연결되어 하나의 로마서를 이룰 수 있을까? 이를 보여주는 것이 바로 이번 장이다.

하나님의 백성으로 부름받은 이스라엘은 삶 가운데 율법의 표지들을 드러내고 준수하기에 힘썼다. 할례, 정결 규례와 음식법, 절기 규정 등과 같은 민족적인 정체성을 드러내는 규정들을 통하여 자신들이 하나님의 선민임을 드러내려고 힘쓴 것이다. 이들은 이런 것들을 행하면 생명을 얻을 것이라 여겼다(레 18:5). 그러나 이러한 규정들은 이들에게 생명의 능력을 부여하지 않았다. 이들은 할례와 율법을 가졌지만 여전히 죄를 지으며 불의하게 살아갔다(롬 2:27). 더 이상 율법의 묵은 규례들은 생명을 줄 수 없음이 드러났다(롬 7:6). 그래서 하나님은 예수 그리스도를 통하여 믿음으로 말미암는 새로운 의를 주셨는데, 이를 통해 성도는 새 생명 가운데서(롬 6:4) 성령으로(롬 7:6, 8:14) 순종하며 살 수 있게 되었다. 이로써 율법은 그리스도 예수 안에서 낡은 것이 되어 폐기처분이 되었다.

이제 로마 성도 앞에 놓인 과제는 만만하지 않았다. 유대인과 이방인 사이에서의 갈등을 해소해야 했고, 서로 우애하고 존경하며 한 몸을 이루어야 했다(롬 12장). 세상 권력자들과의 관계도 어떻게 유지해야 할지 새롭게 규정해야 했다(롬 13장). 또한 율법에 기초했던 인간관계를 율법의 성취인 사랑으로 새롭게 규정해야 했다(롬 13:8-10). 옛 이스라엘에 속했던 정결례와 음식 규정, 절기 문제 등을 새롭게 규정해야 했다(롬 14-15장). 왜냐하면 로마 교인들은 더 이상 이스라엘에 속한 민족공동체가 아니라 그리스도의 몸에 속한 하나님 나라의 백성들이기 때문이었다(롬 14:17). 새로운 종말적인 공동체로서(롬 13:11-14) 로마의 성도들은 이러한 과제들을 복음에 기초하여 새롭게 풀어가야 했다. 그렇다면 그리스도의 몸으로 새롭게 부름받은 '새 이스라엘'은 어떤 원리로 살아가야 할까? 그 출발점이 바로 이번 장의 본문 1~2절 말씀이다.

첫 시작은 "그러므로 형제들아 내가 하나님의 모든 자비하심으로 너희를 권하노니"로 시작한다. '그러므로' 라는 연결어는 대략 그간에 이어져 왔던 복음에 대한 로마서의 논의(1-11장)를 전제하지만, 구체적으로는 11장 끝부분에 등장하는 송영(롬 11:33-36)을 전제한다. 이는 하나님의 지혜와 지식의 풍성함, 헤아릴 수 없는 인도하심의 신비, 행위로는 도저히 얻을 수 없는 하나님의 은혜와 신실하심을 고백하며, 모든 것이 하나님의 은혜의 주권 아래 있음을 찬송하는 내용이다. 이 내용을 전제한다면 성도들은 마땅히 새로운 관점을 갖는 사람이어야 한다.

그것은 '하나님의 자비하심의 관점'이다. '자비하심'(mercy)은 하나님의 '한량없는 은혜'를 말한다. 하나님의 자비하심은 로마서 1~8장에 그리스도 예수 안에 계시된 '하나님의 의'에 뚜렷하게 드러났고, 9~11장에서는 유대인을 향한 하나님의 긍휼하심으로 풍성하게 드러났다. 우리는 말로 다 할 수 없는 큰 은혜를 받은 사람들이기에 세상을 이런 은혜와 자비의 눈으로 볼 수 있어야 한다. 당시 유대인들은 배타적인 선민의식으로 가득했다. 이방인들을 무시하고 배제했다. 이런 현상은 이방 그리스도인들, 특히 로마의 성도들에게 있어서도 마찬가지였다. 그들은 구원이 유대인에게서 이방인에게로 옮겨왔다고 확신하고 이스라엘을 무시하려 했다. 이제는 이 모든 특권의식을 하나님의 자비하심 앞에 내려놓아야 한다. 우리는 단지 큰 은혜를 받은 사람들일 뿐이다. 따라서 교회는 '편견'과 '특권의식'이란 색안경을 벗어버리고 '자비하심'의 안경을 끼고 살아가야 한다.

이러한 관점을 바탕으로 교회는 자신의 몸을 "하나님이 기뻐하시는 거룩한 산 제물"로 드려야 한다. 여기서 몸은 두 가지 측면이 있다. 첫째는 일상의 구체적인 현실 가운데 구현되는 '성도의 삶 전체'를 말한다. 이는 너희 '자신'을 하나님께 드리라는 뜻이다. 둘째는 그리스도 예수 안에서 한 몸을 이루는 로마교회 전체를 말한다(롬 12:4-5).

본문은 이 몸을 산 제물로 바치라고 한다. '산 제물'이란 말은 논리적인 모순이 가득한 표현이다. 구약시대에서 제물은 죽여서 바치는 것인데, 여기서는 제물을 살아 있는 채로 드리라고 하기 때문이다. 양을 살아 있는 채로 번제단에 드리면 어떻게 될까? 아마 뜨거운 불 속에서 놀라 "음매" 소리를 지르며 펄쩍 뛰어 내려올 것이다. 이처럼 살아 있는 채로 제물을 드리는 일은 불가능에 가깝다.

그렇다면 살아 있는 제물이란 무엇일까? 이는 우리의 겉모양은 살아 있으나 일상을 살아가는 우리의 삶은 그리스도와 함께 날마다 죽여 진 채로 나아가라는 뜻이다. 이를 갈라디아서는 다음과 같이 말씀한다. "내가 그리스도와 함께 십자가에 못 박혔나니 그런즉 이제는 내가 사는 것이 아니요 오직 내 안에 그리스도께서 사시는 것이라. 이제 내가 육체 가운데 사는 것은 나를 사랑하사 나를 위하여 자기 자신을 버리신 하나님의 아들을 믿는 믿음 안에서 사는 것이라"(갈 2:20). 바울은 고린도 교인들에게 "나는 날마다 죽노라"(고전 15:31)고 고백했다. 이것이 우리가 하나님 앞에 드려야 할 산 제물이다. 자기를 부인하고, 날마다 자기 십자가를 지고, 주님을 따라가야 한다(막 8:34).

또한 우리는 자신을 '하나님이 기뻐하시는' 거룩한 제물로 드려야 한다. 하나님이 기뻐하시는 거룩한 제사는 무엇일까? 이를 알아보기 위해서는 하나님이 싫어하시는 제사가 무엇인지를 살펴볼 필요가 있다. 이사야 시대에 하나님은 이스라엘 백성들이 드리는 수송아지, 어린 양, 숫염소의 피로 드리는 제사를 가증히 여기셨다(사 1:11-17). 이들이 제사 드릴 때 하나님은 아예 눈을 가리시고, 이스라엘이 기도해도 듣지 않으실 것이라 말씀하실 정도였다. 이유가 무엇인가? 이들의 마음 때문이다. 입술로는 하나님을 예배하며 기도하지만 마음은 하나님을 섬기고 순종하기를 싫어하면서 자기 욕심과 야망으로 가득 차 있었다.

따라서 하나님이 기뻐하시는 제사를 드리려면 자기 마음을 살피고 지키는 일이 무엇보다 중요하다. 일평생 하나님을 갈망하며 예배의 자리로 나아갔던 다윗은 "하나님께서 구하시는 제사는 상한 심령이라"(시 51:17)고 일찍이 간파한 바 있다. 우리는 하나님 앞에 나아갈 때 세상적인 욕심과 야망, 자신의 아집을 다 내려놓고 세상 풍조와는 구별된 가치를 품고 나아가야 한다. 이런 구별된 마음이 바로 거룩한 마음이다. 이런 마음으로 드리는 제물이 바로 "하나님이 기뻐하시는 거룩한 산 제물"이 된다.

이것은 해도 되고 하지 않아도 되는 선택의 문제가 아니다. 마땅히 드려야 할 예배이다. 이를 본문은 '영적 예배'라고 표현한다(롬 12:1). 여기서 '영적'(헬. 로기코스)이란 단어는 영어로 직역하면 'logical' 'reasonable'에 해당한다. 우리말로 '합당한'(표준새번역) 또는 '합리적인'이란 뜻에 더 가깝다. 그렇다면 여기서 영적 예배라는 말은 적절하지 못한 표현인가? 꼭 그렇지는 않다. 왜냐하면 여기서 '너희'는 하나님이 기뻐하시는 거룩한 산 제물로 드려지는 신령한 영적 존재들이기에 이런 신령한 존재들에게 '합당한 예배'가 곧 '영적 예배' '신령한 예배'인 것이다. 물론 이 예배의 핵심에는 '상한 심령' '변화된 마음'이 있다.

그래서 2절에서는 이 세대를 본받지 말고 오직 마음을 새롭게 함으로 변화를 받으라고 말씀한다. 이는 지금까지는 이 세대를 따라왔음을 의미한다. 이제 성도는 메시아 예수 안에서 새로운 세대로 진입

했다. 하지만 현 세대와 새 세대가 중첩되는 시대를 살아가는 가운데 마음을 새롭게 한다는 것은 만만치 않은 일이다. '이 세대'(헬. 아이온)란 이미 시작된 하나님의 나라와 아직 최후로 발악하고 있는 사탄의 통치가 충돌하고 있는 종말론적 현 세대를 말한다(219쪽 도표 참조). 이 세대는 사람들에게 따라가야 할 일종의 삶의 틀과 구조를 제공하고, 이를 따르며 본받도록 한다.

여기 '본받는다'(헬. 쉬스케마티조)라는 단어는 '함께'(쉰), '구조적인 틀'(스키마)에 끼워 넣는다(squeeze into)는 의미다. '스키마'라는 헬라어에서 구조, 음모, 계획 등을 의미하는 영어단어 'scheme'이 유래했다. 대량 소비주의가 제공하는 라이프 스타일, 미디어가 제공하는 대중음악, 대중영화, 드라마와 미디어의 자극적인 보도 등을 보라. 이러한 것들이 많은 사람의 직업관, 결혼관, 인생관 등을 좌지우지하고 삶의 방향을 결정하는 데 심원한 영향을 미친다. 많은 사람이 세상이 선망하는 직업을 얻고 결혼을 하고, 세상이 선망하는 성공적인 인생을 살고 싶어 한다. 이 가운데 자신이 하나님 앞에 '서서 드려야' 할 자리는 점점 사라지게 된다(1절에서 '드리라'(헬. 파라스테미)는 단어는 '곁에'(파라)와 '서다'(히스테미)가 결합된 말이다. 이는 제사장이 제물 곁에 서서 제물을 드리는 것처럼 우리의 몸을 제사장과 같이 제물로 드리라는 의미가 포함되어 있다.

이러한 세상의 구조, 즉 스키마는 우리를 선정적으로 자극하여 세상 풍조의 틀 속에 갇혀 사는 삶에 만족하도록 끊임없이 세뇌하고, 세상의 시스템으로 강력하게 몰고 간다. 때론 매혹적인 문화적 자극으로 달콤하게 미혹하기도 한다. 왜 이렇게 우리를 정신없이 몰아갈

까? 그것은 현 세대의 스키마 배후에 바로 악한 사탄이 있기 때문이다. 그래서 갈라디아서 1장 4절은 이 세대를 가리켜 '이 악한 세대'라고 부른다. 이 세대에 살아가는 사람들은 '상실한 마음'(롬 1:28)을 갖고 있다.

이러한 현 세대의 강력한 압력 가운데 2절 말씀은 '오직' 마음을 새롭게 함으로 변화를 받으라고 말씀한다. 여기서 '오직'이란 단어가 중요하다. 오직이란 유일하게 이것만이 중요하다는 뜻이다. 즉 마음을 새롭게 함으로 변화받는 것만이 가장 중요하다는 일이다. 마음이 굳어진 것은 옛 언약이 실패한 지점이기도 하다. 그래서 하나님은 새 언약의 시대에는 하나님의 영으로 이들의 마음을 새롭게 할 것이라 거듭 약속하신다(렘 31:33, 겔 36:26). 그렇다면 마음을 새롭게 하는 변화는 여기서 구체적으로 무엇을 뜻하는가?

이는 사고방식의 새로운 전환을 의미한다. '마음'(헬. 누스)이란 피조물과 구분되는 인간의 이성적인 기능을 작동하게 하고, 더 나아가 윤리적인 결단(롬 14:5)을 내리는 기관이다(히브리 성경의 헬라어 번역인 70인 역에는 '누스'라는 단어가 거의 등장하지 않는다. 이는 '누스'가 히브리 사상과 일치하는 개념은 아니었음을 보여준다. 오히려 이 용어는 헬라 사상에서 많이 발견되는데 이성의 합리성을 주로 강조하며 이는 인간 속에 있는 신성의 일부로 여기기도 하였다. 구체적인 논의는 제임스 던의 「바울신학」, 135-137쪽을 참조하라). 따라서 마음을 새롭게 한다는 것은 사고와 의지, 그리고 세계관이 새롭게 되는 것을 말한다.

우리가 육신에 있을 때 우리의 생각은 사망으로 치달았다(롬 8:6). 하나님을 기쁘시게 할 수 없었다(롬 8:8). 이러한 생각은 하나님과 원수가 되게 했다(롬 8:7). 반면 성령으로 새롭게 변화된 생각은 생명과 평안을 가져다준다. 여기서 '변화를 받는다'(헬. 메타모르포오마이)라는 말은 근본적인 형태의 전환을 의미한다. 즉 우리의 생각, 가치체계, 사고방식 자체가 근본적으로 변하는 것을 말한다. 마치 컴퓨터의 운영체계(OS)를 새롭게 설치하는 것과 같다. 운영체계가 달라지면 컴퓨터가 작동하는 방식도 근본적으로 달라진다. 마찬가지로 우리의 마음이 새롭게 변화를 받으면 세상 풍조가 제시하는 패턴을 따르지 않고, 하나님 나라의 가치체계를 갖고 세상 풍조와 다르게 생각하고 다르게 결단하게 된다. 이런 면에서 성도는 이 세상의 문화에 대항하는 반문화적 삶으로 부름받았다(톰 라이트, 「모든 사람을 위한 로마서 II」, 96쪽). 마음의 새로운 변화는 반문화적 삶으로 부름받은 하나님 나라 백성의 진정한 영성의 표지가 된다.

이는 당시 유대교가 주장하는 하나님 백성의 표지와는 다른 것이다. 당시 유대교가 주장하는 표지는 할례, 안식일 준수, 음식 및 정결 규례와 같이 하나님 백성을 뚜렷하게 드러내준다고 여겼던 경계표지들이었다. 바울은 이러한 '율법의 행위'들로는 하나님 백성의 표지인 '의롭다함'을 받을 수 없다고 말한다(롬 3:20, 갈 2:16 참조). 하지만 이제 그리스도 안에서 이런 외적 기준의 표지가 내적 표지로 바뀌었다. 이는 하나님께서 주신 새 언약의 종말론적인 표지다(렘 31:31-34, 겔 36:26-27 참조).

이러한 마음의 변화는 우리로 하나님의 선하시고 기뻐하시고 온전하신 뜻이 무엇인가를 제대로 분별하게 한다. 율법의 시대에는 하나님의 뜻을 분별하는 일이 어렵지 않았다. 모세를 통해 계시된 율법을 온전히 준수하기만 하면 됐다. 그러나 율법은 인간의 부패한 마음에 더 작동하지 못했다. 율법에 드러난 하나님의 뜻을 분별하기보다 맹목적인 준수와 정죄로 그 마음이 더욱 강퍅해졌다. 그러나 이제 새로운 시대가 시작되었다. 새 시대에는 새롭게 변화된 마음으로 율법의 더욱 근본적인 의도를 분별하며 순종하는 도전이 시작되었다. 여기서 '분별하다'(discern-NRSV, 헬. 도키마조)라는 단어는 '시험하다'(test) 혹은 '입증하다'(prove)라는 뜻이다. 이는 하나님의 뜻에 대한 시행착오를 포함한다. 어그러진 세상 풍조 가운데 살아가면서 때로는 순종하려는 마음을 잃어버리기도 하고, 하나님의 뜻을 알고자 하는 열망을 포기할 때도 있다. 그렇기에 우리는 끊임없이 자신의 마음을 지키며 하나님의 뜻을 분별하고 자신을 쳐 복종시켜야 한다. 이처럼 변화된 마음으로 성령의 인도하심 가운데 끊임없이 하나님의 뜻을 시험하고 검증하여(test and approve-NIV), 온전히 분별하고 순종하는 삶은 도전의 연속이다. 이러한 시행착오를 반복하며 우리는 하나님을 아는 온전한 지식으로 자라가게 된다.

　중요한 점은 마음을 새롭게 함으로 우리의 몸을 거룩한 산 제물로 드리는 삶이 단순히 개인의 차원에만 머물지 않는다는 것이다. 이는 그리스도의 몸 된 공동체를 포함한다. '너희 몸'(롬 12:1)은 공동체가 이루는 '한 몸'을 의미한다. 이 세대를 본받지 말고 하나님의 뜻을 분별하라는 권면 또한 개개인을 향한 권면이 아니라 몸 된 공동체를 향한 2인칭 복수의 권면이다. 3절 이후부터 시작되는 논의 역시 공동체의 '한 몸' 됨에 관해서다(롬 12:4-5). 따라서 우리가 하나님이 기뻐하시는 거룩한 산 제물로 드리는 삶은 그리스도 안에서 아름다운 몸 된 교회를 향한 도전이기도 하다(이는 구체적으로는 로마교회 안에서 유대인과 이방인이 서로 한 몸을 이루며 그 안에서 서로 차별하지 않고 사랑하고 존경하며 섬기는 행위로 표현되는 삶을 말한다).

요약하건대 본문은 그리스도 예수의 복음이 우리 일상생활의 관계 가운데 실질적으로 어떻게 역사하도록 할 것인가를 도전하는 말씀이다. 나는 하나님의 자비하심의 안경을 끼고 내 주변을 바라보는가? 날마다 그리스도 안에서 죽으며 자신과 그리스도의 몸 된 공동체를 거룩한 산 제물로 드리기에 힘쓰는가? 이 세대가 우리를 쥐어짜려고 하는 거센 도전에 당당히 '노'(No)라고 말할 수 있겠는가?

우리는 반문화적인 삶으로 부름받았다. 세상 풍조가 제시하는 구조적인 틀을 용기 있게 거부하자. 오직 우리는 마음을 새롭게 함으로 변화를 받아 하나님의 뜻을 날마다 분별하고 순종하는 데 거침없이 도전하자. 주께서 한 몸으로 부르신 거룩한 공동체가 이 세대에 거룩한 산 제물로 드려지도록 함께하자. 이것이 복음이 현 세대를 살아가는 우리에게 주는 도전이다. 이처럼 복음은 우리를 이 세대 가운데 새로운 부르심으로 초대한다. 그만 도망 다니자. 이제는 과감하게 자신을 하나님이 기뻐하시는 거룩한 산 제물로 드리자.

구원의 감격은
공동체로 드러나야 한다

³내게 주신 은혜로 말미암아 너희 각 사람에게 말하노니 마땅히 생각할 그 이상의 생각을 품지 말고 오직 하나님께서 각 사람에게 나누어 주신 믿음의 분량대로 지혜롭게 생각하라. ⁴우리가 한 몸에 많은 지체를 가졌으나 모든 지체가 같은 기능을 가진 것이 아니니 ⁵이와 같이 우리 많은 사람이 그리스도 안에서 한 몸이 되어 서로 지체가 되었느니라. ⁶우리에게 주신 은혜대로 받은 은사가 각각 다르니 혹 예언이면 믿음의 분수대로, ⁷혹 섬기는 일이면 섬기는 일로, 혹 가르치는 자면 가르치는 일로, ⁸혹 위로하는 자면 위로하는 일로, 구제하는 자는 성실함으로, 다스리는 자는 부지런함으로, 긍휼을 베푸는 자는 즐거움으로 할 것이니라.

한국 사회에 가나안 성도가 점점 늘어나고 있다. '가나안'을 거꾸로 부르면 어떻게 되는가? '안 나가'이다. 가나안 성도란 이전에 교회공동체에서 신앙생활을 했지만, 이제는 더 이상 이런저런 이유로 교회에 나가지 않는 성도를 말한다. 2013년 조성돈, 정재영 교수팀이 글로벌리서치를 통해 가나안 교인 300여 명을 대상으로 조사한 통계자료에 따르면 이들은 평균 교회를 14년 이상 다닌 사람들로 교회에서 다양한 봉사를 감당하던 사람들이다("가나안 성도, 갈 길 잃은 현대인의 영성: 소속 없는 신앙의 모습"(2013. 4. 25.), 본 논문은 www.psik.co.kr 자료실에서 구할 수 있다).

그렇다면 이렇게 신앙생활을 하던 이들이 무엇 때문에 교회에 나가지 않는 것일까? 이들의 응답을 살펴보면 많은 경우 교회가 신앙성숙에 도움이 되지 못한다고 느끼고(44%), 교회 내 여러 관계가 불편했기 때문이다(43.4%)(위의 자료, 13쪽). 이렇게 교회를 떠난 이들이 얼마 전까지만 하더라도 100만 명에 육박했다(이는 한국기독교목회자협의회가 2013년 1월에 발표한 설문 조사에서 자신을 그리스도인이라고 밝힌 사람들 가운데 10% 정도가 출석하고 있지 않다는 답변에 근거해 추산한 숫자이다. 구체적인 결과에 대해서는 한국기독교목회자협의회, 「한국기독교 분석리포트」(서울: 도서출판 URD, 2013)을 참조하라). 그러던 것이 최근 들어서는 200만 명에까지 이르렀다(이현우, "'가나안 성도' 5년 새 배로 늘어"(〈국민일보〉, 2017. 12. 29.).

이러한 현상을 우리는 어떻게 이해해야 할까? 여기서 우리는 놓치기 쉬운 분명한 점 하나에 주목해야 한다. 그것은 우리가 누리는 구원의 감격은 개인적인 차원에서 그치는 일이 아니라 공동체로 함께 드러나야 한다는 점이다. 우리는 내게 주신 은혜는 무엇을 위한 것인지, 이 은혜는 어떻게 드러나는 것이 건강한지에 대하여 깊이 숙고할 필요가 있다. 나 홀로 은혜받고 감격하는 신앙은 반쪽짜리 은혜다. 내게 주신 은혜는 반드시 공동체의 차원으로 나타나야 한다. 개인의 삶에서 그리스도의 몸을 세우고 변화시키는 데까지 나아가야 한다.

이번 장의 본문에는 은혜에 대한 언급이 2회(롬 12:3,6)나 등장한다. 그런데 이 은혜를 가만히 살펴보면 모두 공동체의 차원을 포함하고 있는 은혜다. 먼저, 3절에 등장하는 "내게 주신 은혜"에 대해 살펴보자. 바울은 이 은혜를 힘입어 로마교회 각 교인에게 권면하고 있다. 바울에게 은혜는 자신을 구원해주신 은혜로 그치지 않는다. 바울에게 은혜는 복음을 위하여 사도의 직분을 받는 일(롬 1:5), 그리고 더 나아가 그리스도의 몸 된 교회를 세우는 소명을 포함한다. 고린도전서는 이 은혜를 명확하게 표현했다. "내게 주신 하나님의 은혜를 따라 내가 지혜로운 건축자와 같이 터를 닦아 두매"(고전 3:10).

'터를 닦아 두었다'라는 말은 그리스도의 몸인 교회공동체의 기초를 세웠다는 의미다. 바울에게 임한 하나님의 은혜는 한 개인의 구원에 머문 게 아니라 공동체를 세우는 사역으로 드러났다. 우리의 신앙도 그렇다. 성도 각 개인에게는 은혜를 사모하는 마음이 있다. 그런데 많은 경우 이 은혜가 개인적인 차원에서 머무르고 만다. 하지만 우리는 공동체를 세우고, 공동체 가운데 드러나는 데까지 나아가야 한다.

이러한 원리는 로마서 구조 속에도 고스란히 등장한다. 전반부 (1-11장)가 믿음으로 말미암는 하나님의 의에 대해 말씀했다면, 후반부(12-16장)는 이 구원의 은혜와 감격이 어떻게 그리스도의 몸 된 공동체를 세우고 나타나는가를 말씀한다. 여기서 공동체란 단순히 함께 모인 조직체가 아니다. 공동체란 메시아 예수의 피로 세우신 '새 이스라엘'로, 하나님의 통치 가운데 구원역사를 완성시킬 그리스도 예수의 몸을 뜻한다.

그런데 여기서 은혜로 그리스도의 몸을 이루기 위해서는 필요한 선결 조건이 있다. 먼저, "마땅히 생각할 그 이상의 생각"(롬 12:3), 즉 교만을 품지 말아야 한다. 그러려면 우리는 우리의 '생각'을 잘 훈련해야 한다. 우리의 생각은 마음을 새롭게 함으로 변화를 받아야 한다(롬 12:2). 우리의 생각이 변화를 받지 않으면 우리는 하나님의 법에 굴복하지 않고, 하나님을 기쁘시게 할 수 없으며, 늘 육신의 일을 생각하고, 하나님과 대적할 수밖에 없다(롬 8:5-8 참조). 이런 생각으로는 그리스도 안에서 한 몸 됨을 이룰 수 없다. 오직 겸손함으로 하나님께서 각 사람에게 주신 은혜와 믿음을 '분량대로' 지혜롭게 표현해야 한다. 여기서 '분량'(헬. 메트론)이란 그릇(vessel)을 뜻한다. 이 그릇이 어떤 그릇이냐에 따라 우리는 '분량'을 크게 두 가지 방향으로 생각할 수 있다. 계량컵으로 생각하는 방식과 눈금자로 생각하는 방식이다(톰 라이트, 「로마서」, 552쪽).

첫째, 믿음을 계량컵(measuring-jug)으로 생각하는 방식이다. 쓰임에 따라 그릇의 크기가 제각각 다른 것처럼 하나님께서 각 사람에게 믿음의 분량대로 주신 은사와 그 용도는 다르다(롬 9:21, 딤후 2:20 참조). 믿음이 강한 자가 있고, 믿음이 약한 자가 있다(롬 14장 참조). 이렇게 저마다 다른 믿음과 은사에 따른 다양한 지체가 함께 모여 그리스도의 몸을 이루기에 성도는 믿음의 분량대로 지혜롭게 생각해야 한다.

둘째, 믿음을 눈금자(measuring-rod)로 생각하는 방식이다. 눈금자는 모든 사람에게 같이 적용되는 기준을 말한다. 이는 로마서에서 줄곧 강조하는 믿음, 곧 예수가 주이시며 하나님께서 그를 우리의 죄 때문에 내주시고, 우리를 의롭다 하시기 위해 죽은 자 가운데서 살리셨다는 믿음이다(롬 10:9, 4:24-25). 교회는 바로 이 믿음을 기준으로 한 몸을 이루었다. 이 같은 믿음을 기준으로 각자가 받은 은사를 다양하게 발휘해야 한다. 이 믿음의 기준이 공동체 모두에게 같이 적용되지 않으면 앞서 언급한 것처럼 이방인들이 유대인들을 대할 때 교만하여 이들을 무시할 수 있다. 오직 이 믿음으로 이방인은 접붙임을 받았고, 유대인도 이 믿음을 붙들면 다시 접붙임을 받을 수 있다. 이와 같은 믿음 아래 자신을 겸손하게 여기는 생각의 훈련을 해야 한다. 이것이 마땅히 생각할 그 이상의 생각을 품지 않는 것이고 하나님이 주신 믿음의 기준대로 지혜롭게 생각하는 방식이다(롬 12:25).

그리스도의 몸은 예수 그리스도를 믿는 한 믿음 아래 저마다 다른 지체들이 모여 다양한 역할을 하며 겸손으로 서로 한 몸을 이룬다(롬 12:4-5). 이러한 몸은 당시 헬라 시대에 상식처럼 통했던 플라톤의 국가론과는 다르다. 플라톤에 따르면 이상적인 국가는 국민이 세 부류로 나누어질 때 그 효과를 극대화할 수 있다(플라톤, 「국가론」(서울: 집문당, 1997)). 먼저, 머리다. 이는 왕으로 철학자의 이성을 가진 통치계급을 말한다. 이러한 통치계급에 있는 자가 다스려야 나라가 올바른 방향으로 갈 수 있다. 둘째, 가슴에 해당하는 수호계급인 군인이다. 이들은 용기를 발휘하여 나라를 지켜가야 한다. 마지막으로 생산계급이 있다. 이들은 농민, 수공업자, 노동자 등으로 욕망을 절제하고 국가의 생산을 감당해야 한다. 이는 로마제국의 구조이기도 하다. 그러나 교회는 그렇지 않다. 머리는 오직 그리스도 한 분뿐이며, 교회는 그리스도의 몸으로 저마다 받은 은혜의 분량대로 겸손하게 지체가 되어 하나 된다. 이처럼 은혜는 공동체를 세우고 한 몸 됨을 이룬다.

다음으로, 은혜로 그리스도의 몸을 이루는 데 필요한 두 번째 선결 조건으로는 하나님이 주신 '은혜'(헬. 카리스)를 '은사'(헬. 카리스마)를 통해 공동체에 다양하게 나타내는 것이다. 6절은 "우리에게 주신 은혜대로 받은 은사가 각각 다르다"라고 말씀한다. 여기서 은혜와 은사가 밀접하게 연결된다. 은사라고 생각하면 방언, 병 고침과 같은 성령의 초월적인 나타남을 생각할 수 있다. 그러나 은사의 본질은 하나님이 주신 은혜를 각자에게 주신 다양한 그릇(분량)대로 표현하는 데 있다. 교회는 어둠 가운데 빛으로 불러낸 하나님의 '에클레시아'다(Part 3의 26. 토기장이 앞에 겸손하라 설명 참조). 교회의 존재 자체가 하나님의 은혜다. 따라서 크신 은혜로 세워진 교회에는 성령의 은사가 자연스럽게 나타나게 되어 있다.

우리가 하나님의 은혜를 받고 구원을 얻으면 어떤 생각이 드는가? '이제 나를 위해 사는 것이 아니라 주님을 위해 살리라' '복음을 위해 살리라' '주님의 핏값을 주고 사신 교회를 사랑하리라' 하는 생각이 든다. 이런 마음으로 공동체에 들어가 받은 은혜를 표현하는 것이 '은사의 나타남'이다. 은혜를 표현하는 일은 각자의 기질과 경험에 따라 다르다. 어떤 이들은 가르치는 일로, 어떤 이들은 위로하는 일로, 또 어떤 이들은 연약한 이들을 도와줌으로써 각각 다르게 표현한다(롬 12:7-8). 이런 표현들이 모두 은혜를 표현하는 '은사'인 것이다.

이렇게 볼 때 은사란 초자연적인 능력만을 의미하지 않는다. 본문에서 제시하는 은사들을 보라. 여기에는 방언이나 초월적인 기적을 행하는 은사는 한마디도 언급되지 않는다. 이런 것들은 주로 고린도교회에 논란이 일어났던 특수한 은사들이었다. 이렇게 볼 때 성령의 은사란 성령께서 새롭게 변화된 마음을 감동시키셔서 그 사람으로 받은 은혜를 구체적인 말과 행위로 드러내게 하는 것을 의미한다(고전 12:7 참조). 이를 베드로전서는 다음과 같이 표현한다. "만일 누가 말하려면 하나님의 말씀을 하는 것같이 하고 누가 봉사하려면 하나님이 공급하시는 힘으로 하는 것같이 하라"(벧전 4:11).

이처럼 주님이 주시는 마음으로 말하고, 주님이 주신 힘으로 섬기는 것이 바로 은사의 나타남이다. 이렇게 볼 때 그리스도의 몸 된 교회에서 은사의 나타남은 있어도 되고 없어도 되는 선택사항이 아니라 반드시 나타나야 하는 필수 불가결한 것이다. 그래서 바울서신 가운데 은사를 설명하는 본문들(고전 12장, 엡 4:7-16)은 그리스도의 몸과 은사를 긴밀하게 연결시키고 있다. 은사는 주님의 몸을 아름답게 이루어가고 천국으로 만들어가는 데 모든 지체로부터 반드시 나타나야 하는 은혜의 표현이다.

본문에서 제시하는 은사들은 모두 7가지로 예언, 섬김, 가르침, 위로, 구제, 다스림(행정), 긍휼을 베풂 등이다. 7은 완전한 숫자로, 이는 하나님이 교회를 위해 주시는 은혜의 완전함을 나타낸다. 이 은사들은 크게 둘로 나눌 수 있다. 먼저는 주로 말로 표현되는 은사로 예언, 가르침, 위로 등이 있다. 둘째는 행동으로 표현되는 은사로 섬김, 구제, 다스림, 긍휼을 베풂 등이다. 이를 구체적으로 살펴보자.

첫째, 예언이다. 여기서 예언은 점쟁이가 미래의 일을 알아맞히듯 자의적으로 겁박하여 사람들을 꼼짝달싹 못 하게 만드는 것이 아니다. 예언은 '믿음의 분수대로' 해야 한다. 이는 교회가 붙들고 있는 믿음을 눈금자로 삼아 믿음과 일치하는 말을 해야 한다는 뜻이다. '분수대로'(헬. 아날로기아)는 관계 내의 균형과 관련하여 올바르고 적절한 상태를 의미한다. 이는 교회가 붙들고 있는 믿음과 예언하는 이들의 내용 사이에 올바르고 적절한 균형을 이루어야 함을 의미한다. 예언은 고난 가운데 있는 성도를 우리가 붙들고 있는 믿음에 기초하여 위로하고 격려해서 덕을 끼치기 위함이다(고전 14:3). 하나님께서 예수 그리스도 안에서 성도를 사랑하시며, 그의 눈물을 아시고 붙들어주심을 성령의 능력으로 확신시켜주는 언어 행위인 것이다.

둘째, 가르치는 것이다. 이는 말씀을 연구하여 복음에 대하여, 신앙에 대하여 잘 이해하고 더욱 굳건하게 설 수 있도록 하는 언어 행위다.

셋째, 위로하는 것이다. 이는 그의 힘들고 아픈 마음에 공감해주고, 슬픔을 달래주며, 따뜻한 말과 행동을 베푸는 것이다.

넷째, 섬김의 은사는 공동체 안의 지체들의 필요를 예민하게 살펴 그들의 필요를 채우고 도와주는 은사다. 이따금 보면 지체들의 필요를 섬세하게 살피는 이들이 있다. 그리고 그 필요를 채우는 데 자신을 내세우거나 자랑하지 않고 마치 주님께서 하듯 은밀하게 돕는다. 그래서 제대로 된 섬김은 주님의 향기를 날리고 성도를 위로한다.

다섯째, 구제의 은사다. 성령님은 특별히 힘들고 어려움에 처해 있는 이들을 간과하지 않고 돕도록 특별한 감동을 주실 때가 있다. 이럴 때 하다 말다 건너뛰지 말고 성실하게 감당해야 한다.

여섯째, 다스림(leadership, NIV)의 은사다. 이는 공동체의 섬김과 구제를 행정적으로 잘 뒷받침하고, 공동체에 주신 비전을 따라 섬기는 은사다. 이런 리더십은 부지런함으로 해야 한다. 그래야 행정에 착오 없이 전체의 자원을 효율적으로 분배할 수 있다. 리더가 현장에서 게을러지면 전체 자원이 리더에게 집중되어 부패하기 쉽다.

일곱째, 긍휼을 베푸는 은사다. 이는 주님의 마음을 품고 억지가 아닌 자원함과 즐거움으로 감당해야 한다.

이러한 은사들은 모두 하나님이 주신 은혜에 감격하여 성령을 통해 우리의 말과 행동으로 드러나는 표현들이다. 요약하건대 메시아 예수께서 주이시며 하나님이 그를 죽은 자 가운데서 살리셨음을 믿는 믿음으로 받은 은혜를 성령 안에서 말과 행동으로 표현하는 것이 곧 은사의 나타남이다.

지금 나는 온전한 은혜 안에 거하는가? 내가 풍성한 은혜를 누리며 산다면 이는 결코 개인적인 차원에서의 만족으로만 멈추어서는 안 된다. 이 은혜는 반드시 공동체를 통하여 확산되어야 한다. 나는 구원의 감격을 어떻게 표현하는가? 이제는 구원의 감격과 감사가 공동체를 통해 드러나도록 해야 한다. 성숙은 공동체의 관계를 통해 드러나게 되어 있다. 내게 주신 은혜를 통해 이 땅에 천국을 이루어가는 성숙한 그리스도의 몸을 이루어야 한다.

악을 뛰어넘는
은혜의 공동체로 살라

⁹사랑에는 거짓이 없나니 악을 미워하고 선에 속하라. ¹⁰형제를 사랑하여 서로 우애하고 존경하기를 서로 먼저 하며 ¹¹부지런하여 게으르지 말고 열심을 품고 주를 섬기라. ¹²소망 중에 즐거워하며 환난 중에 참으며 기도에 항상 힘쓰며 ¹³성도들의 쓸 것을 공급하며 손 대접하기를 힘쓰라. ¹⁴너희를 박해하는 자를 축복하라. 축복하고 저주하지 말라. ¹⁵즐거워하는 자들과 함께 즐거워하고 우는 자들과 함께 울라. ¹⁶서로 마음을 같이하며 높은 데 마음을 두지 말고 도리어 낮은 데 처하며 스스로 지혜 있는 체하지 말라. ¹⁷아무에게도 악을 악으로 갚지 말고 모든 사람 앞에서 선한 일을 도모하라. ¹⁸할 수 있거든 너희로서는 모든 사람과 더불어 화목하라. ¹⁹내 사랑하는 자들아 너희가 친히

원수를 갚지 말고 하나님의 진노하심에 맡기라. 기록되었으되 원수 갚는 것이 내게 있으니 내가 갚으리라고 주께서 말씀하시니라. ²⁰네 원수가 주리거든 먹이고 목마르거든 마시게 하라. 그리함으로 네가 숯불을 그 머리에 쌓아 놓으리라. ²¹악에게 지지 말고 선으로 악을 이기라.

전도를 하다 보면 "예수를 믿지 않으면 지옥에 간다"라는 말에 불끈하는 이들이 있다. 신앙을 가져야만 천국에 간다는 말을 불공평하게 생각하는 것이다. 이들은 착하게 살면 천국에 갈 수 있다는 말을 듣고 싶어 한다. 그러나 곰곰이 생각해보자. 천국의 본질이 무엇인가? 천국은 하나님의 나라, 즉 하나님이 통치하시는 나라다. 예수를 믿지도 않는데 천국에 가봐야 하나님과 나는 아무 관계가 없게 된다. 천국은 하나님을 믿는 사람이 누리는 나라인 것이다. 반면 지옥의 본질은 무엇인가? 하나님이 계시지 않는 것이다. 하나님의 통치가 없는 곳이 곧 지옥이다. 이렇게 볼 때 하나님 믿기를 거부하는 사람이 지옥에 있는 것은 당연하다. 천국에 있는 사람은 하나님 통치의 특징인 '샬롬', 즉 평강을 누린다. 이는 요한계시록의 비전이기도 하다(계 21:3-4, 22:1-5). 반면 지옥에 있는 이들은 하나님의 부재가 가져오는 특징, 즉 온갖 종류의 가득한 악을 경험한다. 이 땅에서 믿지 않고 하나님과 상관없이 살면 죽어서도 하나님과 상관없는 영원한 삶인 지옥을 경험하게 된다.

교회란 무엇인가? 어둠 가운데 빛으로 부름받아 이 땅에 하나님의 통치를 구현해 나가는 하나님의 백성들의 모임이다. 이들은 교회를 통해 이 땅에서 영생을 경험하는 천국을 현재에 이루어가도록 부름받았다. 교회는 천국이 어떤 곳인지를 어렴풋이나마 보여줄 수 있어야 한다. 천국을 이루어가기 위해서 교회가 깨어 있어야 할 부분이 있다. 그것은 공동체를 치명적으로 위협하는 악을 경계하는 일이다. 교회는 악에 지지 말고 선으로 악을 이겨야 한다(롬 12:21). 특별히 당시 로마교회가 처해 있는 상황이 만만하지 않았다. 제국의 박해가 조직적으로 일어나고, 공동체 내에도 서로를 향한 차별과 악에 대한 유혹이 점증하고 있었다. 이런 환경 속에서 지속해서 천국을 이루어 간다는 것은 절대 만만하지 않은 도전이다.

이번 장은 천국을 이루어야 할 교회공동체의 중요한 사명을 수미상관구조로 강조하며 보여주고 있다. 즉 처음과 끝을 같은 주제, 즉 악을 미워하고, 선으로 악을 이길 것으로 배치하여 내용상의 통일성을 보여주는 것이다. 첫 시작인 9절과 마지막 21절을 대조해보자.

"사랑에는 거짓이 없나니 악을 미워하고 선에 속하라"(롬 12:9).
"악에게 지지 말고 선으로 악을 이기라"(롬 12:21).

보이는 것처럼 악에 굴복하지 말고 선에 속하여 선으로 악을 이겨야 한다는 권면이 처음과 끝을 감싸고 있다. 이것이 그리스도의 몸 된 공동체에 드러나는 내적, 외적 특징이 되어야 한다. 왜냐하면 교회의 머리이신 그리스도께서 이런 본을 보이셨기 때문이다. 그리스도는 이 세상의 모든 죄악을 친히 짊어지시고 십자가에 달려 돌아가셨다. 죽기까지 사랑하심으로 악을 이기셨다. 이러한 대속의 사랑이 전제될 때 선으로 악을 이겨나갈 수 있다. 구체적인 내용은 크게 두 부분으로 나뉜다. 먼저는 공동체 내부 관계에 관한 부분(롬 12:9-13)이고, 둘째는 공동체 외부 관계에 관한 것(롬 12:14-21)이다.

먼저 공동체 내부에 관한 말씀(롬 12:9-13)을 살펴보자. 그리스도의 몸 된 공동체 내부에는 믿음, 소망, 사랑이 나타나야 한다. 9~10절에는 공동체 내부에 나타나야 할 사랑에 대해서 말씀한다. 첫째는 '아가페'의 사랑이다(롬 12:9). 삼위일체 하나님의 아낌없이 자기를 내주는 사랑을 나타낸다(롬 5:8). 이런 사랑을 아는 성도는 위선의 가면을 벗고 서로를 진실하게 대한다. 여기 악을 '미워한다'(헬. 아포스투게오)라는 말은 격렬하게 증오하거나 몹시 싫어한다는 의미다. '혐오한다'가 더 적절한 표현이다. 이와 동시에 성도는 선에 속하여 살아간다. 하나님의 사랑과 그 사랑에 관련된 것에 속한다는 의미다. 여기서 '속한다'(헬. 콜라오)라는 의미에 주목할 필요가 있다. 이는 빈틈없이 결합된다는 의미로 선한 것을 촘촘하고도 단단하게 붙잡으라는 뜻이다. '혐오한다'와 대등한 강도를 갖는 말이다(제임스 던, 「로마서 9-16」(WBC 38하), 380쪽).

공동체는 무엇보다 머리이신 그리스도의 사랑에 강력하게 결속되어야 한다. 이럴 때 우리는 지체를 향한 '형제 사랑'(헬. 필라델피아)과 '믿음의 가족들을 향한 사랑'(헬. 필로스트로기아)을 실천할 수 있다(롬 12:10). 공동체가 이러한 사랑을 나눈다는 것은 공동체 구성원이 새로운 종류의 가족임을 의미한다. 혈연과 지연을 뛰어넘는 그리스도의 피로 하나 된 가족인 것이다. 그리스도를 필두로 한 가족 구성원들은 존경하기를 서로 먼저 해야 한다. 이를 영어성경(NRSV) 은 존경하는 데 있어서 상대방을 '능가하라'(out do one another)고 번역한다. 은사로 인한 교만, 유대인 혹은 헬라인 됨으로 인한 교만 을 내려놓고, 서로를 사랑 가운데 그리스도의 지체로 존중하라는 뜻 이다. 이것이 공동체 내부에 나타나야 할 사랑의 관계다.

둘째, 공동체에는 믿음이 있어야 한다. 이 믿음은 부지런하여 게 으르지 않고 열심을 품고 주님을 섬기는 순종으로 나타나야 한다(롬 12:11). '열심을 품고'(헬. 토프뉴마티 제온테스)는 '성령으로 뜨거워 진 마음으로'라는 뜻이다(앞의 책, 384쪽). 여기 믿음의 이중적인 차원 이 나타난다. 행함의 차원이 있고, 또한 성령의 감동 차원이 있다. 우 리의 믿음은 뜨거운 가슴으로 순종하는 것이다. 이러한 믿음의 순종 이 공동체에 나타나야 한다.

셋째, 소망이다(롬 12:12). 공동체의 소망은 평안 중의 소망이 아 니라 환난 중에 피어나는 소망이다. "소망 중에 즐거워하며"라는 말 은 "소망이 너희로 계속하여 기쁨 가운데 있도록 하라"(let hope keep you joyful, NEB)는 말과 같다. 환난 중에서도 이 소망을 붙들 고 기쁨을 잃지 않고 나아가라는 뜻이다. 이 소망을 붙들면 우리는 환난 중에서도 인내할 수 있다. 여기서 우리는 이 소망에 관한 말씀 이 로마서 5장의 말씀과 유사함을 알 수 있다.

"다만 이뿐 아니라 우리가 환난 중에도 즐거워하나니 이는 환난은 인내를, 인내는 연단을, 연단은 소망을 이루는 줄 앎이로다"(롬 5:3-4).

여기에서 소망은 이 땅을 초월하는 종말론적 소망, 즉 하늘의 소망임을 알 수 있다. 우리는 이 땅을 살아가면서 유혹과 환난 가운데 이 소망을 잃기 쉽다. 그래서 이 소망을 잃지 않기 위해 "기도에 항상 힘써야" 한다(롬 12:12). 꾸준한 기도가 필요하다. 기도는 환난과 절망의 먹구름 속에서도 하늘 소망을 열어주는 창구역할을 한다. 믿음의 공동체는 기도로 소망을 열고 현실을 이겨나가야 한다.

이런 공동체가 잃지 말아야 할 중요한 전통이 있다. 손대접의 전통이다(롬 12:13). 손대접의 전통은 출애굽 시대로 거슬러 올라간다. 이스라엘은 애굽 땅에 430년간 나그네로 머물러 있었다. 이들이 나그네 되었었기에 하나님은 이스라엘에게 나그네를 동족같이 여기고 자기같이 사랑하고 품으라고 말씀하셨다(레 19:33-34, 신 10:19). 따라서 손대접은 그저 누군가에게 하는 일반적인 접대가 아니라 지치고 쉴 곳이 필요한 나그네, 즉 절실한 도움이 필요한 궁핍한 자에게 베푸는 환대였다(손대접의 아름다운 유산에 관해서는 다음을 참조하라. 크리스틴 폴, 「손대접」(서울: 복있는사람, 2002)).

이러한 나그네에 대한 마음은 신약시대로 이어졌다. 베드로는 환난 가운데 신앙을 지키는 성도들을 '나그네'로 불렀다(벧전 1:1,17, 2:11). 우리는 영원한 본향에 이르기 전 잠시 이 땅에 머무는 나그네다. 나그네는 나그네의 사정을 헤아릴 줄 안다. 환난 가운데 우겨쌈을 당하는 이들의 사정을 헤아리고, 저들의 필요를 공급하며, 손대접을 할 수 있는 공동체, 바로 세상과 구별되는 그리스도의 몸 된 공동체인 것이다. 2천 년 기독교 역사를 통해 손대접은 기독교의 소중한 유산이자 전통으로 내려왔다. 우리는 풍요롭고 아름다운 전통을 창의적으로 되살릴 수 있도록 고민하고 실천해야 한다.

한편 믿음, 소망, 사랑 가운데 천국을 이루어가는 그리스도의 몸 된 공동체는 외부와의 관계도 지혜롭게 가꾸어야 한다. 그러나 외부 환경이 만만치 않다. 제국의 핍박과 박해가 만만하지 않다. 중요한 점은 이들을 향하여 저주하지 말고 축복하는 것이다(롬 12:14). 이는 앞서 제시한 선으로 악을 이기라는 말씀의 구체적인 실천방법이다. 이는 구약의 발람 선지자와 비슷하다(민 23-24장). 발람이 모압 왕 발락에게 이스라엘에게 저주할 것을 부탁받지만 발람은 이스라엘을 저주해야 할 상황에서 연달아 세 번이나 축복한다. 발람은 자신은 축복밖에 할 수 없노라고 고백한다(민 22:38, 23:12,26). 성도에게 주어진 사명도 그렇다. 성도는 저주를 변하여 복으로 바꾸는 존재이고 하나님의 복을 선포해야 할 제사장이다. 우리는 이 일로 부르심을 받았다(벧전 3:9).

우리는 공동체 밖의 사람들의 장례 행렬과 같은 슬픔에 함께 하여 울고, 또 결혼과 같은 기쁨의 자리에 함께 참여할 수 있어야 한다(롬 12:15). 성도는 주변 사람들의 인생에 찾아오는 희로애락의 때에 함께 있어 주어야 하며, 일에 있어서 모두 같은 마음을 품어야 한다. 이는 곧 그리스도 예수의 마음을 품는 것을 뜻한다(빌 2:2). 하나님과 동등하신 분이지만 자기를 비워 종의 모습을 취하시고, 십자가에 죽기까지 복종하시며, 자기를 낮추신 그런 예수님의 마음이다(빌 2:5-8). 이 마음을 품고 서로를 향하여, 이웃을 향하여 겸손해야 한다. 특별히 유대인과의 관계에서는 이들과 비교하여 우월감에 사로잡히지 않고 겸손해야 한다(롬 12:16). 악을 악으로 갚지 말고 모든 이와 더불어 선을 도모해야 한다(롬 12:17). 흥미로운 점은 공동체 외부의 관계를 서술하는(롬 12:14-21) 단락에서 외부를 향하여 악을 악으로 갚지 말 것을 반복적으로 강조하고 있다는 사실이다(롬 12:14,17,19,21). 이는 예수님께서 강조하셨던 말씀이기도 하다(마 5:44-45 참조).

본문은 심지어 원수를 향하여 그의 주림과 목마름을 채워주라고까지 권면한다(롬 12:20). 이것은 그들의 머리에 숯불을 쌓아 놓는 것과 같다. 자기 죄악을 부끄럽게 여겨 낯이 뜨겁게 하여 돌아올 수 있도록 하라는 비유적인 표현이다. 이는 오직 위로부터 부어지는 사랑으로 말미암아서만 가능하다. 잠언 25장 21~22절을 인용하는 이 말씀은 열왕기하 6장 20~23절에 나오는 엘리사의 사역을 떠오르게 한다. 엘리사는 하나님의 초자연적인 능력으로 아람 군대를 사로잡아 사마리아 성읍 안에 가두는데, 이들을 칼로 죽이지 말고 도리어 만찬을 베풀어 먹고 마시게 하라고 했다. 이를 경험한 아람 군대는 다시는 이스라엘 땅에 들어오지 않았다. 이것이 바로 적들의 머리에 불타는 듯한 부끄러움, 곧 숯불을 쌓는 일이다. 이러한 행동은 하나님의 특권인 복수를 우리가 거부하는 일일 뿐 아니라 원수의 마음을 돌이키는 효과를 불러오는 파격적인 행동이다.

이처럼 복음 위에 세워진 교회는 악에게 지지 않고, 선으로 악을 이기며, 하나님의 사랑으로 말미암는 착한 행실을 사람들에게 비추어 하나님께 영광을 돌리는 공동체다. 이를 독일의 신약학자 로핑크는 대조사회(對照社會 : Contrastgesellschaft)라고 명명했다(게르하르트 로핑크, 「예수는 어떤 공동체를 원했나」(서울: 분도출판사, 1985). 초대교회 성도들은 로마의 핍박과 압제 가운데서도 악을 악으로 갚지 않고 선으로 갚기 위해 최선을 다했고, 이들의 이러한 선행은 당시 로마제국을 감동시키기에 이르렀다. 유대인 공동체는 어떻게든 반란을 일으켜 악을 악으로 갚으려 하다 멸망했다. 폭력을 폭력으로 갚는 논리, 이것이 오늘날에도 대중적인 인기를 끄는 '슈퍼히어로' 영화들에 담긴 논리다.

하지만 이런 논리는 종종 끔찍한 결과를 초래했다. 주후 70년 반란의 대가로 성전이 무참하게 파괴되고, 주후 132년에는 반란으로 인해 모든 유대인이 전 세계로 흩어지게 되었다. 그러나 교회는 로마 사회에 소금처럼 녹아들어 모든 로마제국을 뒤흔들어 그리스도의 제국으로 뒤바꿔놓게 되었다. 무엇이 이런 변화를 가능하게 했을까? 다음의 증언을 들어보자. 이 증언은 주후 260년경 알렉산드리아에서 페스트, 곧 흑사병이 창궐했을 때 그 지역의 감독이었던 디오니시우스가 편지로 알렸던 내용이다.

"실제로 대부분의 우리 형제들은 넘치도록 큰 사랑과 형제애를 발휘하여 자기 목숨을 아끼지 않고 서로를 의지하며 끊임없이 병자를 돌아보았고, 조금도 두려워하지 않고 계속하여 그들에게 필요한 것을 공급하였습니다. 형제들은 그들을 그리스도 안에서 치료하였으며, 그들과 함께 즐거운 마음으로 세상을 떠났습니다. 그들은 다른 사람들과 이웃에게서 그 병에 전염되었으면서도 자원하여 환자들의 입에 음식을 넣어줌으로써 고통을 자초했습니다. 많은 형제가 다른 사람들을 치료하고 건강하게 해주고는 자기들은 죽었습니다. 그들은 죽음을 자초했으며, 전에는 하나의 공치사이거나 형식에 불과한 것처럼 보이는 흔해 빠진 표현을 실증했습니다.

…그들 중에는 장로도 있었고 집사도 있었으며 크게 칭찬받는 사람들도 있었습니다. 이처럼 경건함과 열렬한 신앙을 수반한 죽음은 순교에 못지않은 죽음이었습니다. 그들은 성도들의 시신을 맨손으로 품에 안아다가 눈과 입을 깨끗이 닦아주었으며, 그들을 어깨에 지고 가서 사지를 가다듬고 포옹하였고, 그들을 단정히 씻기고 수의를 입혔습니다. 그리고 곧 자기 자신도 같은 의식을 받았습니다. 살아남은 사람들은 앞서간 사람들의 뒤를 쫓았습니다. 그러나 이교도들은 이와 반대로 했습니다. 그들은 병들어 앓기 시작한 사람들을 쫓아냈으며, 사랑하는 친구들도 멀리했습니다. 그들은 아직 숨이 끊어지지 않은 사람을 길에 내다 버렸고, 죽은 자들을 매장해 주지도 않았습니다. 그들은 어떻게 해서든 죽음을 피하려고 했습니다. 그러나 아무리 예방하고 조심해도 그것을 피할 수는 없었습니다"(유세비우스, 「유세비우스의 교회사」(서울: 도서출판 은성, 1990), 7권 22장).

당시 제국의 사회와 대조되는 이러한 모습은 그리스도의 사랑이 흘러넘쳐야 가능한 일이었다. 많은 이들이 간디가 말했던 것처럼 "예수는 좋지만 그리스도인은 싫다"라고 한다. "예수 믿는 사람 때문에 교회에 가고 싶은 마음이 없어진다"라고 말하는 것을 흔히 듣는다. 왜 그럴까? 성도들의 삶 속에서 그리스도의 사랑을 볼 수도, 경험할 수도 없기 때문이다. 풍성한 사랑이 흘러넘치는 공동체를 갈수록 보기 어려워지기 때문이다.

따라서 악에게 지지 말고 악을 뛰어넘어 은혜의 공동체로 살아가는 일은 무엇보다 시급한 우리 모두의 부르심이다. 나는 그리스도의 어떤 몸을 이루어가는가? 한 몸 됨에 대한 어떤 열망이 있는가? 지금 내가 속한 교회를 천국을 이루어가는 그리스도의 몸이 되도록 함께 하여라. 그리고 부르심에 합당한 삶을 살라.

국가 권력에
대한 이해

¹각 사람은 위에 있는 권세들에게 복종하라. 권세는 하나님으로부터 나지 않음이 없나니 모든 권세는 다 하나님께서 정하신 바라. ²그러므로 권세를 거스르는 자는 하나님의 명을 거스름이니 거스르는 자들은 심판을 자취하리라. ³다스리는 자들은 선한 일에 대하여 두려움이 되지 않고 악한 일에 대하여 되나니 네가 권세를 두려워하지 아니하려느냐. 선을 행하라. 그리하면 그에게 칭찬을 받으리라. ⁴그는 하나님의 사역자가 되어 네게 선을 베푸는 자니라. 그러나 네가 악을 행하거든 두려워하라. 그가 공연히 칼을 가지지 아니하였으니 곧 하나님의 사역자가 되어 악을 행하는 자에게 진노하심을 따라 보응하는 자니라. ⁵그러므로 복종하지 아니할 수 없으니 진노 때문에 할 것

이 아니라 양심을 따라 할 것이라. ⁶너희가 조세를 바치는 것도 이로 말미암음이라. 그들이 하나님의 일꾼이 되어 바로 이 일에 항상 힘쓰느니라. ⁷모든 자에게 줄 것을 주되 조세를 받을 자에게 조세를 바치고 관세를 받을 자에게 관세를 바치고 두려워할 자를 두려워하며 존경할 자를 존경하라.

맑은 가을하늘이 펼쳐진 어느 주일 아침이다. 쾌청한 도심은 조용하고 차도 막힘없이 달린다. 교회에 가까이 왔다. 이제 마지막 신호등 앞에서 유턴해서 조금 직진하다 교회로 가는 골목으로 들어서면 된다. 신호등을 대기하자니 답답하다. 뻥 뚫린 주일 아침 길을 막힘 없이 달려오다 기다리자니 차라리 그냥 빨리 가고 싶다. 주변을 둘러보니 아무도 없다. '괜찮겠지' 하는 마음으로 녹색 신호등에 유턴한다. 그 순간 골목에 숨어 있던 교통경찰이 뛰어나오더니 차를 세운다. 경찰은 교통신호를 어긴 대가로 벌금 고지서를 주며 앞으로는 신호를 잘 지켜달라고 한다. 이렇게 벌금 고지서를 받고 교회에 오니 가을 날씨로 쾌청했던 마음이 무겁게 가라앉는다. 내가 섬기는 교회 앞에서 가끔 펼쳐지는 주일 풍경이다.

이럴 땐 조금 혼란스럽다. 왜 하필이면 이런 곳에 경찰이 있는 것일까? 신앙과 경찰은 아무 상관 없는 일 같은데 왜 경찰이 예배드리러 가는 길목을 지키고 방해하는가? 어떤 이는 운이 없어서(?) 걸렸다고 투덜거린다. 그러나 절대 그렇지 않다. 성도가 세상 속에서 살아가려면 우리 개인과 공동체에 대한 이해도 중요하지만 그것 못지 않게 신앙과 국가 권력과의 이해도 중요하다. 이 둘을 분리해서 이해하면 국가의 권위는 거북스럽고 피하고 싶은 기분 나쁜 존재가 된다. 이런 면에서 본문은 신앙과 국가 권력과의 관계에 대한 중요한 이해를 제공한다. 본문 1절은 이렇게 시작한다.

"각 사람은 위에 있는 권세들에게 복종하라. 권세는 하나님으로부터 나지 않음이 없나니 모든 권세는 다 하나님께서 정하신 바라."

'위에 있는 권세'는 공식적인 통치 권력 또는 이런 권세를 가진 사람을 말한다. 여기서는 특별히 로마제국의 통치자 혹은 관리들을 지칭한다. 각 사람은 모두 통치자들에게 복종해야 한다. 왜? 이들의 권세가 하나님으로부터 났기 때문이다. 하나님이 세상의 왕들을 세우시고, 이들이 하나님을 대행하여 세상을 다스리는 일은 구약으로부터 발전한 사상이다(잠 8:15-16). 따라서 로마교회의 각 사람은 위에 있는 권세자들에게 복종해야 한다. 여기서 '각 사람'(헬. 파사 프쉬케)이란 '예외 없이 모두'(everyone, NIV)를 의미한다. 특이한 것은 '사람'을 보통 영혼, 목숨을 의미하는 헬라어 '프쉬케'를 사용한다는 점이다. 이렇게 사용될 때는 개인의 내적 삶과 동기와 의도의 관점에서 본 인간 전체를 가리킨다(톰 라이트, 「로마서」, 570쪽). 개인으로서 모든 사람이 위에 있는 통치자의 명령에 기꺼이 복종해야 한다는 의미다.

현대인이라면 이 말에 상당한 거부감을 느낄지 모르겠다. 그도 그럴 것이 과거 많은 통치자가 이 말씀을 가지고 자신의 권력을 정당화하기 위해 악용했던 적이 있었다. 인종차별이 심했던 시절, 남아프리카공화국을 지배하던 소수의 백인은 이 말씀을 근거로 학대당하는 흑인들이 저항하지 못하게 했다. 우리나라에서도 군부통치시절, 이 말씀이 악용된 적이 있었다. 이 말씀은 과연 통치자들의 이데올로기를 정당화하는 말씀일까?

본문을 묵상하면서 고려해야 할 점이 있다. 오늘날의 현대 정치 구조와 2천 년 전 로마제국의 그것과는 분명 다르다는 사실이다. 오늘날은 시민 개개인에게도 정부에 저항할 수 있는 자유와 권리가 있다. 혼자라도 나와 피켓을 들고 1인 시위를 할 수 있다. 그러나 로마제국에서는 상황이 달랐다. 황제와 소수의 권력집권층 외에는 권세에 참여할 기회가 극히 적었다. 그나마 로마에 거주하던 유대인들은 소수민족으로 결집해서 어느 정도 자신들의 정치적인 목소리를 내고 그 입장을 인정받았다. 그래서 해마다 예루살렘에 성전세를 보내는 것이 허용되었고, 율법에 기초한 유대 고유의 전통과 생활풍습을 지켜갈 수 있도록 자치 구역을 허락받았다. 네로황제 당시 로마는 총 14개 행정 구역으로 나뉘었는데, 당시 유대인들은 로마 테베레강 건너 서쪽 외곽의 14구역을 할당받아 이곳에 모여 살며 나름대로 생존을 위한 정치적인 목소리를 내고 있었다(시오노 나나미, 「로마인 이야기 7: 악명높은 황제들」(서울: 한길사, 1998), 546쪽, 555쪽).

그러나 그리스도인들은 상황이 달랐다. 이들은 함께 모였지만 유대인처럼 율법과 율법의 행위(경계표지)와 같은 것으로 자신들의 정체성을 드러내지 않았다. 그러다 보니 그리스도인들은 특별한 정치적인 결집력을 갖지 못하고 목소리를 내지 못했다. 그래서 소수였던 그리스도인들은 네로와 같은 절대 통치자 앞에 많은 어려움을 겪었다.

대표적인 예가 로마의 대화재 이후에 이어진 그리스도인들의 박해다.

서기 64년 7월 18일 로마 대경기장에 위치한 한 가게에서 불이 났다. 이 불은 남아프리카에서 불어오는 고온건조한 '시로코'라 불리는 바람을 타고 삽시간에 로마의 중심지에 번졌다(이에 대한 자세한 설명은 앞의 책, 542-562쪽을 참조하라). 당시 로마에 7천 명의 소방수들이 있었지만 불길이 워낙 강력해서 이들은 속수무책으로 불길이 번져가는 것을 지켜볼 뿐이었다. 이 불은 무려 9일 동안 계속되었다. 이때 네로는 로마에서 남쪽으로 50km 떨어진 해변의 별장에 머물러 있었다. 나중에 이 사실이 알려지자 로마 시민들은 네로를 비난했다. 이런저런 광장(아고라)의 대화에서 네로는 늘 구설에 올랐다.

네로는 이런 소문들을 몰랐는지 화재 이후 그는 화재로 잿더미가 된 도시를 재건하기에 앞서 자신의 왕궁인 '도무스 아우레아'(황금궁전)를 먼저 재건하게 하였다. 이런 일련의 모습들은 네로에 대한 원망을 자자하게 만들었다. 정치적인 위기를 느낀 네로는 이를 타개하고자 12구역에 모여 살던 그리스도인들을 방화범으로 지목했다. 그리고 이 당시 수백 명의 그리스도인을 십자가에 처형하였다. 어떤 이들은 경기장 땅에 박은 말뚝에 한 사람씩 묶은 다음 산 채로 불을 붙여 인간 등불로 삼았다. 이런 끔찍한 결정이 분별력 없는 황제의 경솔한 결단으로 자행된 것이다.

네로는 왜 그리스도인들을 희생양으로 삼았을까? 먼저는 당시 그리스도인들에 대해 좋지 않은 감정 때문이다. 로마인들은 식민지의 이방 민족들이 사람을 제물로 드리는 인신제사의 풍습을 끔찍이도 싫어했다. 이런 면에서 성찬식이 비록 상징적이라고는 하지만 살과

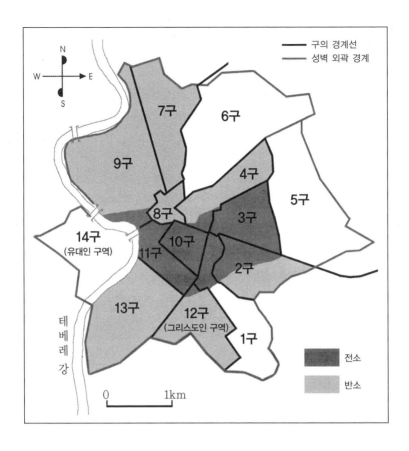

피를 나누어 먹는 예식이라는 점에서 로마인들은 그리스도인들을 꺼렸다. 이들을 가증하게 여기고 경멸하는 마음이 있었다. 게다가 유대인과 달리 이들은 정치적인 목소리를 내지 않았다. 유대인 같은 경우 로마의 '포파비아 황후'의 보호를 받았지만 그리스도인 공동체는 이러한 보호자가 없었다. 그래서 이들을 핍박하는 일은 정치적인 부담이 없었다.

이런 상황에서 그리스도인으로서 그리스도의 몸으로 공동체를 이루며 살아간다는 것은 위험천만한 일이었다(롬 12:14-21 참조). 성도들은 이런 제국의 통치 아래 상황을 바꿀 정치적인 힘과 능력이 없었다. 당시 로마의 정계로 진출한다는 것은 소수 무리인 그리스도인 공동체에는 불가능에 가까웠다. 이런 현실 아래 있는 성도들은 위에 있는 권세들에게 순종해야만 했다. 통치자에게 오해를 살 만한 일은 가능한 피하고 공격의 빌미를 주어서는 안 되었다.

여기서 우리는 이런 생각을 해볼 수 있다. 권세들에게 무조건 순종하는 것은 너무 비굴한 일이 아닌가? 그렇기에 권세에 대한 이해가 중요하다. 이번 장의 본문에 따르면 권세는 하나님께서 주신 것으로, 모든 권세는 다 하나님께서 정하신 바에 따른 것이다(롬 13:1). 이는 열강들의 틈바구니에서 씨름하며 이스라엘 백성들이 깨달았던 교훈이기도 했다(단 4:17,25,32, 잠 8:15-16, 시 75:7). 따라서 하나님이 주신 권세를 거스르는 일은 곧 하나님의 명을 거스르는 일과 같이 생각했다(롬 13:2).

하나님께서 정해주신 세상 권세가 갖는 독특한 특징이 있다. 이 권세는 선한 일보다는 악한 일을 처리하는 데 주로 쓰임받는다는 사실이다. 그래서 권세자들은 선한 일보다 악한 일에 대하여 두려움이 된다(롬 13:3). 이는 하나님께서 세상 가운데 역사하시는 또 다른 면을 보여준다. 공중 권세 잡은 자들이 세상을 악한 방향으로 끌고 가지만, 세상이 완전히 죄로 타락하지 않은 것은 하나님께서 세우신 권세자들이 어느 정도 그 역할을 감당하기 때문이다. 골로새서(1:16)에 따르면 이들은 하나님의 선한 창조의 일부다. 권세자들이 이러한 역할을 감당함으로써 제국의 질서와 치안이 유지된다. 본문은 이런 이들을 '하나님의 사역자'라고 말한다(롬 13:4). 이들의 사역 덕분에 교회는 예수 그리스도의 복음을 거침없이 땅끝까지 전할 수 있었다.

사도 바울이 복음을 전하는 데 있어서 로마제국이 제공한 도움은 결정적이었다. 첫째, 제국은 평화(Pax Romana)를 제공했다. 당시 로마제국의 통치는 전 세계에 미쳤고, 결과적으로 평화를 가져다주었다. 덕분에 복음의 사역자들은 안전하게 복음을 전파할 수 있었다. 둘째, 제국은 복음을 전하기 위해 이동할 수 있는 길을 제공했다. 로마가 전 세계로 거미줄같이 연결한 도로망과 전쟁 덕분에 발전된 해양 항해술이 없었다면 복음은 그렇게 빠르게 전 세계로 퍼져나가지 못했을 것이다. 셋째, 제국 내에서 통용되는 국제어인 헬라어를 소통할 수 있게 했다. 공용언어가 제국 내에서 사용되자 복음을 전하는 일이 훨씬 더 쉽고 빠르게 진행될 수 있었다. 넷째, 제국은 때로 유대인들의 살해 위협으로부터 로마시민권을 가진 바울을 지키고 보호해 주었으며(행 23:10, 12-35), 심지어 가이사에게 직접 호소할 수 있도록 로마로 호송해 주었다(행 27-28장). 이와 같은 면들을 종합해볼 때 제국의 권세자들은 복음을 위해 간접적으로 쓰임받는 사역자들이었다.

이들에게는 막강한 권세가 부여되었다. 바로 사람의 생명을 좌지우지할 수 있는 '칼'을 가진 것이다(롬 13:4). 이 칼로 인해 세상의 질서와 제도가 유지된다. 그리고 그 혜택이 성도들에게도 미친다. 따라서 성도는 이런 칼 앞에 두려움으로 반응할 게 아니라 이 칼을 주신 분이 하나님임을 기억하고, 하나님께서 허락하신 권세자들에게 기꺼이 협력하는 마음으로 양심을 따라 복종해야 한다(롬 13:5).

하지만 막강한 권세를 남용할 때도 있지 않은가? 권세자들이 성도들을 박해하는 자들(롬 12:14)이 될 때도 있지 않은가? 그래서 바울은 4절에 두 번씩이나 이들을 가리켜 '하나님의 사역자들'(헬. 디아코노이)이라고 했다. 복음 안에 있는 하나님의 사역자들은 후에 하나님의 심판 앞에 서게 된다(고전 3:10-15, 4:1-5, 고후 5:10). 마찬가지로 제국의 통치자들 역시 언젠가 자신이 사용한 권세에 대하여 하나님의 심판대 앞에 서게 된다. 이런 생각을 엿볼 수 있는 것이 사도 바울이 공회 앞에서 증언하는 장면이다(행 23:1-5).

바울이 증언하자, 아마도 대제사장 아나니아가 의복을 입지 않은 채 바울 곁에 있는 사람에게 그를 치라고 명령한다. 그러자 바울은 대제사장인 것을 몰랐기에 "네가 나를 율법대로 심판한다고 해놓고서 율법을 어기고 치라고 하느냐"라고 하면서 그를 향하여 "회칠한 담이여 하나님이 너를 치시리로다"라고 말한다(행 23:3, 겔 13:14 참조). 이후 그가 대제사장이라는 사실을 들은 바울은 통치자들을 비방해서는 안 된다는 사실을 인정하고 정식으로 사과한다. 하지만 바울은 그 와중에서도 통치자들이 권세를 부당하게 사용하면 하나님의 심판을 받을 것이라는 책망을 철회하지 않는다(톰 라이트, 「로마서」, 569쪽).

사도 바울은 그의 선교여행 중에 제국의 권세에 복종하지만 동시에 그들의 부당한 권세의 행사에 대해서는 그들의 책임을 일깨우곤 했다(행 16:37, 22:25, 25:9-11). 이는 십자가 앞에서 빌라도에게 권세의 책임을 묻던 메시아 예수의 태도에도 드러난다(요 19:10-11). 따라서 성도는 세상 권세자들이 만들어놓은 법과 질서의 체계 안에서 기꺼이 순응하며 살아가야 하며, 동시에 권세자들의 책임을 일깨우며 성도들을 공격하고 무시할 어떤 불순종의 빌미도 주어서는 안 된다.

이것은 세금 문제에서도 마찬가지다(롬 13:6 이전). 세금은 성도와 상관없는 일이 아니라 성도라면 제국이 정한 제도에 기꺼이 따라야 할 의무가 있다. 세상 권세자들은 이 세금징수의 일을 위해 항상 힘쓰고 있다(롬 13:6 이후). 이 세금을 통해 제국의 평화를 유지하고, 도로 등 사회 간접시설을 확충하여 복음전파의 밑받침을 할 수 있기 때문이다.

네로 당시에는 이 세금 문제가 상당히 큰 이슈가 되었다. 네로는 황제의 자리에 오른 지 얼마 지나지 않아 세금 제도를 개혁하려고 했다. 네로는 그리스도인들을 핍박한 잔인무도한 황제였지만 세금개혁의 측면에서는 상당히 파격적인 면모가 있었다. 당시 로마에는 크게 직접세와 간접세가 있었다. 직접세는 국가가 경비충당을 위해 국민으로부터 강제적으로 거두는 세금으로 로마 시민이라면 5%를 내야 했고, 속주의 시민들은 수입의 10%를 내야 했다. 간접세는 관세로 국경을 통과해 들어오는 상품에 부과하는 세금으로 보통 5%를, 매상세는 10%를 내야 했다. 다만 동양에서 들어오는 보석이나 비단, 향신료와 같은 제품에 대해서는 25%의 높은 관세를 매겼다. 백성들은 특히 간접세를 내기 싫어했다. 어떤 지역에서는 폭동이 일어날 정도였다(시오노 나나미, 「로마인 이야기 7」, 474-479쪽).

현실감각이 있었던 네로는 주후 58년 로마 원로원에 이 간접세를 폐지하는 법안을 제출했다. 네로는 5%의 관세를 철폐하면 경제활동에 활력을 얻을 것이고, 그러면 경제력도 향상되어 10%를 부과하던 속주세도 더 많이 들어오리라 예상했다. 그러나 원로원은 이러한 제안이 너무 급진적이고 위험하다고 생각하여 이를 거부했다. 물론 장기적으로는 속주의 조세수입이 늘어날 수 있겠지만 당장에 조세가 줄어들게 된다. 현대 연구자들의 계산에 따르면 간접세 폐지로 인한 조세감소 규모는 로마제국 국고 수입의 15분의 1 정도가 된다. 결국 로마 원로원은 생필품인 밀에 대해서만 관세를 폐지할 것을 제안했고, 네로는 여기에 만족할 수밖에 없었다. 요즘으로 하면 네로는 경기 부양에 감각이 있는 적극적인 경기 부양론자였다.

한편 네로의 이러한 정책에 대한 소문이 퍼지면서 백성들의 마음은 상당히 흔들렸을 것이다. 황제가 저렇게 적극적으로 간접세 폐지를 약속하며 주장할 것이라면 지금부터라도 간접세를 거부하고 싶은 마음이 들었을 것이다. 게다가 그리스도인은 네로가 아닌 예수님을 주로 믿고 고백하지 않는가? 이런 상황이라면 성도가 세금을 거부할 명분도 있는 것 같다. 그러나 바울은 이러한 태도를 단호하게 거절한다. 권세자들의 공식적인 입장이 결정되기까지 그들의 정책에 적극적으로 협조하라는 것이다. 왜냐하면 이러한 정책은 비록 불합리하게 보이는 것 같아도 하나님께서 정하신 뜻 가운데 이루어지는 일이기 때문이다. 따라서 "조세를 받을 자에게 조세를 바치고 관세를 받을 자에게 관세를 바쳐야" 하고, 세우신 권세자를 공적으로 존경하며 두려워해야 한다(롬 13:7). 비록 그가 존경할 만하지 않더라도 하나님께서 세우셨기에 이를 믿음으로 받아들이며 존중해야 한다.

예수님을 보라. 로마의 총독 빌라도가 예수님에게 십자가형을 선고하려 할 때조차 그의 권세를 하나님께로부터 받은 것이라 인정하지 않으셨는가?(요 19:11). 비록 불의해 보여도 하나님께서 허락하신 권위와 제도는 주님을 위하여 기꺼이 따를 수 있어야 한다(벧전 2:13-17 참조). 예수님께서 불의한 빌라도의 권세를 기꺼이 인정하신 것은 하나님을 경외하는 마음 때문이었다. 하나님을 두려워하는 것과 사람을 존중하는 것은 분명 다르다. 이런 면에서 "두려워할 자를 두려워하며 존경할 자를 존경하라"는 말씀(롬 13:7)은 "하나님을 두려워하며 왕을 존대하라"(벧전 2:17)는 말씀처럼 성도들에게 두려움의 대상과 존중의 대상을 지혜롭게 분별할 것을 요구한다. 여기서 '두려워하다'(헬. 포베오)는 하나님을 '존중하다'(헬. 티마오)처럼 왕과 같은 권세자들에게 사용한다. 이러한 분별력을 가지면 우리는 아무도 없다고 몰래 유턴할 때 우리를 잡는 경찰관을 마냥 기분 나빠 할 것이 아니라 그를 통해 드러나는 하나님의 권위를 인정하고 받아들이며 감사할 수 있다. 자꾸만 미루던 범칙금이 있다면 이제는 기꺼이 내야 한다.

성도는 하나님 나라의 가치와 방향을 추구하며 살아야 한다. 그러나 성도가 두 발을 디디고 살아가는 이 세상은 하나님께서 세우신 세속의 권위 아래 놓여 있다. 하나님께서 세상 권위와 제도를 통해서도 하나님의 뜻과 질서를 세우셨기에, 우리는 하나님의 나라를 추구하면서도 이 세상의 질서를 따라야 한다. 성도는 하늘의 시민권을 갖고 살아가는 존재다(빌 3:20). 그러나 세상의 권위와 질서와 무관한 시민이 되어서는 안 된다. 두 발을 제국의 현실 위에 딛고 하늘을 바라봐야 한다. 이 둘의 조화를 통하여 하나님의 나라를 추구하는 일이 성도의 사명이다.

사랑의 빚 외에는
아무 빚도 지지 말라

⁸피차 사랑의 빚 외에는 아무에게든지 아무 빚도 지지 말라. 남을 사랑하는 자는 율법을 다 이루었느니라. ⁹간음하지 말라, 살인하지 말라, 도둑질하지 말라, 탐내지 말라 한 것과 그 외에 다른 계명이 있을지라도 네 이웃을 네 자신과 같이 사랑하라 하신 그 말씀 가운데 다 들었느니라. ¹⁰사랑은 이웃에게 악을 행하지 아니하나니 그러므로 사랑은 율법의 완성이니라. ¹¹또한 너희가 이 시기를 알거니와 자다가 깰 때가 벌써 되었으니 이는 이제 우리의 구원이 처음 믿을 때보다 가까웠음이라. ¹²밤이 깊고 낮이 가까웠으니 그러므로 우리가 어둠의 일을 벗고 빛의 갑옷을 입자. ¹³낮에와 같이 단정히 행하고 방탕하거나 술 취하지 말며 음란하거나 호색하지 말며 다투거나 시기하지 말

고 ¹⁴오직 주 예수 그리스도로 옷 입고 정욕을 위하여 육신의 일을 도모하지 말라.

오늘날 우리 사회는 빚지는 것을 권하고 아무 거리낌 없이 빚지는 사회다. 서로 빚을 지도록 권하면서 이를 '신용사회'라는 그럴듯한 이름으로 부르고, 빚을 합법적으로 손쉽게 질 수 있도록 여러 가지 혜택을 얹어 신용카드를 사용하라고 부추긴다. 빚을 많이 질수록 혜택도 늘어나고 빚을 질 수 있는 한도도 늘어난다. 문제는 사람들이 시간이 갈수록 빚을 지는 일은 좋아하지만 갚기는 싫어한다는 점이다. 세계 곳곳에서 경제위기의 파열음들이 들리고 있다. 빚을 과도하게 지고는 갚지 못해 또 다른 빚을 내서 이전에 진 빚을 갚는 등 채무의 악순환이 이어지고 있기 때문이다.

성도는 빚지는 일을 두려워해야 한다. 빚을 쉽게 생각해서는 안 된다. 가능한 한 누구에게도 아무 빚도 지지 말아야 한다. 불가피하게 빚을 지게 되었다면 갚는 일을 최우선순위로 두고 가능한 빨리 되갚아야 한다. 할 수 있는 한 성도는 아무에게든지 아무 빚도 지지 말아야 한다(롬 13:8).

그런데 이번 장에서는 성도에게 예외적으로 허락된 합당한 빚이 있다고 말씀한다. 그것은 바로 '사랑'이라는 빚이다. 여기서 사랑은 '아가페'의 사랑으로, 자기의 유익을 구하지 아니하고 자신의 모든 것을 아낌없이 내주는 그리스도의 사랑을 말한다. 성도에게 허락된 빚이 바로 이런 사랑의 빚이다. 성도는 서로를 향하여 자신의 것을 아낌없이 내주며 많은 사랑을 베풀어야 하고, 또 이런 사랑의 빚을 서로에게 지도록 권면하고 부추겨야 한다. 왜? 사랑은 흠뻑 받아야 다른 이에게로 흘러가기 때문이다. 먼저 사랑받지 않으면 다른 이들을 사랑하기가 쉽지 않다. 어린아이들을 보라. 어릴 때 사랑을 듬뿍 받아야 다른 사람을 사랑할 줄 안다. 사랑을 충분히 받지 못하면 평생 사랑과 인정의 욕구를 갈구하며 주변 사람들을 괴롭힌다. 먼저 사랑의 빚을 져야 다른 이들을 기꺼이 사랑할 수 있다. 따라서 성도는 다른 것은 몰라도 사랑의 빚을 많이 지도록 권면해야 한다.

어떤 이들은 사랑의 빚을 진다는 점에 대해 상당히 부담스러워한다. 사랑의 빚을 지는 일을 신세지는 것으로 생각해서 미안하게 여긴다. 그렇게 생각하는 이들은 그저 다른 사람에게 피해를 주지 않고 조용히 자신의 삶을 살아가는 게 더 신사적이라고 생각한다. 그러나 그렇게 해서는 그리스도의 몸인 공동체 안에 사랑이 흘러가지 않는다. 사랑은 받아야 흘러가게 되어 있다. 그리스도의 몸 된 공동체는 오직 사랑의 빚으로 서로가 서로에게 연결된 공동체다. 처음 이 빚을 허락하신 분은 예수 그리스도시다. 예수님께서 우리가 도저히 갚을 수 없는 한량없는 은혜와 사랑을 먼저 부어주셨다. 그랬기에 우리도 그 사랑의 빚을 지체들에게 되갚기 위하여 서로 사랑해야 하는 것이다. 이 사랑의 나눔은 누가 먼저 시작해야 한다는 법이 없다. 그리스도의 다함없는 사랑을 받고 풍성하게 누리는 사람이 먼저 시작하면 된다. 그래서 8절 처음에는 사랑의 주체를 '피차'라는 말로 시작한다. 이는 그리스도의 사랑을 받고 아는 사람이라면 누구든지 상관없이 먼저 해야 한다는 의미다.

서로를 이렇게 사랑하는 것은 놀랍게도 율법을 온전히 이루는 일이다. 구약은 우리가 지켜야 할 여러 계명들을 제시한다. 간음하지 말라(7계명), 살인하지 말라(6계명), 도둑질하지 말라(8계명), 탐내지 말라(10계명). 그 밖에도 많은 계명이 있다. 그런데 이 모든 계명을 온전히 성취하려면 바로 '사랑'이 있어야 한다. 이렇게 볼 때 '사랑'은 구약의 율법을 대체하는 계명이 아니라 구약의 율법을 온전히 성취하도록 하는 중심 양식(mode)이다(김도현, 「나의 사랑하는 책 로마서」, 505쪽). 구약의 모든 계명은 사랑이라는 중심 줄기를 바탕으로 뻗어 나간다. 여러 갈래로 뻗어나간 계명들은 그 중심으로 추적해가면 결국 하나님을 사랑하고 이웃을 사랑하도록 하기 위한 것임이 드러나게 된다.

마태복음에 보면 한 율법사가 예수님을 시험하기 위해 찾아온다(마 22:35 이하). 그는 율법 중에서 가장 중요한 법이 무엇인가를 예수님께 질문한다. 그러자 예수님은 구약성경을 인용하시어 "마음을 다하고 뜻을 다하고 힘을 다하여 네 하나님 여호와를 사랑하고"(신 6:5), "이웃 사랑하기를 네 자신과 같이 사랑하라"(레 19:18)고 말씀하신다(마 22:37-39). 그러고서는 이 두 계명이 "온 율법과 선지자의 강령"(마 22:40)이라고 덧붙이신다. '강령'이란 어떤 일의 기본이 되는 큰 줄거리라는 뜻이다. 그래서 표준새번역은 이 구절을 "이 두 계명에 모든 율법과 예언자들의 본 뜻이 달려 있다"라고 번역한다. 여기서 '달려 있다'(헬. 크레마뉘미)는 표현은 '매달려 있다'(hang)는 의미다. 마치 빨래줄 하나에 모든 빨래가 달려 있듯이 하나님을 사랑하고 이웃을 사랑하라는 계명에 모든 계명이 달려 있는 것이다.

이런 아가페 '사랑'의 특징은 자기중심성을 배제한다는 점이다. 많은 경우 현대인의 사랑에는 자기중심적인 의도가 깔려 있다. 사랑한다고 하지만 내가 원하는 대로 상대방이 움직여주지 않고, 나를 무시하는 것 같으면 당장이라도 달려들어 멱살을 잡을 태세다. 그러나 참된 아가페의 사랑은 어떠한가? 자기의 유익을 구하지 아니하며, 무례히 행하지 아니하고, 성내지 아니하며, 악한 것을 생각하지 않는다(고전 13:5). 이를 본문은 "사랑은 이웃에게 악을 행하지 않는다"고 짧게 축약해서 말씀한다(롬 13:10 전반부). 여기서 '악을 행한다'는 것은 이웃에게 '해를 끼치지 않는다'(do no harm, NIV, do no wrong to a neighbor, NRSV)라는 의미다. 이는 자기의 유익을 위하여 이웃에게 무례히 행하거나 손해를 입힐 일을 도모하지 않는다는 뜻이다.

아가페 사랑의 이러한 이타적 사랑의 특징으로 인해 "사랑은 율법의 완성"(롬 13:10)이 된다. '완성'(헬. 플레로마)이란 충만하게 성취하는 것을 의미한다. 이웃을 다함없이 사랑하여 율법의 의도를 온전하게 완성하는 것이다. 이것이 극명하게 드러난 사건이 바로 예수 그리스도의 십자가다. 십자가에서 아낌없이 자신을 내주신 그리스도의 사랑으로 인해 율법의 요구가 충만하게 이루어지게 되었다(롬 8:1-4). 우리 또한 이러한 사랑으로 자신을 내주며 율법의 요구를 온전히 이루어가야 한다. 하나님께 진 사랑의 빚을 계속해서 갚아나가는 것이다.

성도의 사랑은 여기서 더 나아가 종말론적인 소망과 연결되어야 한다(롬 13:11-14). 사랑의 삶은 종말적인 소망과 연결되어야 더욱 빛을 발한다. 종말의 때가 가까웠기에 더욱 깨어 힘써 사랑해야 하는 것이다(롬 13:11). 이로써 로마서에서 제시하는 그리스도의 몸은 믿음, 소망, 사랑을 품는 공동체로 제시된다. 여기서 '잠'은 영적으로 부주의하고 세상 풍조에 안일하게 대처하며 살아가는 삶을 비유적으로 말한 것이다. 그동안 악한 주권자가 세상을 다스리던 어두웠던 현세대에 하나님의 복음이 침투하며 하나님께서 작정하신 새 시대의 동이 트기 시작했다(롬 13:12). 이제는 하나님의 구원이 이전보다 더욱 가까이 왔다(롬 13:11). 여기서 '구원'이란 종말의 때에 완성될 미래적인 구원으로 온전한 몸의 구원까지를 포함한다(롬 8:11, 고전 15:50-55 참조).

이러한 종말의 때를 감지한 성도는 이제 깨어 동이 트는 새 시대의 아침과 대낮에 필요한 빛의 갑옷을 입어야 한다(롬 13:12). '갑옷'(헬. 호플론. armor, weapon)은 단순히 방어용 옷만을 의미하지 않는다. '갑옷'은 방어용뿐 아니라 칼, 창, 화살과 같은 공격용 무기도 포함한다(롬 6:13 참조). 이를 잘 보여주는 예가 에베소서에 나오는 하나님의 전신갑주다(full armor, NIV, 엡 6:10-17). 여기에는 전투용 보호갑옷인 의의 호심경이나 구원의 투구도 포함되지만 공격용 무기인 성령의 검도 등장한다. 이 갑옷을 입는 일은 "예수 그리스도로 옷 입는 것"과 같다(롬 13:14).

고대 로마에서 '옷 입는다'는 것은 그의 신분과 능력을 보여준다. 그렇기에 '그리스도로 옷 입는다'는 것은 '그리스도가 갖고 있는 권세와 능력을 힘입는다'는 뜻이다. 갑옷을 입으면 보호를 받으며 전투를 수행할 수 있다. 마찬가지로 그리스도로 옷 입으면 예수 그리스도의 보호를 받는 가운데 성령의 능력을 의지하여 죄의 유혹을 물리치며 영적싸움을 싸울 수 있다. 이 싸움은 혼자 싸우는 싸움이 아니다. 이 싸움은 '너희'(롬 13:11), 즉 로마교회 공동체가 함께 싸워야 할 싸움이다. 공동체가 함께 격려하며 싸워야 할 영적전쟁인 것이다.

개개인이 죄의 유혹에 대항하여 싸우기에는 너무나 약하다. 그래서 성도는 그리스도의 몸 된 지체가 되어 함께 싸워야 한다. 그리스도의 생명으로 서로 연결되어 믿음의 선한 싸움을 함께 싸워야 이길 수 있다. 빛의 갑옷을 입고 공동체와 함께 싸울 때 우리는 "낮에와 같이 단정히"(롬 13:13) 행할 수 있다. 우리의 삶이 성령의 능력으로 절제되고 통제될 수 있다.

우리가 빛의 갑옷, 즉 그리스도로 옷 입지 않을 때는 세상 풍조가 우리를 물밀듯 덮쳐 온갖 죄로 유혹하기 시작한다. 13절에서 제시하는 죄의 목록은 이런 유혹을 구체적으로 보여준다. 먼저는 '방탕'이다. 이는 인생의 목적과 중심을 잃고 삶의 기준 없이 헤매는 생활을 말한다. 둘째는 '술취함'이다. 술취함은 우리가 갈구하는 여러 가지 갈망에 대한 유사만족을 제공한다. 거짓 친밀감을 느끼며 괜히 친한 척한다. 거짓 담대함을 갖고 갑자기 해서는 안 될 말, 하지 말아야 할 행동 등을 서슴없이 한다. 거짓 기쁨을 주고 술로 인한 거짓 만족을 준다. 그것도 하룻밤, 아주 잠시만 제공한다. 그래서 술 취한 다음날에는 공허함과 후회와 자책감이 몰려온다. 셋째는 '음란'이다. 음란을 의미하는 헬라어 '코이테'는 육체에 끌려가는 행동을 의미한다. 영적 교감 없이 그저 육체의 매력과 정욕에만 끌려가는 것이다. 넷째는 '호색'이다. 호색을 의미하는 헬라어 '아셀게이아'는 부끄러움이 없는 것을 말한다. 죄임에도 죄 된 일을 수치스럽게 여기지 않고 담대하게 공개적으로 나선다. 이는 양심이 마비된 채로 자행하는 성적 부정과 간음 등을 총체적으로 나타내는 말이다. 다섯째는 '다툼과 시기' 다. 이는 교만과 자기 자랑에 속한 것으로, 공동체 내의 갈등과 분열 상황을 전제하는 것이다.

이상의 다섯 가지 목록은 공동체 안팎에서 공동체를 뒤흔들고 위협했던 공격들이었다. 특히 다툼과 시기는 로마교회를 분열시키고 파괴할 수 있는 치명적인 위협이었을 가능성이 높다. 이러한 상황에 대항하여 성도는 '오직' 주 예수 그리스도로 옷 입어야 한다! 이는 성도가 무엇에 집중해야 할 것을 알려준다. 육신을 따르지 않고, 성령을 따라 생각하며, 성령으로 몸의 행실을 죽이고, 하나님의 영으로 인도함을 받아야 한다.

이 말씀은 서양사에 지대한 영향을 끼친 한 남자, 성 어거스틴의 인생을 변화시켰다. 주후 386년 8월 어느 날, 그는 이탈리아 밀라노의 어느 무화과나무 아래서 자기 인생의 무거운 죄 짐 때문에 신음하며 크게 고뇌하고 있었다(어거스틴, (개역완역판)「성 어거스틴의 고백록」(서울: 대한기독교서회, 2007), 8권 12장). 그때 우연히 담장 너머에서 한 소리가 들려왔다. "톨레 레게, 톨레 레게." 번역하면 "집어 들고 읽으라"는 뜻이다. 그 길로 그는 곧장 방에 들어가 성경책을 집어 들어 펼쳤다. 그때 처음 눈에 들어온 말씀이 바로 본문 11~14절 말씀이었다. 그에게 이 말씀은 정수리를 내리치는 하나님의 명령과도 같았다.

특히 죄의 목록에 관한 말씀, 즉 "낮에와 같이 단정히 행하고, 방탕하거나 술 취하지 말며, 음란하거나 호색하지 말며, 다투거나 시기하지 말고, 오직 주 예수 그리스도로 옷 입고, 정욕을 위하여 육신의 일을 도모하지 말라"(롬 13:13-14)는 말씀은 그간 어거스틴이 고뇌했던 모든 어둠을 일시에 몰아내고 새로운 진리의 빛을 비추었다. 이후로 그의 인생은 극적으로 변했다. 그리고 그는 생의 마지막 순간까지 빛으로 걸어갔던 인생이었다. 후에 어거스틴은 북아프리카 히포의 주교가 되었고, 반달족의 침공으로 생겨난 피난민들을 돌보다가 열병에 걸려 430년 8월 28일 76세를 끝으로 주님 곁으로 돌아갔다. 그는 평생 예수 그리스도의 말씀에 사로잡혀, 그리스도로 옷 입고, 그리스도에 속하여 살다가, 영원히 그리스도의 품으로 돌아가게 되었다.

세상의 유혹이 만만하지 않다. 오히려 점점 거세진다. 나도 모르는 사이 나는 정욕을 위해 육신의 일을 도모하고 있지는 않는가? 죄의 유혹과 시험 앞에 혼자만이 아니라 공동체와 함께 대처하라. 서로를 격려하라. 예수 그리스도로 옷 입는 군사로 서로 뜨겁게 사랑하기 위해 힘쓰라.

신앙에도
색깔이 있다

¹믿음이 연약한 자를 너희가 받되 그의 의견을 비판하지 말라. ²어떤 사람은 모든 것을 먹을 만한 믿음이 있고 믿음이 연약한 자는 채소만 먹느니라. ³먹는 자는 먹지 않는 자를 업신여기지 말고 먹지 않는 자는 먹는 자를 비판하지 말라. 이는 하나님이 그를 받으셨음이라. ⁴남의 하인을 비판하는 너는 누구냐. 그가 서 있는 것이나 넘어지는 것이 자기 주인에게 있으매 그가 세움을 받으리니 이는 그를 세우시는 권능이 주께 있음이라. ⁵어떤 사람은 이날을 저날보다 낫게 여기고 어떤 사람은 모든 날을 같게 여기나니 각각 자기 마음으로 확정할지니라. ⁶날을 중히 여기는 자도 주를 위하여 중히 여기고 먹는 자도 주를 위하여 먹으니 이는 하나님께 감사함이요 먹지 않는 자도 주를 위

하여 먹지 아니하며 하나님께 감사하느니라. [7]우리 중에 누구든지 자기를 위하여 사는 자가 없고 자기를 위하여 죽는 자도 없도다. [8]우리가 살아도 주를 위하여 살고 죽어도 주를 위하여 죽나니 그러므로 사나 죽으나 우리가 주의 것이로다. [9]이를 위하여 그리스도께서 죽었다가 다시 살아나셨으니 곧 죽은 자와 산 자의 주가 되려 하심이라. 네가 어찌하여 네 형제를 비판하느냐. [10]어찌하여 네 형제를 업신여기느냐. 우리가 다 하나님의 심판대 앞에 서리라. [11]기록되었으되 주께서 이르시되 내가 살았노니 모든 무릎이 내게 꿇을 것이요 모든 혀가 하나님께 자백하리라 하였느니라. [12]이러므로 우리 각 사람이 자기 일을 하나님께 직고하리라.

성도들과 이스라엘로 성지순례를 가기 위해 비행기를 탔을 때였다. 한참을 날아가는데 곧 기내식이 제공된다는 안내방송이 나왔다. 마침 출출한 참이어서 잘됐다 싶었다. 그런데 스튜어디스는 일반 식사가 제공되기에 앞서 '코셔' 식단에 따른 기내식이 먼저 제공된다고 안내방송을 했다. '코셔' 하면 레위기에 기반을 둔 유대인의 전통 음식정결 율법이 아닌가? 언제 신청했는지는 모르겠지만 내 좌우에 앉아 있는 유대인들에게 코셔 인증마크가 인쇄되어 있는 기내식이 전달되었다. 여전히 유대 율법을 고집하며 비행기에서조차 율법규정을 지키려는 유대인들의 철저함에 새삼 놀랐다. 이렇게 철저하다면 이들이 개종하여 기독교인이 된다 하더라도 식사만큼은 코셔 율법에 따라 식사할 것 같은 생각이 들었다.

내가 섬기는 교회는 주일 점심식사가 참 맛있다. 교회 내의 소그룹 목장마다 순서를 정해 돌아가며 정성껏 성도들의 먹을 것을 준비한다. 어느 날 어느 목장에서 김치찌개를 준비했다고 하자. 돼지고기 살코기와 비계가 적절하게 들어가 참 맛있다. 그런데 일부 성도들이 김치찌개 먹기를 거부한다고 하자. 이유인즉 구약 레위기에서 금하는 돼지고기가 김치찌개에 들어갔다는 이유다. 그래서 이들은 김치찌개를 제외하고 밥과 물만 먹는다. 그렇다면 김치찌개를 준비한 이들은 이렇게 고집스럽게 음식 정결례를 따르는 이들을 못마땅하게 생각할 것이고, 급기야는 무시하기까지 할 것이다. 다른 한편 김치찌개를 거부하는 이들은 자신들이야말로 하나님의 말씀을 일점일획까지 철저하게 지키는 진정한 성도라는 자부심으로 가득할 것이다. 만약 이런 일로 서로를 비방하며 무시하고 다툼과 분란이 일어난다면 얼마나 당황스러울까?

　이런 당황스러운 사건이 2천 년 전 로마교회에서 일어났다. 로마교회는 유대인 그리스도인들과 이방인 그리스도인들이 함께 모여 신앙공동체를 이루고 있었다. 이 중에 보수적인 유대 전통을 가진 유대인들이 식사를 하는 중에 고기 먹기를 거부하고 채소만 먹는 것이었다. 교회 성도들이 고기 먹기를 거부한 경우는 고린도교회에서도 있었던 일이다. 고린도교회의 경우 당시 시중에 유통되던 고기들 대부분이 우상에 바쳐졌던 제물이었기에 성도들 중에서 이를 거부하려는 이들이 상당수 있었다(고전 8장 참조).

　육식과 포도주를 거부한 예는 구약성경에 등장하는 '다니엘'의 경우에서도 찾아볼 수 있다. 다니엘은 뜻을 정하여 "왕의 음식과 그가 마시는 포도주로 자기를 더럽히지 아니하리라"고 결심한 후 채소와 물만 먹었다(단 1:8,12). 왕의 음식이었던 고기는 우상에게 바쳐졌기에 거부했었을 것이다. 포도주도 마찬가지다. 다니엘 시대에 다니엘에게 분배된 포도주 또한 이미 바벨론 신에게 바쳐졌던 술이었기에 다니엘은 이를 거절했다(이희학, 「다니엘」(대한기독교서회 창립 100주년 기념주석 25)(서울: 대한기독교서회, 2004), 123쪽). 이렇게 볼 때 로마교회에서 고기와 포도주를 거부했던 유대인들은 다니엘의 신앙전통을 이어받아 자신을 정결하게 지키려고 했던 전통 유대신앙의 유산을 간직했던 이들로 추정된다. 글라우디오가 내린 로마 추방령 이전에는 유대 그리스도인들은 나름대로 정결한 고기와 포도주를 확보할 수 있는 통로를 마련했던 것으로 보인다.

하지만 추방령으로 5년간을 로마를 떠났다가 돌아왔을 때 이러한 통로는 유실되어 있었다. 게다가 귀환 당시 로마에 거주하는 유대인과 그리스도인 사이의 관계는 좋지 않았다. 글라우디오 황제의 칙령이 이 둘 사이의 갈등으로 인한 폭동 때문에 내려졌기 때문이다. 유대 그리스도인들은 유대인과는 격리된 테베레 강 동편의 12구역에 함께 모여 살았다(387쪽 그림 참조). 정결한 고기와 포도주를 확보하려고 여전히 갈등이 있던 유대인 구역에 배를 타고 강을 건너 유대 음식법에 따른 정결한 고기를 일부러 가져왔을 것 같지도 않다. 따라서 유대 그리스도인들은 자신이 살던 구역에서 다른 로마의 구역에서처럼 일반적으로 유통되던 고기와 포도주를 거부하고 채소를 주로 먹었을 것이다(롬 14:2).

이번 장의 본문은 교회 내에서 이렇게 유대전통을 고수하던 일부 그리스도인들이 포함된 로마교회를 향하여 "믿음이 연약한 자를 받으라"고 권고한다(롬 14:1). '믿음이 연약한 자' 란 하나님을 향하여 어떤 제한을 두는 이들을 가리킨다(제임스 던, 「로마서 9-16」(WBC 38하), 469쪽). 이들은 음식법을 신앙생활의 전제로 삼고 이를 준수하는 일이 하나님께 나아가는 통로가 된다고 믿고 있었다. 하지만 복음은 성도에게 이것조차 내려놓고 하나님을 전적으로 신뢰할 신앙으로 초대한다. 왜냐하면 음식법은 그 자체로 우리를 하나님 앞에 결코 의롭게 내세우지 못하기 때문이다(고전 8:8 참조).

그러나 로마교회에 유대교의 영향을 받은 그리스도인들 중 어떤 이들은 유대교 안에서의 오랜 관습으로 인해 음식법을 내려놓지 못하고 이를 신뢰하며 하나님 앞에 나아가기를 고수하고 있었다. 그렇다고 해서 이들을 모두 유대 그리스도인으로 획일화시켜 보기에는 문제가 있다. 그중에는 바울과 같은 믿음을 소유하고 있던, 음식문제에 있어서 비교적 자유로운 믿음이 강한 아굴라와 브리스길라와 같은 유대 그리스도인들도 있었기 때문이다(롬 16:3 참조). 또한 로마교회에는 이방인이었지만 유대교로 개종했다가 그리스도인이 된 이들, 즉 유대교 율법의 영향을 강하게 받은 이방 그리스도인들도 있었다. 이들은 할 수 있는 한 유대교의 율법을 준수하려고 했을 것이다.

따라서 율법의 영향을 두고 유대 그리스도인, 이방 그리스도인으로 나누기에는 무리가 있다. 여기서는 유대교의 영향을 받은 유대적 그리스도인, 유대교의 영향에서 자유로운 복음에 사로잡힌 이방적 그리스도인 정도로 말하는 것이 적절하겠다. 로마교회에는 이런 유대교의 영향력 아래 있던 그리스도인은 소수였다. 유대교의 영향에서 자유로운 이방적 그리스도인이 다수였던 로마교회는 이런 유대교의 영향을 받은 소수의 유대적 그리스도인들을 무시하기 시작했다. 이들이 혼자만 잘난 척하고, 하나님을 제일 잘 믿는 것처럼 허세 부린다고 생각한 것이다.

다수 대 소수의 갈등은 다수의 일방적인 승리로 끝나기 마련이다. 그러나 이렇게 될 때 공동체의 다양성은 사라지고 광기어린 획일성만이 공동체를 지배하게 된다(롬 12:4 참조). 그렇게 되자 모든 것을 먹는 다수의 그리스도인들은 "어떤 것은 먹지 않는다"는 자긍심으로 무장한 유대교의 영향력 아래 있는 그리스도인들을 향하여 "그런 것도 못 먹느냐"고 업신여겼다(롬 14:3). 다른 한편 어떤 것은 먹지 않는 소수의 유대적 그리스도인들은 '모든 것을 먹는다'는 자긍심으로 무장한 이방적 그리스도인들을 향하여 "아무거나 먹는다"고 비판했다(롬 14:3). 여기서 '비판한다'(헬. 크리노)는 동사는 '정죄한다' '심판한다'는 뜻이다. 이는 다른 곳(롬 2장, 8장)에서는 최후의 심판대 앞에서 행해지는 하나님의 심판행위를 표현하기 위해 사용된 동사다. 형제를 비판하다 자신도 모르게 하나님의 심판대의 자리까지 올라온 것이다.

따라서 공동체에는 "마땅히 생각할 그 이상의 생각을 품지 말고"(롬 12:3) 겸손하게 서로를 인정하고 받아들일 필요가 있다. 그래서 1절은 믿음이 연약한 자를 '받으라'고 명령한다. 여기서 '받으라'(헬. 프로스람바노, welcome, NIV)는 말은 적극적으로 앞으로 나아가 그를 영접하고 환영하라는 의미다. 이 단어는 3절에서 다시 언급된 후 15장 7절에서 다시 등장하는데, 이는 14장 1절부터 시작되어 15장 6

절까지 계속된 본문의 논의가 15장 7~13절에서 요약되며 하나님을 향한 찬양으로 마무리됨을 보여준다. 서로 다른 이들을 '받으라'는 것은 우리가 메시아 안에서 한 가족이 되었음을 전제하는 말이다(4장 참조). 주목할 점은 14장 1절부터 15장 6절까지의 본문에서는 서로 다른 분열 가운데 있는 지체들을 이방인과 유대인, 할례자와 무할례자로 구분하지 않는다는 사실이다. 서로 다른 것을 메시아 안에서 서로가 겸손하게 받아들이라고 말할 뿐이다.

이는 본문이 로마서 전체의 흐름과 보조를 맞추며 지향하는 더 큰 목표가 있기 때문이다. 그것은 교회가 메시아 예수를 주로 받아 그의 몸을 이루며 한 가족이 되는 시편과 이사야를 비롯한 구약성경의 비전이다(롬 15:9-11, 신 32:43, 시 18:49, 117:1, 사 11:10 참조). 우리는 메시아 예수를 주로 믿었고, 그가 우리 모두의 주가 되시기에 우리는 서로를 받는 것이다. 여기서 이신칭의(justification by faith)는 이신교제(justification by fellowship)로 확장된다(톰 라이트, 「로마서」, 592쪽). 따라서 서로를 받을 때 주의할 점이 있다. 그것은 '믿음이 연약한 자'들이 붙들고 있는 신념을 "시비거리로 삼거나 비난하지 말라"는 것이다(표준새번역 참조).

우리는 다양성을 인정하는 일에 참 인색하다. 다르면 곧 틀리다고 생각한다. 특히 한국 사회는 더더욱 그렇다. 이는 우리 사회가 단일민족인데다 서로 밀집해서 살아가는 고밀집사회이기 때문이다. 그러다 보니 이념과 삶도 획일성을 추구한다(김영명, 「신한국론: 단일사회 한국, 그 빛과 그림자」(서울: 인간사랑, 2005), 83쪽 이하; 강준만, 「한국인코드」(서울: 인물과사상사, 2006), 154-171쪽, 242-277쪽 참조). 대세라고 하면 모두 쏠려

추종하고 따라간다. 그래야 낙오하지 않는 것 같고 안심이 된다. 그래서 나와 다른 것에 대해서 다름을 인정하기보다 틀렸다고 낙인찍기 쉽다. 이것은 같은 믿음을 추구하는 신앙에 있어서 더하다. 기독교가 많은 교단으로 분열된 주요한 이유 중의 하나가 바로 이 다름을 인정하지 않는 태도 때문이다. 바울은 이런 태도에 대하여 경종을 울린다. 나와 다른 자라 하더라도 그의 의견을 비판하지 말고 기쁘게 받아들이라는 것이다.

받아들이는 것은 그들이 가진 다른 신념을 인정한다는 의미도 포함한다. 보통 로마 교인들은 모든 것을 아무런 거리낌 없이 먹을 믿음이 있지만, 유대 율법을 강하게 받은 유대적 그리스도인들은 고기나 포도주를 보면 긴장하고 머뭇머뭇 거린다. 그럴 때 "에이, 그런 것도 못 먹어?" 하고 비아냥거릴 일이 아니라 그들의 신념을 있는 그대로 인정해주고 채소와 물만 먹는 그들의 모습을 있는 그대로 존중하며 받아들이라는 것이다(롬 14:3). 그렇게 해야 하는 이유가 무엇인가? 하나님이 그들을 있는 그대로 받아주셨기 때문이다. 하나님이 인정하고 받아주신 그들을 우리가 무엇이라고 거부하며 비판하겠는가?

이것은 마치 남의 하인을 비판하는 사람과 같다(롬 14:4). 로마 사회는 노예제도가 있었다. 이런 사회에서 누군가가 남의 종에 대해 섣부르게 참견하거나 판단하는 일은 주제 넘는 오만한 행위였다(박익수, 「로마서 주석 Ⅱ」, 325쪽). 종들의 행위에 대해서는 오직 그 노예의 주인만이 판단할 수 있고 책임을 질 수 있다. 마찬가지로 믿음이 연약한 자들에 대해서도 믿음이 강한 그리스도인들은 함부로 참견하거나 판단해서는 안 된다. 그들을 세우는 권능은 주님께만 있고, 그들의 주님께서 그들을 판단하실 것이기 때문이다. 우리가 할 일은 한 공동체로 부르신 주님을 신뢰하며, 그들을 기꺼이 환대하고 받아들이는 일이다.

유대적 그리스도인들을 받아들이는 것은 그들의 음식문제만이 아니었다. 그들이 유대교에서 지켜오던 날과 절기도 포함된다(롬 14:5). 이들은 그리스도인들이었지만 유대교의 전통 속에서 안식일을 생명처럼 지켜왔고, 마카비 혁명으로 성전을 재봉헌 했던 하누카 축제를 비롯한 여러 축제날과 유월절, 오순절과 같은 절기들을 지켜왔다(행 20:16 참조). 교회 내에서 유대 풍습의 영향을 받은 그리스도인들이 유대교의 날들을 지키는 것을 보면 다른 그리스도인들은 어떻게 생각했을까? "그럴 거면 차라리 다시 유대교로 가라"고 비아냥거렸거나, "먹는 것은 인정해도 이런 일까지는 인정하지 못 하겠다"라고 했을지 모르겠다.

그러나 오늘 말씀은 이런 모습조차 받아들이라고 말씀한다. 한 지체를 받아들이는 일은 그의 일부만을 받아드리는 게 아니라 그의 전체를 받아들이는 것이다. 이들이 각각 중요하게 여기는 날이 다를지라도 각각 하나님 앞에 확신을 갖는 게 중요하다. 여기서 "각각 자기 마음으로 확정할지니라"(헬. 플레로포레오)(롬 14:5)는 표현은 '충분히 생각한 끝에 결론에 도달하다' 혹은 '마음에 결단하다'라는 뜻이다(앞의 책, 327쪽). 즉 날과 절기를 지키는 문제는 획일적인 기준의 잣대로 들이댈 문제가 아니라 각자 하나님과 자신 사이에서 충분히 기도하며 생각하고 결단해야 할 문제라는 뜻이다. 그리고 교회의 지체들은 각자의 결정을 존중하고 받아들이면 된다. 획일적인 의무의 문제가 아니라 개별적인 확신의 문제인 것이다.

우리가 각자의 확신을 존중하고 받아들여야 하는 이유가 무엇인가? 그것은 비록 다양한 지체의 생각과 배경이 다르지만 이들의 결단은 모두 자기를 위한 결단이 아니라 주님을 위한 일이기 때문이다. 특별한 날과 절기를 지키는 이들도 "주를 위하여" 지키는 것이고, 모든 음식을 다 먹어도 "주를 위하여" 먹는 것이며, 특정한 음식을 가려먹어도 "주를 위하여" 하는 것이다(롬 14:6). 여기서 '주를 위하여'라는 표현이 세 번이나 강조된다. 이것은 어떤 모습이든지 성도는 오직 주님만을 위하여 사는 존재이면 된다는 뜻이다. 이러한 확신은 7~8절에 가슴 벅차게 강조되고 있다.

"우리 중에 누구든지 자기를 위하여 사는 자가 없고 자기를 위하여 죽는 자도 없도다. 우리가 살아도 주를 위하여 살고 죽어도 주를 위하여 죽나니 그러므로 사나 죽으나 우리가 주의 것이로다."

그렇다. 유대인이나 이방인이나 비록 신앙생활의 스타일은 달라도 중심만 분명하면 된다. 자기를 위해 살지 않고 오직 사나 죽으나 주를 위하여 살면 되는 것이다. 이 중심 하나면 충분하다. 이 마음으로 서로를 받아들이고 용납하면 된다. 언젠가 우리는 모두 하나님의 심판대 앞에 설 것이다(롬 14:10). 모든 이가 하나님 앞에 무릎을 꿇고 회개하며 자기의 죄를 자백할 것이다(롬 14:11, 참조 사 45:23). 이때 우리의 행동을 하나님께서 친히 심판하실 것이다. 이방 그리스도인의 입장에서 이해하기 어려웠던 유대 그리스도인들도 마찬가지다. 그들도 결국 하나님께서 심판하실 것이다. 만약 이방 그리스도인들이 성급하게 유대인 형제들을 비판하고 업신여긴다면, 이는 교만하게도 이들이 하나님의 역할을 섣부르게 대신하는 것밖에 되지 않는다.

심판은 오직 하나님께 있다. 이방 그리스도인들이 서두르지 않아도 언젠가 각 사람이 하나님 앞에서 자기의 일을 직고할 날이 올 것이다(롬 14:12). '직고한다'(헬. 로곤 도세이)라는 말은 사전적으로 '사실을 바른대로 알린다'는 뜻인데, '회계, 결산하다'라는 의미의 법정적인 관용어로도 사용된다(차정식, 「로마서 II」, 380쪽). 이는 각 개인이 하나님 앞에 자신이 행했던 일들에 대해 각자 낱낱이 결산하게 될 것임을 의미한다. 그러니 성급하게 형제들을 판단하지 말고, 또한 교만하지도 말며, 하나님이 받아주신 형제들을 기꺼이 마음을 열고 겸손하게 받아들이기에 힘써야 한다.

이는 오늘날 우리의 신앙생활에 있어서도 마찬가지다. 이따금 선한 의도로 행했는데 공동체 내에서 예상하지 못한 독설을 듣고 상처를 받는 경우가 있다. 특히 공동체 안에서 신앙생활을 오래해서 좀 안다고 하는 지체들이 이런 비판을 하는 경우가 많다. 이때 받은 상처는 깊고 오래간다. 심지어는 교회를 떠나기까지 한다. 익숙해질수록 겸손하게 서로를 인정해야 하는데 익숙해질수록 나와 다른 사람을 틀린 사람으로 규정하고, 비판하며 업신여기는 것이다. 신앙생활은 절대 획일성의 잣대를 들이밀어선 안 된다.

게리 토마스는 그의 저서 「영성에도 색깔이 있다」(서울: CUP, 2003)에서 성도들의 신앙은 획일적인 게 아니라 각자 주신 기질과 성향에 따라 다양하게 나타나고 있음을 자세하게 보여주고 있다. 자연에서 주님을 사랑하는 자연주의, 하나님이 주신 오감으로 하나님을 사랑하는 감각주의, 의식과 상징을 통해 표현하는 전통주의, 금욕주의, 사회 참여와 같은 행동주의, 이웃을 사랑하고 섬기는 박애주의, 신비적인 열정주의, 고요함으로 들어가는 묵상주의, 정직한 질문에 대한 정직한 대답을 추구하는 지성주의 등 그 색깔은 다양하다. 각자 받은 은혜와 은사가 개개인의 성품과 기질에 더해 독특하고 다양한 색깔을 낼 때 우리는 이것을 판단할 게 아니라 겸손하게 받아들이고 감사해야 한다. 이 모든 일이 그리스도의 영광을 조화롭게 지향하기 때문이다.

이 모든 다양한 영성의 스펙트럼은 모두 주님을 더욱 사랑하기 위한 일이다. 서로의 다름을 기꺼이 수용하고 인정하며 겸손하게 한 몸 됨을 이루어야지, 다름을 틀림으로 규정하고 비판하면 공동체가 파괴되고 산산조각난다. 나는 공동체 내에 믿음의 연약한 이들, 고지식하고 답답하게 신앙생활을 하는 이들을 비난하지 않고 그대로 받아들이는가? 내가 다른 사람의 믿음을 비판하지 않고 받아들이기 위해 내려놓아야 할 기준은 무엇인가? 신앙에도 다양한 색깔이 있다는 다름을 인정하는 일이 중요하다.

사랑하면
절제한다

¹³그런즉 우리가 다시는 서로 비판하지 말고 도리어 부딪칠 것이나 거칠 것을 형제 앞에 두지 아니하도록 주의하라. ¹⁴내가 주 예수 안에서 알고 확신하노니 무엇이든지 스스로 속된 것이 없으되 다만 속되게 여기는 그 사람에게는 속되니라. ¹⁵만일 음식으로 말미암아 네 형제가 근심하게 되면 이는 네가 사랑으로 행하지 아니함이라. 그리스도께서 대신하여 죽으신 형제를 네 음식으로 망하게 하지 말라. ¹⁶그러므로 너희의 선한 것이 비방을 받지 않게 하라. ¹⁷하나님의 나라는 먹는 것과 마시는 것이 아니요 오직 성령 안에 있는 의와 평강과 희락이라. ¹⁸이로써 그리스도를 섬기는 자는 하나님을 기쁘시게 하며 사람에게도 칭찬을 받느니라. ¹⁹그러므로 우리가 화평의 일과 서로 덕을 세우

는 일을 힘쓰나니 ²⁰음식으로 말미암아 하나님의 사업을 무너지게 하지 말라. 만물이 다 깨끗하되 거리낌으로 먹는 사람에게는 악한 것이라. ²¹고기도 먹지 아니하고 포도주도 마시지 아니하고 무엇이든지 네 형제로 거리끼게 하는 일을 아니함이 아름다우니라. ²²네게 있는 믿음을 하나님 앞에서 스스로 가지고 있으라. 자기가 옳다 하는 바로 자기를 정죄하지 아니하는 자는 복이 있도다. ²³의심하고 먹는 자는 정죄되었나니 이는 믿음을 따라 하지 아니하였기 때문이라. 믿음을 따라 하지 아니하는 것은 다 죄니라.

어릴 때 목욕탕은 나에게 수영장과도 같았다. 그렇게 깊지도 않고 물도 따뜻하며 크기도 적당했다. 당시 수영장은 동네에 많지 않았기에 수영장에 놀러가는 마음으로 목욕탕을 다녔다. 한창 재미있게 수영을 하며 놀고 있노라면 목욕관리사 아저씨가 와서 혼을 냈다. 텀벙거리면서 물을 밖으로 다 튀기고 손님들에게 불편을 끼친다는 것이다. 아니나 다를까 신 나게 목욕탕 안에서 마음껏 놀고 나면 주변 어르신들의 눈살이 찌푸려졌다. 나의 자유가 다른 이들을 불편하게 했던 것이다.

〈나 자유 얻었네〉라는 찬송이 있다. 처음 시작 부분은 "나 자유 얻었네. 너 자유 얻었네~"로 시작한다. 그런데 이 자유는 주변 사람들을 배려하며 절제하지 않으면 "나 자유 얻었네, 너 불편 하겠네" 또는 "나 자유 얻었네, 너 상처 받았네"가 된다. 따라서 상처를 주지 않으려면 "나 절제 하겠네, 너 절제 하겠네, 우리 절제 하겠네"가 되어야 한다. 이렇게 볼 때 예수 그리스도 안에서 우리에게 주어진 자유는 사랑하는 마음으로 절제할 때 그 가치를 온전히 발휘할 수 있다.

이것은 로마교회 공동체 내에서도 마찬가지였다. 믿음이 강한 자는 모든 것을 수용할 수 있고, 모든 것을 허용할 수 있는 이들이었다. 이들이 고기와 음료를 마시는 문제에 있어 아무런 거리낌이 없는 것은 좋았지만 이들의 자유로움이 오히려 믿음이 연약한 그리스도인들을 힘들게 했다. 이런 연약한 지체들이 충격을 받고 힘들어하는 모습을 강한 자들은 이해하지 못했다. 오히려 이런 모습에 대해 믿음이 강한 자들은 자신들의 자유로움으로 약한 이들을 비판하고 괴롭혔다. 그러자 연약한 많은 이들이 넘어져 마음에 상처를 입었다.

이번 장의 본문(롬 14:13-23)은 이렇게 자신의 자유로 약한 자들을 넘어지게 하는 소위 "믿음이 강하다"고 하는 이들을 향한 권고의 말씀이 계속된다.

"그런즉 우리가 다시는 서로 비판하지 말고 도리어 부딪칠 것이나 거칠 것을 형제 앞에 두지 아니하도록 주의하라"(롬 14:13).

처음 시작은 '그런즉'이다. 이는 앞서 10~12절에 우리 각자가 다 하나님의 심판대 앞에 서게 될 것이기에 섣부르게 그를 판단하고 비난하지 말자는 말씀을 전제로 한 것이다. 각자가 개별적으로 그리스도의 종으로 부름받았다. 그렇기에 우리는 서로 비판하지 말아야 한다. 왜? 비판과 판단은 주인의 몫이지 동료나 이웃의 몫이 아니기 때문이다. 만약 그렇게 한다면 그는 주인의 주권 영역을 침범하는 것이다.

또 마음에 들지 않는다고 해서 그가 가는 믿음의 길 앞에 '부딪칠 것'(장애물)이나 '거칠 것'(걸림돌)을 두지 않도록 '주의해야' 한다 (롬 14:13). 오늘날 많은 이가 예배는 드리되 믿음의 공동체에 들어가는 일을 힘들어한다. 이런 사람들은 소위 믿음이 좋다고 하는 이들이 길 중간 중간에 설치한 장애물과 걸림돌에 한두 번씩은 걸려 넘어졌던 경험이 있는 사람들이다. 한두 번 걸려 넘어지면 회복하는 데 상당한 시간이 걸린다. 그만큼 충격이 크다. 그래서 우리는 늘 주의해야 한다. 여기 '주의하라'는 단어는 '결심하라'(표준새번역), 또는 '결단하라'는 의미다. 이것은 단순히 조심하는 차원이 아니라 앞으로는 결단코 연약한 지체가 넘어지는 일이 없도록 하겠다는 단호한 결심을 촉구하는 말씀이다.

음식물과 절기문제는 창조신학의 관점에서 볼 때 더욱 명백해진다. 그리스도 예수 안에서는 "무엇이든지 스스로 속된 것이 없다"(롬 14:14). 타락 이전 하나님께서 세상을 지으시고서는 모든 피조물을 향하여 보시기에 '좋았다'고 선언하셨다. 이러한 선포는 그리스도 안에서 새 창조의 능력으로 새로운 피조물이 된 이들에게 고스란히 적용된다(고후 5:17 참조). 그래서 예수님도 당시에 음식과 관련된 정결 규례를 목숨 걸고 지키던 바리새인들에게 "무엇이든지 밖에서 사람에게로 들어가는 것은 능히 사람을 더럽게 하지 못하되"(막 7:15)라고 말씀하셨다. 이런 믿음으로 먹는 이들에게는 아무런 문제가 없다.

그러나 예외적인 경우도 있다. 그것은 아직 유대율법의 관습에 매여 고기를 먹으면 자신이 부정하게 되어 속되다고 믿는 유대적 그리스도인의 경우다(롬 14:14). 머리로는 그리스도 안에서 정죄함이 없는 것을 안다(롬 8:1). 그러나 마음 깊은 곳에서 일어나는 심리적인 거부감은 제거하기가 참으로 어렵다. 바울은 그리스도 안에서 허락된 자유에 대한 확신을 분명하게 선언하지만 그럼에도 여전히 일부 성도들의 내면에 존재하는 율법적인 정서로 인한 심리적 연약함을 인정했다. 그렇다면 그들을 비판할 일이 아니라 있는 그대로 받아주어야 한다(롬 14:15). 놀이공원에 가면 무서운 롤러코스터가 있다. 대부분 이것을 타도 죽지 않는다는 사실을 안다. 그러나 타고나면 죽다 살아나는 사람이 있다. 머리로는 알아도 정서적으로, 심리적으로 즐길 수 없는 사람이다. 그렇다면 이런 연약한 모습을 있는 그대로 인정해 주어야지, 그것도 못 탄다고 비아냥거리며 비판해서는 안 된다.

마찬가지로 음식물에 대해서는 누가 옳은가 그른가를 결정하는 진리의 문제로 접근할 일이 아니라 사랑의 문제로 접근해야 한다(롬 14:15). 내가 그를 사랑할까 말까를 결정하기 이전에 그리스도께서 이미 그 지체를 위해 십자가에 달려 돌아가셨다는 사실을 기억해야 한다. 그의 의롭고 믿음 있는 행동 때문이 아니다. 연약하지만 있는 모습 그대로 그리스도께서 그 지체를 위해 아낌없이 자기의 생명을 내주셨다. 그렇다면 우리 또한 우리의 지체를 조건 없이 있는 모습 그대로 사랑하는 것이 마땅하다(요일 3:16, 4:11 참조). 믿음이 강한 우리가 사랑으로 지체를 받아주지 못하고 비판하면 그는 하찮은 음식문제로 믿음에서 떠나고 망할 수 있다. 물론 믿음이 강한 자들이 음식물에 대해 갖고 있는 확신은 그 자체로 '선한 것'이다(롬 14:16). 그러나 사랑으로 절제하지 않는 선은 연약한 자들을 비방으로 몰아가기 쉽다.

성도는 먹을 것인가 말 것인가를 넘어 하나님이 성도에게 허락하신 자유와 사랑, 절제를 통해 결국 무엇을 궁극적으로 추구해야 할 것인가를 깊이 생각해야 한다. 그것은 바로 하나님이 통치하시는 하나님의 나라다. 하나님의 통치는 우리로 무엇을 먹을 것인가, 무엇을 마실 것인가를 규제하는 차원에 머무르지 않고, 오직 성령의 임재 가운데 의, 즉 하나님과의 올바른 관계와 평화, 기쁨을 추구한다(롬 14:17, 참조 롬 5:1-5). 따라서 음식과 음료문제도 서로를 낙담하게 하는 걸림돌이 아니라 복음 안에서 주어지는 의와 평화와 기쁨을 풍성하게 하는 쪽으로 추구해야 한다. 이러한 방향을 추구하는 성도는 하나님께 기뻐하심을 받고 사람에게도 칭찬을 받는다(롬 14:18).

따라서 성도는 그리스도의 몸 된 공동체 안에 우선순위를 재정립해야 한다. 나의 자유와 확신으로 다른 지체를 불편하게 할 것이 아니라 어떻게든 지체 가운데 평화를 도모하고, 서로 덕을 세우는 일이 우선이 되어야 한다(롬 14:19). '덕을 세우는 일'(오이코도메)이란 단어는 직역하면 '집을 세우는 일' 혹은 '건축물'이란 뜻이다. 그렇기에 성도는 누가 옳고 그른지, 누구에게 어떤 권한과 자유가 있느냐를 따지는 일보다 그리스도의 공동체를 건강하게 세워나가는 일에 우선순위를 두어야 한다. 서로를 비판하며 걸려 넘어지게 해서는 공동체가 서로를 토대로 세워져 나갈 수 없다. 그리스도의 몸은 완성된 게 아니다. 우리를 통해 계속해서 자라가야 한다. 우리를 통해 시작된 하나님의 통치가 의와 평강과 기쁨으로 더욱 풍성해져야 한다.

이렇게 볼 때 음식문제, 음료문제는 아주 지엽적인 문제이다. 이것으로 하나님의 사업이 무너져서는 안 된다(롬 14:20). 여기서 '하나님의 사업'이란 하나님의 '일'(헬. 에르곤)을 의미하며, 이는 그 아들의 피로 사신 교회(행 20:28) 전체를 창조하는 하나님의 일을 말한다. 이는 화평의 일과 서로 덕을 세우는 일에 힘쓰며 세워가야지(롬 14:19), 그리스도의 몸을 이루는 지체를 근심하여 넘어지게 하는 일이라면 그것이 먹는 일이든 먹지 않는 일이든 간에 하지 않는 것이 좋다(롬 14:21). 자신이 가진 확신은 하나님 앞에서만 가지면 되지 이것을 지체들에게 강요할 일이 아니다. 이것은 앞서 남의 하인을 비판하는 사람에 관한 비유의 말씀과 비슷하다(롬 14:4). 남의 하인을 주제넘게 비판하는 일은 주인의 권리를 주장하는 일과 같다. 주인이 아니면 모든 판단을 내려놓고 겸손하게 그를 인정하는 것이 지혜로운 태도다.

마찬가지로 음식문제에 관한 판단도 주제넘게 참견할 일이 아니라 모든 판단을 주님께 맡기고 겸손하게 나의 생각을 내려놓아야 한다. 나와 다른 확신을 가진 지체를 이제는 인정해주어야 한다(롬 14:22). 내게 확신이 있다면 그것은 나 스스로만이 하나님 앞에서 지켜야 할 일이다(롬 4:20-21 참조). 만약 자신의 행동에 대해 확신이 없어 머뭇거린다면 어떻게 하는 것이 좋을까? 그렇다면 차라리 하지 않는 편이 낫다. 오히려 둘 사이에 머뭇거리는 마음으로 인해 그리스도 안에 허락된 자유를 누리지 못하기 때문이다. 그래서 사도 바울은 "믿음을 따라 하지 않는 것은 죄"라고 선언했다(롬 14:23).

주변 사람들에게 전도하다 보면 교회를 다녔다가 멈춘 이들이 의외로 많다. 그들의 사정을 들어보면 교회 안에 소위 '믿음이 강한 이' 들에게 상처받았던 경우가 참 많다. 공동체 내에서 자신의 믿음의 확신으로 도를 넘는 참견과 강제로 주변사람들을 너무나도 힘들게 하는 이들이 꽤 있는 모양이다. 결국 연약한 이들은 강한 이들의 틈바구니에서 견디지 못하고, 믿음에서 이탈하여 깊은 침체에 빠지게 된다.

어떤 자매는 결혼을 했는데 시아버지가 목회를 하셨다. 그런데 목회자의 며느리라는 이유로 교회의 온갖 일을 다 강제하다시피 맡겼다. 자매는 이것이 너무 힘들어서 시아버지께 좀 내려놓아야겠다고 말씀드렸다. 그러나 시부모님은 오히려 역정을 내면서 이것이 다 며느리가 믿음이 약한 탓이라고 책망하며, 온갖 상처 주는 말들을 쏟아부었다. 그러더니 며느리가 기도를 안 해서 그렇다고 당장에 내일부터 새벽기도를 나오라고 하였다. 마침 남편이 몸이 아파 밤새 병원에서 뜬눈으로 병간호를 하고 있었다. 그러다 보니 힘들어 새벽기도회를 제대로 나가지 못했다. 그런 날이면 여지없이 시아버지로부터 전화가 와서 믿음이 그것밖에 되지 않느냐고 심한 비난과 정죄를 받았다. 며느리는 신앙생활을 하지만 더 이상 자원하는 믿음으로 하는 게 아니었다. 이때부터 신앙은 무거운 짐이 되었고, 결국 깊은 영적 침체가 계속되었다.

우리에게 허락된 신앙의 자유는 서로를 향한 절제가 있는 자유여야 한다. 그러려면 눈앞의 지체보다 그에게 자유를 허락하신 주님을 더 크게 봐야 한다. 먼저 주님께서 그를 사랑하고 자유롭게 하셨기에 나도 그를 사랑하며 절제해야 한다. 주님은 내가 그를 알기도 전에 먼저 받아들이셨다. 그렇다면 내가 무엇이기에 그를 비판하고 판단하겠는가? 나는 그를 있는 모습 그대로 받아들여야 한다. 진리에 관한 일이 아니라면 웬만한 일은 서로 받아들이고 인정하고 품어야 한다. 사소한 일에 자신이 옳다고 과신하지 말라. 오히려 그러한 확신이 지체를 비판하려는 충동을 일으킨다. 믿음이 좋다고 하는 사람일수록 이런 경향이 강하다. 자기 확신이 신앙적인 확신과 결합하여 이것이 주님의 뜻이라는 생각이 들면 주변의 연약한 지체에게 여지없이 상처를 주게 된다.

기억하라. 소위 "믿음이 괜찮다"고 칭송받는 나의 확신을 강변하는 것보다 연약한 지체에게 상처를 주는 일이 더 큰 문제이다. 왜냐하면 우리의 보다 궁극적인 사명은 주님의 몸 된 교회를 아름답게 세워가는 일이기 때문이다. 상처와 비판 가운데 공동체는 세워질 수 없다. 하나님의 나라는 오직 의와 기쁨과 평강이 있는 교회를 통해서 세워진다. 그럴 때 주님의 교회가 세상 가운데 좀 더 아름다운 빛을 발하며 소금의 역할을 온전히 감당할 수 있다. 지금 내가 속한 공동체는 어떠한가? 나는 지체를 판단하기 이전에 화평과 덕을 세우는 일에 힘쓰고 있는가? 이제는 믿음의 지체들을 향하여 겸손하게 스스로 절제하자.

예수께로
돌아가라!

¹믿음이 강한 우리는 마땅히 믿음이 약한 자의 약점을 담당하고 자기를 기쁘게 하지 아니할 것이라. ²우리 각 사람이 이웃을 기쁘게 하되 선을 이루고 덕을 세우도록 할지니라. ³그리스도께서도 자기를 기쁘게 하지 아니하셨나니 기록된 바 주를 비방하는 자들의 비방이 내게 미쳤나이다 함과 같으니라. ⁴무엇이든지 전에 기록된 바는 우리의 교훈을 위하여 기록된 것이니 우리로 하여금 인내로 또는 성경의 위로로 소망을 가지게 함이니라. ⁵이제 인내와 위로의 하나님이 너희로 그리스도 예수를 본받아 서로 뜻이 같게 하여 주사 ⁶한마음과 한 입으로 하나님 곧 우리 주 예수 그리스도의 아버지께 영광을 돌리게 하려 하노라. ⁷그러므로 그리스도께서 우리를 받아 하나님께 영광을 돌리심

과 같이 너희도 서로 받으라. ⁸내가 말하노니 그리스도께서 하나님의 진실하심을 위하여 할례의 추종자가 되셨으니 이는 조상들에게 주신 약속들을 견고하게 하시고 ⁹이방인들도 그 긍휼하심으로 말미암아 하나님께 영광을 돌리게 하려 하심이라. 기록된 바 그러므로 내가 열방 중에서 주께 감사하고 주의 이름을 찬송하리로다 함과 같으니라. ¹⁰또 이르되 열방들아 주의 백성과 함께 즐거워하라 하였으며 ¹¹또 모든 열방들아 주를 찬양하며 모든 백성들아 그를 찬송하라 하였으며 ¹²또 이사야가 이르되 이새의 뿌리 곧 열방을 다스리기 위하여 일어나시는 이가 있으리니 열방이 그에게 소망을 두리라 하였느니라. ¹³소망의 하나님이 모든 기쁨과 평강을 믿음 안에서 너희에게 충만하게 하사 성령의 능력으로 소망이 넘치게 하시기를 원하노라.

1896년 출간된 이후 전 세계에 수천만 권이 팔린 찰스 M. 쉘돈의 소설, 「예수님이라면 어떻게 하실까?」(서울: 브니엘, 2018)는 어느덧 그리스도인이라면 평생에 한 번은 꼭 읽어야 할 기독교의 고전이 되었다. 이 책은 19세기 말 미국의 철도 도시인 레이몬드 시를 중심으로 비롯된다. 어느 날 이 도시의 대표적인 교회인 레이몬드 제일교회에 실직한 인쇄공 한 사람이 찾아온다. 그는 자신의 힘든 상황 가운데 그리스도인이라면 어떻게 해야 마땅한지, 예수님의 발자취를 따른다는 것이 과연 무엇인지를 진지하게 묻고는 갑작스러운 심장마비로 죽게 된다. 이 사건을 계기로 이 교회의 담임목사인 맥스웰 목사는 교인들에게 진지하게 도전한다. 과연 우리의 일상에서 "예수님이라면 어떻게 하실까?"를 삶의 기준으로 삼아보자고. 그는 교인들과 함께 1년간을 진지하게 이 질문에 응답하며 살아가기로 한다. 이 질문에 신실하게 응답하는 와중에 성도들에게는 많은 어려움이 닥치지만 그중에서도 이들은 놀라운 변화를 경험한다. 우리 신앙의 많은 고민이 있을 때 "예수님이라면 어떻게 하실까?"라는 질문은 고민을 해결하는 데 근본적인 도움을 주는 질문이다. 우리 신앙의 근본이 결국 예수 그리스도이시기 때문이다.

이 장의 본문은 "믿음이 연약한 자를 받으라"(롬 14:1)고 했던 그간의 논의(롬 14:1-15:13)의 결론이자 우리 몸을 거룩한 산 제물로 드리라는 12장 1절 이후의 긴 논의(롬 12:1-15:13)의 결론이다. 그리고 로마서 전체의 결론을 이루는 삼중적인 결말의 단락이라고 할 수 있다.

먼저, 이 단락은 14장 1절과 3절에서 시작한 '받으라'는 권고가 다시 등장하면서(롬 15:7) 큰 단락(롬 14:1-5:13)의 수미상관구조를 이룬다.

둘째, 이 단락은 12장 1~2절에서 시작한 예배의 분위기를 서로 간의 겸손을 촉구하며(롬 12:3-8), 믿음이 강한 자와 약한 자, 이방인과 이스라엘의 구별 없이 모두 하나님의 백성이 드려야 할 '온 이스라엘'(롬 11:26)의 예배로 초대한다(롬 15:6,9-11).

셋째, 이 단락은 모든 성도를 죽음 가운데 부활하신 참된 메시아 예수를 주로 믿는 믿음 안에서(롬 1:1-5), 유대인과 이방인이 하나님의 사랑 안에서 한 가족이 되어(롬 3-4장, 12-14장), 환난 중에서도 소망 가운데(롬 5:1-5, 9-11) 하나님의 언약적인 신실하심을 찬양하는 자리로 초대한다. 이러한 찬양은 로마서 서두(롬 1:18-2:29)에서 생생하게 묘사되었던 인류의 실패와 유대인의 실패를 역전시킨다(톰 라이트, 「로마서」, 611쪽).

이번 장의 본문은 특이한 이중 구조를 갖고 있다. 본문은 1~6절과 7~13절로 나누어지는데, 두 부분의 서두(롬 15:1,7) 모두 14장 1절에서 권면한 '받으라' 는 권고를 중심으로 시작한다. 권면 이후에는 이와 관련된 그리스도께서 본으로 보이신 일들을 진술한다. 그다음에는 이를 바탕으로 한 소망을 진술한 후 모두 한마음과 한 입으로 하나님께 찬양을 드리는 것으로 마무리된다.

하지만 내용에 있어서는 약간의 차이가 있다. 전반부(롬 15:1-6)는 "자기를 기쁘게 하지 말라"는 부정적 접근인 반면, 후반부(롬 15:7-13)는 "서로 받으라"는 긍정적인 접근이다. 이런 권면에 대한 그리스도의 예시도 전반부는 "그리스도께서도 자기를 기쁘게 하지 아니하셨다"는 부정적인 모습을, 후반부는 "그리스도께서 우리를 받으셨다"는 긍정적인 모습을 제시한다. 각각의 단락을 마무리하는 축복문(롬 15:5-6,13)은 복음 안에서 소망을 노래하는 5~8장의 처음(롬 5:1-5)과 끝(롬 8:31-39), 그리고 유대인의 구원을 넘어 온 이스라엘의 구원을 노래하는 11장의 끝(롬 11:25-36)에서 울려 퍼졌던 메아리의 절정을 이룬다.

이런 삼중적인 결론 단락에서 바울은 메시아 예수를 믿는 믿음뿐만 아니라 그 믿음의 모델 되시는 예수 그리스도에 주목한다. 12장 이후로 계속되어 왔던 교훈과 권고들을 돌아보면 예수님의 직접적인 가르침과는 상관없다는 느낌이 들지 모르겠다. 그도 그럴 것이 사도 바울은 예수님의 직접적인 제자가 아니었고, 예수님의 삶과 가르침을 직접 접했을 기회가 없었던 게 사실이다. 그러나 이번 장을 꼼꼼히 살펴보면 사용된 어휘와 중심적인 신학들이 예수님의 가르침에 기초하고 있음이 선명하게 드러난다. 이는 바울이 이후 교회를 통하여 예수님의 말씀과 삶을 전해 받았음을 암시한다(고전 11:23-26 참조). 이는 구원받은 성도의 삶은 예수 그리스도에게 기초해야 함을 보여준다.

먼저, "믿음이 강한 우리는 마땅히 믿음이 약한 자의 약점을 담당해야 한다"는 말씀(롬 15:1)을 살펴보자. '마땅히 ~해야 한다'는 동사(헬. 오페일로)는 직역하면 '~해야 할 빚이 있다'는 의미다. 즉 믿음이 강한 우리는 믿음이 약한 자의 약점을 담당해야 할 빚이 있는 것이다. 성도에게 무슨 빚이 있을까? 앞서 살펴본 것처럼 성도에게는 딱 하나, 오직 사랑의 빚만이 존재한다(롬 13:8). 성도는 '나 같은 죄인을 살리신' 그리스도의 엄청난 사랑의 빚을 진 사람들이다. 우리 힘으로 절대 갚지 못할 어마어마한 사랑의 빚을 진 사람이기에 우리는 지체를 용납하고, 주님의 사랑으로 이들을 섬겨, 실족하거나 망하지 않게 해야 한다(롬 14:15).

이 사랑의 빚에 관한 교훈은 엄밀히 따지고 보면 예수님의 말씀에 기초한다. 주님께서 우리에게 가르쳐주신 주기도문에는 우리가 우리에게 빚진 자를 사하여 준 것같이 우리 빚을 탕감해 달라는 청원 기도가 들어 있다(마 6:12). 또 예수님은 자신을 따르는 성도를 일만 달란트 빚을 탕감받은 자로 규정하시고, 성도는 마땅히 다른 이들의 빚을 탕감해주고 용서해 주어야 할 것을 말씀하셨다(마 18:21-35).

그렇다면 로마교회에서 성도는 이 빚을 피차 어떻게 탕감해 주어야 할까? 그러려면 약한 자의 약점을 담당해야 한다(롬 15:1). 여기 '약한 자'(헬. 아뒤나토스)는 능력이나 재능이 없거나 힘이 없는 사람을 의미한다. 강한 성도는 이런 자들의 연약한 점들을 기꺼이 '담당할 수 있어야' 한다(롬 15:1 후반부). 연약한 일을 담당하는 것은 메시아의 사역이다. 예수 그리스도는 우리의 연약한 것을 친히 담당하시고 병을 짊어지셨다. 1절 후반부는 이사야 53장 4절을 인용한 마태복음 8장 17절을 그대로 반영한다. 즉 성도가 서로의 연약한 점들을 기꺼이 받아들이는 것은 예수 그리스도의 사역을 그대로 재현하는 일이다.

　　예수님은 "수고하고 무거운 짐 진 자들아 다 내게로 오라. 내가 너희를 쉬게 하리라"(마 11:28)고 말씀하셨다. 우리가 주님께 나아가면 주님은 우리의 짐을 받으시고, 당신의 멍에를 내주신다(마 11:29). 여기서 멍에는 소나 말의 목에 가로 얹는 둥그렇게 구부러진 막대로 두 마리가 끄는 경우를 가정할 때가 많다. 두 마리가 멍에를 메면 서로가 짐을 나누어지게 된다. 그런데 두 마리 중 한 마리가 약하면 멍에가 연결되어 있기에 다른 강한 한 마리가 연약한 짐승의 짐까지 더 지게 되는 효과가 있다. 따라서 주님께서 우리 인생의 무거운 멍에를 져주시면 우리의 짐은 가볍게 된다(마 11:30). 우리는 짐을 덜고 쉴 여유가 생긴다.

　　이렇게 볼 때 1절의 권면은 단순한 상식적인 공동체 윤리가 아니라 예수 그리스도께서 우리를 위해 앞서 베풀어 주셨던 사랑의 윤리를 권면하는 말씀이다. 구절구절에 예수님의 사역과 말씀이 뚝뚝 배어난다. 우리가 이처럼 그리스도의 다함없는 은혜를 마음에 품고 공동체의 지체를 향하여 마땅히 짐을 져줄 때 우리는 온전한 그리스도의 몸을 이루어가며 그리스도의 법을 성취하게 된다. 갈라디아서 6장 2절은 이를 이렇게 말씀한다. "여러분은 서로 남의 짐을 져 주십시오. 그렇게 하면 여러분이 그리스도의 법을 성취하실 것입니다"(새번역). 여기서 '그리스도의 법'은 주님의 사랑으로 살아가는 원리를 말한다. 즉 사랑의 빚진 자로 서로의 짐을 기쁨으로 져주라는 뜻이다.

그러나 이는 자신의 짐을 무조건 내팽개치고 다른 이의 짐을 져주는 것을 의미하진 않는다. 이 말씀을 순종하려면 우리는 먼저 자기 몫의 짐을 져야 한다(롬 15:2, 참조 갈 6:5). 그렇지 않고는 오히려 서로에게 큰 부담을 안기는 몰염치한 공동체가 되기 쉽다. 그렇다고 너무 자기중심적으로 나아가서도 안 된다. 자칫 자기를 기쁘게 하려는 유혹에 빠질 수 있다(롬 15:1). "자기를 기쁘게 하지 말라"는 1절 후반부의 말씀은 자기부인에 관한 예수님의 말씀을 생각나게 한다. "무리와 제자들을 불러 이르시되 누구든지 나를 따라오려거든 자기를 부인하고 자기 십자가를 지고 나를 따를 것이니라. 누구든지 자기 목숨을 구원하고자 하면 잃을 것이요 누구든지 나와 복음을 위하여 자기 목숨을 잃으면 구원하리라"(막 8:34-35). 이렇게 볼 때 로마교회 공동체를 향한 권면은 바울의 독자적인 계시가 아니라 예수 그리스도의 말씀과 사역에 기초한 계시임을 알 수 있다.

여기서 자기를 기쁘게 하지 않고 지체들의 연약함을 담당하는 일은 더 큰 목표를 지향한다. 바로 그리스도의 몸을 세우기 위한 것이다. 2절은 직역하면 "그리스도의 몸을 세우기 위한 선을 이루려면 우리 각 사람이 이웃을 기쁘게 해야만(must, NRSV) 한다"이다. 여기에 우리가 사랑의 빚진 자로 연약한 이들의 짐을 져주어야 하는 명확한 이유가 나온다. 이것이 바로 하나님 나라의 구체적인 삶의 양식인 예수 그리스도의 몸을 세워가는 방식이기 때문이다. 로마서에서는 이미 '선을 이루는' 방식을 말씀한바 있다. 그것은 '모든 것이' '서로' 합력해야 한다(롬 8:28). 서로 합력하려면 나를 기쁘게 할 일이 아니라 서로를 기쁘게 하고, 그리스도를 기쁘시게 해야 한다. 이렇게 이루는 선은 이미 언급했듯이 종말적인 하나님의 최종 목적과 계획을 이루는 데로 나아간다(Part 2의 22. 말할 수 없는 탄식으로 참조).

예수님도 하나님의 뜻을 이루고 그분의 나라를 세우기 위해 자기를 기쁘게 하지 않고, 오히려 자기를 부인하고 허물 많은 인류의 죄악을 대신해서 십자가를 지셨다(롬 15:3). 그럼으로 하나님의 종말적인 구원계획을 이루셨다. 이를 위해 그리스도는 자기 유익을 추구하지 않고, 하나님의 나라를 위하여 저주받는 데까지 나아가신 것이다(갈 3:13 참조). 3절에 인용한 시편 69편 9절은 이를 잘 보여준다. "주를 비방하는 자들의 비방이 내게 미쳤나이다 함과 같으니라." 이 말씀은 다윗이 하나님의 성전을 위하여 열정을 불살랐더니, 하나님을 제대로 모르고 비방하던 자들이 다윗을 향하여 맹렬한 비난을 쏟아붓는 일을 탄식하며 하나님께 아뢰는 기도다. 그리스도의 사역도 이와 같았다. 그리스도는 자신을 기쁘게 할 수 없고, 그 대신 사람들이 이스라엘의 하나님께 퍼붓는 모욕을 스스로 담당하셔야 했다(빌 2:6-8, 고후 8:9 참조)(톰 라이트, 「모든 사람을 위한 로마서 II」, 146쪽).

이처럼 본문의 권면에는 예수 그리스도의 말씀과 사역이 배어 나온다. 이러한 말씀들은 오늘 우리를 위해 기록된 말씀이다(4절, 롬 4:23-24 참조). 우리는 이런 말씀을 통하여 자신을 기쁘게 하지 않고, 이웃을 기쁘게 하는 곳으로 나아가며, 그리스도의 몸 된 교회를 세워간다. 그러는 중 인내와 위로의 하나님을 경험하며 소망을 품고 예수님을 닮아간다(롬 15:4-5). 이런 역사는 앞선 5장 1~5절을 반영하며, 성령의 역사하심을 전제한다(특히 5절, 8장). 이렇게 성도가 그리스도를 닮아갈 때 공동체를 향한 주님의 동일한 뜻을 각자의 마음에 품게 된다. 주 안에서 같은 뜻을 품는 것이다.

서로 뜻이 같아진다는 것은 "서로 같은 것을 생각한다"는 의미다(새번역 참조). 뜻이 같으면 말이 같아지고, 한마음과 한 입으로 하나님께 영광을 돌릴 수 있다(롬 15:6). 이는 유대인이나 헬라인이라고 차이가 있는 게 아니다. 그리스도 안에서 모두 한뜻과 한마음으로 나아가는 것이다. 우리가 이렇게 할 수 있는 것은 모두 동일하게 그리스도의 사랑에 빚진 자들이기 때문이다. 예수님은 상상을 초월한 사랑으로 우리를 아무 조건 없이 받아주셨다. 이렇게 받아주신 것은 바로 아버지의 뜻을 이루고 하나님께 영광을 돌리기 위함이다.

로마서의 마지막 종결부(롬 15:7-13)의 시작인 7절은 앞선 1~6절의 부정적인 접근의 논의를 적극적인 긍정의 언어로 전환하며, 전체의 흐름을 고조시킨다. 그러므로 그리스도께서 하나님의 영광을 위하여 우리를 받아 하나님께 영광을 돌리신 것처럼 로마 교인들도 서로를 차별하지 말고 아무 조건 없이 서로를 받으라는 뜻이다(롬 15:7). 여기서 '받으라'(헬. 프로스람바네스테)는 단어는 일상적인 매일의 삶 속에서 드러나는 관계 가운데 서로를 익숙한 삶의 습관처럼 자연스럽게 받아들이라는 뜻이다(제임스 던, 「로마서 9-16」(WBC 38하), 470쪽). 이방인 성도들은 유대인 성도들을 이질적인 사람처럼 차별하며 비판적으로 받아들이려는 경향이 있었다. 따라서 이방인 성도들은 유대인 성도들을 자연스러운 지체의 일부로, 익숙한 삶의 양식으로 받아들이라는 뜻이다. 또한 믿음이 강한 성도들은 연약한 성도들을, 연약한 성도들은 강한 성도들을 서로 받아들여야 한다. 그리스도께서 하신 것처럼 말이다.

그렇다면 그리스도는 어떻게 행하셨는가? 이어지는 8~9절은 그리스도의 사역을 축약하여 보여준다. "그리스도께서 하나님의 진실하심을 위하여 할례의 추종자가 되셨다"(롬 15:8). 여기서 '진실하심'이란 하나님의 약속이 거짓 없음을 드러내는 하나님의 '신실하심'과 같다. 하나님의 신실하심을 드러내기 위하여 그리스도는 '할례의 추종자'가 되셨다. 이는 할례받은 자들의 종(a servant of the circumcised, NRSV), 즉 유대인의 종을 의미한다. 그리스도께서는 먼저 할례받은 유대들을 섬기기 위해 이 땅에 오셔서 그들의 종이 되셨다. 유대인들의 메시아로 오신 분이 유대인들의 종으로서 그들을 섬긴다는 것은 쉬운 일이 아니었다. 이들은 예수님의 가르침과 하나님 나라의 비전을 거부하고 예수님을 죽음으로 몰아붙일 정도였다. 그러나 예수님은 그 가운데서도 이들을 끝까지 겸손하게 섬기며 하나님께서 구약성경을 통해 이들의 선조들에게 약속하신 메시아에 관한 예언을 성취하셨다.

그뿐만이 아니었다. 그리스도는 이방인들에게도 긍휼과 자비로 구원을 베풀어 하나님의 자녀가 되게 하셨다. 차별 없이 유대인과 이방인을 모두 받으셔서 하나님께 영광을 돌리신 것이다(롬 15:9). 이렇게 그리스도는 섬기는 종으로 유대인과 이방인 모두를 하나님의 한 가족으로 받아들이고 하나님의 진실하심을 드러내셨다. 이를 통해 "조상들에게 주신 약속들을 견고하게" 하셨다(롬 15:8). 이것이 바로 복음 안에 계시된 '하나님의 의'에 담긴 '하나님의 언약적인 신실함으로 이룬 의'의 핵심적인 내용이다. 이러한 그리스도의 사역은 더 넓게 3~4장과 9~11장의 논의를 반영한다.

이어지는 9~12절에는 연속적인 네 개의 구약 인용 구절이 등장한다(시 18:49, 신 32:43, 시 117:1, 사 11:10). 이 말씀들에 공통적으로 등장하는 단어가 있다. 바로 '열방'(헬. 에트네)이란 단어다. 이는 그리스도의 사역이 유대인과 이방인을 모두 포함하는 모든 민족을 이끌어 모두 받으심으로써 하나님께 영광을 돌리게 하여 구약의 예언을 마침내 성취했음을 보여준다.

첫째, 9절에서 인용하는 시편 18편 49절, "그러므로 내가 열방 중에서 주께 감사하고 주의 이름을 찬송하리로다"(개역한글)는 단순한 찬양시가 아니다. 18편 전체는 고난 중에 하나님께 탄원했던 다윗의 부르짖음이 신원되는 내용인데, 49절은 그 절정으로 자신의 고난이 신원되었음을 하나님께 감사하며 찬양하는 구절이다. 이는 인류의 죄와 고난으로 인한 부르짖음이 메시아 예수 안에서 구현된 하나님의 의로 실현되었음을 의도한다.

둘째, 이어지는 10절의 "열방들아 주의 백성과 함께 즐거워하라"는 말씀은 신명기 32장 43절을 인용한 말씀이다. 바울은 하나님의 언약적인 정의를 드러낼 때 종종 신명기 32장을 인용하는데, 10절은 신명기 32장에 나오는 모세의 노래 마지막 절정 부분으로, 하나님의 공의로운 심판과 주권적인 승리, 그리고 속죄의 은총을 찬양하면서 이스라엘과 모든 이방 민족을 찬양으로 초대하는 구절이다.

셋째, 바울은 이후 시편으로 돌아가 11절에서 "모든 열방들아 주를 찬양하며 모든 백성들아 그를 찬송하라"는 시편 117편 1절을 인용한다. 시편 117편은 단 두 구절로 되어 있는 시로 모든 나라와 모든 열방을 향한 여호와의 인자하심이 크고 진실하심이 영원함을 노래하는 시다. 2절은 온 열방을 향하여 하나님의 인자하심, 곧 '신실한 사랑'(히. 헤세드, steadfast love)이 크고, '진실하심'(히. 애무나, faithfulness), 곧 그의 언약에 신실하심이 영원함을 찬양하는 일에 동참하라고 부르는 일종의 초대장이다. 이는 우상에 빠져 있는 열방을 향한 초대일 뿐만 아니라 이스라엘을 향한 초대이다. 즉 로마서 전체의 흐름을 반영하는 초대인 것이다. 이는 메시아 예수 안에서 베풀어진 구원의 감격으로 하나님이 기뻐하시는 거룩한 산 예배로의 초대를 반향하기도 한다.

이러한 구약의 인용들은 그간의 로마서의 흐름을 계속해서 강력하게 반향한다. 그리고 이런 반향은 점점 고조되며 마침내 12절에 이르러 마지막 이사야 11장 10절을 인용하는 데서 절정에 이른다. "이새의 뿌리 곧 열방을 다스리기 위하여 일어나시는 이가 있으리니 열방이 그에게 소망을 두리라." 이는 그동안 반복되며 고조되었던 열방의 초대가 메시아 예수 안에서 일어나게 되었으며, 그 안에서 참된 소망을 발견할 수 있음을 장엄하게 선포하는 것이다. 여기서 메시아를 '이새의 뿌리'로 선포하는 것은 복음을 처음 소개하는 로마서의 서두(롬 1:3-4)를 반영한다. '다윗의 혈통'으로 소개했던 것을 여기서는 '이새의 뿌리'로 선포한다. 그가 성령의 능력으로 부활하셨던 분으로 소개했던 것을 여기서는 그를 "열방을 다스리기 위하여 일어나시는(rise) 이"로 선포한다. 이러한 선포는 그간 논의했던 14장 1절부터 15장 13절의 핵심적인 내용이며(롬 14:9 참조), 동시에 로마서 전체가 줄기차게 선언했던 복음의 핵심이다.

이사야 11장 10절이 위치한 이사야 11장과 12장은 이스라엘의 남은 자들을 열방의 백성들과 함께 모아 새 이스라엘, 즉 새로운 구원의 공동체를 만드는 일을 말씀하고 있다. 이러한 함의는 본문 12절에서 이새의 뿌리에서 나신 메시아가 열방을 다스리기 위하여 부활했다는 구절에서 더욱 또렷하게 드러난다. 이는 제국의 심장부인 로마에 보내는 편지로는 혁명적인 내용이다. 그렇기에 우리는 주되신 메시아 예수에게 믿음으로 순종해야 하며(롬 1:5, 16:26), 그를 참된 주로 찬양하며 경배해야 한다.

바울은 메시아 예수를 통해 이미 실현된 하나님의 통치에 소망을 둔다. 예수님은 온 세상의 참된 주시며, 머지않아 열방과 모든 만물이 그 이름 앞에 무릎을 꿇을 것이다(롬 14:10-11). 그래서 우리는 현 세대에 메시아 예수 안에서 한 몸을 이루어 함께 예배드려야 한다. 그러려면? 우리는 서로를 메시아를 믿는 믿음 안에서 받아들여야 한다. '이신교제'(fellowship by faith)가 일어나야 하는 것이다(381쪽 참조). 또한 우리는 현 세대 속에 이 종말의 소망이 가까워 왔음을 기억하고 소망 중에 깨어 있어야 한다(롬 13:11-14). 이를 위해 필요한 것이 바로 성령의 능력이다. 그리스도께서 성령의 능력으로 부활하여 하나님의 아들로 선포되셨던 것처럼 우리 또한 성령의 능력으로 소망의 하나님을 든든하게 붙들고 그가 주시는 기쁨과 평강으로 충만해야 한다(롬 15:13). 이럴 때 우리는 하늘 소망으로 넘치며 서로를 기쁘게 받아들일 수 있다.

이렇게 볼 때 지금 우리가 자기를 기쁘게 하지 않고, 지체를 서로 섬기며 기쁘게 해야 하는 이유와 목적은 분명하다. 그리스도께서 친히 그의 말씀과 사역으로 본을 보여주시며 우리로 큰 사랑의 빚을 지게 하셨기 때문이다. 큰 빚을 진 우리는 마땅히 지체를 서로 받아들여야 한다. 그렇다면 목적은 무엇인가? 유대인과 이방인, 즉 모든 열방이 이새의 뿌리이신 그리스도 안에서 하나님께 영광을 돌리도록 하기 위함이다. 여기서 성도의 믿음이 지향하는 바는 뚜렷해진다. 이는 나의 의로움을 정당화시키고, 연약한 이들 앞에 자랑하며, 상처주기 위한 일이 아니다. 성령의 능력으로 하나님의 집을 세우고, 그리스도의 아름다운 몸을 이루는 천상의 기쁨을 맛보며, 하나님께 영광이 되기 위한 것이다. 참된 믿음은 나만을 바라보던 믿음에서 벗어나 이웃과 공동체를 향해 그 지경을 넓히게 한다. 이런 믿음은 이웃들에게 그리스도의 현존을 경험하게 하며 능력과 축복의 통로가 된다.

그렇다면 물어보자. 예수님이라면 공동체의 삶을 어떻게 사셨을까? 공동체가 부담된다고 홀로 조용히 담을 치고 사셨을까? 연약한 자를 못마땅하게 여기며 비판하고 정죄하셨을까? 믿음이 강하다고 자부하며 자신에게 상처를 주는 자는 부담스럽다고 기피하셨을까? 결코 아니다! 주님은 마음을 다해 교회의 지체들을 사랑하셨을 것이다.

교회를 그리스도의 몸으로 표현한 것은 그분의 심장이 교회에 있기 때문이다. 그분의 사랑과 온 관심이 바로 이곳에 있다. 교회가 그분의 사역과 말씀에 기초해 아름다운 천국을 이루어가는 일에 온통 관심이 있으시다. 그렇다면 나의 믿음은 어떠한가? 이웃을 기꺼이 편견 없이 받아들이며 그들을 받아들일 수 있는가? 나에게 붙여주신 지체들을 기쁘게 하고 있는가? 그들의 약점까지 기꺼이 담당할 수 있는가?

오늘날 교회에 청년들이 사라진다고 걱정한다. 이는 한편으로 그만큼 청년공동체에 서로에 대한 편견과 배제가 많이 존재한다는 것을 의미하기도 한다. 지체들이 서로를 배제하고 편 가르기 하는 세상 풍조를 그대로 공동체에 들여왔다면 이는 당연한 결과다. 우리는 중·고등학교 때부터 평등사회(?)의 압력 속에 살아왔다. 몇 평짜리 집에 살고, 등수가 몇 등인가에 온통 목숨을 건다. 이런 식의 비교하는 삶의 양식에 목숨을 걸다보면 서로의 짐을 기쁘게 져주는 것은 결코 있을 수 없는 일이 되어버린다.

공동체 안에서도 주도권을 잡은 이들이 알량한 자존심을 내세우며 단지 자신들이 공동체에 온 지 더 오래 되었다는 이유로 비교하며 새로 온 이들을 무시한다. 연약한 이들을 좌지우지하려 한다. 많은 청년공동체 내에서 기득권과 새로 온 새신자 간의 벽은 넘을 수 없는 벽이 되고, 믿음이 좋은 신자가 연약한 자의 마음을 예리한 비수로 난도질하는 일이 계속된다. 제발 부탁이다. 예수님을 바라보라. 예수님이라면 어떻게 하셨을까를 기억하라! 우리가 살아야 할 구원윤리는 공동체의 한 몸 됨으로 완성된다.

성령에 붙들린
개척자

¹⁴내 형제들아 너희가 스스로 선함이 가득하고 모든 지식이 차서 능히 서로 권하는 자임을 나도 확신하노라. ¹⁵그러나 내가 너희로 다시 생각나게 하려고 하나님께서 내게 주신 은혜로 말미암아 더욱 담대히 대략 너희에게 썼노니 ¹⁶이 은혜는 곧 나로 이방인을 위하여 그리스도 예수의 일꾼이 되어 하나님의 복음의 제사장 직분을 하게 하사 이방인을 제물로 드리는 것이 성령 안에서 거룩하게 되어 받으실 만하게 하려 하심이라. ¹⁷그러므로 내가 그리스도 예수 안에서 하나님의 일에 대하여 자랑하는 것이 있거니와 ¹⁸그리스도께서 이방인들을 순종하게 하기 위하여 나를 통하여 역사하신 것 외에는 내가 감히 말하지 아니하노라. 그 일은 말과 행위로 ¹⁹표적과 기사의 능력으로 성령의 능력으

로 이루어졌으며 그리하여 내가 예루살렘으로부터 두루 행하여 일루리곤까지 그리스도의 복음을 편만하게 전하였노라. ²⁰또 내가 그리스도의 이름을 부르는 곳에는 복음을 전하지 않기를 힘썼노니 이는 남의 터 위에 건축하지 아니하려 함이라. ²¹기록된 바 주의 소식을 받지 못한 자들이 볼 것이요 듣지 못한 자들이 깨달으리라 함과 같으니라. ²²그러므로 또한 내가 너희에게 가려 하던 것이 여러 번 막혔더니 ²³이제는 이 지방에 일할 곳이 없고 또 여러 해 전부터 언제든지 서바나로 갈 때에 너희에게 가기를 바라고 있었으니 ²⁴이는 지나가는 길에 너희를 보고 먼저 너희와 사귐으로 얼마간 기쁨을 가진 후에 너희가 그리로 보내주기를 바람이라. ²⁵그러나 이제는 내가 성도를 섬기는 일로 예루살렘에 가노니 ²⁶이는 마게도냐와 아가야 사람들이 예루살렘 성도 중 가난한 자들을 위하여 기쁘게 얼마를 연보하였음이라. ²⁷저희가 기뻐서 하였거니와 또한 저희는 그들에게 빚진 자니 만일 이방인들이 그들의 영적인 것을 나눠 가졌으면 육적인 것으로 그들을 섬기는 것이 마땅하니라. ²⁸그러므로 내가 이 일을 마치고 이 열매를 그들에게 확증한 후에 너희에게 들렀다가 서바나로 가리라. ²⁹내가 너희에게 나아갈 때에 그리스도의 충만한 복을 가지고 갈 줄을 아노라. ³⁰형제들아 내가 우리 주 예수 그리스도와 성령의 사랑으로 말미암아 너희를 권하노니 너희 기도에 나와 힘을 같이하여 나를 위하여 하나님께 빌어 ³¹나로 유대에서 순종하지 아니하는 자들로부터 건짐을 받게 하고 또 예루살렘에 대하여 내가 섬기는 일을 성도들이 받을 만하게 하고 ³²나로 하나님의 뜻을 따라 기쁨으로 너희에게 나아가 너희와 함께 편히 쉬게 하라. ³³평강의 하나님께서 너희 모든 사람과 함께 계실지어다. 아멘.

미국 동부 보스턴에 소재한 매사추세츠공과대학교(MIT)나 서부 캘리포니아에 소재한 스탠퍼드대학교는 학문적 수준에 있어 자타가 공인하는 세계 최고의 명문대학이다. 그런데 이들이 명문대학인 또 다른 이유가 있다. 그것은 이 대학들이 창업에 있어서도 세계 최고의 수준이기 때문이다. 그동안 이 두 학교 출신들이 만들어낸 일자리는 무려 760만 개에 이른 것으로 집계된다. 보다 구체적인 사실들은 다음과 같다.

"미국 스탠퍼드대 공과대학의 척 에슬리 교수팀이 2012년 스탠퍼드대의 경제 영향력을 분석한 자료를 보면 1930~2010년 졸업생 14만 명 가운데 3만 9900명이 창업을 했고, 이들 기업이 창출한 일자리는 540만 개였다. 또 동문기업의 연간 매출은 총 2조 7000억 달러였다. 이들 기업을 묶어 하나의 국가로 보고, 매출을 국내총생산(GDP)으로 간주하면 영국(2013년, 2조 8000억 달러) 다음으로 경제 규모가 큰 '세계 7위'가 된다. 또 기업가 정신을 키우기 위해 설립된 미국의 비영리단체 카우프만재단이 2009년 MIT의 경제 영향력을 분석해 발표한 결과에 따르면 MIT 출신(2003-2006년 조사기간 생존해 있는 동문 기준)이 창업한 기업은 2만 5800개였으며, 창출한 일자리는 220만 개, 매출은 최소 2조 달러를 웃도는 것으로 나타났다. 국가로 치면 '세계 11위' 경제 규모로 한국의 GDP(2013년, 1조 5000억 달러)를 뛰어넘는다"(장진모, "스탠퍼드·MIT 출신들 창업한 기업이 만든 일자리 '760만 개'"(〈한국경제신문〉, 2014. 12. 27.)).

이들 명문대학에 진학하는 학생들은 입학할 때의 마음가짐이 특별하다. 그것은 자신에게는 세상을 바꿀 아이디어가 있고, 이것으로 세상을 바꾸고 더 나은 세상을 만들겠다는 생각이다. 마치 서부 개척 시절의 개척자와 같은 마음이다. 그래서 미국 텍사스의 명문 라이스 대학교의 데이비드 리브론 총장은 다음과 같이 말한바 있다. "요즘 대학생 중 상당수가 '나는 세상을 바꿀 아이디어가 있어. 그걸 현실화시키겠어' 라는 꿈을 갖고 진학한다. 대학은 그런 학생들을 위해 무엇을 해야 할지, 어떻게 그들을 이끌어야 할지 고민해야 한다"(오윤희, "'내가 제2 저커버그' 美대학생 年40만 명이 창업 공부"(《조선일보》, 2016. 1. 6.)).

이것은 오늘날 우리 사회에 신선한 충격을 준다. 우리 사회에 대학생들이 명문대학에 진학하려는 이유가 무엇일까? 여러 이유가 있겠지만 다른 사람들이 부러워할 만한 좋은 직장, 안정된 직장에 취업하고 싶어서가 아닐까? 주변에서 '세상을 바꾸기 위해' 대학에 간다는 말을 듣기가 쉽지 않다. 오히려 새롭게 개척한다고 하면 다들 어떻게든 뜯어 말리는 분위기다.

이렇게 볼 때 사도 바울은 세상을 뒤바꾸어 놓은 멋진 개척자였다. 그는 복음의 불모지인 이방세계에 복음을 전하고 로마제국 각처에 주님의 교회를 세웠다. 바울이 이러한 사역을 감당할 수 있었던 것은 그가 성령에 붙들린 개척자였기 때문이다. 이것은 바울이 가진 자신감의 원천이기도 했다. 이런 자신감이 있었기에 바울은 로마교회 성도들이 복음의 부르심을 입은 이들임을 확신하여(롬 15:14), 더욱 담대히 '대략' 권면할 수 있었다(롬 15:15). 여기서 '대략'(헬. 메루스)이란 '대충'이 아니라 전체의 한 부분, 즉 여기서는 로마서의 특정한 부분을 가리킨다. 이 말은 더욱 담대히 '어떤 특정한 점들에 대해서'(on some points, NRSV, NASB) 권면했다는 뜻이다. 이는 앞서 14~15장에서 언급한 이방인과 유대인의 하나 됨을 말한다. 하나가 되어야 교회가 건강해지고, 교회가 건강해야 복음전파와 선교사명을 지속적으로 감당할 수 있다.

바울이 이런 권면을 담대히 한 것은 바울을 이방인을 위한 제사장적인 사도의 직분으로 부르신 하나님의 은혜에 근거한다(롬 15:15-16, 참조 롬 1:5, 12:3). 이런 은혜가 있었기에 그는 성령에 붙들린바 되어 그리스도의 마음을 품고 순종하며 나아갔고, 성령님은 바울을 통하여 놀라운 표적과 기사와 능력을 나타내셨다(롬 15:19). 바울은 자신의 사역이 이방인을 하나님 앞에 '거룩한 산 제물'(롬 12:1)로 드리는, 이방인의 제사장 사역이라 확신했다(롬 15:16, 참조 사 66:18-21). 이 사역은 단순히 이방인들이 그리스도를 믿는 것으로 끝나지 않는다. 이방인들이 믿어 성령의 능력으로 순종하도록 하는 일까지를 목표로 했다(롬 15:18, 참조 롬 1:5, 16:26). 이럴 때 이들은 하나님이 기뻐하시는 거룩한 산 제물로 드려질 것이다. 성도의 신앙은 믿음으로 만족해서는 안 된다. 반드시 순종으로까지 나아가야 한다. 이것은 인위적인 힘이 아니라 성령 안에서 성령의 능력으로만 가능하다(롬 15:16). 성령 안에 거하는 사람의 특징이 무엇인가? 부드럽다는 것이다. 그는 성령의 능력으로 그 마음에 굳은살이 제거되고 부드러운 마음이 심겨진 사람이다(겔 36:26). 부드러운 마음은 지체에게 쉽게 상처를 주지 않는다. 절제하고 수용하며 공감하고 위로한다.

바울은 이처럼 자신의 부르심이 이방세계를 불러 모아 이 세상의 창조주 앞에 이들을 합당한 제물로 드리는 은혜의 부르심으로 확신하고, 예루살렘에서부터 두루 행하여 일루리곤(오늘날의 유고슬라비아와 알바니아)까지 다니며 그리스도의 복음을 남김없이(편만하게) 선포할 수 있었다(롬 15:19). '두루'(헬. 퀴클로)란 '원 모양으로'를 의미하는데, 이는 이 지역이 예루살렘으로부터 시작하여 시리아 안디옥과 소아시아 지방을 거쳐 마게도니아 속주와 인접한 일루리곤 지역까지를 반원 모양으로 그리기 때문이다. 이 지역은 바울이 세 차례에 걸쳐 복음을 선포했던 그리스와 소아시아를 포함하는 거대한 제국의 북동쪽 지역이었다. 이 어마어마한 사역을 감당할 수 있었던 것은 오직 은혜 때문이었다. 이러한 역사를 보며 바울은 자신 있게 선언할 수 있었다.

"또 내가 그리스도의 이름을 부르는 곳에는 복음을 전하지 않기를 힘썼노니 이는 남의 터 위에 건축하지 아니하려 함이라"(롬 15:20).

이렇게 주님의 은혜로 사역을 감당하다 보니 이제 더는 일할 곳이 없었다(롬 15:23). 하나님의 은혜로 이 지역에 복음이 전파되고 든든하게 뿌리내리기 시작했기 때문이다. 그뿐만 아니라 다른 사역자들도 힘 있게 복음을 전하여 이와 같은 열매를 맺고 있었다(행 8:1, 빌 1:14). 바울은 이미 교회가 세워지거나 공동체가 형성된 곳에는 복음을 전하지 않으려고 힘썼다. 여기 '힘썼다'(헬. 필로티메오마이)는 단어는 '야망을 갖다' '분투하다' '명예롭게 여기다' 등의 의미가 있다. 즉 바울은 이미 형성된 교회의 교인을 빼앗으려 경쟁하려는 야망을 갖지 않았고, 이를 위해 분투하지도 않았으며, 이렇게 사역이 개척되고 교회가 성장하는 일을 명예롭게 여기지도 않았다. 왜? 자신의 사명이 개척자의 사명임을 확신했기 때문이다. 바울은 이미 개척된 곳에는 더 이상 에너지를 쏟을 필요가 없다고 느꼈다. 그는 개척자의 사명을 감당하는 게 메시아 예수가 자신에게 위탁한 사명을 완수하는 일이라고 확신했다. 이어지는 21절의 말씀은 이를 잘 보여 준다.

"기록된 바 주의 소식을 받지 못한 자들이 볼 것이요 듣지 못한 자들이 깨달으리라 함과 같으니라."

이사야 52장 15절을 인용한 이 말씀은 원래 고난받는 종 메시아의 모습을 많은 열방들이 보고 놀라며 알게 될 것이라는 예언이다. 이를 바울은 주의 소식, 즉 복음을 한 번도 접하지 못한 수많은 이방인들이 보고 듣고 깨달을 것이라는 말씀을 붙들며 달려갔다. 자신이 열방으로 나아가 전하는 복음사역이 이사야 말씀을 온전히 성취하는 도구가 됨을 확신하며 나아간 것이다.

이런 확신으로 바울은 로마제국의 남은 반쪽인 서방지역을 주목했다. 로마를 중심으로 당시 세상의 끝으로 여겼던 서바나(스페인)까지 갈 수 있기를 소망했다(롬 15:23,28). 이는 세상의 끝을 로마로 보았던 누가보다 훨씬 더 넓고 확장된 비전이었다(행 28장 참조). 게다가 서바나에는 아직 로마제국의 통치에 강한 반감을 가진 야만인(barbarians, NRSV)과 같은 원주민들이 살고 있었다(롬 1:14). 헬라인과 야만인들에게 빚진 자로 복음을 전하기 원하는 바울의 마음에는 이 지역이 특별하게 다가왔을 것이다(Robert Jewett, *Romans A* commentary(E. J. Epp, Ed.), p.924). 성령의 은혜는 바울로 이미 복음이 전파된 지역의 경쟁자로 부르시지 않고, 복음이 전해지지 않은 새로운 지역의 개척자로 부르신 것이다. 하나님의 은혜는 우리를 종종 블루오션으로 부르신다. 치열한 경쟁과 싸움이 있는 곳보다는 불모지인 곳, 아무도 가지 않으려는 광야로 부르셔서 하나님의 새로운 역사를 시작하게 하신다.

바울은 이러한 하나님의 새로운 역사의 전초기지가 로마교회가 되기를 소망했다. 그동안 예루살렘에서 일루리곤까지 바울의 선교사역의 전초기지는 안디옥교회였다. 바울은 세 차례에 걸친 선교사역을 마칠 때면 항상 안디옥교회에 와서 사역을 보고하고 새로운 격려와 후원을 받아 다시 출발하곤 하였다. 이렇게 제국의 절반을 복음화하고 이제 남은 복음화를 위해 바울은 로마교회를 마음에 품고 있었다(롬 15:24).

하지만 로마교회는 바울이 개척한 교회가 아니었기에 바울은 조심스럽게 자신의 소망을 표현했다. 그는 '지나가는 길'에 로마교회의 성도들을 보고 사귐과 기쁨을 나눈 후에 로마의 성도들이 바울을 서바나로 보내주기 바란다고 했다(롬 15:24). 가려고 할 때마다 번번이 막혔던 로마교회를 어떻게 지나가는 길에 들를 수 있을까?(롬 15:22). 이는 겸손의 표현이다.

바울이 로마교회의 성도와 사귐과 기쁨을 나눈다는 것은 형식적인 교제 이상의 의미가 들어있다. 로마교회에는 바울이 고린도에서 만나 복음을 나누었던 성도들이 있었다. 바로 아굴라와 브리스길라 부부였다. 이들은 글라우디아 황제의 칙령으로 인해 고린도로 임시 이주해왔다가 바울을 만났다(행 18:1-3). 또 바울이 많은 애정을 가진 에배네도가 있었다(롬 16:5). 그와 함께 갇혔던 안드로니고와 유니아도 있었다. 그 외에도 바울이 선교여행 중에 만나 알고 있던 여러 사람들이 있었다(구체적인 사항은 다음 장을 참조하라). 이렇게 볼 때 바울은 조심스럽게 로마교회의 후원을 기대할 만했다. 하지만 아직은 아니다. 바울은 이제 곧 마게도냐와 아가야 성도들이 예루살렘의 가난한 유대인 성도들을 위하여 드린 헌금을 전달하기 위하여 예루살렘에 가야했다(롬 15:26).

당시 로마 글라우디오 황제의 재임기간(AD 46-48년) 중 유대지방에 큰 기근이 있어 많은 유대인들이 고통받고 있었다(행 11:28-30). 이 소식을 들은 이방지역의 성도들은 자신들이 유대인들로부터 먼저 시작되어 전해받은 신령한 영적 유산, 즉 복음을 받았음을 감사하며 이들에게 도움을 전달했다. 이는 이방인들이 유대인들에게 빚진 자라는 의식이 있기에 가능했다(롬 15:27, 참조 롬 11:16-24). 이를 본문은 '연보'라는 용어를 사용하는데, 이는 이방인 교회와 예루살렘교회 사이의 사랑을 나누는 교제의 선물로 함께 연대하여 나누는 기부금을 의미한다(장흥길, 「로마서」, 310쪽).

바울의 연보는 단순한 구제금 이상의 특별한 의미를 갖는다. 먼저는 구제헌금으로써 유대 그리스도인 지체에게 진 사랑의 빚을 갚는 것이었다. 둘째, 바울은 자신이 예루살렘으로 돌아가는 일을 이사야서의 종말적인 비전이 실현되는 일부로 보았을 것이다(사 60:4-9). 이사야 말씀에 따르면 종말에 이방인들은 은금을 가지고 예루살렘으로 와서 여호와께 경배할 것이다. 셋째, 유대 그리스도인들이 이 연보를 받으면 이는 그들이 이방 그리스도인들을 형제로 받아들인다는 것을 의미한다. 즉 연보로 인하여 유대인과 이방인이 그리스도 예수 안에서 하나 됨을 이루는 소중한 연결고리가 될 것이다. 이렇게 볼 때 연보는 로마서 3~4장, 9~11장, 14장 1절~15장 13절의 전반적인 논의 위에서 이해되어야 한다.

사도 바울은 이렇게 서로의 짐을 지는 태도를 성도의 마땅한 일로 격려하며(롬 15:27), 이 열매를 예루살렘교회의 성도들에게 '확증한 후에' 로마교회에 들렀다 서바나로 갈 것을 예고한다(롬 15:28). 여기서 '확증하다' (헬. 스프라기조)는 단어는 '인장을 찍다' 는 뜻이다. 바울은 구제헌금이 이방세계에서 그의 수고의 열매였고, 이 선물을 전달함으로써 그동안 자신이 해왔던 사역 전체에 인장을 찍는 의미로, 곧 아름다운 마무리를 하는 것으로 생각했다. 이것을 아무런 탈 없이 전달해줌으로써 그는 자신의 이방사역에 인장을 찍기 원했다.

바울은 이 일 후에 로마를 들러 스페인으로 갈 것을 밝히며, 이 모든 여정에 교회의 간절한 기도를 요청했다(롬 15:30). 이는 예루살렘으로 가는 바울의 상황 앞에 닥친 도전이 만만하지 않았기 때문이다. 예루살렘에서는 바울을 미워하고 반대하는 자들이 참 많았다(행 21장 참조). 그들은 유대에서 "순종하지 아니하는 자들"(롬 15:31)이었다. 이는 이방인 가운데 믿어 순종하는 로마 교인들과 대조적이다 (롬 15:18). 예루살렘에 가서 헌금을 전달하는 길은 가시밭길이요 고난의 길이었다. 자칫 이 일로 서바나 선교에 대한 바울의 꿈이 좌절될 수도 있었다. 바울이 서바나에 가서 복음을 전했는지는 명확하지 않다. 외경 중 하나인 클레멘트 1서는 바울이 서쪽 끝에 가서 복음을 전했다고 언급하지만, 역사적인 진위를 파악하는 일은 쉽지 않다. 분명한 것은 훗날 바울은 체포되어 로마 황제의 재판을 받기 위해 로마로 압송되었다는 사실이다. 그리고 로마에서 참수형을 당해 순교한 것으로 전해진다. 그가 주 안에서 꿈꾸던 비전을 모두 다 이루었는지 못했는지는 모르지만, 중요한 점은 바울이 여전히 예수님이 제자들에게 "땅끝까지 이르러 내 증인이 되리라"(행 1:8)고 하신 말씀을 가슴에 품고 서바나를 놓고 기도하며 준비했다는 사실이다. 그 계획 실행의 첫 발걸음이 바로 복음의 정수를 담은 편지인 이 '로마서' 다.

하나님은 종종 우리로 그분의 큰 꿈을 품게 하신다. 그렇다고 해서 우리가 그 꿈을 다 이루는 것은 아니다. 우리는 종종 하나님의 꿈을 이루지 못하고 불가항력적인 여건들로 멈추거나 때로는 포기하곤 한다. 그러나 중요한 점은 꿈이 얼마나 큰가, 그 꿈을 얼마나 이룰 수 있을까에 압도되는 게 아니라 지금 내가 디딜 수 있는 첫 걸음을 내딛는 일이다. 하나님은 우리가 결과적으로 얼마나 큰일을 이루느냐보다 지금 순종하는 마음으로 내딛는 첫 걸음을 귀하게 보신다. 그리고 이 첫 걸음이 결국은 세상을 바꾸어 놓는다. 바울은 비록 서바나 선교에 온전히 쓰임받지는 못하지만 바울의 편지가 토대가 되어 스페인에도 복음이 꽤 이른 시기에 전해진다. 요즘 관광코스로 인기가 높은 스페인의 '산티아고 순례길'을 들어봤을 것이다. '산티아고'(Santiago)란 '성(Saint) 야고보(Iacobos)'의 줄임말이다. 이 길은 원래 예수님의 제자인 야고보가 복음을 전하기 위해 걸었던 선교여정 코스였다. 결국 스페인의 선교를 위해서는 야고보가 더 귀하게 쓰임받았던 사실을 알 수 있다.

성령에 붙들린 개척자는 세상이 추구하는 안정에 머물지 않는다. 하나님의 은혜는 자꾸만 우리로 새로운 역사를 꿈꾸도록, 광야로, 변방으로, 아무도 가지 않는 블루오션으로 나아가게 하기 때문이다. 물론 현실의 무게가 너무 버거워 더 이상 앞으로 나아가는 일이 불가능하게 느껴질 수 있다. 만약 그런 상황에서도 내 안에 부어지는 성령의 감동이 있거든 당장 내가 순종할 수 있는 일이 무엇인지 찾아보라. 그것이 비록 완벽하지 않고 첫 걸음에 불과하다 하더라도 이를 통해 하나님은 더 크고 놀라운 일을 이루실 수 있다.

바로 바울의 로마서가 그 첫 걸음의 족적이다. 로마서는 단순히 로마교회에만 머무르지 않고, 스페인으로, 그리고 온 세상에 퍼져나가 모든 성도의 가슴을 지금도 복음으로 타오르게 하고 있다. 하나님의 큰 꿈을 꾸며 내디뎠던 바울의 용기 있는 첫 걸음이 오늘날까지 셀 수 없이 많은 사람들의 삶을, 그리고 세상을 변화시켰다. 길이 막힐 때 나는 어떻게 하는가? 무엇을 시도할 수 있는가? 길이 막혔다고 하나님의 꿈조차 막힌 것은 아니다. 하나님의 큰 꿈을 꾸며 지금 할 수 있는 첫 걸음을 내디뎌보라.

로마교회를
움직인 사람들

----

¹내가 겐그레아 교회의 일꾼으로 있는 우리 자매 뵈뵈를 너희에게 추천하노니 ²너희는 주 안에서 성도들의 합당한 예절로 그를 영접하고 무엇이든지 그에게 소용되는 바를 도와줄지니 이는 그가 여러 사람과 나의 보호자가 되었음이라. ³너희는 그리스도 예수 안에서 나의 동역자들인 브리스가와 아굴라에게 문안하라. ⁴그들은 내 목숨을 위하여 자기들의 목까지도 내놓았나니 나뿐 아니라 이방인의 모든 교회도 그들에게 감사하느니라. ⁵또 저의 집에 있는 교회에도 문안하라. 내가 사랑하는 에배네도에게 문안하라. 그는 아시아에서 그리스도께 처음 맺은 열매니라. ⁶너희를 위하여 많이 수고한 마리아에게 문안하라. ⁷내 친척이요 나와 함께 갇혔던 안드로니고와 유니아에게

문안하라. 그들은 사도들에게 존중히 여겨지고 또한 나보다 먼저 그리스도 안에 있는 자라. [8]또 주 안에서 내 사랑하는 암블리아에게 문안하라. [9]그리스도 안에서 우리의 동역자인 우르바노와 나의 사랑하는 스다구에게 문안하라. [10]그리스도 안에서 인정함을 받은 아벨레에게 문안하라. 아리스도불로의 권속에게 문안하라. [11]내 친척 헤로디온에게 문안하라. 나깃수의 가족 중 주 안에 있는 자들에게 문안하라. [12]주 안에서 수고한 드루배나와 드루보사에게 문안하라. 주 안에서 많이 수고하고 사랑하는 버시에게 문안하라. [13]주 안에서 택하심을 입은 루포와 그의 어머니에게 문안하라. 그의 어머니는 곧 내 어머니니라. [14]아순그리도와 블레곤과 허메와 바드로바와 허마와 및 그들과 함께 있는 형제들에게 문안하라. [15]빌롤로고와 율리아와 또 네레오와 그의 자매와 올름바와 그들과 함께 있는 모든 성도에게 문안하라. [16]너희가 거룩하게 입맞춤으로 서로 문안하라. 그리스도의 모든 교회가 다 너희에게 문안하느니라.

　　예전에 즐겨보던 성룡 주연의 영화 마지막 장면에는 늘 보너스 트랙이 감추어져 있었다. 그것은 영화가 끝난 후 영화를 촬영하면서 실수했던 NG모음을 보여주는 것이다. 이것을 보다보면 새로운 사실을 발견하게 된다. 영화 속에서는 그토록 멋있고 아슬아슬하던 액션장면이 알고 보니 수없이 많은 실수 끝에 나온 장면이라는 사실이다. 멋진 고공점프와 스턴트 연기가 수없는 실수와 고생 끝에 겨우 한 번 성공했던 연기임을 알게 된다. 이런 장면들을 보고 있노라면 영화의 한 장면을 촬영하기 위해 얼마나 많은 제작진들의 땀과 눈물이 들어갔을까 새삼 깨닫게·되며 순간 숙연해진다.

이번 장은 로마서의 보너스 NG장면과도 같다. 본문을 묵상하고 있노라면 마치 성룡 영화의 끝부분 보너스 NG장면을 보는 것처럼, 그리스도의 몸을 이루기 위해 복음 안에서 땀과 눈물을 흘리며 수고했던 로마교회의 여러 성도들의 모습을 더욱 생생하게 접할 수 있다. 본문은 바울이 편지를 마무리하면서 로마교회와 복음을 위해 헌신했던 성도들의 안부를 전하는 내용이다. 이를 면밀하게 살펴보면 바울이 그동안 그리스도 안에서 서로를 자기보다 낮게 여기며 연약한 자의 약점을 담당하라고 호소했던 공동체 구성원들의 구체적인 민낯을 볼 수 있다.

사도 바울이 가장 먼저 안부를 묻는 사람은 브리스가와 아굴라다. 이들에 대한 바울의 설명은 깜짝 놀랄 만하다. 이들이 바울의 목숨을 위해 "자기들의 목까지 내놓았다"는 것이다(롬 16:4). 사도행전 18장 1~3절에 따르면 이들은 로마의 속주인 본도(폰투스) 출신의 유대인 부부였다. 이들은 로마에 살다가 주후 49년에 로마 황제 글라우디오가 로마의 유대인들을 대상으로 내린 추방령으로 인해 고린도로 이주해온 상태였다. 추방령이 내려진 이유는 유대인 공동체와 그리스도인 공동체 사이의 갈등 때문이었다. 당시 유대인 공동체는 그리스도인들을 못마땅해 했고, 이들로 인해 유대 공동체뿐 아니라 로마에 혼란을 초래할 만한 큰 소요를 일으켰다. 유대인들은 그리스도인들을 '크레스투스'(Chrestus)라 부르며 탄압했다. 로마제국이 볼 때 이러한 소요는 유대교 공동체 내부의 분란이었고, 이런 분란을 일으키는 유대인들을 골치 아프게 여겼다. 그래서 황제는 당시 약 2만 5천 명의 유대인들에게 추방령을 내려 고린도를 비롯한 주변 도시로 강제 이주하도록 하였다. 브리스가와 아굴라가 복음을 전하는 바울을 만났을 때, 그를 배척하지 않고 함께 있었다는 것은 이들이 로마에 있을 때 '크레스투스'에 속한 이들임을 암묵적으로 보여준다(제임스 던, 「로마서 9-16」(WBC 38상), 611쪽).

또한 바울과 함께 지내며 교제한 것을 보면 이들은 바울을 만나기 전에 이미 복음을 받아들였을 것으로 보인다. 바울과 브리스가 부부는 모두 천막 만드는 일로 생업이 같았고, 이것을 계기로 함께 지내며 일하면서 복음을 전했다. 이후에 그들은 에베소로 복음전도를 위한 여행을 함께했고(행 18:18-19), 이곳에 한동안 거주하며 에베소 교회의 가정교회 지도자로 사역을 감당했다(고전 16:19). 주후 54년 글라우디오가 죽자 유대인들은 다시 로마로 돌아갈 수 있었고, 이때 브리스가 부부도 로마로 돌아갔다.

브리스가와 아굴라 부부와 바울의 만남에는 신비로운 은혜의 역사가 있었다. 먼저는 이들이 복음으로 말미암아 건강하게 세움받아 복음을 위해, 심지어는 목숨까지 내놓을 정도로 헌신할 수 있는 일꾼으로 준비되었다. 둘째는 이들이 훗날 로마교회의 초석이 되어 바울이 로마교회 성도들과 교제를 나눌 때 든든한 연결고리가 되어주었다. 바울은 자신과 함께 지내며 복음으로 양육받던 이들 부부가 장차 그가 방문하고자 하는 로마교회의 일꾼이 되리라는 사실을 미처 헤아리지 못했을 것이다. 이런 만남은 하나님의 신비로운 손길이 개입하지 않고서는 불가능한 일이다. 이런 특별한 섭리와 은혜 가운데 바울은 로마교회와 연결고리가 생기게 되었다.

바울에게서 말씀으로 양육받고 한때 생명을 걸고 함께 동역했던 브리스가와 아굴라 부부는 로마교회 안에 가정교회를 이루어가고 있었다. 바울은 이들이 이끌어가는 가정교회, 즉 "저의 집에 있는 교회"에도 안부를 전한다(롬 16:5). 브리스가와 아굴라의 가정교회는 유대 그리스도인들이 중심되어 이끌어가는 교회였다. 이들이 가정교회의 리더를 맡은 것은 에베소에서의 경험이 바탕이 되었을 것이다(고전 16:19). 특이한 것은 남편인 아굴라보다 아내인 브리스가의 이름이 먼저 등장한다는 점이다. 공식안부를 묻는 편지에 아내의 이름이 먼저 언급되는 것은 무슨 의미일까? 이는 이들 교회가 남성 주도가 아니라 여성 리더십이 주도가 되어 움직였던 교회였음을 내포하는 것이다.

셋째로 브리스가와 아굴라의 자기희생적인 리더십은 주변 모든 이방 그리스도인의 교회에 큰 귀감과 도전이 되었다(롬 16:4). 이들의 모습은 사도 바울의 가슴에도 새겨졌다. 바울이 훗날 로마에서 또 다시 감옥에 투옥되었을 때 그는 디모데에게 편지를 보내며 가장 먼저 브리스가와 아굴라 부부에게 안부를 묻는다(딤후 4:19). 자신의 죽음을 직감할 때조차 가장 먼저 생각났던 사람들이 바로 이들 부부였던 것이다.

본문에는 브리스가와 아굴라가 이끄는 가정교회 외에도 네 개의 가정교회가 더 등장한다. 먼저는 아리스도불로의 권속에 속한 가정교회다(롬 16:10). 아리스도불로는 '최고의 상담자'란 뜻으로 종종 신분이 높은 유대인들에 의해 사용된 이름이다(장흥길, 「로마서」, 323쪽). 그는 헤롯 대왕의 손자이자 사도 야고보를 칼로 죽인 헤롯 아그립바

1세의 형제였다(행 12:1 참조). 요세푸스에 따르면 아그립바는 당시 유대인 추방령을 내렸던 글라우디오 황제와 어렸을 때부터 함께 자랐던 친구였다(요세푸스, 「요세푸스 Ⅲ: 유대전쟁사」, 2.11.2.). 이런 아리스도불로의 권속에 가정교회가 있었다. '권속'이란 그 가문에 속한 사람들(household, NIV)을 말한다. 이어서 묻는 바울의 친척 '헤로디온'은 아리스도불로 권속에 속한 가정교회의 회원으로 여겨진다. 이름 자체로 알 수 있듯 이는 분명 헤롯 가정에 속한 유대 자유민이었음을 강력하게 시사한다. 여기서 아리스도불로에게 직접 안부를 전하지 않은 것은 브리스가와 아굴라의 경우와 비교해볼 때 그가 그리스도인이 아니었음을 보여준다. 이는 이어 등장하는 나깃수도 마찬가지로 보인다. 놀라운 점은 그 당시에 복음이 유대 왕궁의 심장부까지 접근했다는 사실이다.

둘째로 나깃수 가족에 속한 가정교회(롬 16:11)를 살펴보자. 비록 나깃수는 신앙이 없었지만 그의 권속, 즉 가족 중에 가정교회를 이루는 이들이 있었다. 나깃수는 당시 자유민이나 노예들 중에 흔하게 사용하던 이름이었다. 당시 유명했던 집안 중에 글라우디오 황제를 가깝게 도왔던 나깃수 집안이 있었다는 점을 근거할 때 여기 있는 나깃수는 로마제국과 상당한 관계가 있었던 헬라인이었을 가능성이 높다(제임스 던, 「로마서 9-16」(WBC 38상), 619쪽 참조). 그는 글라우디오 치하에서 성공가도를 달렸지만 많은 로마인들의 시기를 사서 결국 글라우디오 사후에 자살을 택했던 인물로 알려져 있다. 이렇게 볼 때 이 교회의 사정은 녹록하지 않았을 것이고, 힘들고 어려운 가운데서도 로마의 귀족과 노예가 어우러지는 공동체였을 가능성이 크다. 이처럼 복음은 유대 왕궁을 넘어 로마제국의 심장부까지 파고들려 하고 있음을 알 수 있다.

셋째로 아순그리도와 블레곤, 허메와 바드로바 및 허마와 함께 있는 가정교회(롬 16:14)다. 아순그리도는 '비교할 수 없는 자'라는 의미를 가진, 당시 비문에서 발견된 황실 자유민의 이름과 동일한 이름이다. 블레곤은 당시 로마의 자유민과 노예 모두에게 사용된 이름이다. 허메는 그리스 신화에 등장하는 헤르메스 신을 가리키며, 당시 노예들이 종종 신들의 이름을 사용했던 경우를 참고할 때 로마의 남성노예였을 가능성이 높다. 바드로바는 파트로비우스의 약칭으로 이방 그리스도인으로 추정된다. 이렇게 볼 때 이 교회는 자유민과 노예들이 함께 어울리는 공동체였음을 짐작할 수 있다.

넷째로 빌롤로고와 율리아와 또 네레오와 그 자매 올름바와 저희와 함께 있는 가정교회다(롬 16:15). 여기서 빌롤로고와 율리아를 같이 사용하는 점은 이들이 브리스가와 아굴라처럼 부부였을 가능성을 시사한다. 빌롤로고는 자유민과 노예 모두에게 사용하던 이름이었던 반면, 율리아는 당시 로마 황실의 권속에 속하는 여성노예 중에 흔한 이름이었다. 이렇게 볼 때 이들 부부는 황제 권속에 속한 노예부부였을 것이다. 이어지는 네레오와 그의 자매 올름바는 빌롤로고와 율리아 부부 사이에 태어난 두 딸이었을 가능성이 있다. 이렇게 볼 때 이 가정교회는 황실 노예를 중심으로 이루어진 공동체였을 가능성이 높다.

이처럼 본문에는 총 다섯 개의 가정교회가 등장한다. 인원은 대략 30~100명 정도로 추정된다. 앞서 살펴본 것처럼 구성원의 사회적 신분은 제각각 다르다. 그러나 로마교회는 가정을 중심으로 모여 친밀한 그리스도의 사랑과 교제를 나누었던 사랑의 공동체였다.

본문에는 이 외에도 사도 바울이 각별하게 여기며 안부를 전하는 지체들의 이름이 등장한다. 먼저는 아시아에서 처음 얻은 신자인 에배네도다(롬 16:5). 바울은 그를 향하여 "내가 사랑하는 에배네도"로 부른다. 그는 자유민으로 아마도 아시아에 속한 에베소에서 브리스가와 아굴라를 만나 교제하다 바울을 통해 회심했을 것으로 추정한다. 이 일후에 브리스가와 아굴라가 로마로 올 때 함께 따라왔을 것이다. 에배네도의 삶에 역사한 복음으로 말미암아 바울은 그를 주 안에서 각별하게 사랑하고 기억했던 것이다.

둘째, 로마교회를 위하여 많이 수고한 마리아다. 마리아는 이미 우리에게 친숙한 유대여성의 이름이다. 복음서에만도 여러 마리아가 등장한다(마 28:1, 막 15:40 참조). 바울은 로마교회에서 수고하고 헌신했던 마리아의 여성 리더십을 칭찬하고 인정하고 있다. 특별히 그녀의 수고는 애써 기도했던 것으로 보인다(골 4:12-13 참조). 이로써 여성들의 수고와 헌신을 적극 수용한 로마교회의 영적 리더십의 기상도를 어렴풋이나마 조망할 수 있다.

셋째, 바울의 친척이요 그와 함께 갇혔던 안드로니고와 유니아가 등장한다. 이 둘은 부부로 '유니아'라는 이름이 시사하듯 노예의 기원을 나타내는데, 이는 이들이 노예였다가 자유민이 된 헬라어를 사용하는 유대인(행 6:1)으로 추정할 수 있다. 이들을 자유민으로 보는 이유는 이들이 바울보다 먼저 예수를 믿었고, 또한 사도들 가운데 뛰어난 이들로 인정받고 있었기 때문이다. 이들은 열두 사도보다 범위가 더 큰 사도그룹에 속했을 것이다(고전 15:7 참조). 이들은 바울보다 먼저 사도가 되었지만 바울의 선교활동을 겸손하게 적극 지지하며 같이 사역하다가 그만 바울과 함께 옥에 갇혀 고난을 받았다. 함께 고난에 처한 이들처럼 각별한 이들이 있을까?

넷째, 주 안에서 택하심을 입은 루포와 그 어머니다(롬 16:13). 이 '루포'라는 이름은 마가복음 15장 21절에 등장한다. "마침 알렉산더와 루포의 아버지인 구레네 사람 시몬이 시골로부터 와서 지나가는데 그들이 그를 억지로 같이 가게 하여 예수의 십자가를 지우고." 시리아 지역의 구레네 사람이자 알렉산더와 루포의 아버지인 시몬은 유월절을 지키려고 예루살렘에 왔다. 성내에서 사람들이 웅성거리며 몰려 있는 것을 보고 무슨 일인가 기웃거리고 있는데, 로마 군병 하나가 와서 억지로 예수께서 지고 가시던 십자가를 지고 가게 했다. 당시 로마 군병은 식민지 백성들에게 억지로 짐을 지우고 오 리를 가게 할 수 있는 권한이 있었다(마 5:41 참조). 시몬은 어쩔 수 없이 십자가를 지고 갔다. 그런데 나중에 돌아보니 세상 죄를 지고 가셨던 메시아의 십자가를 진 것이었다. 큰 회심이 있었고, 모든 가족이 예수를 믿었다.

그러던 차에 바울 일행이 시리아 안디옥에 선교여행을 갔을 때 이들을 만났고, 여기서 믿음의 양육을 받은 것으로 추정된다(행 11:25-26). 그러다 나중에 이 시몬은 안디옥교회의 교사로까지 쓰임받았다(행 13:1). 그 후 시몬의 아들 루포와 그의 어머니는 어떤 계기인지는 모르지만 로마교회에 머물게 되었고, 이 소식을 들은 바울은 특별한 안부를 전한다. 그러면서 말한다. "그의 어머니는 곧 내 어머니니라"(롬 16:13). 무슨 말인가? 그리스도 안에 깊은 사랑의 빚을 진 분이라는 뜻이다. 아마도 바울이 안디옥에 있을 때 루포의 어머니는 바울을 주의 종으로 여기며 예수님을 섬기듯 극진히 대접하고 사랑으로 섬겼던 모양이다. 그래서 바울은 이 극진한 사랑의 빚을 지고 루포의 어머니가 곧 '내 어머니' 라고 고백하는 것이다.

그 외에도 바울의 깊은 애정을 드러냈던 암블리아(롬 16:8), 우르바노와 스다구(롬 16:9), 버시(롬 16:12) 등은 당시에 흔하게 사용하였던 노예의 이름들이다. 한편 버시가 노예이름이었음에도 주 안에서 많이 수고할 수 있었던 것은 그가 노예에서 해방된 자유민이었음을 짐작하게 한다. 이렇게 수고한 자유민으로 당시 흔히 사용되었던 그리스 여성의 이름인 드루배나와 보사도 등장한다. 그러나 '아벨레'(롬 16:10)라는 이름은 흔하지 않은 이름으로 제국 동쪽에서 온 이민자였을 가능성이 높다(Robert Jewett, *Romans A commentary*(E. J. Epp, Ed.), p.966). 이러한 이름들은 로마교회가 다양한 배경과 신분의 사람들이 함께 어우러지며 복음 안에서 하나 됨을 이루고 있었음을 짐작하게 한다.

이는 오늘날의 대도시 교회의 상황을 고스란히 반영하는 것 같다. 오늘날 도시교회에는 처음 예수를 믿는 사람으로만 모이지 않는다. 다른 곳에서 예수님을 믿고 이주해와서 다니는 경우도 상당히 많다. 로마교회도 그랬다. 순수하게 로마에서만 얻은 개종자들로 이루어진 게 아니라 이미 다른 지역에서 이런저런 경로로 복음을 듣고 믿은 이들이 함께 모여 있었다. 한 가지 주목할 점은 로마교회 안에서 바울의 영향력이다. 바울은 로마교회가 다른 이가 세운 '남의 터' 라고 했지만 여전히 그 안에는 바울을 통해 복음을 받아들인 이들이 꽤

나 있었다는 사실이다. 즉 로마교회는 바울이 전하는 편지에 주의를 기울여 들을 준비가 어느 정도 되어 있었다. 이런 면에서 우리는 바울이 로마서를 쓴 목적이 "너희로 다시 생각나게 함"임을 음미할 필요가 있다(롬 15:15).

더 중요한 것이 있다. 그것은 이 교회 안에 역사하는 복음이다. 구성원 각자의 삶을 보면 복음으로 삶의 놀라운 변화를 경험했을 뿐 아니라 복음을 위해 목숨 걸고 헌신하고 희생했던 흔적들이 진하게 배어 있다. 한마디로 로마교회는 복음이 역사하는 교회였다! 바울은 각 개인에게 역사한 이런 복음 역사의 스토리를 꽤나 많이 알고 있고, 때로는 그들의 복음 이야기에 함께 깊숙이 참여했었다.

이런 사람들 중 꼭 언급해야 할 사람이 하나 더 있다. 바로 겐그레아교회의 집사인 뵈뵈 자매다. 겐그레아는 고린도 동남쪽으로 약 11km정도 떨어진 항구도시다. 최근의 유적발굴 결과에 따르면 이곳은 이탈리아 사람들이 많이 이주해서 살았던 도시다. 뵈뵈라는 이름은 원래 그리스 신화에 등장하는 이름이다. 하늘의 신인 우라노스와 땅의 여신인 가이아 사이에서 난 자녀로 달과 주로 관련된다. 당시 이런 신화적인 이름을 노예에게 붙였던 관행을 돌아볼 때 뵈뵈는 노예에서 자유민이 된 여성으로, 당시 겐그레아 지역의 항구무역을 통해 많은 부를 일군 여성사업가로 보인다. 이 뵈뵈에 대해서 바울은 그가 바울뿐 아니라 여러 사람의 보호자(헬. 프로스타시스)가 되었다고 칭찬한다. 보호자는 당시에 있던 후견인(patron) 제도를 생각나게 한다. 이는 당시 재산과 명망 있는 이들이 사업이나 종교를 지원하고 후원하며 사회적인 존경과 명성을 얻는 일종의 문화적인 제도였다. 누가복음 7장에 보면 회당 지도자들이 예수님께 로마 백부장의 하인을 위해 치료를 부탁하면서 "그가 우리 민족을 사랑하고 또한 우리를 위하여 회당을 지었나이다"(눅 7:5)라고 칭찬한다. 백부장이 유대 회당의 후원자였던 것이다.

후견인은 보통 당대의 재력가였다. 그렇다면 뵈뵈 역시 당대의 뛰어난 비즈니스 우먼이었을 것이다. 자유인 중에 드물게 무역업으로 큰 사업을 일으켰던 여성이었다. 이 뵈뵈가 사업차 로마에 들르는 모양이다. 바울은 이런 뵈뵈에게 그동안 정성껏 준비했던 로마에 보내는 편지인 '로마서'의 전달을 부탁한다. 신학적으로, 내용적으로 가장 탁월하고 완벽에 가까운 이 편지를 뵈뵈에게 맡겼다는 점은 의미심장하다. 바울이 그만큼 뵈뵈를 신뢰했고 귀한 동역자로 여겼다는 사실이다. 그뿐 아니라 뵈뵈는 여성이었지만 일처리만큼은 확실한 여인이었던 것 같다. 그러면서도 복음의 가치를 알았다. 그리고 복음을 위해 힘닿는 대로 여러 사역을 돕고 후원하며, 또 바울과 같은 사역자들을 돕고 지원했다. 그래서 바울은 로마교회에 부탁한다. "합당한 예절로 그를 영접하라"(롬 16:2)고.

복음의 능력을 경험한 이런 믿음의 동역자들이 있었기에 서슬 퍼런 제국의 심장부에 자리하던 로마교회가 든든히 설 수 있었다. 내가 속한 공동체는 어떠한가? 우리에게는 복음의 능력이 역사하고 있는가? 예수 그리스도의 생명력이 살아 지체들 가운데 꿈틀대고 있는가? 이런 멋진 교회를 이루어가기 위해 우리에게는 어떤 변화와 섬김이 필요할까?

소중한 보화,
소중하게 간직하라

¹⁷형제들아 내가 너희를 권하노니 너희가 배운 교훈을 거슬러 분쟁을 일으키거나 거치게 하는 자들을 살피고 그들에게서 떠나라. ¹⁸이 같은 자들은 우리 주 그리스도를 섬기지 아니하고 다만 자기들의 배만 섬기나니 교활한 말과 아첨하는 말로 순진한 자들의 마음을 미혹하느니라. ¹⁹너희의 순종함이 모든 사람에게 들리는지라. 그러므로 내가 너희로 말미암아 기뻐하노니 너희가 선한 데 지혜롭고 악한 데 미련하기를 원하노라. ²⁰평강의 하나님께서 속히 사탄을 너희 발아래에서 상하게 하시리라. 우리 주 예수의 은혜가 너희에게 있을지어다.

우리나라에 아이폰이 처음 들어왔을 때 소비자들이 감동받은 것 중 하나가 심플하면서도 고급스러운 포장박스였다. 애플사의 다른 제품들도 마찬가지였다. 중고시장에서는 포장박스의 유무에 따라 중고제품의 가격차가 꽤 났다. 애플의 포장박스는 그만큼 소비자들에게 강렬한 인상을 주었다. 애플제품은 소중하기에 소중하게 간직하라는 메시지를 효과적으로 전달했던 것이다. 결과적으로 소비자들은 애플제품을 정말 소중하게 생각하기 시작했다. 지금은 다른 회사들도 이런 방식을 따라하지만 초창기 애플사의 포장은 상당히 신선한 메시지를 주었다.

소중한 보화는 소중하게 간직해야 한다. 그러려면 두 가지가 필요하다. 첫째는 우리가 소유한 보화가 정말 소중한 것인지 그 가치를 알아야 한다. 아무리 소중한 보화라 하더라도 일상 가운데 익숙해지면 그 가치의 소중함에 대해 무뎌지기 쉽다. 둘째, 소중한 것을 소중하게 관리하도록 늘 준비하고 긴장해야 한다. 우리는 관리에 약하다. 황금알을 낳는 거위라고 하면 목숨 걸고 찾아다니지만, 막상 그런 거위를 찾아서 집에 데려다 놓으면 제대로 먹이를 주지 않고 경계도 허술하게 한다. 그러다 거위는 집에서 기르는 앞마당의 개에게 잡혀 먹힌다. 전에 고속열차 KTX가 선로를 이탈하는 사고가 일어났다. 왜? 몇 천 원짜리 나사 하나가 헐겁게 빠져서 그렇단다. 나사 하나 때문에 수백억 원의 열차가 파손되는 사건이 일어난 것이다. 이처럼 소중한 것은 소유하는 것 못지않게 유지와 관리가 중요하다.

우리가 듣고 믿은 복음은 정말 귀한 것이다. 생명보다 귀하다. 그래서 로마교회 성도들은 이 복음을 지키고 복음에 순종하기 위해 안

간힘을 썼다. 네레오(롬 16:15)의 경우가 그렇다. 네레오는 당시 황실에서 섬기던 종의 이름이었다. 역사의 한 기록에 따르면 이 네레오는 로마의 집정관이었던 플라비우스 클레멘스 집안의 노예였다(이 내용은 Acts of Nereus and Achilleus(네레오와 아킬레우스의 행전)을 기초로 하였다). 클레멘스의 아내는 도마틸라였는데, 도마틸라는 베스파시안 황제의 손녀이자 당시 황제였던 도미티아누스 황제의 질녀였다. 클레멘스 집안에 두 아들이 있었는데, 너무나도 든든하고 잘 자란 아들들이었기에 그중 한 명이 나중에 도미티아누스 황제의 뒤를 이어 황제가 되기로 내정되어 있었다. 그런데 도미티아누스 황제는 기독교도들을 박해한 것으로 유명했다.

주후 95년경, 로마의 막강한 권력을 잡고 있었던 사람들 중에 크리스천이 있다는 사실이 공개되었다. 수많은 그리스도인들이 잡혀가고 박해받던 해에 황제 바로 밑에 있었던 플라비우스 클레멘스 집정관이 크리스천이라는 사실이 발각되었다. 결국 그는 참수당하여 순교했고, 그의 아내는 섬에 유배되어 한 동굴에서 죽고 말았다. 네레오는 클레멘스 집정관의 비서(종)로서 이 모든 상황을 현장에서 직접 지켜보았다.

이런 순교의 현장을 보면 초대교회 성도들이 소중한 복음을 지키기 위해 얼마나 분투했는지 새삼스럽게 깨달을 수 있다. 소중하게 얻은 복음은 소중하게 지켜야 한다. 바울은 이 귀한 복음이 어떤 것인지 그동안 로마서를 통해 구체적으로 펼쳐 보인 다음, 이제 마지막으로 권면한다.

"형제들아 내가 너희를 권하노니 너희가 배운 교훈을 거슬러 분쟁을 일으키거나 거치게 하는 자들을 살피고 그들에게서 떠나라" (롬 16:17).

로마교회는 소중한 복음을 받고 이 복음을 소중히 지켜왔는데, 교회 가운데 이들이 받은 복음을 거슬러서 '분쟁'을 일으키고 걸려 넘어지게 하는 사람들이 있었다. 보편적으로 '분쟁'은 적합하지 않은 삶의 방식이나 배운 것과는 다른 가르침으로 비롯된 집단 사이의 충돌을 말한다. 그런데 여기서는 복음과는 다른 가르침으로 교회를 분열시키는 것을 뜻한다(박익수, 「로마서 주석 Ⅱ」, 438쪽). 이들은 교회의 걸림돌, 즉 '스캔들'(헬. 스칸달론)을 일으키는 자들이었다. 이들은 당시에 로마교회에 들어왔던 거짓 교사들이었다. 이들에 대해 바울은 "말리십시오" "설득하십시오"가 아니라 "떠나라!"고 준엄하게 명했다.

로마교회에 떠나야 할 거짓 교사들의 특징이 있다. 먼저는 그리스도를 섬기지 않고 '자기들의 배'(롬 16:18)만 섬긴다는 점이다. 자기들의 배란 일반적으로 '식욕'을 의미하며, 이는 깊은 내면의 이기심과 탐욕이 부추기는 잇속만을 챙긴다는 뜻이다(빌 3:19 참조). 자기 사욕만을 채우려는 탐욕스러운 사람을 비유적으로 묘사하는 것이다. 이들은 또한 성도들에게 그럴듯하고 설득력 있는 '교활한 말'과 그럴듯하지만 진리가 없는 '아첨하는 말'로 다가간다(롬 16:18). 여기 '교활한 말'(헬. 크레스톨로기아)은 그럴듯한 개연성 있는 논리적인 말이다.

하지만 논리는 겉포장에 불과하다. 포장을 뜯고 안을 들여다보면 그 안에는 이기적인 탐욕이 들어있다. 뱃속(내면)의 근본 동기가 현저하게 다르다. 이러한 이기적인 논리를 가졌기에 아무리 설득하여 돌이키게 하려 해도 설득되지 않는다. 도리어 이들은 순진한 성도들의 마음을 미혹하여 탐욕과 거짓이 가득한 자기편으로 끌어들이려 한다. 여기 '순진하다'(헬. 아카코스)는 말은 '의심하지 않는다'는 뜻이 있다. 이들은 거짓 교사들의 말을 한 번쯤 의심하거나 분별하지 않고 곧바로 미혹된다. 거짓 교사들은 마치 이단에 빠진 이들과 같다. 디도서 3장 10절에 보면 이단에 빠진 사람에 대해 "한두 번 훈계한 후에 멀리하라"고 권면한다. 멀리해야 하는 이유가 무엇인가? 근본 동기 자체가 다르기 때문이다. 그래서 이단에 빠진 이들과 이야기하다 보면 마치 쇠귀에 경 읽기 한다는 생각이 들곤 한다. 동기가 다르니 귀를 막고 자기가 하고 싶은 이야기만 한다.

그러나 성도는 믿고 진리 안에 거하며 순종하는 사람이다(롬 1:5, 6:17, 16:26 참조). 로마 성도들의 믿음은 주변에 좋은 소문을 많이 냈던 모양이다(롬 1:8). 본문은 로마 성도들의 믿음이 구체적으로 순종하는 믿음임을 밝힌다(롬 16:19). 이렇게 믿음과 순종은 긴밀하게 연결된다. 이는 예수 그리스도의 복음을 통해 나타난 하나님의 신실하심과 자비하심에 대해 인간이 보여야 할 궁극적인 반응이 바로 순종이기 때문이다. 어지러움과 혼란 가운데서도 복음을 믿고 기쁘게 순종하는 로마 교인들의 모습은 많은 이들의 귀감이 되었다. 이랬던 로마 교인들이 거짓 교사들의 미혹으로 소중하게 붙들었던 복음을 내팽개친다는 것은 너무나도 안타까운 일이었다.

그래서 바울은 로마교회 성도들에게 "선한 데 지혜롭고 악한 데 미련하기를 원하노라"(롬 16:19 후반부)고 권면한다. '미련하다'(헬. 아케라이오스)는 순전하여 섞이지 않는 것을 말한다. 즉 악한 데 미련하다는 것은 악한 것들과 섞이지 않는 것을 뜻한다. 이는 우리의 생각의 방향을 분명히 하라는 의미다. 우리는 악에 가까이하거나 섞이지 말고 선한 쪽으로 전진하며 자꾸 생각과 말과 마음을 선한 쪽으로 계발시켜야 한다. 우리나라 사람들에게 "당신의 장점을 말씀해 주세요"라고 물으면, 많은 경우 "저는 장점이 별로 없어요"라고 대답한다. 그래도 말하라고 하면 한두 가지, 많아야 두세 가지 정도다. 그런데 "단점은 무엇인가요?"라고 물으면, 대답이 줄줄 나온다. 무슨 말인가? 단점을 표현하는 데는 발달한 반면, 장점을 표현하는 데는 미련하다는 것이다. 선한 데 지혜롭기를 게을리 한 것이다. 바울은 우리에게 발달한 이런 부분들을 정반대로 뒤집기 원한다.

더 나아가 바울은 "평강의 하나님께서 속히 사탄을 너희 발아래에서 상하게 하시기를" 확신하며 기도했다(롬 16:20). 이는 아담의 후손(메시아)이 사탄의 머리를 상하게 할 것이라는 원(原) 복음으로 알려진 창세기 3장 15절의 말씀을 반영한다. 하나님의 궁극적인 승리를 확신하는 고백이다. 바울은 로마교회를 혼란하게 하는 거짓 선지자 배후에 역사하는 사탄의 역사를 감지하고 있었다. 교회의 분란이 우연히 일어난 분란이 아니라 그리스도의 몸 된 교회의 발꿈치를 상하게 하려는 사탄의 역사였던 것이다.

전에 신앙생활을 하지 않던 어떤 자매가 어느 성도의 인도로 교회에 왔다. 예배를 드리는데 눈물 콧물 다 쏟으며 감격적으로 예배를 드렸다. 사정을 물어봤다. 이분이 얼마 전에 자신을 초대한 성도에게 교회에 나가겠노라고 약속한 후 주일이 되었는데, 아침부터 코피가 터지더니 멈추지 않고 계속 흘러내렸다고 한다. 그러더니 한 주 동안 멈추지 않고 계속 흘러내렸다고 한다. 불안했단다. 교회에 나간다고 해서 이런 나쁜 일이 있나 싶어 마음이 무척이나 힘들었다. 그래서 교회에 못가겠다고 했다. 이 성도님이 어떻게 된 일인가 싶어 그 자매를 만나 자초지종을 듣고는 주 예수 그리스도의 복음을 전했다. 자매는 그 자리에서 예수 그리스도를 인생의 주인으로 영접했다. 그런데 놀라운 일이 일어났다. 신기하게도 이때부터 흐르던 코피가 멈춘 것이다. 그래서 두렵고 떨리는 마음으로 교회에 와서 예배를 드리는데 눈물 콧물을 펑펑 쏟으며 감격하여 예배를 드렸다는 것이다.

사탄은 지금도 하나님의 자녀가 되려는 이들을 그냥 두지 않는다. 또 이미 하나님의 자녀 된 이들을 끊임없이 흔들어 믿음의 뿌리가 뽑혀나가도록 획책한다. 생각해보라. 어느 집에 다이아몬드 100캐럿짜리가 있다는 소문이 나면 도둑이 가만히 있겠는가? 전국에서 내로라하는 도둑들이 다 모일 것이다. 마찬가지다. 성도는 천하보다 귀한 복음을 소유하였다. 사탄이 가만히 있겠는가? 어떻게든 복음을 받지 못하도록 방해하고, 믿음에서 이탈하도록 교묘하게 유혹할 것이다.

오늘날에도 교회가 간직한 소중한 복음을 오염시키려는 사람들이 있다. 이들은 거짓말로 사람들을 미혹하며, 교회를 분열시키려고 온갖 속임수와 중상모략을 동원하는 이단들이다. 이들은 이런 거짓말이 성경에 나와 있는 것이라며 자신들의 거짓말을 정당화하기까지

한다. 황당하게도 이들은 자신들이 하는 거짓말도 로마서가 지지한다고 주장한다. 이들이 근거로 대는 구절은 다음과 같다.

"그러나 나의 거짓말로 하나님의 참되심이 더 풍성하여 그의 영광이 되었다면 어찌 내가 죄인처럼 심판을 받으리요"(롬 3:7).

이단들은 이 말씀을 인용하며 바울이 자신의 거짓말로 하나님께 영광이 되기만 한다면 죄인처럼 심판받지 않고 정당화될 수 있다고 주장한다. 어떻게 생각하는가? 언뜻 들어보면 그럴듯하지 않은가? 그러나 이들의 주장은 본문 말씀을 제대로 이해하지 못해서 온 오해다. 이는 이어지는 8절의 말씀을 보면 명확해진다.

"또는 그러면 선을 이루기 위하여 악을 행하자 하지 않겠느냐. 어떤 이들이 이렇게 비방하여 우리가 이런 말을 한다고 하니 그들은 정죄받는 것이 마땅하니라."

이 말씀에 따르면 거짓말을 통해 영광을 돌리자고 하는 사람들은 정죄받는 것이 마땅하다고 한다. 어찌 된 일인가? 7절 말씀은 바울의 주장이 아니라 바울의 주장에 대해 오해하고 곡해하는 사람들이 바울을 비방하기 위해 거짓 비방을 퍼뜨리는 내용을 말하는 것이다. 이는 표준새번역본을 보면 보다 더 명확해진다.

"다음과 같이 반박하는 사람도 있을 것입니다. '나의 거짓됨 때문에 하나님의 참되심이 더욱 분명하게 드러나서 하나님께 영광이 돌아간다면, 왜 나도 역시 여전히 죄인으로 판정을 받습니까?' 더욱이 '좋은 일이 생기게 하기 위하여 악한 일을 하자' 하고 말할 수 있겠습니까? 사실 어떤 사람들은 우리가 그런 말을 한다고 비방합니다. 그런 사람들은 심판을 받아야 마땅합니다"(롬 3:7-8, 새번역).

전후 문맥을 보면 뻔히 드러날 거짓주장을 이들은 그럴듯하게 둘러댄다. 참 간교하다. 이들은 교회를 분열시키는 일이라면 수단과 방법을 가리지 않는다. 성도는 교회 내에 이런 거짓 세력들이 있지 않은지 지혜로우면서도 세심하게 살필 필요가 있다.

우리에게 주신 '복음'은 소중하다. 소중한 만큼 거짓말에 휘둘리지 말고 소중하게 간직해야 한다. 우리가 복음에 믿음으로 순종하며 인내하고 나아간다면 평강의 하나님께서 결국에는 성도들로 반드시 이기게 하실 것이다. 그분의 풍성하고 넉넉한 은혜가 우리를 능히 건지실 것이다. 나에게는 이 생명의 복음이 얼마나 소중한가? 소중한 보화, 소중하게 간직하라!

복음 전파의
드림팀

²¹나의 동역자 디모데와 나의 친척 누기오와 야손과 소시바더가 너희에게 문안하느니라. ²²이 편지를 기록하는 나 더디오도 주 안에서 너희에게 문안하노라. ²³나와 온 교회를 돌보아주는 가이오도 너희에게 문안하고 이 성의 재무관 에라스도와 형제 구아도도 너희에게 문안하느니라. ²⁵나의 복음과 예수 그리스도를 전파함은 영세 전부터 감추어졌다가 ²⁶이제는 나타내신 바 되었으며 영원하신 하나님의 명을 따라 선지자들의 글로 말미암아 모든 민족이 믿어 순종하게 하시려고 알게 하신 바 그 신비의 계시를 따라 된 것이니 이 복음으로 너희를 능히 견고하게 하실 ²⁷지혜로우신 하나님께 예수 그리스도로 말미암아 영광이 세세무궁하도록 있을지어다. 아멘.

드림팀을 아는가? 이는 최고의 구성원이 뭉쳐 최고의 팀워크를 발휘하는 팀을 말한다. 그런데 드림팀(Dream Team)을 고유명사로 사용하면, 1992년 바르셀로나 올림픽에 출전한 미국 농구선수단을 가리키는 용어다. 미국 스포츠 전문잡지인 〈스포츠 일러스트레이티드〉가 처음으로 이들을 '드림팀'으로 명명한 후, 드림팀은 1992년 미국 올림픽대표 농구선수단을 지칭하는 고유명사가 되었다. 이들을 특별히 드림팀으로 명명하는 이유가 있다. 바르셀로나 이전 올림픽이었던 1988년 서울 올림픽에서는 농구 대표팀을 아마추어 선수들로만 구성할 수 있도록 규정이 정해졌었다. 이때 미국 대표팀은 고작 3위에 머물러 동메달을 따는 것에 만족해야 했다.

그런데 1992년 바르셀로나 올림픽 때는 올림픽조직위원회에서 규정을 고쳐 농구선수단을 프로선수로도 꾸릴 수 있도록 허락하였다. 이때 미국 프로농구(NBA) 최고의 선수들이 나라의 명예를 위해 한 팀으로 뭉쳤다. 마이클 조던, 스코티 피펜, 매직 존슨, 찰스 바클리 등 전설 같은 선수들이 미국 농구 대표팀으로 합류했다. 이들은 한 팀이 되어 그 어떤 팀도 흉내 낼 수 없을 정도의 환상적인 기량을 보여주었다. 이들이 올림픽 경기에서 얻은 득점결과는 이를 잘 보여준다. 결승전까지 미국 대표팀은 총 8번의 경기를 치렀는데, 각 경기의 결과는 다음과 같다. 앙골라와의 대전에서는 116:48, 크로아티아전 103:70, 독일전 111:68, 브라질전 127:83, 스페인전 122:81, 푸에르토리코전 115:77, 리투아니아전 127:76, 결승전인 크로아티아전에서는 117 대 85라는 압도적인 점수차로 승리했다. 경기당 평균 43.75점이라는 압도적인 점수 차이로 미국 대표팀은 금메달을 목에 걸었다.

이번 장의 본문에는 바울과 함께했던 복음전파의 드림팀이 소개된다. 함께 하나님의 나라를 꿈꾸며 일했던 탁월한 팀원들이 있었기에 바울은 지금까지 생명을 건 복음전파의 사명을 온전히 감당할 수 있었다. 또 소중한 로마서 말씀을 기록할 수 있었다. 그렇다면 지금까지 함께했던 드림팀 구성원들의 면면을 살펴보자.

제일 먼저 소개되는 사람은 바울의 동역자들이다. '동역자'(헬 쉰에르고스)는 말 그대로 '함께 일하는 사람'(co worker)이다. 팀의 공동목표를 위해 함께 협력하고 뛰는 파트너(partner)인 셈이다. 이 동역자의 첫 번째 인물로 디모데가 등장한다. 디모데는 바울이 로마서를 쓰기까지 오랜 시간을 바울 곁에서 함께하며 사역을 도왔다. 바울은 이런 디모데를 동역자를 넘어 아들과 같이 여겼다(고전 4:17, 빌 2:22). 믿음의 아들 된 디모데는 바울과 함께 복음을 위하여 고난받고, 때론 감옥에 갇히기도 했다(빌 1:1, 골 1:1). 여기서 우리는 깊이 생각해야 할 것이 있다. 믿음의 아들, 딸을 기르려면 반드시 사역의 현장이 있어야 한다는 점이다. 함께 사역하며, 함께 복음을 위하여 고난받아야 믿음의 아들, 딸이 생긴다. 그냥 가만히 있어서는 안 된다. 관계는 사역을 통해 다져지고 발전하기 마련이다.

두 번째로 소개되는 동역자는 누기오다. 누기오가 누구일까? 누기오는 안디옥교회의 일꾼으로 소개되기도 한다(행 13:1). 그러나 안디옥의 누기오는 여러 정황을 고려할 때 바울과 함께 사역했을 가능성은 크지 않다. 여기서 누기오는 누가복음과 사도행전을 기록했던 누가일 가능성이 높다. 누가는 종종 바울과 함께 동행하며 사역했고, 때로는 주변 모든 사람이 바울을 떠날 때조차도 끝까지 바울 곁에서 바울을 지켰던 일꾼이자 의사였다(딤후 4:10-11).

세 번째 동역자로 야손이 있다. 야손이란 이름은 '여호수아' '예수아' '예수'를 의미하는 헬라식 발음이다(장흥길, 「로마서」, 331쪽). 야손은 데살로니가에서 바울이 복음을 전하며 머물던 집 주인이었다. 이때 유대인들이 불량배들을 동원하여 떼 지어 야손의 집에 쳐들어가 그를 끌어내어 사도 바울을 맞아들인 죄목으로 감옥에 가둔다. 야손은 이러한 위기 가운데 보석금을 내고 풀려나오게 되는데, 그가 보석금을 낼 정도면 어느 정도 재력이 있었던 사람으로 여겨진다(행 17:5-9 참조)(차정식, 「로마서 Ⅱ」, 1999), 500쪽).

네 번째로 소개하는 동역자는 소시바더이다. 소시바더는 사도행전에 나오는 베뢰아 사람 부로의 아들 소바더를 가리킨다(행 20:4). 여기서 소바더는 소시바더의 단축형 이름이다. 그는 베뢰아교회에서 예루살렘으로 파송했던 교회 대표단의 일원으로 바울의 제3차 선교여행의 귀환 길에 아시아까지 동행했던 인물이다.

이 사람들은 다 바울과 함께 복음이 주는 기쁨과 고난을 겪은 믿음의 동역자들이었다. 무엇 때문에 그랬을까? 복음을 사랑했기 때문이다. 한 사람 한 사람이 참으로 귀하다. 바울은 이렇게 복음을 사랑하며 복음과 함께 고난받을 수 있는 이들과 동역하며 하나님 나라의 확장을 위해 드림팀을 이루며 분투했다.

이어지는 22절에는 로마서의 존재를 가능하게 했던 대필자 '더디오'가 등장한다. 대필자는 불러주는 것을 꼼꼼하게 받아 적는 사람을 가리킨다. 그는 바울과 함께 지내며 바울이 불러주는 로마서의 내용을 기록했다. 아마도 바울이 자다가도 영감이 떠오르면 깨워서 받아 적게 했을지도 모른다. 그랬기에 대필자는 언제나 긴장하여 준비해야 했다. 이 더디오는 다른 서신서에는 등장하지 않고 로마서에만 등장한다. 더디오가 이렇게 문안하는 것을 보면 로마교회에는 많이 알려진 인물이었을 것이다.

또 바울의 드림팀에는 그가 평안하게 고린도에서 로마서를 쓸 수 있도록 장소를 제공하고 후원했던 성도들도 있다. 먼저는 바울과 온 교회를 돌보아주는 가이오다(롬 16:23). '가이오'라는 이름은 당시에 흔한 이름이었다. 사도행전만 하더라도 마게도냐 사람 가이오(행 19:29)와 더베 사람 가이오(행 20:4)가 등장한다. 요한삼서에도 편지의 수신자로 사도 요한이 사랑하는 가이오(요삼 1:1)가 등장한다. 여기서는 고린도교회 교인 가이오를 가리킨다. 가이오는 고린도교회에서 바울에게 직접 세례를 받은 두 사람 중 하나였다(고전 1:14). 바울에게서 세례를 받았으면 그는 아마도 바울을 통해 복음을 듣고 회심하였을 가능성이 크다. 그렇게 세례를 받아 믿음의 초보로 신앙생활을 출발했던 그가 이제 어느덧 바울에게 숙식을 제공할 뿐 아니라 자신의 집을 가정교회의 예배처소로 제공할 정도로 장성한 가정교회의 지도자가 되었다. 여집사 뵈뵈(롬 16:1-2)와 같은 역할을 했던 교회의 든든한 버팀목이었다.

또 고린도 성의 재무관인 에라스도도 바울의 드림팀의 일원이었다. '재무관'(헬. 오이코노모스)은 고린도 성읍의 재정을 담당하는 행정관리(treasurer, NRSV)다. 감사하게도 에라스도가 고린도의 재무관으로 사역을 감당했던 기록이 아직까지 남아 있다. 1929년 고고학자 J. H. 켄트는 고린도의 극장 바닥에 깔린 포장도로 벽돌에서 금석문을 발견했다. 여기에는 라틴어로 다음과 같이 새겨져 있었다. "에라스도가 그에게 부여된 조영관의 직책에 대한 보답으로 자기 비용을 부담하여 길을 닦았다"(Erastus pro aedilit[at]e s(ua) p(ecunia) stravit. Since)(Robert Jewett, *Romans A commentary*(E. J. Epp, Ed.) (Minneapolis, MN: Fortress, 2006), p.982). 여기 '조영관'(라틴어 aedilit, 영어 aedile)은 우리에게 생소한 단어지만 오늘날로 말하자면 도시건축관 정도로 풀이할 수 있다. 이는 도시의 공공시설과 도로 및 공중위생을 관장하는 직책을 말한다(보다 구체적인 내용에 대해서는 http://en.wikipedia.org/wiki/Aedile를 참조하라). 그가 자비로 고린도 성의 도로 일부를 포장했을 정도면 어느 정도 상당한 재력가임을 짐작할 수 있다. 이런 에라스도가 하나님 나라의 복음을 위해 기꺼이 헌신했던 드림팀의 일원이었다.

에라스도에 뒤이어 나오는 구아도에 관해서는 성경에 알려진 바가 없다. 다만 구아도가 에라스도 바로 뒤에 '형제 구아도'로 나오는 것으로 보아 에라스도의 형제로 추측할 수 있다. 이는 앞서 브리스가와 아굴라, 안드로니고와 유니아, 네레오와 그의 자매와 같이 부부나 형제자매 관계를 소개하는 방식과 같다. 이렇게 볼 때 "에라스도와 형제 구아도"는 에라스도와 그의 형제 구아도로 보는 것이 바람직하다(위의 책, 983쪽). 에라스도와 그의 형제 구아도는 그들의 사회적 위치로 볼 때 정치적으로 바울을 보호하는 중요한 역할을 했던 무명의 그리스도인으로 것으로 추정된다.

이상으로 살펴본 바울 주변의 동역자들은 모두 복음을 위해 하나되어 바울의 복음사역을 돕고, 또 로마서가 나오기까지 함께 동역했던 드림팀이다. 드림팀은 함께 지향하는 꿈이 있다. 바울의 드림팀이 함께 품었던 꿈은 예수 그리스도의 복음을 세상 끝까지 힘 있게 증거하는 일이었다.

사도 바울은 마지막 부분(롬 16:25-27)에 이 복음의 신비와 감격을 찬양으로 고백하며 로마서의 대미를 장식한다. 먼저 바울은 자신이 선포했던 복음, 즉 '나의 복음'(롬 2:16 참조)이 하나님의 신비로운 섭리 가운데 나타났음을 고백한다. 이 복음은 예수 그리스도를 전파하는 것인데, 이는 예수님의 죽음과 부활을 선포하는 일이다(롬 16:25). 이 기쁜 복음의 소식은 하나님의 신비로운 계획 가운데 영세전, 즉 태초부터 감추어졌다가 이제는 예수 그리스도의 성육신과 부활로 인하여 나타나신 바 되었다(롬 16:26). 이 복음은 선지자들의 글, 즉 구약의 말씀을 통해 이전에 예고되었지만 이제는 예수님의 오심과 사도들의 선포로 온전히 세상에 널리 전파되게 되었다. 이는 모든 민족이 예수 그리스도를 믿어 순종하는 하나님의 백성이 되게 하려는 것이다(롬 16:26).

복음은 믿음으로 받아들여야 하며 믿음은 궁극적으로 순종을 지향한다. 이런 믿음의 순종은 로마서 서두(롬 1:5)와 결론의 시작부분(롬 15:18)과 함께 본 절(롬 16:26)에서 다시 한번 선명하게 나타남으로 로마서의 핵심적인 주제를 형성한다. 전체를 믿음의 순종으로 감싸는 것이다. 영세 전부터 감추어졌던 복음이 이제는 모든 민족을 살리고 견고하게 순종을 일으키는 하나님의 능력이 된 것이다. 복음에 나타난 하나님의 능력 또한 로마서에서 중요한 주제다(롬 1:16,20, 4:21, 9:17-18,22, 11:23). 우리는 복음을 붙들며 이 능력을 확신해야 한다.

사도 바울은 복음의 역사를 끝내 이루시고야 말 하나님 앞에 무릎 꿇고 예수 그리스도로 말미암아 세세토록 영광을 돌린다(롬 16:27). '예수 그리스도로 말미암아' 영광을 돌리는 것은(롬 16:27) 이 모든 하나님의 섭리와 계획이 오직 예수 그리스도를 통해서만 나타나고 성취되기 때문이다. 그리스도는 하나님을 인식하고 고백하는 매개이자 하나님의 비밀이 계시되는 통로인 것이다(박익수, 「로마서 주석 Ⅱ」, 448-449쪽).

개역개정판에는 생략되어 있지만 "지혜로우신 하나님" 앞에는 "오직 한 분이신"(헬. 모노, 새번역)이란 표현이 들어 있다. 이는 신명기 전통의 유대적 관점의 하나님(신 6:4)과 성육신 하여 이 땅에 오신 하나님의 지혜요, 능력이 되신 그리스도를 더욱 풍성하게 드러낸다(롬 1:3-4). 이러한 하나님의 지혜는 이후 5장 6~11절, 8장 3~4절, 9장 5절, 10장 5~13절에 더욱 생생하게 메아리친다. 이런 유일하신 하나님의 지혜에 대한 찬양은 11장 33절에 울려 퍼진다.

이 모든 것이 복음 안에 감추어져 있다. 복음 안에 감추어진 생명의 풍성함을 온 세상에 널리 전파하기 위해 하나님 나라의 드림팀이 세워졌다. 내게는 하나님 나라와 복음을 확장하고자 하는 가슴 벅찬 꿈이 있는가? 이 꿈을 함께 이루어갈 동역자들이 있는가? 나 혼자 감당하기보다 함께 감당할 드림팀을 꿈꾸라. 그리고 드림팀을 구하라. 나 또한 좋은 동역자가 되기를 힘쓰고, 좋은 동역자를 붙여주시도록 구하라. 그리고 함께 태초부터 감추어졌다 이제 우리에게 나타난 하나님 나라의 복음에 불붙어 이를 힘 있게 증거하라!

우리 인생은 바람 잘 날 없다. 어려움이 지나가면 또 다른 고비가 찾아온다. 그 고비를 넘기고 이제 한숨 좀 돌릴 수 있다고 생각하면 어느새 생각지도 못한 곳에서 또 다른 어려움이 들이닥친다. 공중 권세가 주관하는 이 세상 가운데 매 순간을 거룩한 성도로 신실하게 살아가기란 그리 쉽지 않다. 이는 사도 바울에게 있어서도 마찬가지였다. 바울은 그가 로마서를 기록했던 고린도지역에서 참 많은 어려움을 겪었다. 한 고비가 지나가나 싶으면 또 다른 고비가 찾아왔다. 사랑과 열정으로 복음을 전했던 고린도교회가 거짓 교사들의 침투로 바울을 오해하고 무시하고 배척했다. 바울은 이들을 위해 고린도전후서를 포함하여 무려 네 차례(고전 5:9, 고후 2:4 참조)나 편지를 보내며, 바람 잘 날 없던 고린도교회를 향하여 참된 복음을 붙들 것을 눈물로 호소했다. 고린도 교인들은 이 눈물어린 호소와 바울의 편지로 다시 온전한 복음을 붙들고 새롭게 세워졌다. 그리고 다시 바울을 환영했다.

커다란 위기를 지난 바울은 이제 다음 선교의 목표지인 로마와 최종 목표지인 서바나를 바라보며 로마교회의 성도들에게 편지를 보낸다. 고린도교회로 인한 마음고생 이후 바울은 어떤 심정으로 로마교회에 편지를 보냈을까? 그것은 성도가 이 악한 세상 풍조 가운데 흔들리지 않고 온전히 서 있으려면 복음에 뜨겁게 불붙지 않고는 대책이 없다는 견고한 확신이었다. 오직 복음에 뜨겁게 불붙어 사는 것, 이것만이 세상 풍조에 휘청거리지 않고 성도답게 살 수 있는 유일한 대안이었다. 그래서 바울은 거짓 교사들에 휘둘려 큰 홍역을 치렀던 고린도교회에서 겨울을 지내며(당시 겨울에는 지중해 지역에 풍랑이 심해 배로 여행하는 것이 위험했다), 로마교회를 향하여 그동안 자신이 선포했던 복음의 정수를 차분하게 정리하여 기록했다. 이것이 로마서가 길고 체계적으로 기록된 이유이다.

따라서 로마서에는 성도를 복음으로 살아나게 할뿐 아니라 불붙게 할 수 있는 영적인 자양분이 가득하다. 일찍이 이 가치를 알아본 독일의 종교개혁자 마틴 루터는 신앙이 약해지면 "로마서를 많이 먹어라"고 했다. 먹을수록 이전에 맛보지 못했던 맛이 새록새록 난다. 읽을수록 우리 인생이 복음의 기초 위에 견고하게 세워진다. 그럼에도 그동안 로마서를 많이 먹고 싶었어도 로마서의 복잡하고 난해한 점 때문에 몇 번 시도하다 먹기를 꺼려했던 사람들이 의외로 많다. 그렇다면 이제는 본서를 발판삼아 로마서를 머뭇거리지 말고 자주 씹고 섭취하길 바란다. 본서는 로마서를 대체하는 책이 아니다. 다만 로마서를 자주, 많이 먹고 흡수하는 데 도움을 주는 보조식품 정도로 생각하면 될 것이다.

각 장 서두에 나오는 로마서 말씀을 읽으며 본서를 함께 병행하면 로마서가 더욱 풍성하고 능력 있게 다가올 것이다. 그리고 시간적 여유가 된다면 본서에 기록된 참고 구절들을 꼼꼼히 찾아보도록 하자. 본서를 통해 로마서의 풍성하고 깊은 세계를 이해하고 흡수하는 데 도움이 될 것이다. 부디 이 책을 읽는 독자들이 세상 풍조 가운데 흔들리지 않고, 오직 복음에 불붙어 살아가는 신실한 하나님의 백성들로 세워지길 기도한다. 복음에 불붙어 황홀하게 살아가는 걸음걸음이 되길 바란다. 오직 주님께 모든 영광을 돌린다.

| 참고 도서 |

- 강준만, 「한국인코드」, 인물과사상사, 2006.
- 권장희, 「우리아이 게임 절제력」, 마더북스, 2010.
- 김경열, 「드라마 레위기」, 두란노, 2020.
- 김도현, 「나의 사랑하는 책 로마서」, 한국성서유니온선교회, 2014.
- 김민주, 「200:29:1 하인리히 법칙」, 미래의 창, 2014.
- 김영명, 「신한국론: 단일사회 한국, 그 빛과 그림자」, 인간사랑, 2005.
- 박수암, 「신약주석 로마서」, 대한기독교서회, 2000.
- 박익수, 「로마서 주석 Ⅰ」, 대한기독교서회, 2008.
- _____, 「로마서 주석 Ⅱ」, 대한기독교서회, 2008.
- 박종훈, 「지상 최대의 경제 사기극, 세대전쟁」, 21세기북스, 2013.
- 양형주, 「내 인생에 비전이 보인다」, 홍성사, 2007.
- 이한수, 「복음은 구원을 주시는 하나님의 능력」, 이레서원, 2008.
- 이희학, 「다니엘」, 대한기독교서회, 2004.
- 장흥길, 「로마서」, 한국장로교출판사, 2014.
- 정성국, 「묵상과 설교」 2018. 9.10. 로마서 해설편
- 차정식, 「로마서 Ⅰ」, 대한기독교서회, 1999.
- _____, 「로마서 Ⅱ」, 대한기독교서회, 1999.

- 게리토마스, 윤종석 역, 「영성에도 색깔이 있다」, CUP, 2003.
- 게르하르트 로핑크, 정한교 역, 「예수는 어떤 공동체를 원했나」, 분도출판사, 1985.
- 그레고리 빌, 김귀탁 역, 「신약성경신학」, 부흥과개혁사, 2013.
- 더글라스 무, 손주철 역, 「NICNT 로마서」, 솔로몬, 2011.
- 리처드 B. 헤이스, 이영욱 역, 「바울서신에 나타난 구약의 반향」, 여수룬, 2017.
- 매튜 바렛, 김태곤 역, 「구원에 관한 40가지 질문」, 서울: 아가페, 2018.
- 브루스 B. 바톤 외, 박대영 역, 「로마서」(LAB), 한국성서유니온선교회, 2002.
- 성 어거스틴, 선한용 역, (개역완역판)「성 어거스틴의 고백록」, 대한기독교서회, 2007.
- 시오노 나나미, 김석희 역, 「로마인 이야기 7: 악명높은 황제들」, 한길사, 1998.

- 스티븐 코비, 김경섭 역, 「성공하는 사람들의 7가지 습관」(2판), 김영사, 2005.
- 요세푸스, 김지찬 역, 「요세푸스 Ⅲ : 유대전쟁사」, 생명의말씀사, 1987.
- 유세비우스, 엄성옥 역, 「유세비우스의 교회사」, 도서출판 은성, 1990.
- 유진 피터슨, 김순현 · 윤종석 · 이종태 공역, 「메시지 구약 모세오경」, 복있는사람, 2011.
- _____, 김순현 · 윤종석 · 이종태 공역, 「메시지 신약」, 복있는사람, 2011.
- 제임스 던, 박문재 역, 「바울신학」, 크리스챤다이제스트, 2003.
- _____, 김철 · 채천석 공역, 「로마서 1-8」(WBC 38상), 솔로몬, 2003.
- _____, 김철 · 채천석 공역, 「로마서 9-16」(WBC 38하), 솔로몬, 2005.
- 찰스 밴 도렌, 박중서 역, 「지식의 역사」, 갈라파고스, 2010.
- 찰스 M. 쉘든, 김창대 역, 「예수님이라면 어떻게 하실까?」, 도서출판 브니엘, 2018.
- 크레이그 R. 쾨스터, 최흥진 역, 「앵커바이블 요한계시록 Ⅱ」, CLC, 2019.
- 크리스틴 폴, 정옥배 역, 「손대접」, 복있는사람, 2002.
- 토머스 슈라이너, 배용덕 역, 「로마서」, 부흥과개혁사, 2012.
- 톰 라이트, 신현기 역, 「모든 사람을 위한 로마서 Ⅰ」, IVP, 2010.
- _____, 신현기 역, 「모든 사람을 위한 로마서 Ⅱ」, IVP, 2010.
- _____, 최현만 외 역, 「로마서」, 에클레시아북스, 2014.
- _____, 박문재 역, 「신약성서와 하나님의 백성」, 크리스천다이제스트, 2003.
- 플라톤, 최현 역, 「국가론」, 집문당, 1997.
- 프랜시스 콜린스, 이창신 역, 「신의 언어」, 김영사, 2009.
- 한국기독교목회자협의회, 「한국기독교 분석리포트」, 도서출판 URD, 2013.
- 「독일성서공회 해설 성경전서」, 대한성서공회, 1997.

- E. P. Sanders, *Paul and Palestinian Judaism*, Fortress, 1977.
- Gerhard Kittel, *Theological Dictionary of the New Testament* (10 Vols.) Eerdmans, 1977
- James Dunn, *Romans 1-8* (Word Biblical Commentary), Word, 1988.
- _____, *Romans 9-16* (Word Biblical Commentary), Word, 1988.
- Robert Jewett, *Romans A commentary*(E. J. Epp, Ed.), Fortress, 2006.
- Tim Keller, *Preaching*, Viking, 2015.
- Frank Thielman, *Romans*, (Zondervan Exegetical Commentary on the New Testament), Zondervan, 2018.